新编21世纪经济学系列教材

城市经济学

Urban Economics

主　编　叶裕民
副主编　施昱年

中国人民大学出版社
·北京·

作者简介

叶裕民，1962 年生，安徽黄山人，经济学博士，中国人民大学教授、博士生导师，校学术委员会委员兼副秘书长，公共管理学院学术委员会主任，城乡发展规划与管理研究中心主任。主要研究方向为区域与城市经济学、中国新型城市化和城市治理等。主要代表性著作和论文有《中国城市化之路》、*Coordinating Urban and Rural Development in China*：*Learning from Chengdu*、《区域经济学教程》、《特大城市包容性城中村改造理论架构与机制创新》等。为北京、成都、深圳、广州、杭州、敦煌等数十个城市提供了城市治理、新型城镇化、产业转型发展战略等方面的咨询。主持国家社科重大项目《新时代非户籍人口市民化的系统解决方案研究》等百余项。

施昱年，1978 年生，台湾台南人，管理学博士，应用经济学博士后，英国剑桥大学土地经济系访问学者，现任教于中国人民大学公共管理学院土地管理系，副教授。在 *Habitat International*、*Journal of Cleaner Production*、《中国土地科学》等 SSCI 以及 CSSCI 期刊已发表 20 余篇文章，著有《住宅市场宏观视角的理论与实证分析》《北京市核心区土地利用效率评价研究》等书。主要研究方向为城市化与人口流动、资源利用效率评价、住宅市场分析和产业分析与管理等。

前　言

城市经济学是运用经济学的理论与方法解决城市问题的科学。城市经济学不仅研究城市经济增长和发展问题，也研究城市的社会问题，包括城市住房、城市土地利用、城市就业、教育与犯罪等，还研究城市空间结构问题，比如城市在空间上的形成与发展规律、聚集与扩散、城镇体系等。城市经济学的特点是用经济学的方法解释历史，揭示问题，解答未来。许多同仁把城市经济学理解为只研究城市经济问题的科学，这就比较狭隘了。本教材试图建构运用经济学理论综合分析城市产生与发展过程中的经济、空间与社会问题的教学框架，深入浅出，希望以此提高本科生认识城市问题、解释城市问题和解决城市问题的能力。

城市经济学是我一生钟爱的学科，本教材是我近 20 年在中国人民大学“城市经济学”本科教学课堂积累的成果。本教材于 2005 年已经完成近半，由于当时中国人民大学正在筹备建设全国首个公共管理领域的城市规划管理专业，我作为系主任和学科带头人，没有选择地中断原有的研究路径，全身心投入新的学科建设之中，这一放就是 15 年。特别庆幸的是，我的“城市经济学”本科教学一直没有中断，相反，由于规划学、管理学知识的不断补充，我可以从更综合的视角来观察和研究城市，实践案例更加丰富，课堂变得宽阔、生动，备受学生欢迎，授课内容也日臻完善。我的课堂评分在学院长期名列前茅。近年我终于有机会再次投入城市经济学本科教材的写作之中，并得到我的博士后施昱年副教授的大力协助，使得本教材可以顺利付梓。

另外，我和中国人民大学区域与城市经济研究所孙久文教授合作的《区域经济学教程》于 2002 年在中国人民大学出版社出版，今年修订第三版。该教材是迄今为止全国最受欢迎的“区域经济学”本科教材之一。区域与城市不分家。长期从事《区域经济学教程》的写作工作，使得我对“城市经济学”本科教材的把握更加恰当。

本教材很荣幸地被批准成为中国人民大学“十三五”规划教材之一，但我深知还有许多不足，我将在未来几年不断补充和完善，定不负莘莘学子的期待。下面对教材的基本情况做些简要说明。

一、教材的内容与结构

《城市经济学》是一本系统全面介绍城市经济学的基本理论及其在中国的实践的教材，适用于经济学、社会学、管理学等相关专业本科“城市经济学”课程教学。本教材特别注重解析城市经济学理论在中国各领域的运用，探讨了城市经济学的基本问题，并运用经济学理论系统分析解释城市发展的基本问题，揭示中国改革开放以来城市经济发展的演变轨迹、核心问题及其原因，包括城市经济学的基本问题、城市的产生与发展、城市体系的规模结构、世界城市化进程、中国城市化进程中的市民化与就业、中国工业化与城市化的互动机制、城市的经济增长、城市产业发展、城市土地经济、城市住宅经济、城市贫困与犯罪。

本教材共分为十一章。第一部分即第一章，讨论城市经济学的基本问题；第二部分讨论城市的起源与结构，包括第二章城市的产生与发展、第三章城市体系的规模结构；第三部分论述城市化，包括第四章世界城市化进程、第五章中国城市化进程中的市民化与就业；第四部分论述城市经济的增长与发展，包括第六章中国工业化与城市化的互动机制、第七章城市的经济增长、第八章城市产业发展；第五部分探讨城市的载体与空间，包括第九章城市土地经济、第十章城市住宅经济；第六部分即第十一章城市贫困与犯罪，讨论城市的社会问题。

各章节的框架结构分述如下：

第一章，城市经济学的基本问题。介绍城市经济学的基本概念、学科属性，讲述世界各国在工业化和城市化的过程中为什么要设立城市，城市化有什么规律。本章重点讨论城市经济学的基本概念、中国和西方城市经济学产生的背景差异、关于中国设市标准的思考、开展城市化地区调查的必要性和城市化阶段性规律及其原因。

第二章，城市的产生与发展。研究资源型城市、市场型城市的选址问题，最后分析了劳动力及其他中间投入品价格对城市选址和发展的影响，提出廉价劳动力吸引企业投资的前提和条件，从企业选址的角度对新一轮世界性产业转移进行理论阐释。本章重点讨论市场型城市产生的基本原因、专业化经济对城市发展的促进机制、城市化经济存在的基本原因、劳动力及中间投入品价格如何影响城市布局、政府作用如何影响企业布局和城市发展。

第三章，城市体系的规模结构。介绍德国经济学家克里斯塔勒的中心地理论，从经济学的角度阐述了城市作为区域商业中心和加工工业中心的形成与发展的基本规律，进一步研究了城市体系的规模结构和空间结构，并对中国城市体系进行实证分析。本章重点讨论中心城市形成的基本原理、各规模等级城市形成的原因、城市规模的影响因素、中国设市标准及其问题和中国城市规模效应的经济验证。

第四章，世界城市化进程。重点介绍世界城市化进程及其特征，以及德国城市化进程中政府的作用。世界城市化起步于从 18 世纪中叶开始的工业革命，开辟了人类历史的新纪元，它实现了由工场手工业向大机器生产的飞跃，从此人类社会开始了由农业社会向工业社会，由农村时代向城市化时代的转变。本章重点讨论世界城市化进程的阶段性、世界城市化进程的基本特点、中国郊区化与发达国家郊区化的异同、德国城市化的过程与问题、德国城市化过程中制度建设的架构与作用。

第五章，中国城市化进程中的市民化与就业。重点关注中国城市化进程中的市民化、就业转型和人力资本转型的关键问题，结合近几十年来中国城市化的发展，讨论中国城市化、就业与市民化的特征，就业结构的发展历程，当前我国人力资本积累的现状及其与产业结构的互动关系。

第六章，中国工业化与城市化的互动机制。阐述有关工业化与城市化互动关系的基本理论，全面揭示中国工业化和城市化的互动机制、轨迹、问题与展望，重点分析了中国当前工业化与城市化关键的环节是通过新型工业化之路，建立以现代高档耐用消费品工业和装备产业为主体的产业结构，促进"中国制造 2025"战略实施，进而推动劳动密集型第三产业的快速发展和第二次劳动力转移浪潮的持续推进。本章重点讨论工业化与城市化的互动理论、中国城市化轨迹与动因的经济解释、"中国制造 2025"的本质及其对城市化的挑战、中国新型城市化促进工业化可持续发展的路径。

第七章，城市的经济增长。介绍城市经济增长的基本原理，包括城市经济增长的内涵，影响经济增长的要素及其作用机制，计算城市经济增长动力的基本方法以及经济增长模型。本章重点讨论经济增长速度与质量的关系、城市经济增长的四大要素、人力资本理论、影响城市经济增长的区位因素和城市经济增长模型。

第八章，城市产业发展。主要研究三次产业结构、制造业内部结构和城市主导产业与辅助产业之间的结构；三次产业结构是城市经济发展的基本结构，三次产业结构的演进以及制造业内部结构的升级是城市经济发展的主要标志；主导产业是体现城市特色、代表城市利益的产业，合理选择和发展主导产业是实现劳动地域分工的基本途径。本章重点讨论三次产业结构及其划分、三次产业结构演进规律、制造业内部结构演进规律、城市主导产业选择与发展、产业转型与城市转型的关系。

第九章，城市土地经济。研究了土地利用的空间配置中的空间布局、竞租、地价等问题，详细分析了城市土地价格、生产效率差异与金融市场产生的原因和机制，最后分析政府的角色及当前的土地市场制度状况，从市场与政府管理两个角度对土地利用的经济原理进行理论阐释，内容涵盖了土地市场运作原理、政府的职能与市场制度。本章重点讨论城市土地空间配置的规律性、土地规模报酬递减与土地生产效率的关系、土地生产效率与土地利用效益的内涵差异、城市土地金融的概念及其市场分类。

第十章，城市住宅经济。详细分析了城市住宅及住宅经济、城市住宅市场机制、房地产市场基本模型、房地产市场的宏观模型、城市住宅价格周期与泡沫、城市住房保障以及城市住宅的调控政策等七个方面，从住宅的本质、房地产的特质及理论、周期与泡沫形成以及政府的政策手段，完整地介绍住宅市场的运作。本章重点讨论住宅的基本概念及其从经济视角分析的特点，住宅市场需求与供给的特点、分类、影响因素及市场均衡，住宅市场四象限模型、宏观影响、蛛网理论以及景气循环的理论内容，我国保障性住房分类、演进及国外对我国的借鉴，宏观调控政策的内涵、目标及手段。

第十一章，城市贫困与犯罪。从社会学、经济学等多视角详细分析了城市贫困与犯罪，包括贫困的定义、贫困的测量、犯罪的类型、犯罪的成本、解决贫困与犯罪问题的措施，试图寻找其发生机理，并最终寻找解决贫困与犯罪问题的手段。本章重点讨论贫困的定义、现状、挑战和社会困境，贫困的测量方式，犯罪的类型和成本，解决贫困和犯罪问题的措施。

二、教材写作方式的特点与创新

城市作为人类发展历史上最为复杂的空间大系统，也是中国城市化进程中共性问题最多、公共管理领域面临挑战最大的空间巨系统。城市经济学以经济学的理论和分析方法为基础，揭示城市产生与发展的规律，剖析城市公共管理中的一系列复杂问题。目前，在国内出版使用的《城市经济学》教材中，以美国城市经济学家阿瑟·奥沙利文的翻译版教材发行量最大，普遍为各高校使用，但是该教材所用的理论建构和案例全部来自美国，对国内城市发展的独特问题完全缺乏介绍、解释和理论分析，缺少按照马克思主义及中国特色社会主义核心价值观进行的探讨。国内出版的城市学科相关教材仍然以工科教材为主（例如城市道路、城市建筑、城市规划等方面的教材），为数不多的《城市经济学》教材也以翻译介绍国外理论为主，并服务于传统发展时期城市政府追求经济增长的需要，缺乏对中国城市发展复杂问题进行系统性、结构性理论建构和解析，不能满足国家转型发展的需要。

本教材是一本系统介绍城市经济学的基本理论及其在中国的实践的教材，针对中国城市发展的一系列重大公共问题进行了深入的理论探索与案例分析，是一本适合培养中国城市公共管理人才的《城市经济学》精品教材。各章均配有案例，通过将广泛受到全国乃至世界关注的重大城市问题作为案例，让学生深入感受国家历史巨变的实践过程，同时也促进教材走向世界其他国家。本教材的创新点有三：

（1）“三基”清晰准确。全面介绍城市经济学的基本概念、基本理论和基本方法，清晰介绍各学科的“三基”是本科教材的核心任务。本教材涵盖城市经济学的基本问题、城市的产生与发展、城市体系的规模结构、世界城市化进程、城市的经济增长、城市产业发展、城市土地经济、城市住宅经济及城市贫困与犯罪等方面。

（2）中国当代城市发展重大问题分析贯穿教材。各章内容除了基本理论与方法以外，都以较大篇幅重点介绍中国相应的城市问题、理论与实践，运用相关理论解析中国实践，包括中国城市规模结构的经济学分析，中国城市化进程、道路选择、现状和问题，中国城市化的制度创新，中国新型工业化与城市化的互动机制，中国城市产业结构演进、中国土地制度改革与土地利用效率，中国城市住宅市场制度与机制等。

（3）各章配有案例和丰富的数据。城市经济学属于应用科学，当读者觉得理论晦涩时，鲜活的案例可以深入浅出地解释理论，带给读者实践的感受，便于读者深入理解和感悟，更好地学习理论知识，理解现实中的城市运行。本教材各章与读者分享了中国城市发展相关领域的历史数据和横向比较数据，供读者阅读和进行相关研究借鉴。

三、教材的内容特征与创新

本教材参考了国内外城市经济学及土地经济学著作，融合主流框架，补充不足内容，在内容上与其他城市经济学教材的不同之处有以下几点：

（1）对中西方城市经济学内容进行比对，梳理了西方城市经济学流派以及中国城市经济学的产生与发展。鉴于我国城市体系以及城市化阶段与西方不同，增加讨论城市的界定标准。

（2）加入聚集经济的视角。在区位与城市的空间选择部分，增加公共管理的视角，讨论了政府的作用与城市发展的关系。

(3) 加入城市服务业发展规模相关内容，以切合我国正值服务业蓬勃发展的阶段，并通过经典的城市规模结构模型，从经济学的视角分析中国城市规模结构问题与改革思路。

(4) 介绍德国的城市化进程及其政府作用，以及中国城市化进程、中国城市化道路选择、中国城市化的现状和问题、城市化研究的新趋势。

(5) 探讨中国城市化的制度创新，包括城市化发展的制度框架、传统体制下的制度安排对城市化的制约、户籍制度创新。

(6) 探讨中国新型工业化与城市化的互动机制，包括工业化与城市化的互动机制、20世纪下半期中国产业结构演变与城市化发展、新型工业化时期城市化可持续发展的路径。

(7) 加入经典的城市经济增长模型，包括哈罗德-多马模型、索洛模型、城市经济增长的区位因素和聚集经济，也引入可持续发展观与城市政府的角色。

(8) 增加讨论城市三次产业结构的演变及动因，也特别介绍制造业内部结构的演变规律、主导产业以及城市产业集群。

(9) 除了介绍土地经济学中的地租、土地使用与土地价值、租税、土地使用管制以及土地金融等经典内容外，更特别探讨了产业集群化发展与土地生产效率的关系，同时介绍了农村集体建设用地流转的土地金融、中国的土地市场制度与流转机制。

(10) 着重介绍住宅市场模型，包括四象限模型及其扩展和典型房地产市场的宏观模型，并增加介绍城市住房保障的经济原理、我国宏观调控下的住房周期与泡沫。

(11) 介绍犯罪成本与犯罪率，讨论我国城市减少犯罪和构建和谐社会的各种措施。

本教材是我和博士后施昱年副教授合作共同完成的。我负责构建教材框架和逻辑结构、最后审稿和总质量把关，并主笔完成第一章、第二章、第三章、第四章、第六章、第七章和第八章；施昱年主笔完成第十章，我和施昱年合作完成第五章、第九章和第十一章，同时施昱年副教授做了大量的专栏资料整理和初步统稿工作。

本教材付梓要特别感谢中国人民大学出版社经济分社的刘晶社长，感谢她长期鼓励和督促我把教学成果付诸出版。感谢出版社王晗霞编辑，她负责全书的编辑出版工作，她负责任的工作减少了本教材的许多错误。感谢中国人民大学城市管理专业 2008 级本科生潘晨同学，他从学生的视角给本教材提出了系统的意见和建议。感谢一路走过来的老师、朋友和同学们的帮助和支持！本教材还存在大量的不足之处，欢迎同学们和各位读者批评指正，我的邮箱是：yymzcy@vip. sina. com。

叶裕民

目　录

第一章

城市经济学的基本问题

本章介绍城市经济学的基本概念及其学科属性，世界各国在工业化和城市化的过程中为什么要设立城市，以及城市化有什么规律。

重点问题

- 城市经济学的基本概念。
- 中国和西方城市经济学产生背景的差异。
- 中国城市设定标准的思考。
- 开展城市化地区调查的必要性。
- 城市化阶段性规律及其原因。

第一节　城市、城市化和城市经济学

城市是人类发展的产物，是文明进步在空间上的集中体现。人类社会自从从自然界中分化出来以后，历经从穴居到屋居、从逐水草而居到定居、从分散的农村聚居到更为集中式的城市聚居，居住方式的变化反映了人类的三次社会大分工：原始社会后期发生的畜牧业同农业的分离，手工业同农业的分离，以及奴隶社会晚期商人阶层的产生。从此以后，城市的数量由少到多，城市的质量由低到高，城市的发展始终与人类进步同步，并站在人类文明发展的最前沿。“文明”（civilization）一词来源于拉丁语“市民的生活”（civitas），城市是人类文明的象征。

一、城市

（一）城市的定义

1. 不同学科对城市的定义

城市是许多学科研究的对象。不同学科从不同的视角来研究城市，给城市的定义也千差万别。

经济学概念：城市是土地、劳动力、资金等各种生产要素市场交互存在的场所。

地理学概念：城市是一种相当特殊的地理环境。它占有少量的地理空间，却创造了大量的社会财富。美国1980年有366个城市化地区，仅占美国土地面积的1.5%，集中了美国61%的人口和3/4以上的财富。

建筑学概念：城市是不同种建筑物最密集的场所，是建筑文化最发达的地方。

社会学概念：城市是社会活动集聚的场所，是人们进行高效、规范的社会合作和交往赖以进行的空间依托，是现代文明的发祥地。

环境学概念：城市是一种不完全的、脆弱的环境系统，是人类对自然环境干预最强烈、也是对自然环境反馈作用最敏感的地方（例如地面下沉、伦敦烟雾事件等给城市带来巨大损失，大地震导致城市大量人口死亡）。

法国地理学家潘什梅尔说："城市现象是一个很难下定义的现实：城市既是一个景观、一片经济空间、一种人口密度；也是一个生活中心和劳动中心；更具体点说，也是一种气氛、一种特征或者一个灵魂。"

在西方城市经济学中，"城区"被定义为"具有较高人口密度的地区"①。以人口密度为指标来识别城市是最简单、最直接的办法。实际上，人口密度是城市的地理特征，不能充分反映城市的经济社会特点。城市经济学给城市下定义，应该能够充分反映城市的经济社会特性，及其在区域发展中的作用。

2. 城市经济学对城市的定义

城市经济学对城市的定义为：城市是区域的经济中心和社会发展中心，是富有效率的非农产业的集中地，是人们享受现代物质文明和精神文明的基地。

首先，城市是区域的经济中心和社会发展中心。这意味着作为城市，其经济社会发展水平一定要高于周边地区，是区域内经济贸易交通信息交换的主要场所，对周边区域的各种先进生产要素具有吸引力，同时能够通过扩散效应带动周边地区发展。对周边地区不具有集聚和扩散功能的城市不是真正城市经济学意义上的城市。

其次，城市是富有效率的非农产业的集中地。城市不仅是非农产业发展的空间依托，而且其产业效率远远高于周边地区。如果是大城市，则其生产效率应该高于周边中小城市；如果是中小城市，则其生产效率应该高于周边的小城镇；小城镇的效率则应该高于其他一般集镇、村镇。

中国在改革开放以后，在乡村地区发展起来一批中小企业，它们的布局极其分散，"村村点火，户户冒烟"，在分散的农村发展起来大量小工业。在小城镇甚至于一些县级市，由于地方政府没有及时提供相对高水平的公共服务和投资环境，反而没有赢得高效率产业的聚集。于是在乡镇企业发达的地方，普遍存在"走过一村又一村，村村像城镇；走过一镇又一镇，镇镇像乡村"的特殊景观，这些城镇不是真正城市经济学意义上的城镇或者城市，因为这里的城市和乡村的生产效率几乎没有差异，城市没有聚集富有效率的生产要素，没有成为经济社会发展的中心。

---

① 阿瑟·奥沙利文．城市经济学．北京：中信出版社，2003.

一些观点认为上述村、镇和城市无差异发展的状况是城乡一体化，这是一种误解。城乡一体化并不是指城乡景观和功能的一体化，而是指城乡生产效率一体化和居民生活质量一体化。城乡一体化是在城市化的过程中，农村人口大量进入城市，乡村土地资源逐步扩大规模经营，农业劳动力生产率大幅度提高，逐步与城市中非农产业生产效率趋于一致，这个过程被称为城乡经济一体化。随着乡村劳动力生产率的提高，居民收入也大幅度提高，并且与城市居民收入差距日益缩小，从而达到城乡居民生活质量趋于一致，这一过程被称为城乡社会发展水平一体化。城乡一体化包括城乡经济一体化和城乡社会发展水平一体化。

城乡一体化并不意味着城乡一样，在城乡高度一体化的发达社会，城市就是城市，是富有效率的非农产业的聚集地；乡村就是乡村，富有乡土气息，被绿色包围，是富有效率的现代农业发展的主要场所。

城乡一体化是城市化的终极目标，科学认识并有效促进城乡一体化是中国城市化的重要使命。

再次，城市是人们享受现代物质文明和精神文明的基地。城市不仅是高效率生产的基地，还是人们享受物质文明和精神文明的重要基地。在城市化的过程中，城市的居民收入和生活质量要高于乡村地区，同时，城市的公共服务种类和质量也比乡村地区要好得多，正因为如此，城市对乡村居民有着巨大的吸引力，这是促进城市化进程的重要动力。城市化的过程就是要让更多的国民参与到现代经济社会发展过程中来，享受到国民经济发展的成果。如果大部分国民都进入城市，能够享受现代物质文明和精神文明，那么中国城市化的任务就完成了，中国必然进入成熟的现代城市社会。这是中国 21 世纪上半期努力奋斗的伟大目标。

因此，城市经济学研究的城市是一个具有丰富内涵的经济社会综合体，我们要推进城市化进程，要科学地建设和发展城市，就是以具备这种内涵的城市为载体。

（二）城市的起源

城市作为一个与乡村相对的概念，其产生和发展是一个历史的过程。关于城市的起源，国内外学者有不同的解释，从而形成了不同的城市起源学说。到目前为止，大体有以下几种说法。①

（1）防御说，认为古代城市的兴起是出于防御上的需要。在居民集中居住的地方或民族首领、统治者居住地修筑城垣城郭，形成要塞，以抵御和防止其他部落、民族和国家的侵犯，保护居民的财富不受掠夺。

（2）社会分工说，认为随着社会大分工逐渐形成了城市与乡村的分离。第一次社会大分工是在原始社会后期农业与畜牧业的分工，它不仅产生了以农业为主的固定居民，而且带来了剩余产品，创造了交换的前提；第二次社会大分工是金属工具的制造和使用所引起的手工业和农业的分离，产生了直接以交换为目的的商品生产，使固定居民点脱离了农业土地的束缚；第三次社会大分工是随着商品生产的发展和市场的扩大，专门从事商业活动的商人出现，从而引起工商业劳动和农业劳动的分离，并产生了农业和乡村的分离。

（3）私有制说，认为城市是私有制的产物，是随着农奴制国家的建立而产生的。

---

① 董利民．城市经济学：2 版．北京：清华大学出版社，2016．

(4) 阶级说，认为从本质上看，城市是阶级社会的产物，是统治阶级奴隶主、封建主压迫被统治阶级的一种工具。

(5) 集市说，认为商品经济的发展形成了集市贸易，促使居民间商品的交换活动集中，从而出现城市。

(6) 地利说，用自然条件解释城市的产生和发展，认为有些城市的兴起是由于地处商路交叉点、河川渡口或港湾，具有交通运输方便、自然资源丰富等优越条件。

(7) 宗教说，认为第一批城市的发展和大规模宗教的发展相一致。为了利用规模经济，早期社会通过大量家庭和村庄的庙宇来代替小规模的朝拜。庙宇雇用了宗教首领、教士和宗教工作人员，这样就引起了人口的高度集聚，从而带动了城市的发展。这是宗教城市的理论，这种理论得到了一些考古学家的支持。

上述种种说法从不同角度、不同层次对城市的起源做了回答，都有一定的道理。但是最根本的原因应该从经济上去找。正如马克思和恩格斯所指出的："一个民族内部的分工，首先引起工商业劳动同农业劳动的分离，从而也引起城乡的分离和城乡利益的对立。"① 因此，城市是生产力发展到一定阶段的产物，城市的发展也离不开生产力的发展。当然，生产力的发展也离不开生产关系的相互作用，经济基础离不开与上层建筑的相互作用。归根结底，城市的产生取决于自然、地理、社会、经济、政治、文化等诸多因素。

（三）城市的功能与类型②

1. 城市的功能

城市的功能又称城市职能，主要是指城市在一个国家或地区的政治、经济、文化生活中应有的作用和能力。根据划分的标准不同，城市的功能可被划分为基本功能与特殊功能，或主要功能与辅助功能。

城市的基本功能是指任何城市都具有的功能，它包括城市的载体功能、经济功能和社会功能。载体功能是指城市为人类在城市中的各种活动提供了最基本的物质条件，包括自然物质（如土地、水源、自然环境等）及人口物质（如道路、桥梁、住宅、各种基础设施等），离开了城市的载体功能，人类在城市中的各种生活都是无法进行的，城市也无法发展。人类在城市中的活动同样不能超出城市这一载体的限制，否则城市就将陷入混乱。城市的经济功能是城市的基本功能中最重要的功能，主要包括生产、交通、分配、消费、信息、金融、科技、商业及运输等功能。城市的社会功能是指城市在保障市民正常的社会生活方面所具有的各种功能，如教育、卫生、文化娱乐、体育运动、社区管理、社会保障等。

城市的特殊功能是指城市所特有的功能，它与城市所处的地理位置、拥有的自然资源、历史人文背景有着重要的关系。例如，交通枢纽城市是由城市所处的特殊的地理位置决定的；石油城市、煤炭城市等资源城市是由城市拥有的自然资源决定的；文化古城是由历史遗存决定的。

城市的主要功能是指在城市的多种功能中对城市的发展起决定性作用，能够反映城市特色，并以此区别于其他城市的功能。城市的主要功能常常用该城市的某一产业名称来表

---

① 马克思恩格斯文集：第1卷．北京：人民出版社，2009：520.

② 董利民．城市经济学：2版．北京：清华大学出版社，2016.

示，如长春是以汽车制造为主的运输机械工业城市，被称为“汽车城”。城市的主要功能反映了城市的产业性质，标明了城市在一定时期内的发展方向，是城市核心竞争力的体现。城市的辅助功能则是指在城市的多种功能中除了主要功能以外的其他功能。辅助功能可以保证主要功能的正常发挥，保证城市的正常运行。

需要指出的是，城市的主要功能虽然客观存在，但也与人的主观定位有关。如果定位不当则会产生相当大的损失。另外，有些辅助功能虽名为“辅助”，但也同样非常重要，如教育在提升科技实力、为城市发展提供各类人才方面起着极为关键的作用。因此，必须重视主要功能与辅助功能的协调发展。

2. 城市的类型

在城市发展过程中，由于城市和文化积淀不同，所处的自然环境不同，所处的发展阶段不同，发展的路径选择不同，因此每座城市都形成了各自的特色。在对城市进行分类时，基于制定政策的考虑或统计需要，通常有以下几种分类方法。

（1）按照城市的性质或功能分类。

①综合性城市：集多种功能于一身，既是政治中心，又是工业生产、交通运输、科学技术、文化教育、金融、信息等中心，一般是国家或地区的重要城市。

②工业城市：以工业生产为主，工业部门的产值和就业人口在整个城市的国内生产总值和总就业人口中占有较大比重。工业城市也可以根据其主导产业的不同再细分为钢铁城市、机械制造城市等，还可以根据工业构成内容的不同，分为综合型工业城市和单一型工业城市，如哈尔滨是钢铁、化工、轻纺等多种工业构成的综合型工业城市。

③矿业城市：以开采及利用城市周围地区矿产资源为主，并围绕采矿业加工生产一系列相关产品，如大同、大庆等。

④交通港口城市：处于交通枢纽，依靠其优越的地理位置发展起来。根据交通运输条件的不同，交通港口城市又可分为铁路枢纽城市，如俄罗斯首都莫斯科、美国芝加哥、我国江西鹰潭和湖北襄阳等；海港城市，如日本大阪、我国辽宁大连；内河港埠城市，如我国重庆和安徽芜湖等。

⑤风景旅游城市：具有优美奇特的自然风光或者闻名于世的名胜古迹，旅游业是城市的主导产业，带动着其他相关产业的发展，如瑞士日内瓦和我国广西桂林、云南丽江、甘肃敦煌等。

（2）按照城市人口规模分类。

①特大城市：非农业人口 100 万人以上。

②大城市：非农业人口 50 万～100 万人。

③中等城市：非农业人口 20 万～50 万人。

④小城市：非农业人口 10 万～20 万人。

⑤镇：非农业人口 2 000～10 万人。

（3）按照行政地位分类（中国）。

①直辖市：直辖市是与省同级的行政单位，受中央政府直接领导和管辖，我国目前有北京、上海、重庆、天津四个直辖市。

②副省级市：副省级市相当于准直辖市，在不改变现有行政隶属关系的前提下，具有省级计划决策权和经营管理权。目前，我国有 15 个副省级市，分别为哈尔滨、长春、沈

阳、大连、成都、西安、武汉、济南、青岛、南京、杭州、宁波、厦门、深圳和广州。

③地级市：地级市受省、自治区政府的直接领导和管辖，一般均为设区的市，如江苏省的苏州、无锡、常州等城市。

④县级市：县级市是不设区的市，具有与市平行的行政地位。

此外，根据城市的地理位置，还可以分为沿海城市、内地城市和边境城市；根据城市的辐射范围的广度和辐射力的强度，可以分为国际性城市、全国性城市和地区性城市；根据城市所处的气候环境，可以分为寒带城市、温带城市、热带城市等。

二、城市化

一个国家或地区的城市化是由传统的农业社会向现代城市社会发展的自然历史过程，是社会经济结构发生根本性变革并获得巨大发展的空间表现。

工业化和城市化是一个国家由落后走向发达的两个主旋律。工业化是一个国家经济发展的主旋律，主要表现为非农产业比重以及生产效率的不断提高；城市化是一个国家社会发展的主旋律，主要表现为越来越多的农村人口进入城市以及城乡居民的生活质量不断提高。工业化是城市化的经济内容，城市化是工业化的空间表现，并反过来促进工业化。

之所以说城市化是一个自然历史过程，是因为城市化适应于工业化的发展而发展。没有工业化，就不可能有城市化；如果工业化过程顺利推进，在没有制度障碍刚性的情况下，必然会同时推进城市化进程。工业化不能一蹴而就，是一个自然历史过程，城市化当然也是一个自然历史过程。人们可以消除城市化的障碍，促进城市化进程，但是，人类不能造就城市化。

工业化、城市化是经济社会发展的主旋律，那么工业化、城市化与市场化、国际化、现代化之间是什么关系呢？市场化、国际化、现代化是以工业化和城市化为载体进行的。市场化也主要体现在经济市场化和城市管理市场化之中，经济市场化涵盖建立规范的市场运作机制、加速国有企业改革、建立现代企业制度、加速民间资本的积累等；城市管理市场化是指政府利用市场机制进行城市建设和管理，协同民间共同提供公共产品，科学经营城市。国际化是工业化过程中的企业国际化，要建立和发展具有国际市场竞争力的大型企业集团，生产具有国际市场竞争力的工业化产品。城市管理要国际化，城市管理的一系列制度、政策要符合国际惯例，与国际接轨，营造具有国际吸引力的发展环境。现代化是指工业现代化和城市现代化，是要用现代技术来装备工业化，用现代理念来推进城市化和治理城市，实现城市现代化。可见，市场化、国际化和现代化是以工业化和城市化为载体实现的，要在工业化、城市化的过程中推进市场化、国际化和现代化。

对于一个发展中国家来说，城市化是实现社会发展的重要主题。

城市化不能简单地理解为农村人口加入城市，它是一个经济社会结构发生根本性变革的过程。健康的城市化过程至少具有如下六个方面的内涵：

（1）城市化是城市人口比重不断提高的过程。城市化首先表现为大批乡村人口进入城市，城市数量不断增加、规模不断扩大，其结果是城市人口占总人口的比重逐步提高。城市人口占总人口的比重是国际通用的衡量城市化水平的核心指标。

（2）城市化是产业结构转变的过程。随着城市化的推进，原来从事传统低效的第一产业的劳动力转向从事现代高效的第二、三产业，产业结构逐步升级转换。由于第二、三产业的劳动生产率远远高于第一产业，因而城市化也是一个国家创造财富的能力不断提高的过程，是一个国家走向富强的必由之路。

(3) 城市化是居民消费水平不断提高的过程。城市是高消费居民群体集聚的地方。城市化使得大批低消费居民群体转变为高消费居民群体，因此城市化过程又是一个市场不断扩张、对投资者的吸引力不断增强的过程，也是越来越多的国民在发展中享受到实惠的过程，是一国中产阶级形成并占主体的过程，而后者正是现代社会结构的基本特征。

(4) 城市化是农村人口城市化和城市现代化的统一。城市化绝不仅仅是乡村人口进入城市，而是乡村人口城市化和城市现代化的统一，是经济发展和社会进步的综合体现。

(5) 城市化是一个城市文明不断发展并向广大农村渗透和传播的过程。城市化也是农村和农民的生产方式和生活方式的文明程度不断提高、不断现代化的过程，也就是城乡一体化的过程。因此城市化不能简单地理解为只是发展城市的问题，更不能狭隘地理解为是只发展小城镇或者只发展大城市的问题。

乡村人口城市化与城市现代化以及城乡一体化共同构成城市化的丰富内涵。如果说乡村人口城市化是城市化进程中量的增加的过程，是城市化的初级阶段；那么，城市现代化和城乡一体化则是城市化进程中质的提高的过程，是城市化的高级阶段。以城市现代化为前提的城乡一体化是城市化的终极目标。

(6) 城市化是人的整体素质不断提高的过程。由于大部分国民从事着先进的产业活动，有着较高的生活质量，因此，人们的生活方式、价值观念将会发生重大变化，告别自给自足，摆脱小富即安，追求文明进步，崇尚开拓进取。社会将建立起根本区别于农业社会的城市社会新秩序，社会化、商品化、规范化、法制化将是城市社会秩序的基本特征。人们按照既定的游戏规则自由地进行丰富多彩的社会活动。自律、自尊、自强成为社会风尚。这是现代文明的灵魂，是城市社会的真正魅力所在。

中国当前要努力推进的城市化是具备上述丰富内涵的城市化，不能仅仅理解为乡村人口进入城市。如果城市化不具备上述经济和社会内涵，便有可能形成大量人口进入城市，但他们在城市中缺乏就业机会，或者长期处于边缘就业阶层的状况。他们收入低下，大部分人口处于贫困或半贫困状态，不能得到有效的公共服务，长期难以融入城市的主流生活。人口进入城市了，但是，其生产方式和生活方式仍然是传统的和落后的。城市新增人口不仅不能成为城市经济发展的有效力量，反而成为社会问题的主要根源。

许多发展中国家的城市化已经为我们提供了一面镜子，我们一定要谨防虚假城市化的出现，或者称之为城市化泡沫现象。我们力求推进的城市化是人口城市化和城市现代化的统一，人口不仅在空间上进入城市，更加主要的是其生产方式和生活方式城市化。

我们的学术界需要深入细致地研究这种具有科学意义的、健康的城市化所需要的条件和基础，我们的政府需要为这样的城市化提供公共服务和制度条件，我们的城市居民朋友们需要采取友善接纳的态度欢迎新居民，我们的乡村居民朋友们也需要努力为实现这样一个历史性的重大跨越付出艰苦的努力。对于中国来说，这是一次历史性的跨越，是实现由传统农业社会向现代发达城市社会跨越的关键环节。

三、城市经济学

城市经济学是研究城市空间分布规律以及城市内部经济社会活动合理组织的科学。前者是宏观城市经济学的研究范畴，后者是微观城市经济学的研究范畴。

城市经济学要研究两大类相互作用的内容：一类是将城市作为点，研究在更大区域范围内其产生和发展的规律，研究如何使点不断增加，使点的规模不断扩大，以及建立点与点之间合理的经济社会联系，即城市化和城市体系问题；一类是将城市作为面，研究其中的各种经济社会现象发生、发展的规律，以及在城市发展过程中政府如何尽可能地提供完备的公共服务，弥补市场不足，促进城市经济社会发展，提高城市竞争力。

这样的城市经济学研究框架与西方传统的城市经济学研究框架有所不同。西方大部分城市经济学教科书的框架都以微观层面的城市经济学研究为主，对于城市化及城市体系问题比较少涉及。英国著名城市经济学家 K. J. 巴顿于 1976 年在伦敦麦克米伦出版公司出版了《城市经济学理论和政策》一书①，全书共 11 章，只在第二章“地理集中的经济学”中将极少的篇幅用于对城市化问题的研究；美国加利福尼亚大学教授沃纳·赫希于 1984 年在纽约麦克米伦出版公司出版了《城市经济学》一书②，全书共 14 章，也仅在第二章“城市化与城市增长”中列出了一个“城市化经济学”问题。

为什么西方城市经济学较少涉及城市化问题呢？我们认为，在西方城市经济学的研究框架中，之所以城市化的篇幅很小，并不是因为城市化问题不重要，而是因为西方城市经济学研究和学科形成是在西方国家完成了城市化过程之后，在西方国家现实发展中已经不存在城市化过程，以及由此引起的种种经济社会矛盾与问题。因此，城市化不是西方城市经济学研究的主要对象。

在西方城市经济学兴起的过程中，西方城市的主要问题都表现为城市内部发展过程中出现的一系列问题，诸如城市经济增长、城市土地利用、城市住宅问题、城市教育问题以及城市犯罪问题等，自然这些问题成为西方城市经济学必须面对和回答的问题，从而成为西方城市经济学研究的主体。对于西方城市经济学微观和宏观层面的偏差，以及城市经济学的研究结构，英国城市经济学家巴顿做了比较贴切的阐释：“我们试图在微观和宏观经济理论之间取得分量上的平衡，但是，由于联合王国的主要城市问题大部分属于微观性质，所以对这些理论有某些偏重。”③

任何学科的发展都来源于实践需要。西方城市经济学框架来源于西方当时城市发展的实践需要。中国当前正处于城市化高速发展的过程中，中国的城市化是世界城市化史上规模最大、背景最复杂、问题也较多元的城市化过程，它将影响每一个城市的发展，涉及大多数中国民众利益的调整和生活质量的改善。同时，中国规模巨大的城市化过程又发生在中国社会制度转型的过程中，导致城市化过程中的各种矛盾和问题十分复杂。中国的城市发展问题，首先是城市化问题，而后才是单个城市的发展问题。因此，作为中国城市经济学家，研究中国的城市经济问题，首先需要回答如何使中国这样一个人口大国由农村社会过渡为城市社会的问题，这是中国城市经济学家不容回避的历史使命。

---

① K. J. 巴顿. 城市经济学——理论和政策. 北京：商务印书馆，1984.

② 沃纳·赫希. 城市经济学. 北京：中国社会科学出版社，1990.

③ 同①.

鉴于此，我们提出城市经济学的框架和内容应该拓展，应包括两大部分：宏观城市经济学——城市化的理论与方法；微观城市经济学——城市内部经济社会活动的合理组织与发展。

中国当前的城市化是世界城市化的重要组成部分。自20世纪70年代以来，世界进入新一轮城市化过程之中，发展中国家是这一轮世界性城市化的主体，城市化将改变世界的发展面貌。因此，城市化问题不仅是中国学者需要关注的问题，也受到其他发展中国家学者的关注，还必将受到发达国家学者的充分关注。深入研究城市化规律，一定会成为城市经济学学科发展的重大趋势之一，将城市化研究纳入城市经济学架构会逐渐被西方学者接受，最终成为城市经济学规范结构的组成部分。

特别需要指出的是，在后来出版的西方城市经济学著作中，城市化的篇幅在逐渐增加。比如在奥沙利文于2000年在美国麦格劳-希尔教育（亚洲）出版公司出版的《城市经济学》①，全书共分6大部分22章，其中第一部分的前5章都是从更大区域范围内来研究城市的产生与成长问题，其中第4章“西方城市化历史”专门研究西方社会城市化问题。1998年出版的米尔斯的《区域和城市经济学手册》是西方集大成之作，其中第2卷“城市经济学”② 的第28章“发展中国家农村向城市移民”和第32章“发展中国家的城市化：模式、问题和政策”都是专门研究发展中国家城市化问题的；第3卷“应用城市经济学”③ 也单独用第43章“转轨经济中的城市化”来研究城市化问题。

可见，世界范围内的城市经济学体系也处于不断完善之中。在世界经济一体化的时代，城市化问题作为发展中国家的重大城市问题一定会受到世界城市经济学家的普遍关注。

【专栏】

资本市场供给的城市化效应及发展策略分析④

【内容提要】 我国城市化的供求关系长期以来表现为供给短缺，需要通过供给侧改革来推进高质量的城市化进程。本文依据我国与城市化直接相关的上市公司年末市值规模和结构的变化，分析了资本市场供给的城市化效应和城市发展的供给侧潜力，并据此探讨了新型城市化融资发展策略。

资本市场供给规模和供给结构是城市化供给侧改革的重要着眼点

首先，资本市场供给能力是城市化发展的内生潜力，我国资本市场上与城市化关联密切的11个行业反映了城市化进程中方方面面的融资要求、城市化的资本供给侧市场状态以及居民投资意向。其次，城市化的供给侧状态取决于“城经济”能力能否提升，而反映“城经济”能力的经济数据，除了中央和地方政府的资金供应外，主要应考虑资本市场的供给能力。在11个城市化关联行业中，房地产业的资金集聚力是直接推动城市规模扩张

① 阿瑟·奥沙利文. 城市经济学. 北京：中信出版社，2003.

② 埃德温·S. 米尔斯. 区域和城市经济学手册第2卷：城市经济学. 北京：经济科学出版社，2003.

③ 保罗·切希尔，埃德温·S. 米尔斯. 区域和城市经济学手册第3卷：应用城市经济学. 北京：经济科学出版社，2003.

④ 尹昱乔，王庆石. 资本市场供给的城市化效应及发展策略分析. 城市发展研究，2016 (05)：98-104.

的因素；电力、热力、燃气及水生产和供应业，交通运输、仓储和邮政业，水利、环境和公共设施管理业三大行业的资金集聚力是构成城市化经济增长的基础性动力；而信息传输、软件和信息技术服务业，住宿和餐饮业，租赁和商务服务业三个行业的市值水平是服务于城市化质量水平的资本力量；金融业，科学研究和技术服务业，卫生和社会工作业，文化、体育和娱乐业的资本能力是城市经济集聚力的重要保证和支撑。

资本市场供给的城市化效应差异明显

当相关上市公司行业的年末市值每增加1亿元时，城市化率相应会上升的百分数是：电力、热力、燃气及水生产和供应业1.21%，房地产业0.85%，交通运输、仓储和邮政业0.78%，金融业0.13%，水利、环境和公共设施管理业5.95%，住宿和餐饮业24.2%，租赁和商务服务业3.75%。比较来看，住宿和餐饮业的城市化效应最强，其次依次为水利、环境和公共设施管理业，租赁和商务服务业，电力、热力、燃气及水生产和供应业，房地产业，交通运输、仓储和邮政业以及金融业。可见，虽然金融业上市公司的总市值最高，但城市化效应不是很强，而住宿和餐饮业，水利、环境和公共设施管理业，及租赁和商务服务业，虽然总市值不是很高，但其城市化效应很强，这是经济学的边际效应递减规律的具体反映。值得指出的是，房地产业上市公司年末市值的波动性较大，其环比速度的标准差和离散系数分别为0.74和0.64，虽然低于总市值的波动幅度，也远低于金融业的波动幅度（科学研究和技术服务业、卫生与社会工作业的波动幅度大，因为其新兴产业性质与房地产业不同），但是作为城市化供给基础的行业，波动大会引起城市化的不稳定，随着公众企业、民营企业、中央企业的进入和地方国有企业的大幅度退出，这种不稳定有可能进一步加剧，应成为政府稳定城市化进程的政策着眼点。

城市化供给侧改革重心及资本市场融资策略

第一，以政策引导公众企业和中央企业在大都市带和城市群建设上发挥实力作用。大都市带和城市群建设是国家新型城镇化规划的重要任务之一，规划明确提出要优化提升东部城市群，培育发展中西部城市群，建立城市群发展协调机制，促进各类城市协调发展。城市政府积极借助本地公众企业和中央企业的上市公司力量，或者与其合作，促进大城市化区域的基础设施和房地产开发建设工作，快速提升城市群规模和建立城市间的协调关系，是我国大城市化区域由少到多，由城市职能单一到城市群功能完善，形成国际竞争力强大的大都市带的一个现实有效途径。第二，中心城市应实施的中心城市建设融资策略是：大力发挥民营企业作用，适当收缩地方政府和地方国企作用。这在激励民营企业积极参与城市建设热潮的同时，对缓解地方政府融资债务平台风险有重要意义。需要指出的是：城市作为实施国家创新战略的前线，城市政府理应为实现创新和提供创新条件做贡献，然而恰恰是地方国企上市公司的科技类行业结构萎缩极其严重，这与新型城镇化要求差距巨大。地方国企上市公司应更多地作为科技类企业才能形成地方创新的良好融资条件。城市政府在重视地方国企创新作用的同时，可以把地方国企上市公司融资与发放市政债券融资模式相结合运作，以提升地方融资平台的运作效率，推动区域性中心城市建设和新型城镇化的发展。第三，中小城镇建设城市政府应积极探索民营企业资本供给的激励政策，具体来说，可以有以下考虑：(1) 城市项目的进入激励政策。城市基础设施普遍存在自然垄断性，控制其进入数量可以保证垄断结构产品“总需求性”的良好实现。城市政府可以允许特定一家或极少数几家公司进入，以确保先进统一技术的规模经济效益和外部效益，避免重复投资，实现有效供给。而对于具有竞争结构的城市基础设施，开放度要大一些，主要针对信息不对称、规模经济效益、过度竞争和保证国家财政收入实施进入规制，通过竞争激励使民营企业的资金供给有效地为城市化进程服务。(2) 城市项目的投资激励政策。若城市公共项目的公私合营投资模式很好地实现了风险共担，可以考虑实施公正报酬率（fair rate of return）政策。公正报酬率是城市政府按照完全竞争市场结构下均衡价格中所包含的“正常利润”来确定的其与价格本身的一个比率，是资本的机会成本和与资本长期利率相适应的资本报酬水平。确定公正报酬率要合理确定负债资产利息率和自有资产利润率以及负债资产和自有资产的合理比率。政府采用公正报酬率政策，能有效地引导企业合理投资，避免城市化的投资风险。(3) 城市项目的定价激励政策。其本质是要形成和实施合理的城市项目定价准则。后者包括社会和经济效益兼顾、使用价值和价值兼顾、PPP 各主体利益兼顾等内容。城市项目定价策略相对于其公共性程度的不同而有所区别。对于自然垄断产品的价格形成，城市政府在消费者福利和企业收益之间寻找平衡点，而对于具有较高竞争度但存在信息不对称的城市项目，要制定和实施关于信息披露和标准合同的政策规定。定价准则清晰、企业利益明确会激发民营公司积极参与城市项目建设的积极性。中小城镇政府若制定正确的激励政策，紧紧依靠民营企业行业涉猎广泛的资本供给能力，就能够现实地做强中小城镇，有效地推进新型城镇化进程。

第二节　城市经济学的产生与发展

一、城市经济学的产生

与许多成熟的经济学科相比，城市经济学是经济学家族中晚到的一员。20 世纪 60 年代，美国经济学家威尔伯·汤普森撰写了《城市经济学导论》，它是第一部系统研究城市经济学的著作。它的出版标志着城市经济学的诞生。

与很多学科一样，城市经济学的形成和发展经历了很长的历史过程。从 18 世纪工业革命开始，人口和产业大规模向城市集中，城市数量急剧增加，城市规模迅速扩大，城市化进程不断推进。到 1850 年，英国、法国等欧洲工业革命的发源地的城市人口比重已经超过 50%，初步进入了城市社会。城市的发展，一方面为工业的发展提供了良好的环境，大大地促进了工业化进程，使更多人能够享受到城市文明，提高生活质量。但是，另一方面，由于城市的发展速度前所未有，带来了一系列严重的社会问题，包括住房紧张、交通拥挤、环境恶化、犯罪率上升、城市基础设施严重短缺等。现实呼唤着城市经济学的诞生。

在很长的时期内，西方学者将城市问题归结为城市规划不合理，认为有一个合理而科学的城市规划，各种城市问题就会迎刃而解。而城市规划问题的解决又主要取决于工程技术，属于自然科学范畴，经济学的作用空间不大。但是，经过长期的实践和探索，人们逐渐认识到，许多城市问题是综合性的，并且根源于经济的或者是社会的原因，仅仅依赖自然科学，依赖城市规划，难以做到根本解决。人们开始从经济学的角度研究城市问题。

经济学家们首先关注的是城市的空间结构问题。在 20 世纪二三十年代，美国经济学家用经济学的理论研究城市的房地产价格、土地使用与各种经济活动空间分布的关系，试图通过建立数学模型来解决城市发展过程中的土地有效使用问题。四五十年代以后，人们又开始将区位论运用于城市经济学之中，试图解决城市中的企业选址、住宅选择以及相关的城市区位问题。此后，经济学家们意识到公共部门和公众利益在城市经济发展中的重要地位，于是，从福利经济学的角度研究人类居住问题、交通问题、环境问题等，这样城市经济学作为一个独立的学科逐渐得到发展，并且走向成熟。

1965 年汤普森出版《城市经济学导论》，作为第一部城市经济学的系统论著，它有力地推动了西方城市经济学的研究和发展。欧美发达国家的大学纷纷开设城市经济学课程，培养城市经济学的专业人才，并且开始授予博士学位。当前，西方的城市规划专业、区域经济专业，甚至有关的经济学、社会学专业，都将城市经济学列入教学计划之中。城市经济学成为最重要的学科之一。

二、西方城市经济学流派

美国城市经济学家约翰·F. 麦克唐纳在他 1997 年出版的《城市经济学基础》中将西方城市经济学概括为三大流派：主流经济学、传统经济学和马克思主义经济学，并认为这三大流派在政治上的观点有相互吻合的地方。①

麦克唐纳认为大多数城市经济学家都属于主流经济学派。城市经济学的主流经济学派的首要任务是理解城市经济的运行规律，其次，在一定时候制定相应的政策使得收益大于成本。主流经济学主要研究如何实现社会成员效用水平最大化。它认为：由于几乎所有城市的发展都受到土地、资本和社会成员的工作时间稀缺性（最主要的因素）的制约，要实现经济效用的最大化，就必须使商品或服务的边际收益（价格）等于边际成本，否则将不可避免地导致一些人的效用损失。

主流经济学家认为，市场是配置资源最有效的手段，但是，市场失灵也会经常在许多领域发生，典型的领域比如公共住宅，这时就需要城市政府干预经济。主流经济学家相信政府有能力利用货币政策和财政政策使经济在短期内获得稳定并在长期内获得增长，同时解决城市问题。政府颁布的政策也可能有错误或过时，但从整体上看，一个民主的政府制定的政策能够提高社会福利。因此，主流经济学家的研究非常重视针对现实问题为政府提出各种政策和建议，并且对这些政策建议进行成本和收益分析。

传统经济学家不相信政府的政策能够提高个人的自由，他们认为城市经济在完全的市场经济作用下能够达到最优，并且解释为什么市场自身产生的结果是最优的，“看不见的手”在特定的情况下是如何发挥作用的。两位诺贝尔经济学奖获得者弗里德曼和哈耶克是该学派的代表。他们的基本观点是人的自由极其重要和竞争性的资本主义制度是一个自由经济系统；政府的作用必须被限制在一定范围内——提供纯公共产品，比如加强国防建设，维护法律和秩序，保证自愿签订的合同得到实施，限定和保护私有产权，制定货币政策等，这些都有助于市场经济的竞争。他们不同意通过政府的垄断性调控和公共政策来纠正外部性问题。

比如对于城市贫困，弗里德曼认为贫困具有负的外部性，减少贫困则对社会具有经济

---

① John F. McDonald. *Fundamentals of Urban Economics*. Englewood：Prentice Hall，1996.

意义："我为我看到的贫困现象感到深深的不安，我在这种现象的缓减中受益，很多人和我一样不管是否为减轻贫困付出了成本，但都获得了同等的利益。"因此，弗里德曼认识到社会有责任减少贫困，但不是通过政府制定的任何反贫困政策（提供公共住宅、培训等），而是执行他的一个著名的主张：对穷人征收负个人所得税，不论穷人的职业、地位、性别和地区的差异。弗里德曼认为征收负所得税有三个基本的好处：直接增强了穷人的购买能力；没有干涉市场的运行；激励了穷人的工作热情。他相信负所得税比其他许多政策更有效地资助了穷人。弗里德曼认为城市社会需要的是法律制度而不是权力机构官员。传统经济学家很乐意看到政府制定的政策结果与先前的预计大相径庭，因为在他们看来这是必然的。

马克思主义城市经济学家的观点是发达国家的阶级斗争和国家中心都集中在城市。20世纪70年代初，马克思主义者开始考虑已经引起地区冲突的城市问题。他们研究为何大量的产业资本转移到美国的阳光地带和一些发展中国家，为何美国由工业型经济转型为服务型经济，这样的变动怎样影响城市中的阶级矛盾，这些矛盾会产生什么样的结果等。马克思主义经济学家寻找发达资本主义的危机的所在地，引导它最终导致社会主义革命。

当前，已经被介绍到中国的大量西方城市经济学著作大多属于主流经济学派城市经济学者的论著。它们首先观察并揭示城市发展规律，而后针对市场失灵研究政府如何采取政策弥补市场的不足，以求最大的社会效用，并通过建立模型，分析政策的成本效益关系找到一个最优点，使得效益大于成本。由于解决任何社会问题都需要成本，而解决问题又必须是有效益的，因此，在效益低于成本时，该问题无解，换言之，问题在一定限度内存在是必然的和理性的，是被允许的。比如，奥沙利文在研究犯罪与处罚问题时提出："因为防止犯罪的代价是很昂贵的，所以存在最佳犯罪量是不容置疑的。换言之，允许犯罪的发生是比较理智的。"① 城市经济学的责任就在于利用模型找出最佳犯罪量。同样，主流经济学的城市经济学家们允许城市问题被控制在解决问题存在经济性的前提下：如果解决问题存在经济性，则应该解决问题；如果解决问题的成本大于效益，则解决问题是不经济的，非理性的，允许问题存在则是理性的、合理的。

关于城市经济学流派的研究中国还比较少，国内学者流派的划分也还十分不确定。基本的原因在于中国的城市经济学仍然处于发展期，对于许多问题的研究还不成熟；另一个原因在于中国城市化和城市发展前所未有的复杂性，现实城市的运行不断涌现出新的矛盾与问题，这些矛盾与问题是发达国家发展过程中没有出现过的，需要中国城市经济学者进行大胆的探索与创新。我相信，中国丰富的城市化与城市发展实践，必将会孕育出一大批对城市经济学发展作出历史性贡献的学术大家。

三、中国城市经济学的产生与发展

中国城市经济学的研究起步于改革开放以后。改革开放以前，由于特殊的工业化道路，中国的城市化进程在很长时间内近乎停滞，对城市化的研究也非常薄弱。日本学者越泽明1978年在他的研究报告《中国的城市建设——非城市化的工业化道路》的前言中写道："中国25年来的经济建设，也是实现快速工业化的过程。在近代社会中，城市化现象

① 阿瑟·奥沙利文．城市经济学．北京：中信出版社，2003.

是工业化的必然结果。关于这一点中国的情况如何，几乎完全没有研究。”①

改革开放大大促进了中国城市化的进程和城市的发展，城市化水平由1978年的17.38%增长到2004年的41.8%，城市个数由1978年的192个增加到2003年的660个，城镇人口由1978年的1.72亿人，增加到2004年的5.4亿人，中国成为全世界城镇人口最多的国家。随着城市化水平的提高，城市数量也不断增加，各级各类城市面临着不同的发展问题，包括城市化问题、城市发展制度问题、城市经济增长问题、城市建设与形象塑造问题、土地问题、住房问题、交通问题、教育问题、政府行为问题等，城市经济学面临着复杂而艰巨的历史任务。

随着城市化进程的加深和城市的发展，城市经济学的研究逐步兴起。20世纪80年代初，中国社会科学院财贸经济研究所率先成立城市经济研究室，各省的社会科学院也相继成立城市经济研究所或研究室，逐步推进中国城市经济的研究。自20世纪80年代以来，很多大学也陆续开设城市经济学专业，1995年，南开大学设立全国第一个城市经济学博士点，系统培养城市经济的管理与研究人才。目前，已经有多所高等院校都开始设立城市经济学课程，开辟城市经济学硕士或者博士点。

北京大学城市与环境学院孟晓晨博士于1992年出版的《西方城市经济学——理论与方法》② 是中国第一部介绍西方城市经济学的专著；1994年清华大学谢文惠教授撰写的《城市经济学》③ 出版，该著作比较系统地介绍城市经济学理论，并对20世纪90年代上半期中国城市发展进行了详细深入的研究，对中国城市济学的教学与研究起到重要的推动作用；1997年南开大学蔡孝箴教授主编的《城市经济学》出版，该书系统地介绍了西方城市经济学理论与方法，并运用这些理论和方法对中国城市化与城市发展问题进行了大量的实证研究，将城市经济学研究推向了一个新的高度④；1999年东北财经大学饶会林教授出版的《城市经济学》⑤ 著作，内容丰富，涉及面广，逻辑严谨，全书以“城市经济”为脉络展开，包括城市经济发展、城市经济结构、城市经济环境、城市经济效益、城市经济区域和城市经济管理六大部分，全面研究城市经济运行规律、中国城市经济运行的问题及可能的政策选择。著作处处透出一个学者的历史责任感和使命感，以及老一代学者的研究风范。作为读者，笔者经常为之感动。

随着城市经济学研究的深入，越来越多的外国城市经济学研究成果被介绍到中国。上海社科院1984年翻译出版了英国城市经济学家巴顿的《城市经济学——理论与政策》⑥，这是最早被翻译成中文的西方城市经济学著作；1987年刘世庆等将美国城市经济学家沃纳·赫希的《城市经济学》⑦ 介绍到中国；这两部著作是中国学者了解西方城市经济学的重要文献；2003年由苏晓燕等人翻译出版了美国经济学家阿瑟·奥沙利文的著作《城市经济学》⑧，这是当前在西方国家高等院校中影响最大、使用最为广泛的城市经济学教材

① 越泽明．中国的城市建设——非城市化的工业化道路．建设部油印本（内部发行），1979.
② 孟晓晨．西方城市经济学——理论与方法．北京：北京大学出版社，1992.
③ 谢文惠．城市经济学．北京：清华大学出版社，1994.
④ 蔡孝箴．城市经济学．天津：南开大学出版社，1997.
⑤ 饶会林．城市经济学．大连：东北财经大学出版社，1999.
⑥ K.J. 巴顿．城市经济学——理论与政策．北京：商务印书馆，1984.
⑦ 沃纳·赫希．城市经济学．北京：中国社会科学出版社，1987.
⑧ 阿瑟·奥沙利文．城市经济学．北京：中信出版社，2003.

之一；同年由郝寿义等人翻译的美国经济学家埃德温·S. 米尔斯主编的《区域和城市经济学手册第2卷：城市经济学》① 以及安虎森等翻译的英国经济学家保罗·切希尔与美国经济学家埃德温·S. 米尔斯合作主编的《区域和城市经济学手册第3卷：应用城市经济学》② 出版，这是由美国著名经济学家K. J. 阿罗和M. D. 英特里盖特总主编的44卷本《经济学手册》中的两本，收集了30余个西方学者对城市经济学研究的最新成果。

到目前为止，中国已经公开出版的以《城市经济学》命名的著作已经有几十部，相关的系统著作100多部，翻译国外研究成果也非常多，已经初步构建起城市经济学的学科体系框架。每部著作各有所长，从不同的方面丰富和深化了城市经济学的研究。

笔者在学习和研究前人成果的基础之上完成本书，力图突出两个特点：

第一，理论与中国实践相结合，将城市化作为城市经济学的有机组成部分，纳入城市经济学研究框架。城市经济学理论形成于西方经济学界，其主流研究是用经济学方法解释城市发展中的各种问题。由于西方社会是在市场条件下逐步成熟的社会，许多经济社会现象可以用规范的模型、公式加以解释，甚至于从中找到解决问题的方法。但是，中国是一个城市化和城市发展长期滞后的国家，又处于体制大幅度转轨时期，加上中国特殊的国情，中国当前的绝大部分城市问题不是能够用一般城市经济学模型可以作出有力解释的，或者说，许多满足于模型的解释不足以服人。中国城市经济学者不能只满足于对西方城市经济学理论与方法的推介，更需要对现实众多复杂的城市问题，特别是对国民经济发展具有重大影响的问题，从多个角度作出合理的解释，并且探讨解决问题的路径。

第二，城市化是中国当前城市发展过程中最为突出的特点，本书以五章的篇幅对城市产生的经济根源、城市体系及城市化问题做了探讨，并且，在研究城市问题的其他章节中，始终将城市看作是“城市化过程中的城市”，这一特点至少在将来30年以内，在中国研究城市问题是适用的。

第三节　城市的界定标准（为什么要设置城市?）

一、城市的产生基础

城市的出现是人类社会发展史上的重要里程碑。城市的产生基础可以从城市产生的经济基础和社会基础两个方面进行分析。③

（一）城市产生的经济基础——从生产力角度分析

城市并非人类与生俱来的。随着生产力进一步发展和金属工具对石器的全面替代以及工具制造技术的不断改善，农业与手工业分离，其结果是以交换为目的的生产即商品生产，以及交换的媒介物——货币也随之出现。于是，一个不从事物质生产只从事商品交易的阶层即商人阶层应运而生了，商业也随之分离出来。

商人和手工业者摆脱了对土地的依赖，自然地趋向有利于加工和交易的交通便利之

---

① 埃德温·S. 米尔斯. 区域和城市经济学手册第2卷：城市经济学. 北京：经济科出版社，2003.

② 保罗·切希尔，埃德温·S. 米尔斯. 区域和城市经济学手册第3卷：应用城市经济学. 北京：经济科学出版社，2003.

③ 谢文蕙，邓卫. 城市经济学. 北京：清华大学出版社，2008.

处，产生了固定的商品生产与交换的居民点，这就形成了城市的雏形。

（二）城市产生的社会基础——从生产关系角度分析

城市的产生不仅得益于人类生产力水平的提高，也与生产关系的变革密切相关。在原始社会后期，随着生产范围的扩大、剩余产品的增多，部落与部落之间的交换大多转为个人与个人的交换。土地和工具等生产资料逐渐被个人占有，于是私有制开始出现。氏族成员的平等关系就此演变为依附关系，分化出奴隶和奴隶主两个阶级，从而拉开了国家和城市的序幕。

奴隶主为了保护自身的利益，便在统治的中心屯兵防守，构筑城池。而国家的出现进一步强化了城市的存在，赋予了它更多政治色彩。由此可见，城市孕育于原始社会向奴隶社会的过渡时期，形成于奴隶时代，它伴随着私有制、阶级和国家的发端而产生。城市是奴隶社会物质载体形式之一，私有制是城市诞生的经济因素，二者相辅相成。

另外，关于城市的产生，我们也不能忽略其血缘和宗教原因。血缘制和宗教中心说认为，城市的起源是由于血缘制和宗教的亲和力，这种亲和力与社会经济相结合而产生城市。刘易斯·芒福德在《城市的形式与功能》① 一书中指出："生产力在一定地域内的聚合力是血亲制度。"在阶级社会中，人们的血缘关系赋予了种种宗法文化概念，并引起人口的地缘性集聚，这是城市起源的内在动因。

二、世界各国对城市的界定

城市的测度也即城市标准的测度。虽然关于城市的一般性识别是很容易的事情，但是，关于城市标准的测度在世界范围内至今还尚未得到统一的认识。不同的国家和地区执行着各自的标准。根据测度城市考虑指标的不同，可以将世界主要国家的城市标准分为如下几类：

（一）根据人口集聚的规模来确定

这是国际上最通行的城市确定方法。世界上大部分国家都将城市人口规模作为衡量城市的指标或指标之一。一般来说是确定城市人口规模的下限。国际有关组织规定：市（city）的人口规模最低标准为 20 000 人（联合国区域开发中心规定）；镇（town）的人口规模最低标准为 2 000 人。

这是一个参照性的指标，各国根据各自的国情，确定的指标差别很大。最低的国家是乌干达，最低设镇标准为 100 人；最高的国家是中国，最低设市标准是 8 万人，最低设镇标准是 2 000 人；其次是日本，最低设市标准是 5 万人。城镇定义中包含人口下限标准的国家见表 1－1。②

表 1－1　城镇定义中包含人口下限标准的国家

下限标准（人）	国家
100	乌干达
200	丹麦、瑞典、挪威、冰岛等
400	阿尔巴尼亚等

① 刘易斯·芒福德．城市的形式与功能．北京：中国建筑工业出版社，2005.

② 周一星．城市地理学．北京：商务印书馆，1995.

续前表

下限标准（人）	国家
500	南非、巴布亚新几内亚等
1 000	加拿大、澳大利亚、新西兰等
1 400	汤加等
1 500	巴拿马、哥伦比亚、爱尔兰等
2 000	法国、德国、荷兰、阿富汗、阿根廷、古巴、埃塞俄比亚、希腊、以色列、捷克、斯洛伐克、加蓬等
2 500	美国、墨西哥、委内瑞拉、泰国等
3 000	英国等
5 000	印度、巴基斯坦、伊朗、孟加拉国、韩国、沙特阿拉伯、土耳其、比利时、奥地利、黎巴嫩、加纳、马里等
10 000	马来西亚、科威特、西班牙、葡萄牙、意大利、瑞士等
20 000	尼日利亚、毛里求斯
50 000	日本

注：在表中，有的国家是最低设市标准，比如日本；有的国家没有明确划分市和镇，都称为城镇，因此实际上是最低设镇标准。

（二）根据人口规模和人口密度来确定

瑞典规定，人口在200人以上、房屋间距通常不大于200米的建成区即为城镇；加拿大规定，人口规模在1 000人以上设有市镇建制的地区以及人口规模在1 000人以上、人口密度至少为390人/平方公里的未设建制的居民点为城镇。①

（三）根据人口规模和产业人员结构来确定

荷兰规定，2 000人以上的市，或者人口不到2 000人，但是男子从业人员中从事农业的比重不超过20%的居民点为城镇。

（四）根据行政级别来确定

这也是很多国家在界定城镇时所用的辅助指标。它是指以地区政府的行政级别作为设市的依据，规定某一级政府的行政机构所在地为城镇，如埃及规定省和地区的首府为城镇等。

（五）根据城镇的特征来确定

比如智利规定，有一定公共市政服务设施并且具有明显城镇特征的人口中心为城镇。马耳他是一个小岛，该国规定没有农业用地的建成区即为城镇。

另外，还有许多国家将上述指标综合运用，来确定本国的城镇设置标准。

三、中国的城镇设置标准

（一）城市设置标准

中国半个多世纪以来，市镇设置标准不断变化。1955年6月，国务院根据当时国民经济发展的需要，制定了市镇设置标准②，规定省级政府领导的行政单位，集聚人口在10万

① 周一星．城市地理学．北京：商务印书馆，1995.

② 《当代中国》丛书编辑部．当代中国的城市建设．北京：中国社会科学出版社，1990：101-103.

人以上，或者10万人以下的重要工业基地可以设市。

为了减少城镇人口，1963年12月，中共中央、国务院联合发布了《关于调整市镇建制、缩小城市郊区的指示》，提高了市镇设置的标准①，撤销了大部分10万人以下的市和大批不符合条件的镇。通过市镇设置的调整，中国的城市由1961年的208个减少到1964年的169个，建制镇更是由5 404个下降到3 148个，城市化水平由1960年的19.75%下降到1963年的16.84%。

改革开放以来，国务院于1984年调整了建制镇的设置标准，分别于1986年和1993年先后调整了设市标准。1999年国家统计局又出台了新的城乡划分标准，在2000年第五次全国人口普查中试行。目前的城镇人口比重就是根据1986年的设镇标准和1993年的设市标准及1999年的城乡划分标准进行统计的。

1986年4月，国务院同意民政部《关于调整设市标准和市领导县条件的报告》，大大降低了设市标准，规定非农业人口6万以上，年国民生产总值2亿元以上，已经成为该地经济中心的镇，可以设置市的建制，同时对撤县设市条件也做了相应的规定。②新的设市标准颁布以后，我国的小城市数量迅速增加，成为20世纪90年代中后期我国城市化的另一支重要力量。

1993年，国务院颁发了《国务院批转民政部关于调整设市标准报告的通知》（国发[1993] 38号）。这一次设市标准的最大特点是建立了一整套设市的指标体系，根据县的人口密度不同，分为人口密度大于等于400人/平方公里、100～400人/平方公里以及不足100人/平方公里三种情况，分别设置了14个关于县政府驻地和全县社会经济发展方面的指标，达到这些指标则可以设立县级市。我们将这些指标整理后以表1-2列出。

表1-2　国务院1993年关于设立县级市的标准

人口密度（人/平方公里）		<100	100～400	≥400
县政府驻地指标	从事非农产业的人口（万人）	8	10	12
	具有非农业户口的人口（万人）	6	7	8
	自来水普及率（%）	55	60	65
	道路铺装率（%）	50	55	60
县域指标	从事非农产业的人口（万人）	8	12	15
	非农产业人口比重（%）	20	25	30
	国内生产总值（亿元）	6	8	10
	第三产业占国内生产总值的比重（%）	20	20	20
	乡镇以上工业产值（亿元）	8	12	15
	乡镇以上工业产值占工农业产值的比重（%）	60	70	80
	县级财政预算内收入（万元）	4 000	5 000	6 000
	人均县级财政预算内收入（元/人）	60	80	100
	承担一定的上解支出任务			

1993年设市标准的进步之处在于，基本人口指标兼顾了从事非农产业的人口和具有

① 《当代中国》丛书编辑部．当代中国的城市建设．北京：中国社会科学出版社，1990：83-84.

② 同①116.

非农业户口的人口，更加符合现实情况。但是，设市标准过于烦琐，而且高人口密度地区的设市标准大大高于低人口密度的地区，不够公平。同时，与世界各国的设市标准比较，我们的设市标准仍然太高，这些都在一定程度上不利于城市化进程。

1999年12月，国家统计局印发了《关于统计上划分城乡的规定（试行）》，该文件指出，城市是指经国务院批准设市建制的城市市区；镇是指经批准设立的建制镇的镇区；乡村是指城镇地区以外的其他地区。该文件还对市区和镇区做了具体的规定。该规定澄清了长期以来城市化水平的统计和研究中关于城镇人口统计范围混乱的问题，为下一阶段推进中国城市化进程提供了良好的统计基础。

（二）建制镇的设置标准

1955年6月，国务院规定：县级政府领导的行政单位，集聚人口在2 000人以上可以设置镇的建制。

1963年国务院规定："工商业和手工业相当集中，聚居人口在3 000人以上，其中非农业人口占70%以上，或者聚居人口在2 500人以上不足3 000人，其中非农业人口占85%以上，确有必要由县级国家机关领导的地方，可以设置镇的建制。"①

1984年，《国务院批转民政部关于调整建镇标准的报告的通知》从两个方面下调了建制镇的设置标准：一是区县级地方国家机关，均设置镇的建制。二是将具体标准修改为"总人口在二万以下的乡，乡政府驻地非农业人口超过二千的，可以建镇；总人口在二万以上的乡，乡政府驻地非农业人口占全乡人口10%以上的，也可以建镇"。虽然从字面上看建制镇的非农业人口规模标准基本没有下调，但是实际上为人口大乡撤乡建镇提供了机会。在现实生活中，很多地方都将2万人口以上的乡撤乡建镇，而其中相当一部分非农业人口远远没有达到要求。

第四节 城市化地区的划分及其作用

城市化地区是指一个具有较大人口规模的核心城市以及空间上与之相连且具有较强经济和社会联系的地区。城市化地区是发达国家成熟而又普遍的城市区域界定方法。各国对城市化地区所用概念不同，但是，都由国家权威部门确定城市化地区的设立标准，根据城市化地区的发展建立动态超越行政区界的城市化地区范围，并且以城市化为空间单元统计并公布城市化地区的基础资料，服务于国民经济和社会发展研究与规划。

当前，中国对于城市化地区的研究还基本上处于空白。中国急需开展城市化研究，进行城市化地区的系统统计工作，为城市化时代中国的各种宏观、中观和微观经济社会研究及政府决策提供空间数据框架。

一、设立城市化地区的目的

（一）建立以城市化地区为空间边界的统计体系

发达国家设立城市化地区的首要目的在于准确反映城市体系格局，并在此基础上对都市

---

① 《当代中国》丛书编辑部．当代中国的城市建设．北京：中国社会科学出版社，1990：84.

区的社会经济状况进行统计分析。美国公布的统计数据有两套地区划分口径：一是以州和县等行政区为基础提供统计数据；二是以核心统计区为基础，提供土地面积、人口结构、出生率、死亡率、医疗卫生、人均收入、建筑、商业、出口额和金融等方面近 30 组统计数据，较好地反映了各核心统计区的社会经济特征。[①] 城市化地区在美国被称为核心统计区，在加拿大被称为普查都市区和普查聚集区，从名称上就可以看出设立都市区的统计目的。

（二）运用城市化地区统计资料进行社会经济分析

发达国家还以城市化地区为框架，利用相关统计数据进行社会经济分析。例如德国在空间计划区（spatial planning region）的基础上分析劳动力市场的结构、区域经济竞争力、工作机会和区域差异，挪威在经济区（economic region）的基础上制定区域政策和发展计划。[②]

（三）为区域发展研究和区域规划提供框架

这一功能在欧盟体现得最为显著：欧盟是一个由多个国家组成的国际化组织，随着欧盟区域经济一体化进程的加速，欧盟已经明确意识到必须制定欧盟区域发展规划，以缩小欧盟内部区域之间的差距。如何研究这一问题？欧洲空间规划观察网提供的一份研究建立多中心的可能性的报告表明，欧盟正在以城市化地区为依托开展以谋求区域均衡发展为目的的研究。[③]

该研究将欧洲多中心性分为三个层次：

第一，宏观层次，使得欧洲的国家之间、区域之间发展更加平衡，谋求新的具有全球意义的增长极出现在“五边形”以外。

第二，中观层次，强调城市间的互补性，两个或多个城市应该利用现有资产，实现功能互补，从而提供只有更高级城市才能提供的功能。

第三，微观层次，强调城市功能和经济的互补性，促进城市与周边腹地合作发展。

报告指出多中心发展的意义在于：在各层次上减少区域差距，振兴人口稀少、经济落后的区域的发展；减少欧盟的部门政策带来的空间负面影响；在“五边形”以外的具有全球意义的增长极能保证欧盟在全球经济中更有竞争力；有助于实现所有区域的经济潜力。

欧洲空间规划观察网提出衡量多中心性的基本空间单元是功能城市区（functional urban areas，简称 FUA）。功能城市区包括城市核心以及周围与之具有紧密经济联系的地区，即我们所说的城市化地区。功能城市区是介于城（镇）和区域之间的一级统计区层次。它独立于行政区界线，能够体现出城市核心的功能辐射范围。欧洲空间规划观察网提出在欧洲多中心性发展的研究中，功能城市区应该成为城市分析的基本框架和依据。

由于各国划分功能城市区的标准不一，功能城市区统计数据并不完全可比，制约了研

---

① U. S. Bureau of the Census. *State and Metropolitan Area Data Book 1997—98*，5th edition. Washington DC，1998.

② Organisation for Economic Cooperation and Development. *Redefining Territories*：*The Functional Regions*. Paris，2002.

③ ESPON. Potentials for Polycentric Development in Europe. ESPON Project 1.1.1 Final Report. Luxembourg，2004.

究成果的准确性。欧洲亟须统一功能城市区的设立标准。为了较好地反映功能城市区的基本状况，欧洲空间规划观察网提出初步标准：在人口大于1 000万人的国家，单个功能城市区的城市核心至少要有15 000人，总人口至少达到50 000人。对于较小的国家，单个功能城市区的总人口至少要有15 000人，并包含0.5%以上的全国总人口。根据该定义，2004年欧洲29国（欧盟25国、挪威、瑞士、保加利亚、罗马尼亚）共有1 595个总人口在2万人以上的功能城市区。

以城市化地区作为区域发展研究和区域规划的框架是发达国家普遍的做法。

（四）进行城市化地区规划及城乡一体化发展规划

由于城市化地区是发达国家人口和经济社会活动最集中的地区，因此对城市化地区进行科学规划具有重大意义。发达国家政府通常运用城市化地区人口、用地和空间格局变化轨迹的资料，对城市化地区进行超越行政界限的区域规划，统筹城市化地区内部各城市之间、城市与周边地区之间的发展，促进区域一体化进程。

下面我们以美国为例，具体介绍城市化地区的划分及研究状况。美国更多地将城市化地区称为都市区，其演变状况如下。

二、美国设立都市区的标准

（一）美国都市区发展的历史沿革

1910年，美国人口普查局提出了都市区（metropolitan district，简称MD）的概念，标志着美国首次以大城市及其郊区为单元公布人口数据。最初，只有20万以上人口的城市才能被设立为都市区的核心，到了1940年，都市区的核心的概念被扩展运用到5万以上人口的城市。

标准都市区（standard metropolitan area，简称SMA）的概念于1949年由预算局（现在的美国管理和预算办公室）提出。标准都市区包含一个或多个相连的中心县，这一个或多个中心县里至少有一个5万以上人口的城市，其他县如果具备特定的都市特征并与中心县有紧密的社会经济联系，也能够被囊括到标准都市区中。

1950年以后每次全国普查时都会修改都市区的设立标准，但是这些修改主要针对设立都市区的核心的门槛值，基本的都市概念变动不大。1959年标准都市区被更改为标准都市统计区（standard metropolitan statistical area，简称SMSA），以强调设立都市区的本意和目的。1983年标准都市统计区被更改为都市统计区（metropolitan statistical area）、联合都市统计区（consolidated metropolitan statistical area）、初级都市统计区（primary metropolitan statistical area）。①

2000年，美国对都市区的划分标准进行了最新改革，将所有都市区统称为核心统计区（core based statistical area），它包括规模较大的都市统计区和规模较小的小型城市统计区（micropolitan statistical area）两类。截至2003年12月，美国共有934个核心统计区（361个都市统计区，573个小型城市统计区），该934个核心统计区包含了93%的总人

---

① U. S. Bureau of the Census. *State and Metropolitan Area Data Book 1997—98*. 5th edition. Washington DC, 1998.

口以及 57%的县。①

美国从 1949 年开始设立标准都市区，由于联邦政府各部门采用统一的都市区划来公布统计数据，各部门的统计数据完全可比，划分都市区的优势逐渐显露出来。从表 1-3 可以看出，美国都市区人口以及都市区面积占全国的比重呈现持续增长的势头。在 2000 年设立核心统计区以后，都市区已经包含了全国绝大部分人口。

表 1-3　　美国 1950—2003 年都市区数量及其人口、面积占全国比重的变化

年份	都市区数（个）	都市区人口占全国的比重（%）	都市区面积占全国的比重（%）
1950	169	54.7	5.8
1960	212	63.0	8.7
1970	243	68.6	10.9
1980	318	74.8	16.0
1990	284	77.5	16.4
1999	276	80.1	20.0
2003	934	92.9	不详

资料来源：U. S. Bureau of the Census. *Statistical Abstract of the United States*：*2001*. Washington DC，2001；U. S. Bureau of the Census. *Statistical Abstract of the United States*：*1951*. Washington DC，1951；U. S. Office of Management and Budget. Metropolitan Statistical Areas，Metropolitan Divisions，Micropolitan Statistical Areas，Combined Statistical Areas，New England City and Town Areas，and Combined New England City and Town Areas as of December 2003. OMB Bulletin No. 04-03 Appendix. Washington DC，2003.

（二）美国核心统计区的划分标准②

1. 城市核心统计区

美国的核心统计区分为都市统计区和小型城市统计区两类。城市地区人口数大于 5 万的核心统计区被称为都市统计区，城市地区人口在 1 万人以上、5 万人以下的核心统计区被称为小型城市统计区。

都市统计区必须具有一个城市化地区（urbanized area）。城市化地区是美国 1950 年最早使用的一个概念，该概念一直沿用至今。一个城市化地区由中心城市和它周围地区人口密度在 1 000 人/平方英里以上的密集居住区两个部分构成，合计人口在 5 万人以上。中心城市是指在城市化地区内人口最多的设有建制的城市。关于其周围的密集居住区具体指标经常有变化，一般是指人口密度在 1 000 人/平方英里以上的邻近地域。

小型城市统计区必须具有一个人口在 1 万人以上的城市簇（urban cluster）。城市簇是指人口在 2 500 人以上、人口密度大于 1 000 人/平方英里的城市。

城市化地区和城市簇统称为城市地区（urban area）。

---

① U. S. Office of Management and Budget. Metropolitan Statistical Areas，Metropolitan Divisions，Micropolitan Statistical Areas，Combined Statistical Areas，New England City and Town Areas，and Combined New England City and Town Areas as of December 2003. OMB Bulletin No. 04-03 Appendix. Washington DC，2003.

② U. S. Office of Management and Budget. Standards for Defining Metropolitan and Micropolitan Statistical Areas. *Federal Register*，2000：82228-82237.

如果都市统计区包含一个250万以上人口的城市核心，那么该都市统计区将被划分为都市细分区（metropolitan division），通过统计数据反映出规模较大的都市统计区的内部结构特征。

设立核心统计区的门槛之所以依据单个城市核心的规模，而不是整个地区内部的城市总规模，主要原因在于城市核心应具有较高级的功能并提供多种类的服务，体现出对外围区的辐射能力，而城市核心的功能和提供的服务与城市核心的规模正相关。

2. 核心统计区的构成单元

设立都市区不能完全脱离行政区，而是需要以某一级别行政区为单元来构建都市区，这样才能够充分利用现有的统计资源来提供都市区的统计数据。

合理确定都市区构成单元的行政区级别十分重要。如果行政区级别太高，那么单个行政区面积较大，不能精确地反映都市区的地理格局，丧失了设立都市区的意义。如果行政区级别太低，虽然满足了精确度要求，但是由于基层统计机构不完善，往往难以获得全面的统计数据，同时也增加了提供统计数据的成本。

美国的大部分地区以县为单元来设立都市区，因为县是能够获得统计数据的最小行政单元。而在美国东北部的新英格兰地区[①]，广泛的统计数据是在城市和镇这一行政级别上收集和发布的，所以新英格兰地区除了设立以县为单元的核心统计区外，还设立了以城市和镇为单元的新英格兰城市和镇地区（new England city and town area)。它们是对新英格兰地区的两种不同的都市区划分方法。

3. 中心县和外围县

都市核心区范围包括城市地区、中心县及外围县。

如果一个县50%以上的人口在一个或多个城市地区内，或者至少有5 000人在一个城市地区内，那么该县被称为中心县。一个城市地区可能与一个或多个中心县相联系，这些中心县成为设立外围县的基础。

外围县应满足以下两个条件：(1) 在空间上与中心县或其余外围县相连；(2) 与中心县有较强的通勤联系。

外围县的居民到中心县就业形成顺通勤流，中心县的居民到外围县就业形成逆通勤流。相应地，设立外围县就有两种方式，满足以下两个条件之一的县将被设立为外围县：

条件1：顺通勤法。

$$\frac{\text{外围县居民在中心县就业的人数}}{\text{外围县的就业总数}} \geqslant 25\%$$

条件2：逆通勤法。

$$\frac{\text{中心县居民在外围县就业的人数}}{\text{外围县的就业总数}} \geqslant 25\%$$

美国交通方式和通信技术的高度发展使得远距离通勤成为可能，所以很多中产阶级选择居住在环境优美的郊区，每天到城市核心工作，从而产生顺通勤流。相反，一些居住在城市核心、收入相对较低的劳动者又选择每天通勤到外围区从事服务业，从而产生逆通勤

① 包括康涅狄格州、缅因州、马萨诸塞州、新罕布什尔州、罗得岛州和佛蒙特州。

流。设立外围区时应考虑到两种通勤流的综合作用。

城市核心和以通勤率确定的外围区之间存在较强的就业联系，最大限度地保证了就业者在同一个都市区内就业和居住，整个都市区形成了一个劳动力市场，从而都市区具有了自我包容、自我发展的特性。① 在英国，都市区被称为通勤区（travel-to-work area），其设立标准为70%以上的区内居民在区内就业，并且70%以上的区内就业者在区内居住，所以通勤区可以近似地看作自我包容的劳动力市场。②

4. 合并核心统计区

如果一个核心统计区的中心县达到成为另一个核心统计区的外围县的标准，那么这两个核心统计区将被合并为一个更大的核心统计区。

5. 设立联合统计区

如果两个核心统计区未达到上述合并的要求，但是它们之间的就业交换率（employment interchange measure）大于25%，那么两个核心统计区将组成联合统计区（combined statistical area）。

$$\text{就业交换率}=\frac{\text{较小地区居民在较大地区就业的人数}}{\text{较小地区的就业总数}}+\frac{\text{较大地区居民在较小地区就业的人数}}{\text{较小地区的就业总数}}$$

与上述的合并方式不同，联合统计区中每个核心统计区仍然保持自己的独立地位。联合统计区能够反映社会经济紧密联系的多个核心统计区的总体规模。

6. 核心统计区的命名

核心统计区以中心城市的名称命名。如果核心统计区内有多个城市，那么取人口最多的三个城市的名称并按照降序排列。核心统计区还应包含其所处的所有州的名称。随着城市体系的不断变化，核心统计区的名称将根据普查结果相应变化。

表1-4列出了美国2010年人口数最多的20个核心统计区。美国人口最多的核心统计区名为“纽约-北新泽西-长岛，纽约州-新泽西州-宾夕法尼亚州”，说明此核心统计区内人口最多的三个城市依次为纽约、北新泽西、长岛，这个核心统计区共涉及纽约州、新泽西州和宾夕法尼亚州三个州。

表1-4　　2010年美国人口最多的20个核心统计区

排序	核心统计区名称	核心统计区人口
1	纽约-北新泽西-长岛，纽约州-新泽西州-宾夕法尼亚州	18 897 109
2	洛杉矶-长滩-圣安娜，加利福尼亚州	12 828 837
3	芝加哥-乔利埃特-内珀维尔，伊利诺伊州-印第安纳州-威斯康星州	9 461 105
4	达拉斯-沃思堡-阿灵顿，得克萨斯州	6 371 773
5	费城-卡姆登-威尔明顿，宾夕法尼亚州-新泽西州-特拉华州-马里兰州	5 965 343
6	休斯敦-舒格兰-贝敦，得克萨斯州	5 946 800

① Organisation for Economic Cooperation and Development. *Redefining Territories: The Functional Regions*. Paris, 2002.

② U. K. Office for National Statistics. *Guide to Regional and Local Labour Market Statistics*. 2nd edition. London, 2001.

续前表

排序	核心统计区名称	核心统计区人口
7	华盛顿-阿灵顿-亚历山德里亚，华盛顿哥伦比亚特区-弗吉尼亚州-马里兰州-西弗吉尼亚州	5 582 170
8	迈阿密-劳德代尔堡-庞帕诺比奇，佛罗里达州	5 564 635
9	亚特兰大-桑迪斯普林斯-玛丽埃塔，佐治亚州	5 268 860
10	波士顿-剑桥-昆西，马萨诸塞州-新罕布什尔州	4 552 402
11	旧金山-奥克兰-弗里蒙特，加利福尼亚州	4 335 391
12	底特律-沃伦-利沃尼亚，密歇根州	4 296 250
13	里弗赛德-圣贝纳迪诺-安大略，加利福尼亚州	4 224 851
14	菲尼克斯-梅萨-格伦代尔，亚利桑那州	4 192 887
15	西雅图-塔科马-贝尔维尔，华盛顿州	3 439 809
16	明尼阿波利斯-圣保罗-布卢明顿，明尼苏达州-威斯康星州	3 279 833
17	圣迭戈-卡尔斯巴德-圣马科斯，加利福尼亚州	3 095 313
18	圣路易斯，密苏里州-伊利诺伊州	2 812 896
19	坦帕-圣彼得斯堡-克利尔沃特，佛罗里达州	2 783 243
20	巴尔的摩-陶森，马里兰州	2 710 489

7. 都市区的更新原则

行政区具有相应的行政机构和管理职能，一旦设立就应保持相对稳定，不宜频繁变动。都市区反映了城市体系的格局，而城市体系处于持续变化中，所以都市区划以及都市区的设立标准都应不断更新来反映城市体系格局。

在美国，都市区的更新主要依据十年一度的普查数据，在两次普查中间可以通过抽样调查和统计估计来对都市区划进行局部修改，但是最终仍应以普查数据为准。

根据美国 1990 年、2000 年的两次普查资料，可以看出美国人口分布的变化动态。表 1－5显示，1990—2000 年美国核心统计区的人口增长率略高于全国平均人口增长率，而核心统计区以外地区的人口增长率则显著低于全国平均人口增长率。在核心统计区里，规模较大的都市统计区又比规模较小的小型城市统计区呈现出更高的人口增长率。所以，美国人口呈现出向核心统计区特别是都市统计区聚集的趋势。

表 1－5　　1990—2000 年美国都市区人口变化情况

地区	1990 年人口	2000 年人口	2000 年比 1999 年增长
核心统计区	230 276 736	261 534 991	13.6%
都市统计区	203 940 698	232 579 940	14.0%
小型城市统计区	26 336 038	28 955 051	9.9%
核心统计区以外地区	18 433 137	19 886 915	7.9%
美国	248 709 873	281 421 906	13.2%

注：美国 1990 年的都市区划分标准与 2000 年不同，本表中 1990 年都市区人口数采用 2000 年的都市区划分标准，因此可以与 2000 年的都市区人口数直接比较。

资料来源：U. S. Bureau of the Census. *Ranking Tables for Population of Metropolitan Statistical Areas，Micropolitan Statistical Areas，Combined Statistical Areas，New England City and Town Areas，and Combined New England City and Town Areas：1990 and 2000*. Washington DC，2003.

三、中国亟须开展城市化地区研究和规范的城市化地区统计工作

中国处于城市化的高速成长期，城市是中国发展变化最剧烈的地区，城市统计是中国最基本的国情统计。不准确地了解城市，就很难准确地把握国情。但是，中国城市化发展的空间格局到底如何不得而知，我们对国情的掌握不够精确。为此，中国迫切需要进行城市化地区研究，开展独立于行政区的城市化地区统计工作。

（一）城市发展的基本统计框架功能

就中国现状来看，各种统计数据仍然是以各级行政区为框架提供的，缺乏以人口聚集程度反映的超越行政界限的城市化地区统计，难以反映中国城市体系的准确状况。

例如，在长江三角洲存在一个以上海为核心的城市带已为学术界所公认，但是由于跨越上海、江苏和浙江三个省级行政区，难以直接获得上海都市区的整体统计数据。有的学者认为长江三角洲经济区仅包括上海市、江苏的苏锡常地区和浙江的杭嘉湖地区，面积[①] 2 万多平方公里。但从地理意义上来说长江三角洲包含 15 个城市，面积 10 万多平方公里。还有的观点认为应该将长江三角洲和其经济辐射范围划归同一个经济区，那么长江三角洲经济区就包含了上海、江苏、浙江和安徽 3 省 1 市，土地面积达 34 万平方公里。那么，以严格城市化地区的标准界定，上海都市区到底有多大呢？它又发生了什么变化呢？这些资料缺乏统计。全国其他城市和城市地区也是如此。

中国非常有必要设立城市化地区或者都市区作为研究城市体系的框架，并在此框架上提供全面的统计数据，为深入研究中国的城市体系奠定基础。

（二）城市化地区内的分析管理功能

大部分设立了都市区的国家都以其为框架进行社会经济分析，在此过程中需要解决的两个问题是分析主体是谁、针对问题的政策如何实施，也就是如何对都市区进行有效管理。

都市区内部常出现重复建设、恶性竞争和基础设施建设不协调等问题。为了实现都市区内部的平衡发展，有关部门也需要对落后地区采取有针对性的政策。发达国家管理都市区的方式有两种[②]：

第一，设立特定都市区管理部门。

由于都市区跨越多个行政区，要对都市区进行有效管理，需要在每个都市区设立超越各行政区的管理部门，这种方式以加拿大的蒙特利尔都市区最为典型。加拿大政府在设立蒙特利尔都市区以后，又在当地设立了蒙特利尔都市共同体（Montreal metropolitan community），该组织由由蒙特利尔都市区中主要城市的市长组成的委员会进行管理，组织运转所需要的资金来自省级和市级财政。组织的职责在于协调和规划都市区内的空间发展、经济发展、住房、交通、环境和垃圾处理，但并不涉及具体的行政事务。

第二，设立中央政府的都市区管理部门。

与第一种方式不同，这种方式并不在每个都市区设立特定管理部门，而是在中央政府设立统一的都市区管理部门来对全国都市区进行管理。由于都市区管理的综合性，这个管理部门应该超越各部委独立存在，以便协调各部委进行综合管理。爱尔兰都市区是由总理

① 扣除太湖和崇明岛。

② Kamal-Chaoui，Lamia. Metropolitan Governance in OECD Countries. OECD Working Paper. Paris，2003.

办公室直接负责，荷兰专门指定一位国务卿负责城市事务，法国和丹麦都设立了一个跨部门的委员会管理都市区。同时，法国还通过了《1999 年强化和简化社区合作法》来促进都市区内部的合作。

中国与一些实行联邦制的西方国家不同，中央政府在地区经济的发展中发挥重要作用。此外，中国的城市体系中出现的重复建设、恶性竞争、地区封锁等问题往往是由于法律政策的不完善、地方政府行政不规范造成的，只有中央才有权力制定全国范围的政策法规并管理地方政府。中国的行政机构以四级制为主，每个都市区增设一级管理机构可能弊大于利。所以，中国可以研究在中央建立跨部委的管理部门以对全国的城市化地区进行宏观管理。管理的重点应该放在完善法律政策、促进都市区的合作、协调城市化地区的矛盾上，而不是取代地方政府进行具体的行政管理。

（三）统筹城市化内部和外部发展

设立城市化地区后不仅应该对城市化地区内部进行有效管理，而且应该根据城市化地区内外地区的特点采取相应政策，来促进城市化地区内部和外部的协调发展。

城市化地区由城市核心和外围区构成，外围区是与城市核心有较强社会经济联系的地区，外围区既可能是城市地区，也可能是农村地区。城市化地区外部也存在着许多分散的城市地区。在加拿大，普查城市化地区和普查聚集区内部的农村地区被称为边缘农村区（rural fringe），普查城市化地区和普查聚集区内部与城市核心不相连的小型城市地区被称为边缘城市区（urban fringe）。①

中国设立城市化地区以后，城市化地区内部的边缘农村区会表现出城郊农业的特征，为城市核心提供多样化的农产品。城市化地区外部的农村地区与城市核心联系不紧密，应以建设大型农产品基地为主。城市化地区内部的边缘城市区，规模很小但是与城市核心联系紧密，更适合成为城市核心周边的卫星城。城市化地区外部的城市地区规模较小，主要为四周广大的农村地区提供工业产品及服务。

中国还可以对城市化地区外的所有地区根据城市化地区对其影响程度的大小分类。由于城市化地区是经济活动和人口的聚集地，如果某个地区受各城市化地区的影响较小，说明该地区的经济体现出自给自足的特点，与外界的经济往来不多，导致了经济发展水平的落后。国家可以考虑通过疏通经济往来渠道、设立新的增长极、完善交通和通信基础设施等方式来拉动这些地区的经济发展。

（四）为调整行政区划提供新的视角

中国自 20 世纪 80 年代普遍推行市管县体制以来，70%以上的县级建制由市或州领导，中国的行政区划以四级制为主。实际上，很多地级市的市区与所辖县的社会经济联系并不紧密，而与地级市社会经济联系紧密的县又往往不在其管辖范围内。通过设立城市化地区，可以反映出地级市市区的实际辐射范围。在行政区划调整过程中将与市区确实存在紧密社会经济联系的县划归地级市管辖，将与城市发展确实缺乏联系的县直接划归省管辖，这样，既减少管理层次，又符合城市化时代区域管理的基本要求。城市化地区可以为行政区划的调整提供更为科学的依据。

---

① Statistics Canada. *2001 Census Dictionary*. Ottawa，2003.

中国城市化地区划分的标准是一个十分复杂的问题，笔者暂时还缺乏成熟和深入的研究。本书在这里抛砖引玉，希望中国城市化地区研究能够引起学界同仁及国家统计部门的重视。

第五节 城市化规律

与其他任何社会经济活动一样，城市化发展过程遵循三大规律：

一、城市化与工业化发展过程相互促进，并随着工业化水平的提高而提高

工业化是城市化的经济基础和核心推动力。在生产要素空间流动不存在制度障碍的条件下，工业化必然带来产业和人口的聚集，从而推动城市的发展，推动城市化进程。

工业化与城市化是一个国家由传统农业社会向现代城市社会发展的两大主旋律，是一个过程的两个方面：工业化是经济发展的主旋律，表现为非农产业比重的提高；城市化是社会进步的主旋律，表现为居住在城市并享受现代城市文明的人口比重的提高。在这一过程中，一方面，工业化是矛盾的主要方面，工业化发展的数量和质量对城市化发展起着决定性作用，工业化是因，城市化是果，是工业化发展的空间表现形式。另一方面，城市化对工业化也起着重要的推动或者制约作用。

工业化随着城市化水平的提高而提高的规律被中外城市化历史所证明：

(1) 从世界历史进程看：1851 年世界城市人口比重为 6.5%，1950 年世界城市人口比重为 28.4%，2000 年世界城市人口比重为 47.2%。联合国发布的《2018 年版世界城镇化展望》预测，到 2050 年世界城市人口将达到 68%，全世界将有三分之二以上人口居住在城市。21 世纪的世界是城市化的世界。

(2) 从世界城市化水平的区域差异看：2000 年世界平均水平为 47.2%，其中高收入国家平均为 79.1%，中等收入国家和低收入国家平均为 41.7%。发达国家已经完成了城市化过程，21 世纪世界城市化的重心正在由发达国家向发展中国家转移。

(3) 从中国改革开放后城市化的进程看：城市化水平，1978 年为 17.92%，1990 年为 26.4%，2000 年为 36.2%，2004 年提高到 41.8%，到 2011 年已有超过半数的人口成为城市人口（51.27%），而 2017 年的城市化率为 58.52%。在中国工业化进程的有效推动下，中国城市化进程不断加速，未来 10～20 年中国城市化水平仍然将保持持续提高的态势，直至将中国由农业社会推进到现代城市社会。

(4) 根据第六次人口普查资料，2010 年全国城市化水平为 49.68%，其中东部地区的城市化率为 58.36%，中部地区为 45.85%，西部地区为 40.45%。在各省中（不含直辖市），全国城市化水平最高的广东城镇人口比重高达 63.4%，已经初步进入城市社会，城市化水平最低的西藏城镇人口比重为 23.8%，在总体上仍然处于农业社会。统筹区域发展，减少地区差异，是 21 世纪中国城市化进程中的重大任务，区域城市化水平差异将随着区域工业化水平差异的减少而减少。

根据这一规律，21 世纪，中国要积极稳妥地推进城市化进程，首先要积极稳妥地推进工业化进程的健康发展。

二、大城市超前增长规律

大城市超前增长规律主要表现为在城市化的过程中，大城市人口的增长速度要快于中小城市，并产生以大城市为核心的城市带和城市群。

大城市超前增长规律不但存在于世界范围的城市化过程之中，也存在于各个国家和地区的城市化过程之中，只是由于各个国家和地区所处的城市化阶段不同，大城市超前增长的强度有所区别。一般而言，在工业化中期阶段，即城市化的迅速发展阶段，大城市超前增长规律表现得最为明显。

大城市超前增长规律主要产生于大城市的聚集经济效益，这里既具有地方化效应，又具有更加明显的城市化效应。相对于中小城市而言，大城市能够提供更加全面、质量更高、性价比更好的公共服务和中间服务，从而对企业和居民产生强大的吸引力。城市的聚集经济效益将在第二章详细论述。大城市超前增长规律在发达国家普遍存在，英国大伦敦地区、法国大巴黎地区以及日本的东京、大阪和京都三大都市圈都构成各自国家城市化发展最主要的依托。中国学界普遍认为美国是以中小城市为主体的国家，这是对美国城市化研究的一个误区。美国的城市统计是以城市化地区为空间实体的。[①] 美国同样是以大城市为主体的国家。

迄今为止，中国部分学界同仁主要持中国要走以小城镇为主体的城市化道路的观点，这有违城市化的一般规律。这个问题有待在第三章进行详细讨论。

三、城市化的阶段性规律

城市化的阶段性规律表现为城市化的发展进程具有明显的阶段性，全过程呈现出“S”形运动轨迹。

关于城市化的阶段性规律，有三阶段论和五阶段论两种观点：

（一）城市化的三阶段论

城市化的三阶段论是美国地理学家诺瑟姆于1979年提出的。诺瑟姆根据对一组国家城市化过程轨迹的考察，提出城市化呈现出“S”形轨迹，相应地，城市化可以明显地划分为三大阶段：城市化的前期阶段、中期阶段和后期阶段，并且认为城市化的中期阶段是城市化速度最快的阶段（见图1－1）。

之后，许多学者致力于研究城市化的三阶段论，并从不同的角度予以补充和完善。谢文惠进一步提出了城市化三阶段论的数学模型，并利用其模型对世界级主要国家进行了检验。[②] 其模型如下：

$$Y=\frac{1}{1+Ce^{-rt}}$$

其中，Y：城市化水平；

C：积分常数，表明城市化起步的早晚，C越小，城市化起步越早，否则越晚；

t：时间；

r：积分常数，表明城市化速度的快慢，r越大，表明城市化发展越快，否则越慢。

① 王旭．美国城市化的历史解读．长沙：岳麓书社，2003.

② 谢文惠．城市经济学．北京：清华大学出版社，1994：44－46.

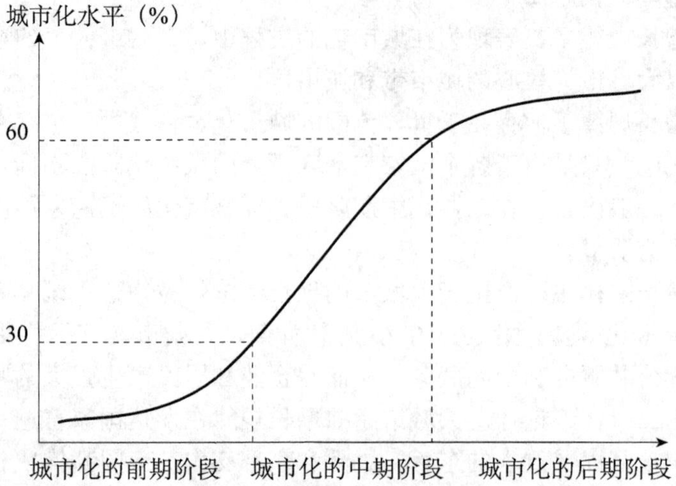

图 1-1　城市化的三阶段论

上述数学模型表明城市化水平是时间的函数。

对城市化的三阶段论的主要补充性研究还体现在结合城市化的第一规律，将城市化与工业化发展阶段相联系，用模型说明：随着工业化水平的提高，城市化水平由低到高明显地呈现出如下三个不同的发展阶段：

第一阶段：城市化的起步阶段，当区域经济发展处于工业化前期阶段时，城市化进程缓慢，城市化水平在 30%以下。

第二阶段：城市化的快速发展阶段，当区域经济发展进入工业化中期阶段以后，随着工业化过程的迅速推进，城市化呈现出快速增长的态势，城市化水平由 30%持续上升到 60%左右。

第三阶段：城市化的成熟阶段，当区域经济发展到后工业化阶段以后，城市化水平提高的速度开始减缓，城市人口比重最终大体稳定在 70%～80%。

这一过程可以通过图 1-2 表示。

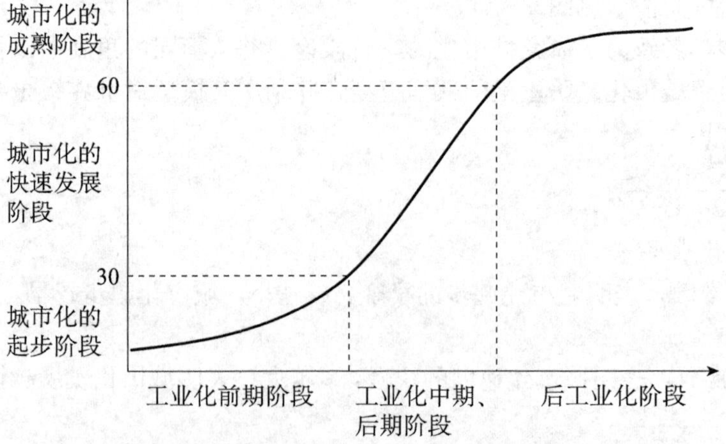

图 1-2　城市化发展阶段与工业化发展阶段相互关系示意图

我国目前正处于工业化中期阶段，面临着工业化的迅速推进过程，因此也处于城市化水平迅速提高阶段。从工业化和城市化的发展规律看，未来二三十年是中国经济社会发展的关键时期，是实现由传统农村社会向现代城市社会转化的决定性阶段。

（二）城市化的五阶段论

城市化的五阶段论是本书作者叶裕民于2000年提出的①，其目的是为了更加具体详细地揭示城市化快速发展过程中的内在规律，根据城市化核心指标即城乡人口增长的对比，更好地揭示中国城市化发展的基本特征及区域差异。

根据城市化的三阶段论，中国当前城市化水平处于城市化的快速发展阶段，下一步必然发展到城市化的成熟阶段。那么，这期间还有规律可循吗？还是无须做太多努力，城市化自然走向成熟阶段？中国当前的城市化背景极其复杂，地区之间差异巨大，在城市化水平为30%～60%这一巨大的空间之中，是否有更加具体的规律可循？如何找寻主要矛盾？人们如何通过努力来有效推进城市化进程？城市化的五阶段论正是根据这些需要进行研究和提出的。

城市化过程最直接地表现为乡村人口进入城市。城乡人口增长的对比是城市化过程中最基本的比例关系。在整个城市化的历史过程中，这一比例关系呈现出三个重要的转折点，即城镇人口增长规模超过乡村人口增长规模、乡村人口总规模由上升转为下降、城镇人口总规模超过乡村人口总规模，这三个历史性的转折点是更加具体详细划分城市化发展阶段的标志，也是我们划分城市化的五阶段的重要依据。

为了更好地将城市化的阶段性与城乡人口增长的对比相联系，我们设置了一个衡量城市化发展阶段的基本指标，即城镇人口增长系数（K），它是指城镇人口增长规模与总人口增长规模的比值。

$$K=\frac{\Delta C}{\Delta P}=\frac{\Delta C}{\Delta C+\Delta R} \tag{1.1}$$

其中，K：城镇人口增长系数；

ΔP：总人口增长规模；

ΔC：城镇人口增长规模；

ΔR：乡村人口增长规模。

根据城镇人口增长系数K的变化规律及城市化发展水平的高低，我们将整个城市化过程划分为五个阶段：

第一阶段：$K<0.5$，为前城市化阶段。$K<0.5$意味着城镇人口增长规模小于乡村人口增长规模，城市化水平很低，增长缓慢，甚至没有增长。这一时期的经济发展一般处于农业社会。

第二阶段：$0.5\leqslant K<1$，为城市化的前期阶段。$K\geqslant 0.5$是城市化水平快速提高的起点，与此相适应，这时的区域经济发展一般处于工业化的前期阶段。$K\geqslant 0.5$意味着城镇人口增长规模超过乡村人口增长规模，这是城市化过程中的第一个重要转折点，意味着城市化开始进入快速增长时期。这一时期，由于乡村人口规模相对庞大，尽管其增长规模小于城镇人口增长规模，但乡村人口的绝对量仍然增长着。这一时期的经济发展一般处于工业化前期阶段，是轻工业大发展的时期，由此引致的劳动力第一次转移浪潮正是推动城镇

① 叶裕民．中国城市化之路——经济支持与制度创新．北京：商务印书馆，2000.

人口增长系数跨过 0.5 这一历史性转折点的基本动力。

第三阶段：$K\geqslant 1$，城市化的中期阶段。$K\geqslant 1$ 意味着总人口的增长全部表现为城镇人口的增长，乡村人口的绝对规模开始由上升转为下降态势。这是城市化过程中第二个重要的转折点，它意味着工业化过程中非农产业吸收劳动力的能力大大提高，以至于随之而来的乡村人口进入城镇的规模大于乡村人口自然增长的规模。这一时期的经济发展一般处于工业化中期阶段，重工业化过程正在不断深化，第三产业获得大规模发展，由此引致的乡村劳动力转移的第二次浪潮正是将城镇人口增长系数提升到超过 1 的基本动力。

城镇人口增长系数由小于 1 到大于 1 的转变具有十分重要的现实意义。乡村人口绝对下降，意味着农村土地的人口压力开始减少，人地矛盾开始缓和，农业的规模化和现代化经营的条件正在形成，从而农业产业开始由低效率向高效率转换，从事农业与非农产业的收入差距开始减少，城乡二元结构得以淡化。而这正是城市化和城乡一体化的重要物质基础。另外，城镇人口的持续大规模增长可以为城镇第三产业的发展提供广阔的市场，城镇经济的繁荣又进一步增加其吸纳劳动力的能力。因此，通常乡村人口绝对量由增长转为下降，意味着城市化开始进入良性循环，并往往会真正进入高速成长阶段。

第四阶段：城镇人口比重 $Q\geqslant 50\%$，初步进入城市社会，或者称之为城市化的后期阶段。城镇人口比重$\geqslant$50%表明城镇人口绝对量超过乡村人口，意味着该国家（或地区）已经初步实现城市化。随着乡村富余劳动力两次转移浪潮的接替跟进，迅速使城市化水平达到并超过 50%，一半以上的居民得以生活在城市，这是城市化过程中第三个重要的转折点。与工业化相联系，这一时期处于工业化的中后期阶段，技术密集型的制造业和新兴第三产业迅速发展，成为支持城市化水平进一步提高的主要产业。由于这一时期的经济发展已经由高速增长转向低速持续的推进阶段，因此城市化水平也开始由高速增长向低速增长过渡，城市化速度会低于城市化的前期和中期阶段，但高于成熟的城市社会。

第五阶段：城镇人口比重$\geqslant$65%或 70%，进入成熟的城市社会。这一时期，工业化已经走到尽头，进入后工业化社会或现代社会，现代城市文明广为普及，城乡居民只是居住空间及就业岗位有差别，生活水平和生产生活方式基本趋于一致，城乡一体化作为城市化的终极目标已经成为现实。这时，城镇人口增长系数一般在 1 左右小范围变动，城乡人口格局呈现基本稳定的态势。

（三）城市化五阶段论的实证考察

实证考察发现，城市化的五阶段论更适合于城市化起步晚的后发国家，在早期的发达国家，城市化五阶段论中的第三阶段有时不存在，$K\geqslant 1$ 的情况有时会在城市化水平达到 50%甚至更高的时段出现。

案例 1：中国的城市化轨迹

中国的城市化过程起步于新中国成立以后。直至 1978 年改革开放前，城市化处于停滞和缓慢发展阶段；1979 年中国城镇人口增长系数开始稳定地超过 0.5，进入城市化的前期阶段，城市化水平开始快速增长；1996 年中国城镇人口增长系数超过 1（见图 1-3），并且持续至今，可以初步判断，中国城市化开始进入中期阶段。中国城市化进程完全符合城市化的五阶段论。

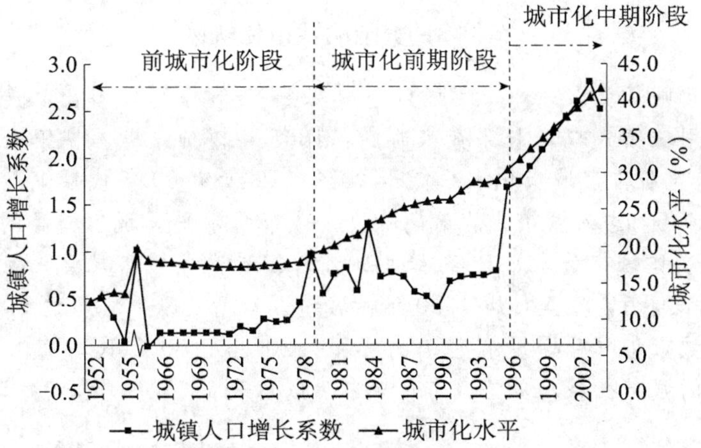

图 1-3　中国城镇人口增长系数与城市化水平的比较

资料来源：中华人民共和国国家统计局．中国统计年鉴 2004. 北京：中国统计出版社，2004.

案例 2：日本的城市化轨迹

日本城市化过程起步于 18 世纪后期的明治维新，明治维新以后，日本开始打开大门，启动了工业化进程和城市化进程。由于资料所限，日本什么时候进入城市化的前期阶段不得而知，但是，可以比较明确地判断：20 世纪 20 年代日本的城镇人口增长系数已经稳定超过 0.5，处于城市化的前期阶段，城市化速度很快，日本的城市化的前期大致结束于 20 世纪 30 年代上半期；1935 年前后开始进入城市化的中期阶段，此后的大部分时间其城镇人口增长系数大于 1；20 世纪 50 年代上半期，随着战后经济的快速恢复，日本的城市化进程大大加快，初步进入城市社会，城市化水平保持高速增长态势；到 1970 年，日本的城市化水平已经达到 70%，进入城市化的成熟阶段，城市化水平提高速度减缓，城镇人口增长系数相对稳定在 1 左右（见图 1-4）。

作为处于后期阶段并已经完成城市化的发达国家，日本的城市化进程也完全符合城市化的五阶段论。

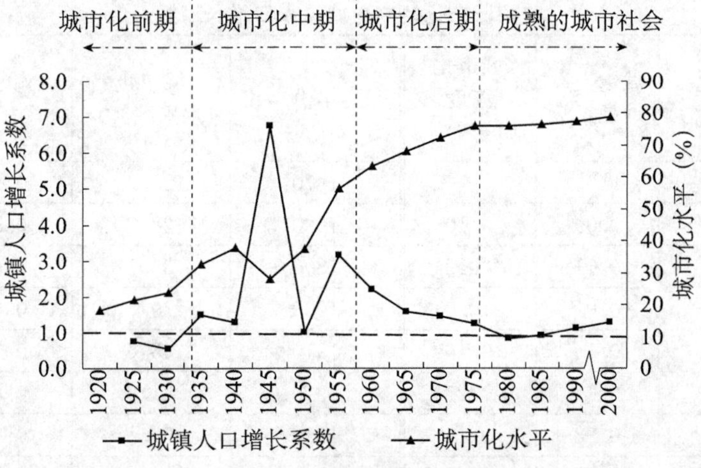

图 1-4　日本城镇人口增长系数与城市化水平的比较

资料来源：(1) 日本统计年鉴 1991. 东京：(日本) 总务厅统计局，1991；(2) 联合国开发计划署．2002 年人类发展报告——在破裂的世界中深化民主．北京：中国财经出版社，2002：156-157.

案例3：美国的城市化轨迹

美国的城市化则呈现出另外的实践轨迹。从图1-5中可以看出，美国城市化的前两个阶段完全可以用城镇人口增长系数来判断：1865年以前，美国城镇人口增长系数小于0.5，处于前城市化阶段，城市化水平低于20%；19世纪60年代后期，美国城镇人口增长系数稳定超过0.5，进入城市化的前期阶段，城市化水平呈现出较高的增长速度。不同的是，1920年，美国城市化水平已经超过50%，初步进入城市社会，但是，其城镇人口增长系数 K 仍然低于1，直至接近1950年，城镇人口增长系数才超过1，至今在1左右波动。因此，美国城市化中后期没有明确的界限；20世纪60年代，美国城市化水平超过70%，进入成熟的城市社会。美国城市化轨迹可以从表1-5中更加清楚地反映出来。

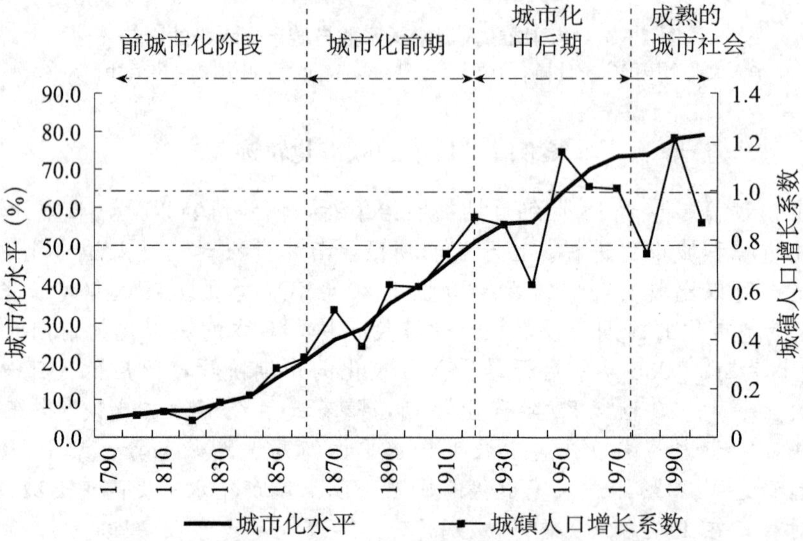

图1-5 美国城镇人口增长系数与城市化水平的比较

资料来源：U. S. Bureau of the Census. Population and Housing Unit Counts. www. census. com.

表1-6　　美国城市化轨迹与城镇人口增长系数

年份	城市化水平（%）	城镇人口增长系数	城市化速度（%）	年份	城市化水平（%）	城镇人口增长系数	城市化速度（%）
1790	5.1	—	—	1870	25.7	0.52	0.59
1800	6.1	0.09	0.10	1880	28.2	0.37	0.25
1810	7.3	0.11	0.12	1890	35.1	0.62	0.69
1820	7.2	0.07	−0.01	1900	39.6	0.61	0.45
1830	8.8	0.14	0.16	1910	45.6	0.74	0.60
1840	10.8	0.17	0.20	1920	51.2	0.89	0.56
1850	15.4	0.28	0.46	1930	56.1	0.86	0.49
1860	19.8	0.32	0.44	1940	56.5	0.62	0.04

续前表

年份	城市化水平（%）	城镇人口增长系数	城市化速度（%）	年份	城市化水平（%）	城镇人口增长系数	城市化速度（%）
1950	64.0	1.16	0.75	2000	79.0	0.87	0.10
1960	69.9	1.02	0.59	1790—1860	5.1～19.8	0.22	0.21
1970	73.6	1.01	0.37	1861—1930	19.8～56.1	0.69	0.52
1980	73.7	0.75	0.01	1931—2000	56.1～79.0	0.97	0.33
1990	78.0	1.22	0.43				

资料来源：U. S. Bureau of the Census. Population and Housing Unit Counts. www. census. com.

(四) 城市化的五阶段论的理论阐释

中国和日本的城市化轨迹完全符合五阶段规律，而美国则呈现出有些不同的轨迹。为什么后发国家的城市化轨迹能够呈现出标准的五阶段发展，而早期发展起来的发达国家在城市化的五阶段中，第三阶段和第四阶段有时可能合二为一，甚至有时可能发生时序转换？以下给予解释：

美国与中日呈现出不同的城市化轨迹的主要原因在于美国作为早期进入工业化的国家，城市化过程更多的是一个自然过程，城市对乡村的吸引力还不是非常大，城市人口的自然增长在城市化过程中占有主要地位；而中国和日本作为后发国家，城市化过程相对较短，城市化速度快，城市人口增长以机械增长为主。

从理论上看，城镇人口增长系数 $K\geqslant 1$ 与城镇人口比重 $Q\geqslant 50\%$ 的先后顺序取决于城乡人口增长的状况。我们设定 C 为城镇总人口，C_0 为基期城镇总人口，ΔC_1 为城镇人口的自然增长，ΔC_2 为城镇人口的机械增长，ΔC 为城镇人口的增长总和，则有：

$$C=C_0+\Delta C=C_0+\Delta C_1+\Delta C_2 \tag{1.2}$$

设 R 为乡村总人口，R_0 为基期乡村总人口，ΔR_1 为乡村人口的自然增长，ΔR_2 为乡村人口的机械增长，ΔR 为乡村人口的增长总和，则有：

$$R=R_0+\Delta R=R_0+\Delta R_1+\Delta R_2 \tag{1.3}$$

如果满足第三阶段条件 $K\geqslant 1$，设 ΔP 为城镇人口和乡村人口的增长总和，则需要：

$$K=\frac{\Delta C}{\Delta P}=\frac{\Delta C}{\Delta C+\Delta R}\geqslant 1 \tag{1.4}$$

即 $$\Delta R\leqslant 0 \tag{1.5}$$

即 $$\Delta R_1+\Delta R_2\leqslant 0 \tag{1.6}$$

在乡村人口的自然增长处于常态的情况下，$\Delta R_1\geqslant 0$，要实现条件（1.6），需要同时满足两个条件：

$$\Delta R_2\leqslant 0,\ |\Delta R_2|\geqslant \Delta R_1 \tag{1.7}$$

即乡村人口的机械增长为负数，乡村人口机械减少的数量大于自然增长的数量。

如果满足第四阶段条件 $Q\geqslant 50\%$，设 P 为城镇人口和乡村人口总和，需要：

$$Q=\frac{C}{P}=\frac{C}{C+R}\geqslant 50\%$$

即 $$\frac{C}{P}=\frac{C_0+\Delta C_1+\Delta C_2}{(C_0+\Delta C_1+\Delta C_2)+(R_0+\Delta R_1+\Delta R_2)}\geqslant 50\% \tag{1.8}$$

对条件（1.8）做简单变化可得：

$$C_0+\Delta C_1+\Delta C_2\geqslant R_0+\Delta R_1+\Delta R_2 \tag{1.9}$$

假设实现城市化国家的对象都属于正常的城市化过程，即由农村社会向城市社会转变的过程，那么，在一个国家城市化过程的初期，全部人口为乡村人口，必然有：

$$C_0<R_0 \tag{1.10}$$

要实现条件（1.8），需要：

$$\Delta C_1+\Delta C_2\geqslant \Delta R_1+\Delta R_2 \tag{1.11}$$

要讨论 $K\geqslant 1$ 与 $Q\geqslant 50\%$ 的关系，就要比较条件（1.7）与条件（1.11）之间的关系。

后发国家一个共同的特征是在较短的时期完成工业化和城市化过程，比如日本城市化水平由 18%提高到 56%仅用了 35 年时间（1920—1955 年），而美国同样的过程用了近 70 年时间（1869—1930 年）；日本城市化水平进一步由 56%提高到 75%仅用了近 20 年时间（1956—1975 年），而美国同样的过程用了近 60 年时间（1931—1990 年）。相对于日本而言，中国相同的城市化进程所用的时间更短。

在这一过程中，两方面的原因导致了 $K\geqslant 1$ 与 $Q\geqslant 50\%$ 两种不同的时序关系：

第一，不同的工业化速度决定了城乡人口的机械增长的状态不同：中国和日本属于后发国家，工业化过程大量借助发达国家先进的技术与设备，缩短了工业化过程，这就是所谓的“后发优势”。“后发优势”使工业化过程加速，城市中的就业机会快速增长，导致乡村居民大量进入城市就业。当进入城市的乡村居民规模超过乡村人口的自然增长规模时，即满足条件（1.7）；城市人口依靠大量的乡村人口的机械减少而快速增加，然后超过乡村人口，满足条件（1.11）。城市化过程完全符合城市化的五阶段规律。

美国属于早期的经济发达国家，工业化过程基本上接受市场调节，工业化过程漫长，城市中的就业机会扩张相对缓慢，乡村人口向城市移民的数量也相对较小。如果说美国城市化进程起步于 18 世纪末的话，那么直至 20 世纪 40 年代，美国乡村人口一直处于增长状态。到 20 世纪末，美国乡村人口增长仍然处于不确定状态：时而增长（20 世纪 70 年代和 90 年代），时而下降（20 世纪 80 年代），如图 1-6 所示。在一个多世纪的城市化进程中，乡村人口的自然增长始终快于其机械减少，因此城镇人口增长系数 $K<1$。另外，城市人口增长依赖于城市人口的自然增长及相对少量乡村人口的机械增长。[①] 由于城市人口增长率快于乡村人口增长率，因此，在乡村人口还没有减少的情况下，城市化水平可以达到超过 50%，即先满足条件（1.11），后满足条件（1.7），则城市化过程中的中期阶段与后期阶段合二为一。不管是否实现 $K\geqslant 1$，只要满足 $Q\geqslant 50\%$，意味着该国家或地区已经进入城市化的后期阶段，已经初步进入城市社会。

第二，先发国家和后发国家城市人口的自然增长率不同，增加了上述过程的可能性。在后发国家，由于城市发展快，城市居民抚养孩子的成本提高，城市居民更加追求给少量孩子更好的教育，而非养育更多的孩子，致使城镇人口的自然增长相对低于乡村人口的自然增长，城镇人口增长更加依赖来自乡村人口的机械增长，致使先有 $K\geqslant 1$，后有 $Q\geqslant$

---

① 在一个国家的城市化过程中，人口的国际流动是较小的因素，可以忽略不计，那么城镇人口的机械增长与乡村人口的机械增长互为相反数：城镇人口的机械增长一定来源于乡村人口同等数量的机械减少。相反，乡村人口的机械增长一定来源于城镇人口同等数量的机械减少。在理论上这两种可能性存在的概率相等。但是，如果将问题置于城市化这一特定时期，那么乡村人口向城市流动是常态，因此 ΔC_2 表现为正数，而 ΔR_2 表现为负数。

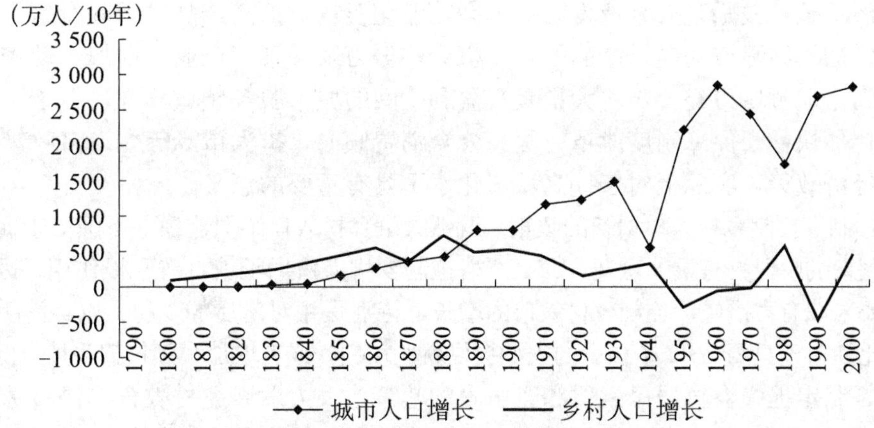

图 1-6 美国 1790—2000 年城乡人口增长的比较

资料来源：U. S. Bureau of the Census. Population and Housing Unit Counts. www. census. com.

50%，发展中国家或者后发国家的城市化过程遵循城市化的五阶段论；先发国家这一过程不明显，城镇人口的自然增长与乡村人口的自然增长基本持平，来自乡村人口的机械增长导致城镇人口总增长快于乡村人口总增长，这一过程的持续最终导致实现 $Q \geqslant 50\%$，而这时由于乡村人口的机械减少低于乡村人口的自然增长，所以还不能满足条件（1.7），城市化的中后期阶段合二为一。

需要指出的是，并非所有先发国家都如同美国一样，城市化的中后期阶段合二为一。比如德国从 18 世纪 70 年代开始进入城市化的高速成长期，属于较早开始工业化和城市化的国家，但是，1870—1900 年其乡村人口长期处于下降之中，而城市化水平在接近 1900 年时才达到 50%。

美国城市化中后期阶段合二为一的另外一个重要原因是：美国是一个移民国家，原来乡村人口非常少，移民们选择城市还是选择农村，主要看二者的就业机会及工资状况。在移民初期，美国大量土地没有被开发，人们移居到农村开发土地，成为农场主，由此带来较多的就业机会，致使农村人口长期处于上升趋势。其实，美国作为由欧洲移民开发的处女地，城市和乡村的人口增长和经济发展几乎是同步的，因此，不存在短期内大量人口由乡村移居到城市，决定了美国城市化的中后期阶段合二为一。

大部分发展中国家已经存在大量乡村居民，存在比较严重的二元经济结构，一旦城市化得到良好的推进，城市就业机会大幅度增长，必定吸引大量乡村居民进入城市谋求就业机会和发展空间，城市人口大幅度机械增长实属必然。城市化的五阶段论更加符合发展中国家的城市化发展规律。

进入 21 世纪，世界发达国家已经进入成熟的城市社会，世界城市化的重点由发达国家转向发展中国家，发展中国家的城市化进程决定着世界的城市化进程以及世界居民的整体福利水平，因此揭示发展中国家的城市化规律仍然具有重大的理论意义和实践意义。

（五）城市化的五阶段论的政策意义

城市化的五阶段论的政策意义在于：

第一，制定促进经济发展与就业的政策。既然城市就业机会的大规模扩张是吸引乡村富余劳动力进入城市就业的前提，那么在城市发展过程中，需要采取有利于就业机会扩张的多种经济政策：鼓励私人企业发展；提高工业化质量，提高产品的国际竞争力，扩大国际市场，增加为国际市场提供产品的就业机会；努力发展第三产业，增加劳动密集型产业的就业空间；通过城市经营，将大量具有盈利空间的城市服务领域放开，给予民营经济以发展机会；加快社会保障制度改革，提高公众消费倾向，扩大市场等。许多政策原来被简单理解为经济政策，实际上对于提高城市化水平具有重要的意义。

第二，制定控制乡村人口增长的政策。既然大量乡村人口绝对规模的下降对于促进城市化进程发展到新的阶段具有重大意义，那么严格控制乡村人口增长就具有积极作用。因此，发展中国家需要采取有力措施，控制乡村人口的增长，特别是相对落后的乡村，以经济手段控制人口增长，比如对于只要1～2个孩子的夫妇提供就业培训，或者增加小额贷款并且降低利率等。

第三，制定提高乡村居民素质和竞争力的政策。大力发展乡村教育，提高基础教育水平和延长基础教育年限，提高乡村居民在劳动力市场上的竞争力，加快乡村居民向城市机械转移的速度。

第四，制定关于流动人口的政策。采取公平、公开和公正的人口流动制度，使乡村居民进得来、留得住，提高进入城市的乡村居民的带眷系数（如果在城市中留不住，一般不会将孩子与老人带进城市，城市人口增长率降低），加快城市化水平。与此同时，也能够让更多居民享受城市化成果，这是城市化的重要目标。

【专栏】

中国城市化进程的明显影响因素——基础设施发展水平①

【内容提要】 在促进城市化进程的诸多因素中，基础设施发展水平是城市化进程的重要推动力之一。本文首先借鉴联合国人类发展指数的研究思路，探讨我国城市基础设施发展指数的构建，力图客观、全面、准确地反映我国城市基础设施发展水平，对其发展程度进行综合评价，从各地区城市基础设施发展指数的综合得分发现，全国基础设施发展水平存在明显的区域差异，对各地区制定城市化发展战略具有一定的理论价值和指导作用；之后利用主成分分析和面板数据回归分析等方法反映基础设施发展水平与我国城市化进程的关系，发现其内在规律，验证两者的相关性和现实性，研究发现沿海经济发达地区的基础设施明显优于西部落后地区，这种基础设施水平的差异最终影响到地区城市化进程，地区基础设施的改善能够吸引城市移民，吸引更多的人才加盟和资本流入，这对落后地区的经济发展具有重要意义。我们国家在缩小地区发展差距、实施西部大开发和东北振兴战略的过程中，应该把基础设施建设放在重要位置。

城市基础设施的类别

城市基础设施涉及城市生产生活所必需的供水、排水、道路、交通、供热、供气、园林、绿化、环境卫生、防洪等方面，是城市活动所产生的人流、物流、信息流的基本载体，是城市顺利进行各种经济、社会活动的必要条件。概括来说，主要包括以下几个方面：教育基础设施是从教育投入和需求角度反映一定区域或城市教育发展水平；通信基础

① 武力超，孙浦阳．基础设施发展水平对中国城市化进程的影响．中国人口·资源与环境，2010（08）：121-125.

设施是从通信资源的利用角度，反映一定区域或城市的通信发展水平。城市交通基础设施是从交通资源开发的角度，反映一定区域或城市的交通发展水平；城市住宅基础设施是从人居住宅建设投入和建设角度，反映一定地域或城市的住宅发展水平；水利基础设施是从对城市水资源使用的角度反映一定地域或城市的基础设施发展水平；净化污染基础设施是从环境保护的角度反映一定地域或城市的基础设施发展水平；能源基础设施是从能源资源的使用角度反映一定地域或城市的基础设施发展水平；建筑资源基础设施是从建筑资源的使用角度反映一定地域或城市的基础设施发展水平；环境质量基础设施是从人居环境角度反映一定地域或城市的基础设施发展水平。

各地区基础设施发展水平有差异

北京、上海、浙江、江苏、天津、广东地区具有较高的基础设施发展水平。山西、福建、河北、内蒙古、辽宁、吉林、山东、黑龙江、河南、四川、陕西、湖北、湖南、广西地区的基础设施建设还处在发展中，有待提高。青海、新疆、海南、安徽、江西、重庆、贵州、甘肃、宁夏、西藏地区的基础设施建设相对落后，应加大城市建设的力度。从中可以看出，中国地区基础设施发展水平极不平衡，广东的基础设施发展水平最高，而西藏的基础设施发展水平最低。这种分布态势与经济的区域差异基本一致，反映了区域因素和历史因素在不同地区经济和城市化进程中所起的重要作用，考虑到基础设施对经济增长的重要性，如何进一步完善中西部地区的基础设施，将是缩小各个区域经济发展差距的主要途径之一。

基础设施发展水平对城市化的促进作用明显

以城镇人口占当地年末总人口的比重来衡量某一地区的城市化水平，而对于促进城市化的因素考虑人均年收入、地区经济规模、城市基础设施发展水平、地区区位及政策优势。以人均年收入来反映某一地区的经济发展水平，以地区经济规模 GDP 来反映某一地区的经济规模，也可以近似地代表市场容量。以城市基础设施发展的综合得分值代表城市基础设施发展水平。以地理位置的影响和政策优惠的影响代表地区区位及政策优势。最后发现，在推进城市化进程的众多因素中，城市基础设施发展水平对城市化的促进作用明显，这种基础设施发展水平的差异最终影响到地区城市化进程。如果能加大发展对城市化促进作用较大的基础设施发展水平投资，则对城市化进程和城市持续健康的发展有重要的意义。

【本章小结】

城市是一个国家现代化的空间载体，工业化和城市化是国家现代化的两大主旋律，是推动城市产生和发展的根本原因，城市经济学是以经济学的理论和方法探索解决城市发展过程中各类经济、社会、环境问题的科学。

我国当前对“城市”这一概念缺乏科学、统一的界定，致使在中国高速城市化成长期对城市个数、城市人口以及城市发展的各类基础情况的变化掌握不准确，发展规划难以有效实施。

中国有必要更加细致地从城乡人口增长对比中去认识城市化发展的阶段性规律，扭转各地区都以城市化水平达到30%以上为依据，盲目认为本区域城市化一定会迎接一个高速成长期的误解，目前大量区域对城市化发展战略的认识存在较大误区。

【关键术语】

城市	小城镇	城市化	城市经济学
城市经济学流派	设市标准	城市化地区	

【复习题】

1. 简述城市的本质。
2. 简述城市化的内涵与本质。
3. 简述城市经济学的学科结构。
4. 为什么要有设市标准？中国设市标准的问题及改革方向是什么？
5. 中国长期没有城市化地区的统计制度有哪些负面影响？
6. 简述城市化的三阶段论与五阶段论的异同。

第二章

城市的产生与发展

市场型城市是经济发展的必然结果。农产品剩余及富余农产品贸易是城市产生的初始原因，交通运输规模经济进一步促进贸易城市规模的扩大，制造业内部规模经济促进了工业城市的诞生与发展。与工业经济相比，聚集经济效应是城市经济发展的最主要动力。聚集经济是指企业生产成本随着企业在空间上聚集数量的增加而降低的经济效应。聚集经济包括专业化经济和城市化经济，本章详细分析了专业化经济和城市化经济产生的原因和机制。不同类型的城市对区位选择要求不同，本章研究了资源型城市、市场型城市的选址问题，最后分析了劳动力及其他中间投入品价格对城市选址和发展的影响，提出廉价劳动力吸引企业投资的前提和条件，从企业选址的角度对新一轮世界性产业转移进行理论阐释。

重点问题

- 市场型城市产生的基本原因。
- 专业化经济对城市发展的促进机制。
- 城市化经济存在的基本原因。
- 劳动力及中间投入品价格对城市布局的影响。
- 政府作用对企业布局和城市发展的影响。

第一节　城市产生的经济根源

在历史上，有由两种完全不同的原因所导致的城市的产生和发展：一类是“城”，即政治军事中心。筑城以卫君，建郭以守民，是以称之为城郭。一类是“市”，即经济贸易中心，或者称之为市场型城市。聚天下之货，至天下之民，交易而退，各得其所。最早“城”与“市”相互分离，随着经济社会的发展，“城”与“市”逐渐融合，发展成为今天的城市。

本章着重探讨市场型城市的起源和发展。

城市的产生是市场经济作用的必然结果。以下四大经济原因是城市产生的经济根源：农产品剩余、运输规模经济、内部规模经济和聚集经济。

一、农产品剩余是贸易城市产生的基础

农产品剩余产生交易，这是城市诞生的第一原因。所以农业社会诞生的第一批经济型城市都是贸易城市。

在完全自给自足的农业社会，劳动生产率低下，人口分散布局，没有交易，没有集聚的经济理由，也不会诞生城市。

随着农业生产的发展，农业劳动生产率逐渐提高，开始有了农产品剩余。富余农产品一方面促使原始贸易产生，另一方面使得一部分人得以脱离农业，依赖贩运和销售农产品而生存，这就是最早的商业贸易。贸易使人们在空间上集聚，偶然性贸易产生集市。

随着农业发展水平的提高，农产品剩余越来越多，以至于可以使一部分人长期脱离农业成为非农业生产者，他们大部分人进行贸易，贸易的长期存在导致贸易所在地长期有大量人口聚集，这些贸易地区的人口密度要远远大于农村地区。由于城市是指具有较高人口密度的地区，因此，这些贸易活动的聚集场所也就成为最初的城市——贸易城市，又称市场型城市。

贸易产生的经济原因可以由绝对成本学说和比较成本学说来解释。

二、运输规模经济促进贸易城市的诞生和发展

在城市产生的初期，除了农产品剩余之外，运输规模经济是促进贸易城市产生的第二原因。

运输规模经济产生的初始原因包括以下两个方面：

第一，运输劳动力的节约。假设一个劳动力一天的价格是 10 元，每个农民自己将富余的 20 公斤小麦运到市场上销售，需要一天的时间，那么为了销售剩余产品需要承担的劳动力成本是 10 元；如果一个村庄居住着 10 户家庭，平均每户剩余小麦 20 公斤，都各自销售小麦，那么销售 200 公斤剩余小麦的劳动力成本为 100 元。这时，一个农民愿意驾着马车一次性将全村的小麦运到市场，那么运输 200 公斤小麦的劳动力成本只需 10 元，对于其他 9 户农民而言，均可以节约 10 元的劳动力成本；对于全村而言，节约了 90 元劳动力成本。因此大批量运输可以带来劳动力成本的节约。

第二，运输工具的节约。每户家庭各自销售 20 公斤小麦，需要使用 10 辆马车，马车运输能力的剩余成为浪费。而专业运输人员一辆马车就能够装运全部 200 公斤小麦。

运输规模经济是指每公斤每公里的运输成本随着运输规模的增加而下降的现象。运输规模经济的存在使得批量运输和销售有利可图。

本章的后面还将介绍由于端点成本的存在，运输规模经济还表现为单位距离的交通运输成本随着运输距离的增加而下降。

为了降低产品的收集费用和销售费用，贸易公司诞生了。贸易公司通常诞生于有利的区位条件，包括河口、港口、交叉路口以及一个区域的地理中心等。贸易公司的选址通常为贸易城市的成长提供了基础：

第一，贸易公司经常性的贸易活动聚积了大量的人流和物流，城市贸易中心的功能得以初步形成；

第二，贸易公司的雇员们为了降低通勤费用，集中居住在市场周围，地价因此逐步提高；由于地价提高，在市场周边地区居住的居民为了节省居住成本，开始缩小居住空间，从而导致居住密度增加，人口密度增加。结果是贸易公司促进市场交易频繁发生，市场周边地区人口规模扩大，人口密度增加①，成为贸易城市的雏形。②

贸易公司最早的业务范围包括运输和销售，随着业务规模的扩大，分工进一步细化，产生了专业运输公司和专业贸易公司，城市规模因此进一步扩大。

三、内部规模经济促进工业城市的诞生

市场型城市分为两类：贸易型城市和工业城市。如果说农产品剩余和运输规模经济的存在共同促进了贸易城市的诞生和发展，那么内部规模经济的存在促进了工业城市的诞生和发展。

内部规模经济是指企业平均成本随着企业生产规模的扩大而逐步下降的经济效应。内部规模经济是工业城市产生的重要原因。

为什么会有内部规模经济呢？内部规模经济产生的基本原因如下：

（一）专业化带来劳动力成本的节约

相对于一个人从头到尾从事一项工作而言，多人从事同样一项工作时可以进行分工，专业化生产能够提高劳动生产率，进而降低劳动力成本。

亚当·斯密在《国民财富的性质和原因的研究》（简称《国富论》）中曾经极其有效地利用制造针的案例说明分工的重要性和效率：如果没有分工，一人一天一枚针也制造不了，如果组织 10 个人共同进行生产，并且进行细致有效的分工，那么他们一天能够生产 48 000 枚针，即一人一天可以生产 4 800 枚针。③

专业化之所以能够降低劳动力成本，是因为如下两个原因：

第一，劳动者长期从事一道工序，其经验和技能会随着重复次数的增加而提高。

第二，分工可以节约劳动者从一道工序转向另一道工序的时间，从而达到劳动时间的最有效利用。

（二）大规模生产能够降低单位产品生产的固定成本

以企业厂房的建设成本为例。假定一个企业建设厂房，建筑材料价格是 20 元/平方

---

① 在西方城市经济学中，城市被认为是人口密度相对较高的地区。贸易公司所在地具有较高的人口密度，从而形成城市。资料来源：阿瑟·奥沙利文．城市经济学．北京：中信出版社，2003.

② 之所以称之为雏形，是因为当前各个国家对于城市都有明确的指标界定，初期的贸易城市只是具备城市的形态，而其人口集聚规模和人口密度不一定达到标准，因而，不能明确表述为“形成贸易城市”。

③ 亚当．斯密：国民财富的性质和原因的研究（上卷）．北京：商务印书馆，1988：6.

米，建设小型厂房与大型厂房的成本比较如下：

方案一：建一个边长 10 米的正方形仓库，用材料 600 平方米，有效容积 1 000 立方米，建筑总成本为 1.2（=600×20）万元，则厂房有效容积平均造价为 12 元/立方米。

方案二：建一个边长 20 米的正方形仓库，用材料 2 400 平方米，有效容积 8 000 立方米，建筑总成本为 4.8（=2 400×20）万元，则厂房有效容积平均造价为 6 元/立方米。建筑厂房建设单位成本为方案一的 1/2。

随着建筑物规模的增大，单位可利用库容空间所需要的固定资产投资下降，单位产品的平均成本下降。

同样，购买大型机械设备比购买小型机械设备要昂贵，利用大型机械设备生产的产品规模要大于小型机械设备的生产规模。一般而言，购买大型机械设备的昂贵程度要低于产品增加的程度，从而利用大型机械设备生产的单位产品的固定资产投资下降，即单位产品的固定成本下降。

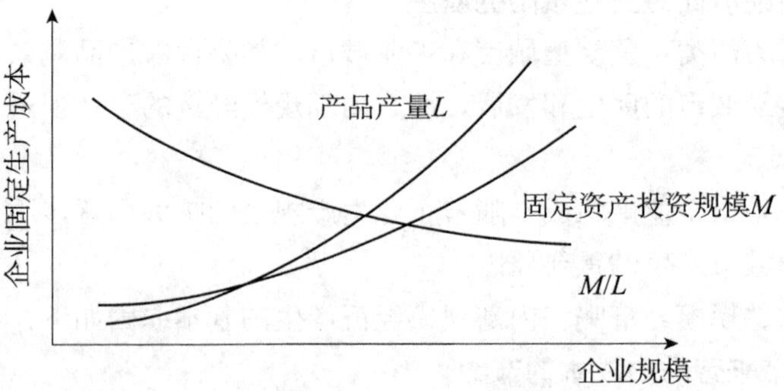

图 2-1　企业固定生产成本随着规模的扩大而下降

（三）企业规模扩大可以降低生产的组织与管理成本

生产的组织与管理成本包括原材料采购成本、产品销售成本以及日常的管理成本。

由于运输规模经济的存在，企业大规模生产所需要的大量原材料采购以及大规模的产品运输都能够享受规模经济效益，相对于小企业而言，单位产品所需要的运输成本下降。

企业管理者阶层正常运转所需要的费用为企业的管理费用。企业管理费用随着企业规模的扩大而提高。但是，在一定的条件下，企业管理费用提高的速度低于企业生产产品规模扩大的速度，致使单位产品承担的管理成本下降。

企业的技术创新同样具有规模经济效应。同样一项技术创新，成本是固定的，相对于只能生产少量产品的小型企业而言，大型企业将该技术用于大规模产品的生产，分摊到每一件产品上的平均技术创新成本下降，技术创新的利润则大幅度上升。

可见，随着企业规模的扩大，企业的劳动力成本、固定投资成本、技术创新成本以及组织与管理成本逐渐下降，这就是企业的内部规模经济。内部规模经济在经济领域普遍存在。

美国经济学家总结了汽车产业的规模经济效益曲线，如图 2-2 所示，汽车产业的成本随着汽车产量的增加而增加。

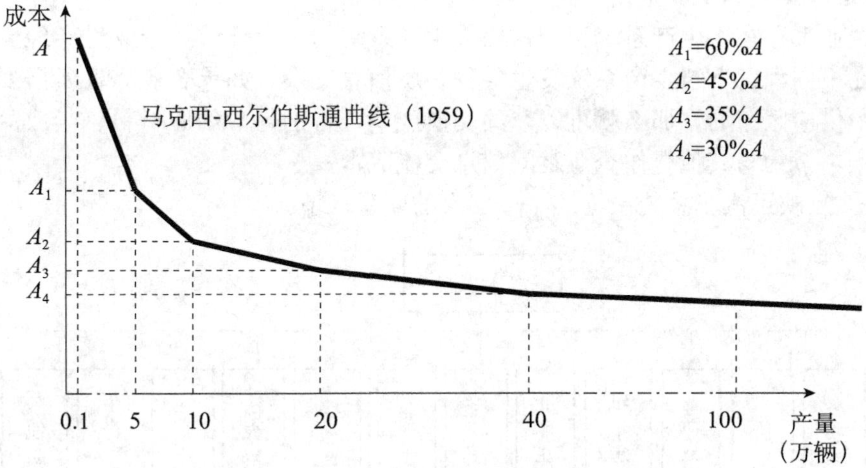

图 2－2　汽车产业的规模经济效益曲线

资料来源：王缉慈．创新的空间．北京：北京大学出版社，2001.

内部规模经济的存在导致企业的规模化发展，一个大规模的企业通常需要较多的就业人员，为了节省通勤费用，雇员们通常愿意居住在企业周围，从而在企业周围形成人口规模大、密度相对较高的地理区域，这个区域就是工业城市的雏形。

第二节　聚集经济与城市发展的动力机制

如果要区分工业经济和城市经济的话，那么可以这么表述：狭义的工业经济主要依赖于技术进步和内部规模经济，任何一个非农产业企业的诞生，都可以认为是工业化过程的推进；城市经济则来源于聚集经济，只有当非农产业企业在空间上聚集，才能够产生城市。没有聚集，便没有城市。聚集是城市经济产生与发展的重要原因。

聚集经济是指企业生产成本随着企业在空间上聚集数量的增加而降低的经济效应。聚集经济分为两种：

第一种，由于同行业企业集群发展而产生的专业化经济；

第二种，由于不同类型行业聚集发展带来的城市化经济。

一、专业化经济

专业化经济存在于两个层面：一是企业专业化，随着技术进步、分工的细化，企业生产逐渐由多样化走向专业化；二是城市专业化，城市由于同类型产业的专业化企业聚集而发展起来，其主导部门少而精，成为专业化城市。企业专业化是城市专业化的前提。

本书所指专业化经济主要是指城市专业化经济，即指由于同行业企业集群布局，带来降低平均生产成本、提高经济效率的效应。城市专业化经济的产生有如下五大原因：减少运输费用和交易费用、赢得中间产品的规模经济、共享良好的创新环境、共享劳动力市场、政府为专业化产业提供有效的公共服务。

(一) 运输费用和交易费用

任何企业都存在于生产系统当中，构成生产系统的一个环节，企业生产经营过程不可避免地要在不同程度上与生产系统发生各种物质信息交换。如果企业靠近所需要的各种物质信息集中供应区布局，那么就可以节约交换成本，特别是节约原材料、半成品、产成品的运输费用，节约与其他合作企业之间信息交流成本。

图 2-3 反映了汽车总装系统第一个层次的联系环节。

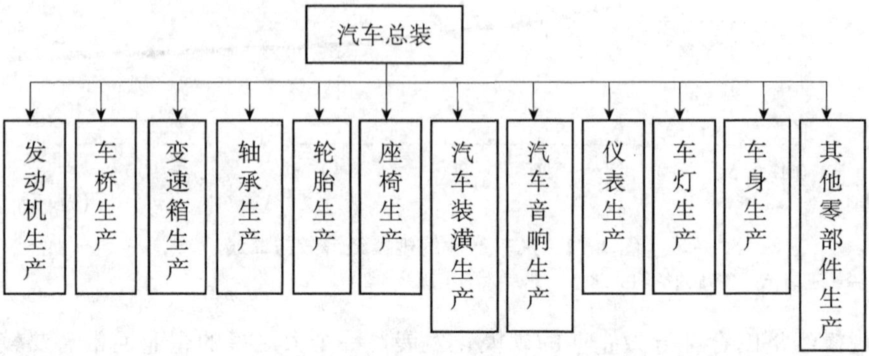

图 2-3　汽车总装系统简图

在这个生产系统当中，汽车各零部件生产企业在空间上围绕总装厂集群布局至少可以获得两方面的效益：第一，减少零部件运输成本，从而降低生产总成本；第二，可以直接面对面与总装厂进行信息交流，及时了解最新市场动态，降低新产品开发成本。

轿车生产是典型的装配型产品，由 1 万多个零部件组成。汽车零部件成本大约占汽车生产总成本的 60%，零部件的质量在很大程度上决定着汽车的质量。因此，零部件企业的技术状况、生产成本对于汽车企业极其重要，这也促使汽车总装厂布局趋向于核心零部件的生产基地。汽车生产企业聚集的地点就发展成为汽车城市，例如美国底特律、日本丰田、中国十堰、德国沃尔夫斯堡等。

随着企业生产专业化的发展，企业分工越来越细，单个企业不仅只生产一种零部件，甚至只生产一种零部件的一个部分，比如座椅又包括椅垫、弹簧、海绵、皮革、自动控制系统，座椅厂只生产其中若干组件并进行装配，很多组件需要从其他企业购进，这些组件又成为另一些企业专业化生产的产品。这样逐级细分，构成汽车产业庞大的生产系统。随着技术进步和生产过程可分割性的增加，专业化分工越来越细，零部件生产的规模经济显著，其服务范围不断增加，一个城市的一种零部件往往服务于存在于世界各地的生产链，并且支撑起一个城市的经济发展，经济全球化和地方专业化发展成为并行的发展趋势。

制造业生产的专业化与全球化是一个问题的两个方面。第二次世界大战以后，世界经济一体化趋势日益加深，跨国公司将企业内部经济联系遍布世界各个角落，在世界范围内寻求最优的空间区位，将研发中心、信息决策中心配置在发达国家的中心城市，将核心部件的生产配置在发达国家的制造业城市，将标准化零部件的生产配置在发展中国家，以便最充分地利用发达国家的人才资源、创新资源以及发展中国家廉价的劳动力及土地资源。在经济全球化的大背景下，各地专业化的竞争更加激烈，因为只有充分的专业化，才能够享受到专业化经济的优势，才有可能在全球生产链中具有竞争力，任何脱离生产链的单一企业都缺乏发展空间。因此，经济全球化丝毫没有减弱专业化，而是强化了专业化趋势。

如果说制造业分工细化导致了全球性产业链的存在，那么服务业分工的细化则进一步强化了城市专业化的特征。随着市场竞争的加剧，企业不仅将在技术上可分割的生产部分分离出去，也逐渐将服务活动——采购、运输、销售、广告、信息服务等——分离出去，这就是专业化城市产生的第二原因，即分享中间产品和服务的规模经济。

（二）中间产品和专业化服务的规模经济

同一行业的专业化生产企业经常需要相同的中间产品和类似的中间服务，比如生产服装需要纽扣，生产家具需要小五金配件，各类企业都需要做广告、需要行业信息搜寻和加工等。中间产品和服务的需求构成企业发展必要的组成部分，这时专业化企业集群发展就有了新的经济原因——享受中间产品供应商和服务商的规模经济。

在大部分情况下，一个独立的企业对中间产品和服务的需求量不足以满足中间产品生产或者销售的规模经济，也不足以支撑起服务业产品的规模经济。如果专业化企业聚集发展，共同成为中间产品的市场，对中间产品和服务的需求超过其限界值①，从而使得中间产品的生产或者销售有利可图，使得服务业有利可图，服务业应市场的需求会得到迅速发展。

比如每个家具生产企业对小五金配件的购买不足以使小五金企业投资者达到规模效益，但是10个规模化家具企业聚集发展，它们对小五金配件的需求完全达到小五金配件生产的规模经济，这时小五金配件企业就会应运而生。小五金配件企业不仅自己赢得规模经济效益，而且降低了10个家具生产企业获得小五金配件的成本，提高了家具企业的效益。当然，这里的小五金配件供货商可以是生产企业，也可以是销售企业。同样的案例还可以存在于广告商、经销商、技术咨询服务商等领域。

由上述分析可以发现，企业的组织形式是多样化的，可以扩张成为无所不包的多样化经营，也可以是非常专业化的专精发展，具体采取什么形式，取决于产业特征及企业家的谋略。在上述案例中，家具企业对小五金配件的需求可以是自己生产，或者独立设立采购部，与各小五金配件生产企业建立供销关系，这是家具企业的多样化发展；如果家具企业放弃小五金配件的生产，甚至于放弃独立分类采购，而是与小五金配件经销企业合作，由后者根据订单配套提供小五金配件，这就是专业化生产。

图2-4表现了企业专业化分工生产和多样化经营的关系。

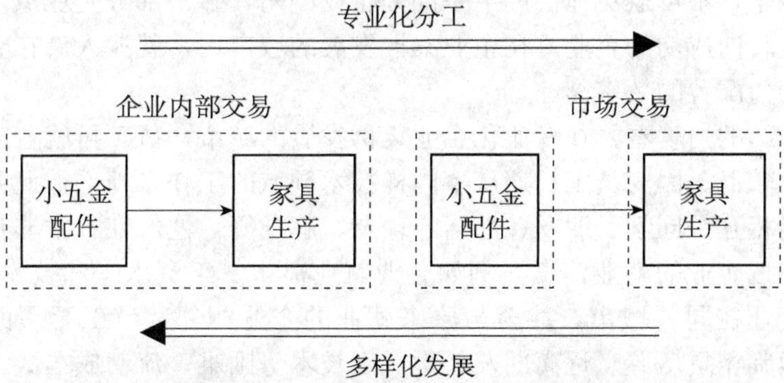

图2-4　企业专业化与多样化的关系

① 限界值是指一个企业为了赢得平均利润必须完成的最小销售额，详细理论介绍见本书第三章。

不同产业的技术特征对企业专业化与否的选择有着重大影响：一些行业的生产过程在生产设备上难以进行技术分割，比如发电；或者由其工艺特征所决定，对生产过程进行技术分割要付出较高的成本，比如钢铁联合企业生产过程中的炼铁、炼钢和轧钢等。这类产业生产的各个环节通常被大型综合性企业所囊括，比如建立大型发电厂、钢铁联合企业等。

不宜细分的产业大多属于原材料生产领域，如炼钢、石油冶炼、有色金属冶炼、发电、制作水泥等。这些不宜细分的产业都是规模经济效益显著的产业。因此，一个大型原材料企业就构成一个城市的主体产业，城市的专业化特征同样明显。另外，即便这些产业的生产过程难以细分，但是其对服务产品的需求是完全可以分离的，因此大型钢铁工业城市聚集了大量的铁矿供应商、钢材供应商、钢铁信息咨询企业等，专业化企业集群普遍存在于城市之中。

（三）知识溢出和创新

企业集群发展的重要优势在于有利于信息的快速交流与扩散。同一行业不同企业的职员有很多机会可以进行正式的和非正式的交流，就操作经验、工艺流程、技术创新进行广泛交流，这种交流可以在任意地方随时进行，散步、聚会、吃饭、锻炼都可以成为信息传递的途径，一个企业的技术难题可能在不经意中得到解决办法；一旦出现真正的技术难题，也容易集中力量突击研究。企业集群发展是实现快速持续创新的重要途径。

另外，在企业集群发展的城市，新企业诞生成本低。由于集聚体内的生产服务配套条件较好，专业化分工较强，新企业创建所必需的原材料、设备和技术人员很容易在市场上得到满足。新企业进入产业协作链中的障碍比别处低，创新与发展的风险小。同时，富有战略眼光的企业家们在企业群体中更容易发现产品或服务的市场空隙，并利用自己的社会网络资源创办新企业；从更大的区域范围来看，地方企业集群一旦形成，对同领域的投资者和技术人员有着特殊的吸引力，企业家和高素质劳动力的集中又进一步促进城市专业化产业发展。

（四）共享劳动力市场

同行业企业集群发展有利于培育地区专业化劳动力市场。企业集群导致本地区的专业化劳动力高度集中，劳动力市场效率提高。

由于市场竞争，不可避免地会产生一部分企业倒闭，另一部分企业成功扩张。就业人员从失败的企业转向成功的企业。在企业集群发展的城市中，就业人员在企业之间的流动成本较低，劳动力配置的效率高。

从劳动力供给的角度看，在专业化企业集群发展的城市，员工再就业的信息搜寻成本和流动成本都比较低。因为员工长期从事同样技术领域的工作，他们彼此熟悉，很多不同企业的员工可能相互是同学、朋友、邻居、球友、牌友等，他们在日常非正式交流中就能够方便地得到临近企业的就业信息，例如企业就业需求、工资水平和技术工种等；同时，由于新就业的企业在同一城市，甚至与原来就业的企业相邻，员工无须面对新的生活环境，无须重新面临租赁房屋、远离朋友、学习新技术等困难，流动成本低。

从劳动力需求的角度看，专业化企业集群发展导致城市中大规模集聚具有专业知识和技能的熟练工人，劳动力市场供应充分，企业很容易在劳动力市场上得到所需要的专业劳动力，填补空缺，扩大生产。

图 2－5 反映出企业独立布局和集群发展在劳动力市场上的不同选择及其收益与成本的变动。

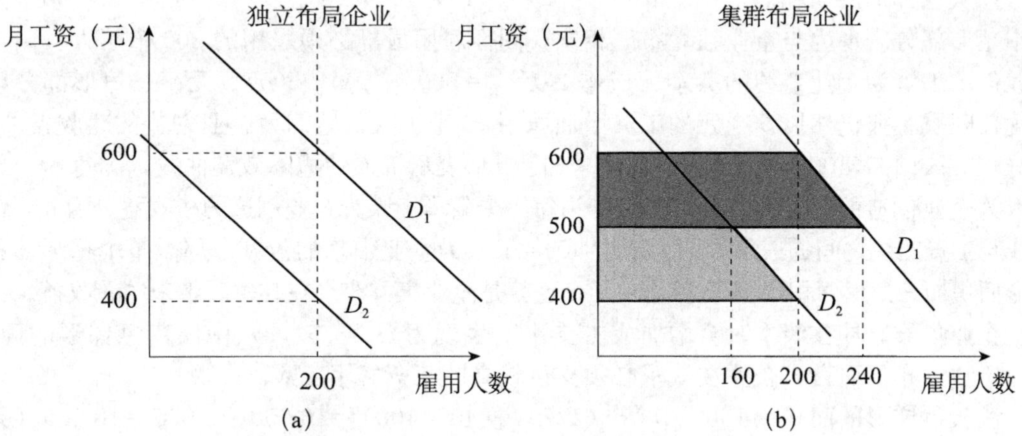

图 2－5　专业化城市劳动力市场的收益与成本

以下讨论企业集群布局在劳动力市场上的收益状况。

城市经济学认为企业在专业化城市中与其他同类企业集群发展，一定能够得到聚集经济效益。原因是：企业群落使得单个企业能够在旺季以同样的工资雇用到更多的工人，同时缓冲了淡季雇用较少工人给企业带来的负面影响。

旺季和淡季是企业生产中普遍存在的现象。企业在旺季时希望增加劳动力，扩大生产，在淡季时正好相反。在图 2－5 中，D_1 表示企业在旺季对劳动力的需求曲线，它在淡季的需求曲线 D_2 的上方。

首先做两个假定：第一，一年中淡季和旺季出现的概率相同，即对于所有的企业，一年有 6 个月淡季，6 个月旺季；第二，在劳动力自由流动的区域内，专业化城市和一般城市职工的平均工资基本不变。在图 2－5（a）一般城市中，工人的年平均工资是 6 000 元（$=600\times6+400\times6$）；在图 2－5（b）专业化城市中，工人的年平均工资也是 6 000 元（$=500\times12$）。

如果一个电子企业孤立布局，则如图 2－5（a）所示。无论在淡季或者旺季，企业能够雇用的工人最多只有 200 名。在旺季，企业需要扩大生产，需求曲线上升为 D_1。由于劳动力市场不能提供更多的劳动力，因此，为了完成较大的工作量，每个工人的劳动强度会加大，劳动力工资相应地上升到 600 元/月；在淡季，企业希望减少生产，但是由于地方缺乏其他就业机会，因此雇员们表示宁愿少拿工资，也愿意就业。这时，工资需求曲线左移到 D_2，工资下降到 400 元/月。

如果企业位于同行业的企业集群之中，布局在电子专业化城市内，则如图 2－5（b）所示。由于电子行业企业集中布局，当一些企业进入良好的经营状态，处于旺季时，另一些企业可能正处于危机状态，遭遇淡季。这时，从整个电子行业劳动力的供求看，仍然处于相对稳定的状态，工资水平为 500 元/月。无论处于淡季的企业，还是处于旺季的企业，都支付相同的工资。这时，处于旺季的企业雇用工人 240 个，处于淡季的企业则只雇用工人 160 个。

对于同一个电子企业而言，集群布局的好处表现为图 2-5（b）中深灰色梯形部分：企业在旺季的经营可以以降低工资的方式赢得较高的利润：

深灰色梯形的面积＝200×100＋(1/2)×(40×100)＝20 000＋2 000＝22 000（元），其中矩形部分表现为与企业独立布局相比，同样雇用最早必须雇用的200个工人，由于支付较低的工资为企业节约的劳动力成本2万［＝200×(600－500)］元；三角形部分则表现为在旺季企业仍然以500元的工资增加雇用40个工人，他们为企业创造的净收益2 000［＝(1/2)×(40×100)］元。这里，需求曲线 D_1 表示工人的边际效益曲线，即每一个新增工人为企业创造的收益；收益减工资则为每一个新增工人为企业创造的净收益。因此，需求曲线与工资曲线之间的三角形即为新增40名工人为企业带来的盈利。那么整个梯形面积为矩形面积加三角形面积，等于22 000元，这就是企业集群布局在旺季时带来的总收益。

企业集群布局在淡季时会增加成本支出，表现为图 2-5（b）中浅灰色梯形的面积：相对于独立布局而言，企业在淡季必须支付较高的工资雇用工人。

浅灰色梯形的面积＝160×100＋(1/2)×(40×100)＝16 000＋2 000＝18 000（元），其中矩形部分表示在淡季企业用500元而不是400元的工资雇用工人，为此多付出的劳动力成本1 600（＝160×100）元；另外，由于减少使用40名工人，减少收益2 000［＝(1/2)×(40×100)］元，因此企业在淡季多支付的费用为18 000元。

企业集群布局的收益就是在旺季增加的收益减去淡季增加的支出，为4 000（＝22 000－18 000）元。

只要专业化城市工资水平处于孤立城市工资水平的平均值，那么企业集群布局的收益一定大于成本。

几何原理也给出了同样的结论：因为收益梯形和成本梯形相比，高相等，收益梯形底边大于成本梯形底边，因此收益梯形面积一定大于成本梯形面积。

另外，对就业人员而言，在专业化城市工作比在一般城市工作也得到更多的益处。这些益处主要表现为稳定的就业机会和较少的失业风险。由于不同企业淡季和旺季交替出现，因此，在当前就业的企业出现淡季，需要裁员时，其他许多企业可能正处于旺季，需要增加雇员。由于同在一个城市，就业信息的搜寻成本很低，雇员们很容易知道哪个企业在招工，以及相应的报酬状况，可能很顺利地由一个淡季企业转换到一个旺季企业。因而，专业化城市能够为专业产业工人和技术人员提供相对稳定的就业机会，减少失业风险。

因此，专业化城市为就业工人带来的好处主要不是表现在工资上，而是在发展的空间和机会上。

（五）政府提供具有针对性的公共服务

专业化企业集群发展形成的城市产业专业化，是城市主导产业发展的主体，也是城市政府产业政策重点支持的领域。专业化主导部门的发展，政府会采取如下措施，给予支持和鼓励：

第一，政府利用财政资本进行基础研究与开发投入。在许多专业化城市都有着一流的专业技术研究机构，比如汽车城市有最好的汽车研究与开发机构，电子城市有电子研究所，纺织城市有纺织研究所、服装设计研究所等。由于基础研究具有高投入、高风险的性质，因此以政府投入为主。政府研究与开发的成果补充专利库，为企业进行应用研究与开发提供基础条件。政府对专业技术研究与开发的支持可以降低企业创新的成本，提高企业创新的效益。

第二，重点产业的政策优惠。专业化主导部门是一个城市经济发展成功与否的关键，从而也成为政府支持发展的重点，政府的优惠政策主要针对这些部门的企业进行。在市场经济条件下，政府的优惠政策主要包括减免税政策、土地优惠政策、投资政策等。

第三，信息与培训支持。如果一个城市主导产业集中而明确，那么政府可以根据情况，经常性地开展职业培训。培训形式多样化，可以是发展职业学校、网络学校、夜校，也可以是短期培训班；技术培训可以相对宽泛，也可以非常专精。对于被证明是失业工人的人，政府还可以提供享受免费培训和教育的机会。此外，政府可以定期组织学术交流活动，聘请本领域全国甚至世界一流的学者来讲学，聘请一流的企业家来讲学，为城市中的企业及时了解最前沿的信息、与一流企业和学者接轨、保持企业的先进性提供有效支持。

政府提供具有针对性的公共服务也是企业集群布局的重要原因。企业集群发展同时成为新时期城市发展的重要组织形式，成为城市发展的主要动力。

东莞是典型的凭借电子企业集群迅速发展的电子专业化城市，是世界电子企业最集中布局的城市之一。东莞毗邻港澳，信息灵通，东莞有莞籍港澳同胞 60 多万人，海外华侨 20 多万人，香港与东莞之间有着深厚的人际关系；东莞利用改革开放的历史机遇，较早地坚持市场化改革，形成了富有活力的经济体制和运行机制；土地、劳动力价格和企业税费低廉形成了“成本低、回报高、风险小、见效快”的投资环境；在产业上，东莞抓住了台湾电脑企业生产基地向岛外转移的契机，吸引了大量台资电脑相关生产企业，从而形成电子企业集群发展的优势空间依托，逐步发展成为专业化城市，并加入国际分工。

可见，专业化城市是现代城市主要的经济类型，它为所有聚集于专业化城市发展的企业和个人带来更好的效率和品质。另外，专业化城市也存在特殊的问题。当遭遇淡季的不是单个企业，而是全行业时，那么该专业化城市也容易陷入危机：大量企业减产、破产，大量工人失业，政府税收急剧下降等。城市化经济在一定程度上可以避免这些问题。

二、产业集群

20 世纪 80 年代后期，产业集群在我国如雨后春笋般迅速成长起来。经过 30 多年的发展，已经成为我国区域经济发展的主要动力之一。[①]

（一）产业集群的定义

产业集群是产业集聚的结果，所谓产业集聚是指由一定数量企业共同组成的产业在一定区域范围内的集中现象。产业集聚最直观的表现是一定地域空间内企业数量的增加和经济总量的增加，也表现在产业链的延长和产业范围的扩大上。[②] 对于产业集群目前还没有大家广泛认同的定义，国内外学者具有代表性的观点主要有以下几种：

1990 年迈克尔·波特在《国家竞争优势》一书首先提出用“产业集群”（industrial cluster）一词对集群现象进行分析。[③] 区域的竞争力对企业的竞争力有很大的影响，波特

---

① 王坤．我国产业集群区域发展差异及其影响因素研究．北京：经济管理出版社，2013：1－12.

② 冯云廷．城市经济学：4 版．大连：东北财经大学出版社，2015：182－193.

③ 迈克尔·波特．国家竞争优势．北京：中信出版社，2007.

通过对10个工业化国家的考察发现，产业集群是工业化过程中的普遍现象，在所有发达的经济体中都可以明显看到各种产业集群。迈克尔·波特认为产业集群是指在特定区域中，具有竞争与合作关系，且在地理上集中，有交互关联性的企业、专业化供应商、服务供应商、金融机构、相关产业的厂商及其他相关机构等组成的群体。不同产业集群的纵深程度和复杂性相异，代表着介于市场和等级制之间的一种新的空间经济组织形式。①

马歇尔则在其经典著作《经济学原理》一书中把产业集群的特定地区称作“产业区”(industry district)，他还认为产业集群是一种规模经济和广义的外部性。② 保罗·克鲁格曼1991年在《政治经济学期刊》中发表了《收益递增与经济地理》一文，并随后发表了一系列关于产业集群和经济集聚的论文。他以规模报酬递增、不完全竞争的市场结构为假设前提，在迪克西特-斯蒂格利茨（Dixit-Stiglitz）垄断竞争模型的基础上，认为产业集群是由企业的规模报酬递增、运输成本和生产要素流动通过市场传导的相互作用而产生的。③

意大利的社会学家巴卡提尼指出在意大利东北部出现了与马歇尔式工业区很相似的新兴工业区。这些新兴工业区都是由中小企业集聚而成的，企业之间既竞争又合作，相互间不仅有正式的战略联盟、经济合作、投入产出关系，还包括非正式的交流和沟通，正是这种有效的合作网络所产生的内在动力，推动了当地经济的迅速增长。这些新兴工业区被称为“新产业区”。因此他将产业集群定义为：具有相同背景的人们和企业在一定自然地域上形成的社会地域生产综合体。④

1985年，美国经济学家斯科特发表了《区位过程、城市化与区域发展》一文，他在研究洛杉矶的妇女服装工业时，从理论上探讨了空间成本对企业区位的影响，他第一次把劳动分工、交易费用和企业集聚联系起来，认为产业集群是由交易成本决定的纵向分解与空间成本（交易成本的一部分）决定的空间集聚的综合产物。⑤

中国台湾学者吴思华综合许多学者的看法认为，产业集群（或称之为产业网络）是指“一群独立自主又彼此依赖的成员组合，成员间常具有专业分工、资源互补现象，彼此间维持着长期的非特定合约关系”。他认为凭借这种关系，企业可以维持长久的交易，这些交易不一定以契约形式推进，而是通过承诺进行，使集群内的企业获得集群外企业所没有的竞争优势。⑥

我国学者较为推崇迈克尔·波特的定义，基于以上学者的定义可得出结论，产业集群是在某特定领域中，由一群在地理上邻近、有交互关联性的企业和相关法人机构组成的区域内的一种创新协作网络。⑦

（二）产业集群的特征

空间特征。这是产业集群最主要的特征之一，即产业在特定区域空间集聚。产业集群是对应于一定的区域而言的，是经济活动的一种空间集聚现象，地理上的邻近不仅带来了

---

① 董利民．城市经济学．北京：清华大学出版社，2011：269－270.

② 王坤．我国产业集群区域发展差异及其影响因素研究．北京：经济管理出版社，2013：1－12.

③ 江激宇．产业集聚与区域经济增长．北京：经济科学出版社，2006：14－18.

④ 冯云廷．城市经济学：4版．大连：东北财经大学出版社，2015：182－193.

⑤ 刘孟达．区域经济发展新空间．杭州：浙江大学出版社，2005.

⑥ 同④.

⑦ 同①.

运输成本的节约，还有企业之间直接的交流、竞争以及实时信息的传递，如德国的钢铁生产集中在多特蒙德，刀具生产集中在佐林根，工具车床生产则集中在雷姆沙伊德。①

产业特征。产业集群的另一个特点是生产专门的产品，产业集群聚集在一起要生产具体的产品，且地方优势明显，如诸暨大唐的袜业、河北清河的羊绒业、浙江嵊州的领带业等，它们不仅有专业的产品，而且形成规模化的产业形势。

组织特征。产业集群是生产系统也是社会系统，集群组织最根本的联系纽带是竞合联系。产业集群体现了组织之间的分工，单个集群企业内部一体化程度很低，大量企业在集群中只做产品作业链条上的一个环节。②

经济特征。企业及其支撑机构在空间上集聚，从而形成集聚效应。集聚效应是指各种产业和经济活动在空间上集中产生的经济效果以及吸引经济活动向一定地区靠近的向心力，是导致城市形成和不断扩大的基本因素。③

发展特征。累积因果性和路径依赖性是产业集群的发展特征。当某些成功的发展因素（如企业家才能、资本供应、劳动力供应、土地供应和当地生产的中间产品等）在区域中不同行为主体之间存在较紧密的联系时，一种产业的扩张会增加其他公司的利益，依赖于成功因素所产生的“极化效应”将促进进一步的扩张和累积因果作用。然而，曾经成功的发展因素随时间的推移会作为制约因素限制集群专业化的进一步发展，从而阻碍集群进入新的发展阶段，出现“集群锁定现象”，从而导致集群的衰退。因而，在分歧点打破历史遗留的禁闭，通过替代或补偿过时的资源、技术、基础设施和思维方式，可以促进产业集群的进一步发展。④

环境特征。产业集群的环境特征一方面表现为“灵敏的经济基础”，另一方面，更重要的是，表现为集群的创新环境。⑤ 集群所在地存在复杂稠密的社会网络关系，人与人、企业与企业之间发生着频繁的互动和知识交流，人们通过正式和非正式的交流渠道共享知识和创新。地理接近、企业间的密切合作、经常面对面的交流有利于各种新思想、新观点、新技术和新知识的传播，由此形成的知识溢出效应将会增强企业的研究能力和创新能力。⑥

（三）产业集群的生成机理

根据波特的定义，产业集群是指在特定区域中，具有竞争与合作关系，且在地理上集中，有交互关联性的企业、专业化供应商、服务供应商、金融机构、相关产业的厂商及其他相关机构等组成的群体。一个典型的产业集群通常包括成品商、供应商、商客、中介服务机构和规制管理机构五大相互作用的基本机构。这五大基本机构构成了产业集群的五大行动主体，它们之间相互关联，不同主体至今分属不同的产业关联环节，有些机构还存在明显的投入产出关系，它们共同作用于产业集群，使之成为一个有机的整体。⑦ 产业集群的生成机理不外乎市场因素、制度因素和文化因素。

---

① 江激宇．产业集聚与区域经济增长．北京：经济科学出版社，2006：1－75.

② 冯云廷．城市经济学：4版．大连：东北财经大学出版社，2015：184－186.

③ 李苗，等．县域工业与金融研究．北京：经济科学出版社，2009.

④ 董利民．城市经济学．北京：清华大学出版社，2011：271.

⑤ 同②186.

⑥ 同③.

⑦ 同④274－276.

市场因素主要是指产业集群的自组织形成，即因某些因素诱导而自组织形成。市场容量的扩大、劳动力的充足供给和合理分工、信息的充分交流、技术的迅猛进步等促进了产业集群的发展。[①] 消费品种类的增加提高了销售和服务的重要性，诱发企业的区位选择；进一步细分了市场，使企业产品的差异化程度增加而替代性下降，因而企业的竞争程度在一定意义上有所下降，甚至可能出现同类企业之间的协作。这样，同类产品的生产厂商在地理上的集聚就在一定程度上产生区域范围经济的优势，为同类产品的生产厂商在地理上聚集奠定了利益基础。同时，产业的集聚也促进了劳动力的集中供给。[②] 并且，产业内的企业在某一地理区域集中，可使得区域内企业之间的“有形的”运输成本、信息成本、搜寻成本、合约的谈判和执行成本等交易费用降低，直接降低了企业的运行成本，另外也使得企业之间的“无形的”信任成本等降低，促进企业合作。

制度因素。政府在产业集群中发挥着重要作用。一方面，产业集群一般是企业为了各自的利益最大化在市场中自发形成的，因此从其诞生之日起就不可避免地具有负外部性。在集聚区也会存在不完全契约、道德风险和机会主义的行为，企业网络关系往往很不稳定，严重威胁了集聚区的整体利益。这就需要一个强有力的引导力量，防范外部不经济的产生，使产业集群健康发展。另一方面，政府可以因地制宜，立足自身比较优势和特点，提出有地方特色的产业发展规划。为企业的发展直接或间接地创造有利于集群形成的环境和利益机制，使得企业在新环境与利益机制中自我调整。政府还可以通过利用本地的优势条件和特色资源吸引关键性企业在本地落户。总之，政府在宏观调控中起着不可替代的作用，也极大地保证了产业集群的健康稳定发展。

文化因素。在产业集群的形成和发展过程中离不开文化的渗入、融合、塑造和升华。产业集群文化为产业集群的发展提供了强大的精神动力、思想保证和理想信念，这些是产业集群无法估量的无形资产和不可缺少的社会资本。谁拥有了产业集群文化优势，谁就拥有了竞争优势、效益优势和发展优势。文化环境是由该地区的历史传统、民情风俗、整体文化水平等构成的，它主要是以人们认同的生活方式及体现在每个人身上的文化素质的外在表现所形成的价值判断构成每个产业集群的文化氛围。这种文化氛围会通过认同或排斥的方式为产业集群发展营造一个外在环境，影响产业集群的形成、发展以及集群与当地区域经济发展的关系。[③] 产业集群的形成及区域内产业发展的根本动力在于区域创新网络的构建，而区域创新网络构建的核心是营造一种有利于区域行为主体（企业、大学、政府机关）相互之间进行交流与协作的良好的区域产业文化。[④]

三、城市化经济

如果说专业化经济主要得益于同行业制造业企业集群发展，那么城市化经济则产生于服务业企业的集群发展，产生于服务业的规模经济。

城市化经济之所以存在，主要有如下四个原因：

第一，企业的集聚带来一系列服务市场需求的集聚，使提供商务服务的供应商（房地

① 冯云廷．城市经济学：4版．大连：东北财经大学出版社，2015：188.

② 陈海华，陈松．从产业集群到创新集群的演化过程及机制研究．中国软科学，2010（S1）：227-232.

③ 赵广华．产业集群文化的形成机理和培育策略．经济学动态，2008（10）：34-37.

④ 同①191-192.

产、现代物流、银行、保险、建筑物维修、通信、印刷以及各种现代商业业态）和提供公共服务（主要包括公共交通、学校、消防、公共医疗、警察系统、公共绿地等）的供应商在城市发展中可以实现规模经济效应。服务业的集中规模化发展大大降低了企业外部成本，提高了其经济效益。

第二，共享综合性的劳动力市场。大城市的劳动力市场是多样化的、多层次的，各行业对劳动力的需求又相对独立。所以，大城市一般有着比较稳定的就业水平。随着城市经济的增长，就业机会也呈现出增长的态势。在城市中，不仅同行业企业劳动力流动成本低，由于较多的学习机会，行业之间的劳动力流动也可以在短期内实现。因此，由于大城市就业机会的搜寻成本和劳动力流动成本低，企业能够更加方便地改善其雇员结构和劳动力状况，劳动力也能够更加方便地找到相对适合自己的就业机会。

第三，城市营造了创新环境。城市中人才济济，不同的思想经常出现碰撞、交流，知识外溢经常发生，从而刺激新思想、新理念、新技术的产生和发展。创新成为城市企业和产业提高效率的重要源泉。

第四，购买的外部性。购买的外部性是指一个商店的销售额受其他商店位置的影响。购买的外部性普遍存在。从商业服务业发展的角度看，服务业企业之所以聚集在城市发展，是因为能够享受购买的外部性。

有两类产品购销活动的存在导致购买的外部性：非完全替代品和互补品。

非完全替代品是指使用价值基本一致，但产品风格、质量、外观、价格各异的产品。比如春兰空调和长虹空调，宝来汽车和POLO汽车等。如果这些商店独立布局，那么消费者需要花费很多的时间和金钱去比较；如果商店相互靠近，形成销售群落，那么选购产品的消费者就可以降低选购成本。选购成本的降低能够吸引新的消费者到来，从而为经销商带来聚集效益。

图 2-6 反映了销售企业集群布局的效益。

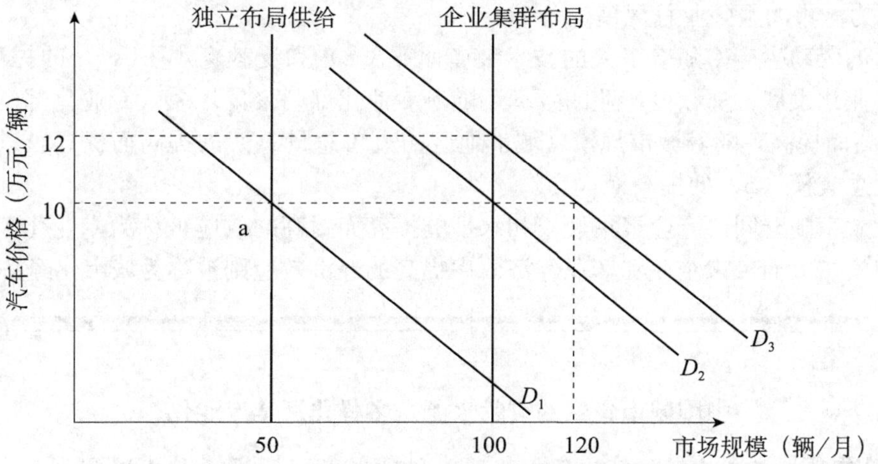

图 2-6 销售企业集群布局的效益

在图 2-6 中，原来有两家汽车销售企业分散布局，各自的销售数量都是 50 辆/月，销售价格为 10 万元/辆，销售业绩相对稳定，需求曲线 D_1。但是，由于汽车销售企业布局相对分散，正处于决策过程中的购买者李桦要比较准确把握市场信息的话，必须调查两个销售市场。由于选购成本较高，他决定放弃选购，或者推迟选购时间。

当两家销售企业搬迁到一起时，销售曲线发生右移，企业享受到销售的聚集经济效益。两家销售企业搬迁到一起，需求曲线发生了变化。D_2 表示原来已经决定要购买汽车的100个客户仍然是忠实的客户；但是，正处于决策过程中的李桦的决定发生了变化，由于两家销售企业在一起，只需做一次市场调查就可以了解必要的信息，降低了选购成本，因此他决定前往选购。假定类似李桦的客户有20人，那么新的需求曲线右移至 D_3。

在新的需求曲线下，销售企业可以作出两种选择：或者仍然只卖100辆汽车，由于汽车供不应求，价格由10万元/辆上升到12万元/辆，企业的销售额由1 000万元上升到1 200万元；或者增加销售量，由原来的100辆增加到市场需要的120辆，这时价格不变，那么企业的销售额也一样由1 000万元增加到1 200万元。新增200万元的销售额就是两个企业的聚集经济效益。

四、专业化经济和城市化经济对产业效率的影响模型

由以上分析可以看出，专业化经济和城市化经济均能够提高产业效率。一个城市同类型产业的聚集可以提高本产业的效率；不同类型产业的聚集，特别是服务业的聚集，则能够普遍地为城市中各企业的发展提供良好的外部环境。当专业化经济与城市化经济发展对产业效率发生影响时，产业效率模型可以表述为公式（2.1）：

$$q=f(k,e,Q,N,S) \tag{2.1}$$

其中：q 为专业化部门的劳动生产率；

k 为专业化部门的技术装备水平；

e 为工人的受教育水平；

Q 为专业化部门的总产量；

N 为城市地区的人口总量；

S 为城市的服务业总规模。

产业的劳动生产率随着工人的技术装备水平（k）和受教育水平（e）的提高而提高。如果是专业化发展，那么该产业的效率还随着专业化部门聚集规模（专业化部门的总产量 Q）的提高而提高，随着城市规模（城市地区的人口总量 N）的提高而提高，以及随着城市服务业总规模（S）的提高而提高。

产业效率随着同一产业聚集规模和水平的提高而提高的效应被称为专业化经济；而随着城市规模扩大而带来企业和产业经济效率提高的经济效应则被称为城市化经济。

【专栏】

中国城市集聚的贡献来源是多样化还是专业化?①

【内容提要】 本文在新经济地理框架下，利用2003—2005年的中国284个地级单位面板数据，对中国城市专业化和多样化的特征、专业化和多样化如何促进城市集聚经济的发

① 李金滟，宋德勇．专业化、多样化与城市集聚经济——基于中国地级单位面板数据的实证研究．管理世界，2008（02）：25-34.

展以及在经济集聚中的相对贡献进行了理论和实证研究。本文的主要结论是：(1) 对资金外部性、技术外部性和交流外部性的细分和扩展可以解释不同类型城市集聚经济的来源；(2) 对中国地级市的实证研究表明，现阶段多样化更能促进经济集聚；(3) 地方政府可以通过促进竞争，加大基础设施和教育投入，有效配置劳动力资源来促进多样化，扩大城市集聚。

国外认为专业化对产业经济影响明显

国外的研究主要有以下几个方面，Glaeser 等（1992）最先从城市就业角度考察了其贡献，结果是多样化促进美国城市的就业增长，而专业化则会减少城市就业增长。Henderson 等（1995）则是从产业发展角度来衡量专业化和多样化的贡献，发现虽然多样化有助于吸引创新部门，但专业化城市对于成熟产业更具吸引力。从城市贸易角度，Henderson（1997）认为专业化城市更有助于生产标准化产品并且出口到其他城市。而在对中国的实证研究中，Batisse（2002）用省级面板数据得出多样化更能促进产业增长，而专业化与产业经济增长负相关的结论。Gao（2004）得出了专业化与产业经济增长负相关，但多样化对产业经济几乎不存在影响的结论。薄文广（2007）得出了专业化与产业经济增长负相关，而多样化程度与产业增长之间存在非线性关系的结论。国内文献中对于城市集聚的研究较少，高鸿鹰和武康平（2007）对我国包括集聚效应的城市总量生产函数进行了实证研究，谢燮和杨开忠（2003）研究了中国省会城市的多样化和专业化特征。

国内认为从经济总量上看，专业化与城市化对城市集聚的贡献有差异

促进城市集聚的几个因素如下：

(1) 多样化促进城市集聚。就相对专业化指数和相对多样化指数而言，多样化促进城市集聚。内地城市比沿海城市更加受益于多样化。专业化与城市集聚之间存在不太稳定的关系，雅各布斯外部性对于城市集聚的作用是显著的，没有得到马歇尔外部性的证据。

(2) 产业外部性对于城市集聚经济的作用显著。目前企业在区位上的集中对于城市的发展还是处在集聚经济而非集聚不经济状态。

(3) 更好的就业环境（工资与内部市场潜力）与城市集聚正相关。尽管高工资可能造成企业生产成本的上升，但是吸引来的劳动力具有更高的生产率，弥补了这种成本上升产生的不经济，因此对城市而言，仍然是集聚经济。

(4) 基础设施和教育水平能够促进城市集聚。这与一般经验文献的实证结果是一致的。

城市的发展更依赖于城市的内力而非外力。

城市的发展更依赖于城市的内力，如基础设施、教育、劳动力资源等因素更优的配置，而非外力，即外资或是由此带来的技术，因为外力面临着城市是否具有消化吸收的内力的问题。

另外，我们可以从多角度讨论为什么是多样化而非专业化促进现阶段中国城市的经济活动集聚。从生产者角度来看，Duranton 和 Puga（2001）提出的“技术池观点”表明，城市的多样化可以为新生企业提供更多的技术选择机会，新企业能够通过小规模生产实践发现适合自己的最优生产流程，当然，这种技术市场的搜寻匹配是需要付出一定成本的。而企业在技术成熟后将会重新选择区位，搬迁到地租成本和劳动力成本更为低廉的专业化城市中。我国目前大多数企业自生能力较弱，仍然处于产品生命周期的成长期，因此需要多样化城市金融、科研、公共管理等各方面的哺育。从消费者角度即劳动力提供者角度来看，一方面，作为产品的消费者，Wang（1993，2004）的“市场区观点”表明，其多样性偏好在多样化城市更容易得到满足。另一方面，作为劳动力的提供者，只有在专业化城市的企业所支付的报酬弥补了偏好多样性损失，或是多样性城市的拥挤成本高于偏好多样性收益时，他们才会选择离开多样化城市。就中国现阶段而言，无论从市场的发展还是企业所能提供的就业机会而言，多样化城市都有明显优势，因此消费者更愿意集聚在多样化城市中。生产者集聚与消费者集聚在新经济地理文献中是一种正向的自我强化机制(Krugman，1991)。如果企业生产者从技术选择角度偏好多样化城市，而消费者从多样性需求角度偏好多样化城市，那么显然多样化更有助于吸引资本和劳动，在城市集聚中作用更为显著。

参考文献：

[1] Glaeser E L，Kallal H D，Scheinkman J A，et al. Growth in Cities. *Journal of Political Economy*，1992，100（6）：1126－1152.

[2] Henderson V，Kuncoro A，Turner M. Industrial Development in Cities. *Journal of Political Economy*，1995，103（5）：1067－1090.

[3] Cool K，Henderson J. Factor and Regression Analysis，Power and Profits in Supply Chains// *Statistical Models for Strategic Management*，1997.

[4] Batisse C. Dynamic Externalities and Local Growth：A Panel Data Analysis Applied to Chinese Provinces. *China Economic Review*，2002，13（2）：231－251.

[5] Gao T . Regional Industrial Growth：Evidence from Chinese Industries. *Regional Science and Urban Economics*，2004，34（1）：101－124.

[6] 薄文广 . 外部性与产业增长——来自中国省级面板数据的研究 . 中国工业经济，2007（1）：37－44.

[7] 高鸿鹰，武康平 . 集聚效应、集聚效率与城市规模分布变化 . 统计研究，2007，24（3）：43－47.

[8] 谢燮，杨开忠 . 中国城市的多样化与专业化特征 . 软科学，2003，17（1）：10－13.

[9] Duranton G，Puga D . Nursery Cities：Urban Diversity，Process Innovation，and the Life Cycle of Products. *American Economic Review*，2001，91（5）：1454－1477.

[10] Wang P . Agglomeration in a Linear City with Heterogeneous Households. *Regional Science and Urban Economics*，1993，23（2）：291－306.

[11] Wang P . Competitive Equilibrium Formation of Marketplaces with Heterogeneous Consumers. *Regional Science & Urban Economics*，2004，20（3）：295－304.

[12] Krugman，Paul. Increasing Returns and Economic Geography. *Journal of Political Economy*，1991，99（3）：483－499.

第三节　区位与城市的空间选择：城市在哪里发展？

如何认识企业与城市产生与发展的关系？城市经济学认为企业是城市产生与发展的基础和前提，哪里有企业诞生，哪里就会有城市发展。因此，研究城市的区位选择实质上是研究不同类型企业的空间选址问题。城市一旦产生，城市的聚集经济效益会进一步对企业产生强大的吸引力，导致企业进一步聚集于城市发展，城市和企业相互促进。从企业与城市成长的关系看，企业具有主导作用。企业兴则城市兴，企业荣则城市荣。

在现实的经济生活中，经常出现将企业与城市的关系颠倒的行为：在那些不宜于企业成长的区位盲目搞大规模的城市建设，搞工业开发区，搞招商引资，结果事与愿违，资本引不来，土地被荒废，政府也没有政绩。诚然，城市投资环境好，能够吸引投资，但是，投资环境不完全等于城市景观，投资环境好是针对企业而言的，是指企业投资能够盈利的环境；城市景观是与企业盈利没有直接关系的，只有适宜企业成长的城市景观才构成城市投资环境改善的内容，不宜企业成长的城市景观则对企业来说完全没有意义。当然吸引不了企业，招商引资就会失败。

企业不是适宜在所有的地方成长，城市更加不能够遍地开花。

根据企业布局的空间规律，可以产生不同类型的城市：资源型城市、市场型城市和政府导向型城市。

一、资源型城市

韦伯在工业区位论中论述了企业布局的基本原理。韦伯认为，企业布局总是趋向于成本最低点，影响企业布局的因素主要有交通运输费用、劳动力市场和城市的集聚与扩散。其中，交通运输费用起着基本的决定性作用，劳动力市场和城市的集聚与扩散则可以在一定程度上修正交通运输费用决定的企业布局方案。

为了阐述交通运输费用对企业布局的影响，韦伯将原材料划分为广布原材料和地方原材料。广布原材料是指很多地区都能够生产的原材料，比如一般性工业用水、土地、粮食等；地方原材料则是指只有某些地区才能够生产的原材料，比如甘蔗、铁矿、水利资源等。利用广布原材料的企业布局在市场区；利用地方原材料的企业需要考虑原材料运输费用和制成品运输费用的比较。

利用地方原材料的企业在进行区位选择时，需要按照公式（2.2）计算原材料指数：

$$\text{原材料指数 } K=\frac{\text{地方原材料重量}}{\text{制成品重量}} \tag{2.2}$$

当原材料指数 $K>1$ 时，企业布局在原材料地（比如制糖企业）；

当原材料指数 $K<1$ 时，企业布局在市场区（比如可口可乐等企业）；

当原材料指数 $K=1$ 时，企业布局在原材料地和市场区均可（比如织布企业）。

城市经济学也非常重视运输费用对企业布局的影响，并将交通运输费用作为影响企业布局的第一要素。城市经济学在考虑运输费用时寻求企业运输总成本最低点。企业运输总成本由原材料采购成本和制成品配送成本组成，于是有公式（2.3）：

$$\text{运输总成本 } C=\text{原材料采购成本 } PC+\text{制成品配送成本 } DC \tag{2.3}$$

$$PC=Q_0t_0D_1$$

$$DC=Q_1t_1(D-D_1)$$

其中：Q_0 为制成品的原材料重量；

t_0 为原材料的运费率；

D_1 为企业到原材料地的距离；

Q_1 为制成品的重量；

t_1 为制成品的运费率；

D 为原材料地到市场区的距离。

企业要选择运输总成本 C 的最小点。如何选择呢？

以制糖企业为例，假定制糖企业以甘蔗为原材料，甘蔗的含糖量为 10%，生产 1 吨白糖产品需要原材料 10 吨；甘蔗的运费率和白糖的运费率相等，都为 0.1 元/吨公里；原材料到市场的距离是 100 公里。可以制表 2-1：

表 2-1　　制糖企业选址的若干技术指标

	原材料（甘蔗）	制成品（白糖）
运输重量（吨）	10	1
运费率（元/吨公里）	0.1	0.1
理想重量（元/公里）	1	0.1

在表 2-1 中，理想重量是指根据货物属性，对其自然重量进行加权得到的一个假想重量。理想重量表示特定货物单位距离的运输费用，等于运输重量与运费率的乘积。

如果一批货物的理想重量越大，其运输成本就越高。理想重量与运输距离的乘积就是总运费。因为不同产品运输重量不同，运费率不同，所以运输不同原材料和制成品的理想重量是不同的。在表 2-1 中，甘蔗的理想重量为 1 元/公里，白糖的理想重量则为 0.1 元/公里。

在运输费用曲线图中，理想重量就是曲线的斜率。正、负号视具体情况而定。在制糖企业的案例中，原材料运输费用曲线和制成品运输费用曲线可以表达为：

$$PC=Q_0t_0D_1=10\times 0.1\,D_1=D_1 \tag{2.4}$$

$$\begin{aligned} DC&=Q_1t_1(D-D_1)\\ &=1\times 0.1\times(D-D_1)\\ &=0.1(D-D_1) \end{aligned} \tag{2.5}$$

这里，运输原材料的理想重量是 1，其运输费用曲线的斜率也是 1；运输制成品的理想重量即斜率为 0.1。这意味着制糖企业每向甘蔗产地靠近 1 公里，就可以节约原材料运输费用 1 元，同时增加制成品运输费用 0.1 元，总运输成本节约 0.9 元；同样，制糖企业每向市场区靠近 1 公里，则增加总运输费用 0.9 元。

制糖企业的区位选择可以用图 2-7 说明：原材料采购成本 PC 随着到甘蔗产地距离的增加而增加，斜率为正；而制成品白糖的配送成本 DC 随着到原材料地距离的增加而下降，斜率为负。运输总成本 C 是原材料采购成本 PC 与制成品配送成本 DC 之和，在原材料地运输总成本达到最低点。因此，制糖企业应该配置到甘蔗产地。

资源导向型企业布局指向于原材料地布局，并且形成资源型城市。

具有如下特点的产业也会在原材料地布局，从而形成不同类型的资源型城市：

(1) 原材料重量与制成品重量相等，原材料运费率高于制成品运费率。比如鲜奶包装企业布局在牛奶产地，因为与鲜奶相比，真空袋装（瓶装）牛奶运费率更低。

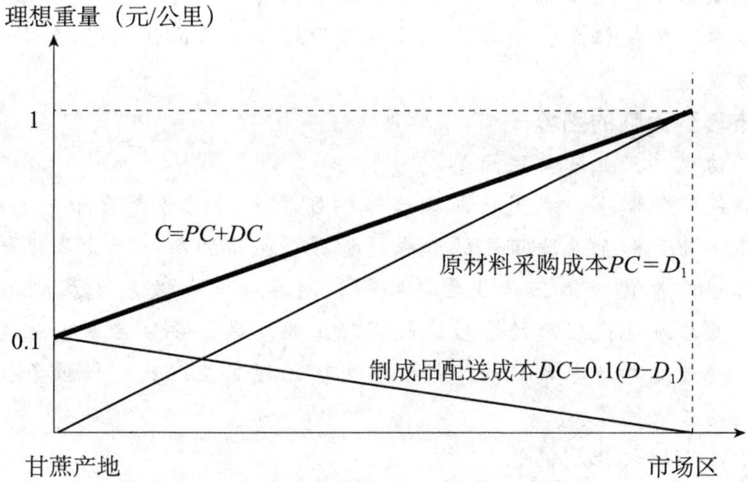

图 2－7　制糖企业考虑运输因素时的区位选择

(2) 原材料的理想重量与制成品的理想重量相等，原材料易于磨损、腐烂、变质，从而导致原材料的运输费用可能高于制成品的运输费用。比如水果罐头企业通常布局在水果产地，因为水果比罐头更不易运输，用普通载货车运输 1 吨罐头比保鲜车运输 1 吨水果更加节约运输费用。

(3) 原材料与制成品的理想重量相等，原材料体积更大。比如棉花打包企业通常布局在棉花产地，因为 1 吨压缩打包后的棉花的运输成本低于 1 吨打包前蓬松的棉花的运输成本。

(4) 原材料区位固定的企业只能布局在原材料产地。比如水力发电站布局在拥有丰富水力资源的河流地段；铁矿开采企业布局在铁矿资源储藏区域；花岗岩企业布局在具备花岗岩地质条件的场所；等等。

(5) 对原材料进行传统的地方性工艺加工的企业布局在原材料产地。比如贵州蜡染企业、西藏藏银制品生产企业、云南纳西族象形文字纪念品生产企业等。

资源导向型产业的发展在工业化中前期占有重要地位，随着国家经济发展到工业化中后期阶段，市场导向型产业比重越来越大，同时，许多原材料导向型城市或者发生产业转型，或者由于自身已经成为一个市场聚集区，因而也吸引市场导向型产业聚集发展，逐渐演变成综合型城市。

【专栏】

资源型城市转型路在何方?①

【内容提要】 在我国，资源型城市的转型发展既要面对资源枯竭的困境，又要背负庞大的经济、社会、人口、环境等负担。资源型城市转型具有紧迫性，面临严峻挑战，包括经济结构单一、产业结构不协调、市场化程度不高、城市生态环境恶化、城市规划不科学、城市基础设施建设滞后等。因此，在科学发展观的指导下，资源型城市必须以转变经

① 杨继瑞，黄潇，张松．资源型城市转型：重生、困境与路径．经济理论与经济管理，2011 (12)：77－83.

济结构为契机，从城市产业结构转型、城市功能定位转型、城市生态环境转型、城市形态网络转型、城市要素集聚转型、城市基础设施建设转型等层面进行路径探索，以实现资源型城市的可持续发展。

资源型城市转型面临的困境

经济结构不协调，产业间关联简单。

在传统计划经济体制下，我国资源型城市的发展受到国有资源开发企业的垄断控制，表现为一个城市企业化和企业城市化的过程。资源型城市的第一产业基础薄弱，第二产业比重过分偏大且超重型化，第三产业发展缓慢，对城市后续发展形成刚性制约。长期以来，我国把重工业放在优先发展的地位，轻视轻工业发展，导致轻重工业的比例关系不合理，这种重化的产业结构还导致产业间的发展失衡，轻工业以及现代服务业的发展相对滞后，致使产业间的关联简单。

市场规模小，市场化程度偏低。

资源的开发和生产，例如油气资源、煤炭资源的开发和生产，存在较高的进入门槛，于是形成了以国家行政为主导、国有企业垄断经营为手段的经营管理模式，导致资源性企业长期在行业垄断和封闭的状态下运行，同时也导致资本、人才、技术等要素市场不发达、垄断性强。资源型城市的市场较为单一、市场规模较小、市场化程度偏低。这既不利于区域内和区域间生产要素的流动，也不利于城市发挥其集聚效应和扩散效应，从而成为资源型城市向可持续发展模式转型的主要障碍。

城市负担过重，社会矛盾累积。

大中型国有资源型企业是资源型城市的经济主体。受长期以来计划经济模式的影响，这些资源型企业承担了许多城市公共服务职能，除与企业经营相关的税费负担、债务负担外，还有离退休人员负担、教育负担、社会保障负担等，形成了“企业办社会”的模式。这无疑会提高企业成本、降低运行效率、加大企业资金压力，最终不利于企业的可持续发展与竞争实力的提升。自1994年实行国有企业改革以来，国有资源型企业的负担虽然有所减轻，但上述问题又转嫁给了政府，导致政府的财政负担较重；同时，由于资源枯竭，许多资源型城市的生产规模和就业机会也大幅下降，直接导致下岗人员骤增，居民就业困难，成为社会矛盾积重难返的症结。

生态破坏较严重，地质灾害加剧。

长期以来，一些资源开采企业在生产时只注重短期经济效益，从而加速了矿产资源的耗竭，对环境造成了巨大的破坏。在资源开采过程中，由于一些地段地下被采空，导致山体开裂、崩塌、滑坡、泥石流等地质灾害，从而加剧了水土流失和沙化，特别是对地下水资源的破坏更直接地威胁到城市的基本用水需求。这不仅威胁现阶段人类的生存与发展，限制新兴产业在资源型城市的生根和成长，更对子孙后代的发展环境产生了巨大破坏。

城市发展缺乏规划，基础设施落后。

我国资源型城市的建立和发展无法满足城市规划与经济结构协调发展的要求，也与现代城市的发展理念显然不符。当前，资源型城市在规划中的主要不足表现为：城市生活配套设施设备陈旧，建设滞后；城市功能区的分布不协调，从而难以发挥城市在生产要素配置中的规模效应和集聚效应。在资源型城市发展过程中，不少资源型企业只是追求短期经济效益，即使在资源开采的繁荣时间，当地政府也忽视了城市的可持续发展规划。

资源型城市转型路径

城市经济结构转型。

经济结构转型是资源型城市经济转型的关键。我国的资源型城市应根据自身所处发展阶段和比较优势，瞄准国内市场和国外市场的发展机遇，进行主导产业替代、重构和产业结构升级。资源型城市应该以新能源、能源深加工、机械、电子、物流、旅游等为特色产业，将其作为资源型城市产业结构转型的取向。当然，资源型城市产业结构转型并不意味着完全放弃传统产业。相反，对传统产业链进行延伸与升级（包括拓宽资源产业领域，延长资源产业链条，提升资源产业档次）可以促进资源粗加工向资源深加工转化，通过技术进步来提高产品的附加值，无疑有助于使传统资源型产业焕发新的生机和活力。

城市功能定位转型。

在我国大中型资源型城市功能定位转型过程中，可以城市未来的经济结构调整规划为依托，构建具有明显经济特色的区域中心城市。区域中心城市是指在一定区域的城市带中具有相当强的经济实力，能在经济、科技、文化等方面对周围区域产生辐射作用的中心城市。对资源型城市而言，就是要在经济结构调整中找准自己的定位，突出自己的优势产业。

城市生态环境转型。

自然资源的开采和加工会不可避免地对环境造成污染，在此过程中所形成的工业固体废弃物、废水和废气直接对城市生态平衡和生物繁衍造成危害，也对人类的生存造成巨大威胁。所以，资源型城市要促进城市生态环境的转型，必须加大对环境污染的治理力度和对经济发展的环境约束力度，以此来逐步扭转城市生态环境恶化的趋势。加快城市生态环境转型就是要建立生态补偿机制，按照“谁破坏、谁恢复”的原则，明确治理责任。另外，城市生态环境的转型离不开对应的经济结构优化。对于高污染、高能耗产业的改造是减少污染的前提，而对绿色产业的政策倾斜和资金扶持是实现低碳增长的途径，应区别对待。

城市形态网络转型。

资源型城市实现城市形态网络转型的基本思路是：构建以中心城区为核心，以次级中心城镇为两翼的“一核多心”空间结构布局。这有利于资源型城市发挥其中心城区经济高度集中、资本和产业密集度高、基础设施相对完善、人力资本积累相对丰厚等优势，提升中心城区在政治、经济、文化、科技、教育等方面的综合实力，在实现中心城区快速发展的同时，对周边地区的经济发展起到带动作用。另外，资源型城市次级中心城镇在中心城区的辐射效应下，通过吸纳资金、技术、市场等资源，与当地的优势资源融合，打造特色工业园区、生态旅游区、绿色农业产区等，从而有助于形成推动次级中心城镇发展的重要生产力单元与产业集群。

城市要素聚集转型。

我国资源型城市的布局一般都存在“点多、线长、面广”的特点，实际建成区小，不少城市中间夹杂着耕地、菜地等非城市景观，集聚度低。例如，淮南市和淮北市受煤炭资源分布的影响，在长期的发展过程中形成了“大分散、小集中、城乡交错”的城市布局，致使城镇分散、城市功能弱化。因此，应根据资源型城市转型的定位，对城市功能区进行科学规划，实现城市要素的集聚。这包括：产业的分布与集聚；资本的集中与合理使用；人才的集聚和创新体系的建设；学校、医院、电力等公共服务资源的整合和均衡分布；城市交通设施与道路的科学规划和建设；等等。

城市基础设施转型。

实现资源型城市的基础设施转型，就是要在充分发挥已有基础设施功能的基础上，促进循环经济在城市基础设施建设中的作用。这就要求注重不可再生资源、水资源、大气资源的保护和高效利用，提高资源的循环使用效能。资源型城市要结合旧城改造、城市交通条件改善、城市土地整理，进行城市基础设施的改造与重建，充分考虑发展模式转变后的产业发展需求和人民生活需求，着力打造现代化的城市基础设施，进而为资源型城市的可持续发展提供支持。

二、市场型城市

市场型城市的产生通常有三个最为基本的原因：一是制成品的理想重量高于原材料的理想重量；二是运输的规模经济；三是企业的居中布局原则。

（一）当制成品的理想重量高于原材料的理想重量时，企业布局在市场区

可口可乐企业生产 1 吨可口可乐饮料需要可口可乐粉 0.05 吨，如果可口可乐粉与瓶装（罐装）可口可乐饮料运费率相等，均为 0.1 元/吨公里，那么一个年产 100 万吨可口可乐饮料的企业的运输费用可以制成表 2-2。

表 2-2　年产 100 万吨可口可乐饮料的企业的采购成本与配送成本

	原材料	制成品
运输重量（万吨）	5	100
运费率（元/吨公里）	0.1	0.1
理想重量（万元/公里）	0.5	10

原材料可口可乐粉和制成品可口可乐饮料的运输费用曲线可以表达为：

$$PC=Q_0t_0D_1=5\times0.1D_1=0.5D_1 \tag{2.6}$$

$$DC=Q_1t_1(D-D_1)=100\times0.1\times(D-D_1)=10(D-D_1) \tag{2.7}$$

这里，运输原材料的理想重量即其运输费用曲线的斜率是 0.5，远远低于制成品运输费用曲线的斜率 10。这意味着年产 100 万吨可口可乐饮料的企业在进行区位选择时，每向原材料地靠近 1 公里，就可以节约采购成本（原材料运费）0.5 万元，同时增加配送成本（制成品运费）10 万元，总运输成本增加 9.5 万元；同样，可口可乐企业每向市场区靠近 1 公里，则节约总运费 9.5 万元。企业在市场区时运输成本达到最小。

可口可乐企业的区位选择过程如图 2-8 所示：运输总成本 C 是原材料采购成本 PC 与制成品配送成本 DC 之和，在市场区运输总成本达到最低点。

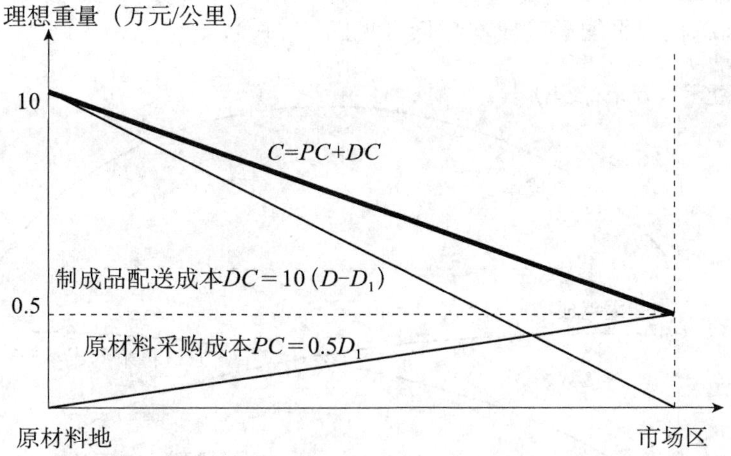

图 2－8　可口可乐企业考虑运输因素时的区位选择

如前所述，在一些产业的采购成本斜率与配送成本斜率完全相等的条件下，如果制成品更加容易腐烂变质（比如蛋糕）、体积更大（比如充气玩具、组装机械）或者更加不易运输，那么企业也趋向于选择市场区。

（二）运输的规模经济

当原材料与制成品的理想重量完全相同，同时也具有基本相同的可运性时，企业可以在原材料地和市场区自由选择区位。比如织布企业，它所用的原材料是棉纱，1 吨棉纱制成 1 吨棉布，原材料采购成本与制成品配送成本完全相同，运输途中所需的保存技术、运输工具也可以完全一样，因此织布企业的区位选择过程如图 2－9 所示。

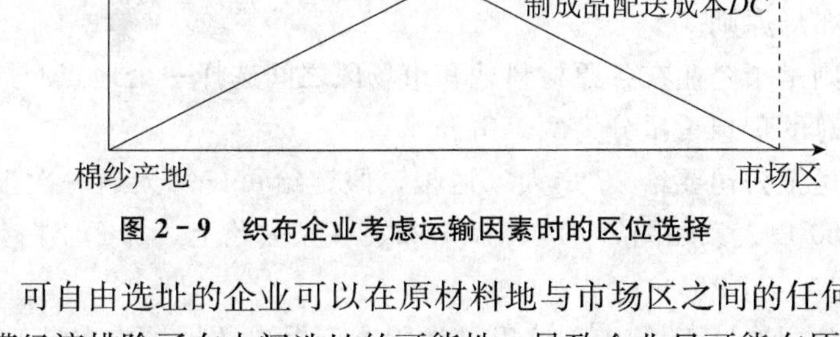

图 2－9　织布企业考虑运输因素时的区位选择

从理论上讲，可自由选址的企业可以在原材料地与市场区之间的任何地点自由选址。但是，运输的规模经济排除了在中间选址的可能性，导致企业只可能在原材料地或者市场区选址。运输的规模经济由运输成本结构决定。

运输成本包括固定成本和可变成本。固定成本是指在起运地和目的地的装卸成本、簿记成本，由于装卸成本、簿记成本发生在运输的两端，所以又称端点成本。端点成本与运输距离无关，固定的端点成本平均分配到每一公里的可变成本之中，导致了长途运输规模经济：运输距离越长，平均运输成本越低（见图 2－10）。

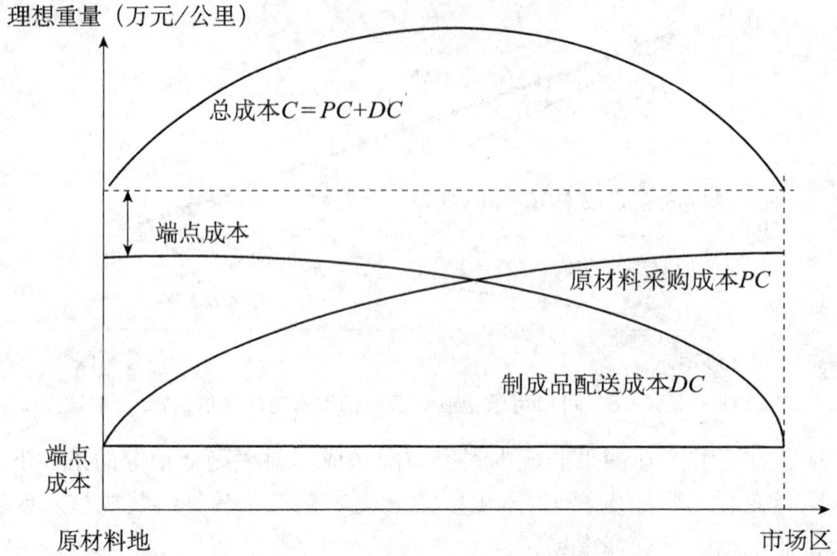

图 2－10　端点成本对运输成本的影响

在图 2－10 中，由于端点成本的存在，原材料采购成本曲线的斜率在原材料地最大，随着距离原材料地距离的增加而下降；制成品配送成本曲线的斜率则在市场区最大，随着与市场区距离的增加而减少；总成本则呈现出端点低、中间高的抛物线形状，总成本在原材料地或者市场区达到最低。因此，即便企业的原材料采购成本和制成品配送成本的理想重量相等，也不会选址在原材料地和市场区之间的某个地方。

运输的规模经济同样导致了港口城市、枢纽城市、边贸城市的诞生与发展。

（三）企业的居中布局原则

1. 根据居中布局原则进行的企业选址

上述由交通运输成本决定企业布局的案例有一个前提条件：企业只有一个原材料地和一个市场区。当企业面临多个原材料地和市场区时，企业应如何布局呢？这时的企业区位选择将遵循居中布局原则。

居中布局原则是指企业在各原材料地和市场区之间选择一个地点布局，该地点满足如下条件：使企业总的理想重量分为两等份。

比如小白兔送报公司要给 20 户人家送报，假定给每户每天送一次报纸，送报成本为每公里 1.5 元，20 户人家如图 2－11 所示分布在一条公路上，那么小白兔送报公司将如何选址呢？

小白兔送报公司选址于 A_4 点，这里是为所有订报户送报的成本最低点，因为 A_4 将两头的理想重量一分为二，均为 15 元/公里。

我们知道，理想重量是指针对特定运输货物单位运输距离的运输费用。在图 2－11 中，各地的理想重量可以用公式（2.8）表示：

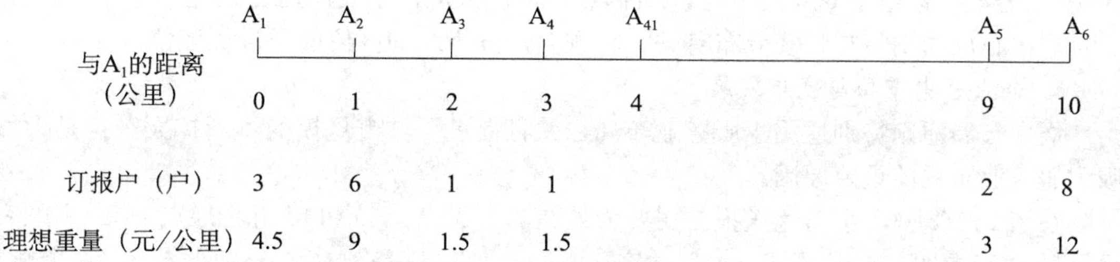

图 2-11　小白兔送报公司居中选址

$$\text{理想重量}=\text{订报户数}\times\text{送报距离}\times\frac{\text{每公里送报费用}}{\text{送报距离}}$$
$$=\text{订报户数}\times\text{每公里送报费用}$$
$$=1.5\times\text{订报户数} \tag{2.8}$$

根据公式（2.8）可得各点送报的相关理想重量，如表 2-3 所示。

表 2-3　小白兔送报公司的区位选择与至两端的理想重量　单位：元/公里

	A_1	A_2	A_3	A_4	A_5	A_6	起点到 A_1 的理想重量	起点到 A_6 的理想重量
A_1	0	9	1.5	1.5	3	12	0	27
A_2	4.5	0	1.5	1.5	3	12	4.5	18
A_3	4.5	9	0	1.5	3	12	13.5	16.5
A_4	4.5	9	1.5	0	3	12	15	15
A_5	4.5	9	1.5	1.5	0	12	16.5	12
A_6	4.5	9	1.5	1.5	3	0	19.5	0

由上表得出结论：A_4将所有订报户的理想重量一分为二，是小白兔送报公司最优的区位选择。

由公式（2.8）可以看出，理想重量与顾客分布距离无关，在每公里送报费用相同的情况下，理想重量取决于订报户数，将订报户数一分为二的地点一定是企业的最优区位选址，这就是居中原则。所谓居中，是指居于顾客空间分布的正中间，即将顾客一分为二的区位。这里是最优中间区位，因为这里的运输总成本最低。

我们可以验证如下：当小白兔送报公司选址由 A_4 移到 A_{41} 时，送报总成本由 135 元增加到 136.5 元，增加了 1.5 元。这是因为：与 A_4 相比，公司配置在 A_{41} 的好处是距离 A_5 和 A_6 近了 1 公里，为这两地的 10 个顾客送报的送报费节约 15 元（A_5 节约 3 元，A_6 节约 12 元）；同时公司在往 A_1 方向送报时却增加了 16.5 元的费用（A_1 增加 4.5 元，A_2 增加 9 元，A_3 增加 1.5 元，A_4 增加 1.5 元）。小白兔送报公司选址由 A_4 移到 A_{41}，增加了送报费 1.5 元；如果选址移动到 A_3 或者其他地点，送报费也一样增加。因为当公司地址向 A_6 方向迁移 1 公里至 A_{41} 时，公司距离 A_6 方向的 10 个顾客近了 1 公里，但是离另一边的 11 个顾客远了 1 公里；同理，当公司地址向 A_1 方向迁移 1 公里至 A_3 时，公司距离 A_1 方向的 10 个顾客近了 1 公里，但是离另一边的 11 个顾客远了 1 公里。将服务对象一分为二的区位是最节约运输费用的区位。

需要特别提示的是：顾客分布距离与公司区位选择无关。当 A_4 与 A_6 之间不是 6 公里，而是 60 公里，甚至于 600 公里时，A_4仍然是最优区位，是最低运费区位。

居中布局原则只与顾客分布有关，将顾客一分为二的区位就是最优区位。

2. 企业居中布局与城市发展

居中布局原则特别适用于服务业布局，并且促进了城市规模的不断扩大。这是大城市吸引服务业布局的重要原因。

在图 2-12 中，小白兔送报公司要为处在 A、B、C、D 和 M 五个地点的 90 个顾客送报，其中 M 是城市，集中了 50 个顾客；A、B、C、D 是村庄，分别分布了 10 个顾客。这时小白兔送报公司按照居中布局原则，将公司布局在 M 城市中。因为公司每远离 M 城市 1 公里，虽然向分布在 A、B、C、D 村庄中的 40 个顾客送报的成本减少 60 元，但是为 M 城市 50 个顾客送报的成本增加了 75 元，原因就是远离市场不符合居中的区位条件。

与小规模分散的乡村、小城镇相比，居中位置就是城市；与中小城市相比，居中位置就是大城市。任何以大城市为主要市场的服务，离开大城市布局就会增加为大多数顾客服务的成本。大城市是服务业发展的最优区位选择。

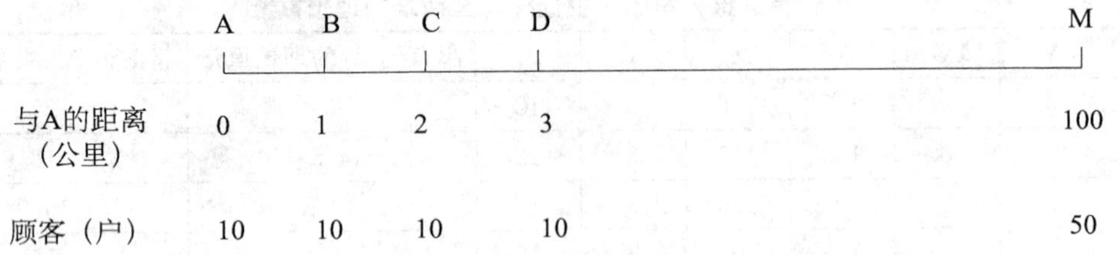

图 2-12　小白兔送报公司居中选址

三、劳动力及其他中间投入品价格对城市发展的影响

企业的区位选择，除了考虑原材料采购成本和制成品配送成本的比较，还会考虑其他一系列中间投入品的成本，并且根据运输成本与中间投入品成本的比较来调整企业区位，从而影响城市的成长。中间投入品很多，包括能源、辅助材料、劳动力、土地、公共服务等。中间投入品成本的地区差异经常会改变企业的区位选择。

比如当企业考虑运输总成本时，A 城市是企业布局的最优区位选择。但是，距离市场区不远的 B 城市的劳动力价格便宜。如果企业由 A 城市转移到 B 城市，会产生如下结果：第一，运输成本增加，这既包括原材料采购成本的增加，也包括制成品配送成本的增加；第二，劳动力价格下降，由此引起生产成本下降。这时企业应如何选择区位呢？显然，企业需要对增加的运输成本和节约的劳动力成本进行比较。

（一）运输成本增加大于劳动力成本节约的企业区位选择

比较增加的运输成本与节约的劳动力成本，如果运输成本增加大于劳动力成本节约，那么市场区 A 城市仍然是最优区位。

图 2-13 显示，当企业由运费最低点 A 城市转移到劳动力价格较低的 B 城市时，单位制成品的运输费用增加 80 元，劳动力成本由 60 元下降到 20 元，单位制成品节约劳动力成本 40 元，增加的运输费用远远大于节约的劳动力成本，所以随着企业由运费最低点 A 城市向劳动力价格较低的 B 城市靠近，企业单位制成品的总成本由 60 元增加到 100 元。企业不会作出搬迁的决策，市场区 A 城市仍然是企业的最优区位选择。

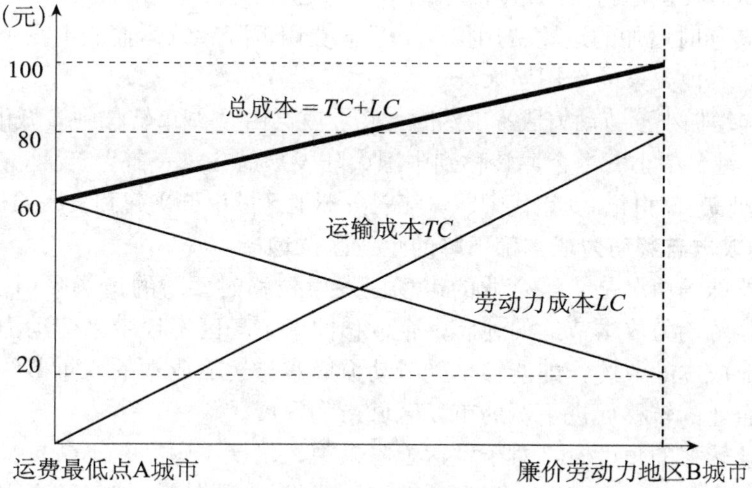

图 2-13 运输成本增加大于劳动力成本节约的企业布局

(二) 运输成本增加小于劳动力成本节约的企业区位选择

当企业由运费最低点 A 城市向劳动力价格较低的 B 城市转移时，如果运输成本增加小于劳动力成本节约，那么 B 城市成为企业的最优区位选择。

图 2-14 显示，当企业由运费最低点 A 城市转移到劳动力价格较低的 B 城市时，单位制成品的运输费用增加 40 元，劳动力成本则由 80 元下降到 20 元，单位制成品劳动力成本节约 60 元，节约的劳动力成本远远大于增加的运输费用。随着企业由 A 城市向 B 城市靠近，企业单位制成品的总成本由 80 元减少到 60 元。劳动力价格较低的 B 城市是企业总成本的最低点，也是最优区位选择。

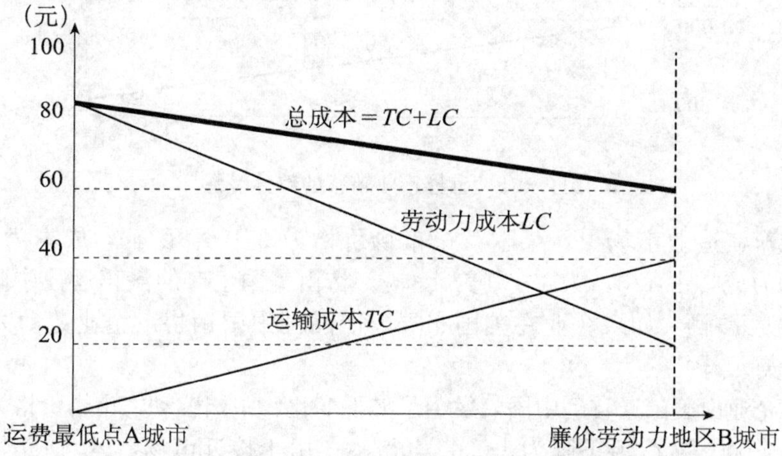

图 2-14 运输成本增加小于劳动力成本节约时的企业布局

企业布局指向廉价劳动力地区的经济现象经常发生，因为劳动力费用的节约通常有可能大于运输费用的增加。

为什么运输费用增加的幅度很小呢？第一，运输技术进步，大规模低成本运输成为可能。第二，制造业技术进步，原材料重量下降。比如洗煤、选矿、棉花脱籽等工艺都大大降低了原材料的运输成本。第三，产业结构升级，由原材料工业升级为深加工工业、技术密集型产业，所需要运输物品的重量逐渐下降。上述三方面原因综合作用，导致企业由 A 城市向 B 城市转移时增加的运输费用很少。运输费用下降导致运输成本在企业区位选择中的重要性下降，其他要素的作用增大。

当运输成本增加小于劳动力成本节约时，企业就会由 A 城市转移到 B 城市。比如在中国改革开放初期，港台中小资本企业转移到中国大陆发展“三来一补”产业，就是典型案例。“三来一补”产业是 20 世纪 80 年代中国珠江三角洲地区城市群兴起和发展的初始动力。

（三）运输成本与劳动力成本都下降的企业区位选择

还有一种特殊的情况是，当企业的市场区发生位移时，新的市场吸引了企业的布局。如果新市场区是劳动力成本节约的地区，企业移向新市场区不仅带来劳动力成本的大量节约，也带来运输成本的节约，即能够享受劳动力成本与运输成本的双重节约。这时企业转移成为必然。企业的转移促进了新的市场区城市的发展。

从世界产业转移的角度看，对于发达国家来说，发展中国家是不断扩大的市场区，同时又拥有大量廉价的劳动力，企业由发达国家转向发展中国家，就能够赢得运输成本和劳动力成本的双重节约。图 2-15 能够解释美国汽车企业向中国转移的趋势。

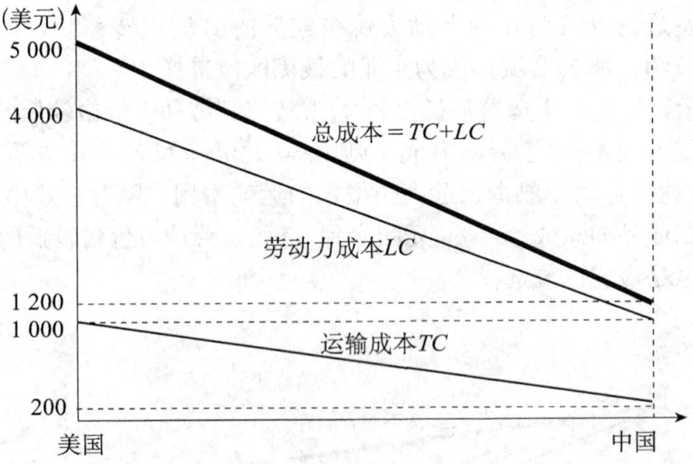

图 2-15　世界产业转移的部分解释

在美国汽车制造业市场上，某款汽车市场价格为 2 万美元/辆，成本为 1.2 万美元/辆，其中劳动力成本占 1/3，为 4 000 美元/辆。将由美国生产的汽车运往中国市场，运输成本为 1 000 美元/辆。如果企业在美国布局，产品到中国销售，企业劳动力成本加运输成本为 5 000 美元/辆。

如果汽车企业由美国迁移到中国，发生了如下变化：中国劳动力市场价格为美国的 1/4，劳动力成本由 4 000 美元/辆下降为 1 000 美元/辆；由于接近市场，运输成本也由 1 000 美元/辆降低到 200 美元/辆。该汽车生产企业由美国转移到中国的劳动力成本和运输费用两项由 5 000 美元/辆下降到 1 200 美元/辆。中国不断扩大的市场和廉价劳动力资源成为吸引发达国家汽车产业的主要原因，企业产业转移又成为支持中国汽车城市发展的主要原因。

类似的经济现象还发生于其他深加工工业领域。

（四）劳动力成本低的区位有别于廉价劳动力区位

这里需要特别指出的是：劳动力成本低的地区不一定是具有廉价劳动力的地区。一般而言，降低劳动力工资能够为企业带来劳动力成本的节约。但是，具有廉价劳动力的地区不一定是劳动力成本低的地区，关键在于劳动生产率。

如果低工资的工人只能生产低技术产品，与之相适应的是企业低效率运行，那么这种现象不能被称为劳动力成本节约；相反，如果企业由低劳动力工资的地区迁往高劳动力工资的地区，由此提高了劳动生产率，只要工资提高的幅度低于劳动生产率提高的幅度，那么企业就属于迁往劳动力成本低的地区，尽管后者的劳动力工资水平实际上高于前者。

如图 2－16 所示，假定中原服装公司原来配置在 M 城市，这里的劳动力工资为每月 500 元，平均每个劳动力每月为企业创造增加值 1 000 元，工资相当于增加值的 50%。公司最近引进一套新设备和新工艺，准备生产高档服装。M 城市的廉价劳动力素质较差，难以胜任新工作，企业经理决定重新选址在劳动力素质较高的 N 城市，发展新业务。N 城市劳动力工资为 2 000 元，是 M 城市的 4 倍，但是，这里高素质的劳动力很快就掌握了新的生产方法，制作出了受市场欢迎的高档服装，大大提高了企业的劳动生产率，平均每个就业人员为企业每月创造增加值 5 000 元，是 M 城市的 5 倍，这时每个雇员的工资相当于他创造增加值的 20%，企业具有更高的效率。

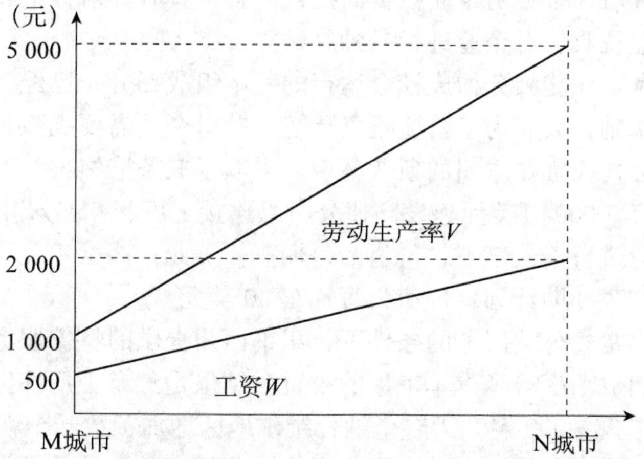

图 2－16　具有廉价劳动力的 M 城市与劳动力成本低的 N 城市

中原服装公司总结企业选址经验：低劳动力成本的区位一定是低工资比重和高劳动生产率的区位，而不一定是低工资的区位。

这一理论可以解释为什么诸如高档服装这样的劳动密集型产业仍然主要在高工资的发达国家发展，同样也可以解释一个国家仅仅依靠低工资的廉价劳动力是不能吸引国际高技术资本的。要真正发挥劳动力优势，则应该给广大劳动者最好的培训，使他们具备快速学习新知识、熟练操纵先进设备的能力。

劳动生产率的提高是一个国家由欠发达走向发达的必由之路。

四、政府的作用与城市发展

市场经济条件下有两大类主体：一类是企业，一类是政府。

企业根据市场需求决定生产什么，根据各个城市投资环境的优劣决定在哪里生产。企业投资是城市发展的直接动力。

企业在选址时，除了考虑上述各个市场要素以外，还会考虑一个非常重要的因素，即地方政府提供公共服务的水平。当一个企业可以选择在 A 地，也可以选择在 B 地时，对 A、B 两个城市政府提供服务的比较就起着重要的作用。为了尽可能多地吸引企业"以脚投票"，城市政府间的竞争成为市场竞争的重要内容。

政府为了营造更好的投资环境而展开的竞争主要体现在两个方面：

(一) 职能服务

职能服务是指在市场经济条件下城市政府应该提供的各种公共服务，包括良好的市场秩序与规则、城市与区域发展的宏观规划、高质量的基础教育、公共卫生、安全服务、社会保障、公共住宅等。

(二) 特殊服务

特殊服务是指政府为了吸引企业投资而提供的各种具有针对性的特别服务，包括降低土地价格、减免企业税收、对企业进行各种补贴等。

在西方发达国家，职能服务构成社会运行的基本组成部分，已经完全被普遍而高质量地执行着。以此为基础，政府为了营造投资环境，针对企业需要提供特殊服务。比如田纳西州为了吸引通用公司投资在本州的斯普林山，采取了三条措施：

第一，计划投资 3 000 万美元建设高速公路以连接工厂和 65 号州际公路；

第二，资助企业进行工人培训，价值为每辆车 4 美元；

第三，制订财产税补助计划，价值为每辆车 30 美元。

在其他州只提供常规公共服务的条件下，田纳西州提供的特殊服务大大提高了其投标的竞争力，田纳西州成功赢得了汽车工厂的投资。结果是汽车工厂在斯普林山投资了数十亿美元，直接雇用工人 3 000 名，为整个纳什维尔地区增加了数千个就业岗位。①

当前，中国处于政府职能转变的过程中，由于各城市基础性公共服务都有不同程度的缺失，因此，上述两类服务都应十分重视。确切地说，最重要的是职能服务，这是政府的基本任务，而后才是特殊服务。

但是，某些地方政府在营造投资环境时经常本末倒置，不太重视职能服务，更加重视与投资直接相关的特殊服务；许多民间企业由于急功近利，也更加重视政府提供的特殊服务。这种现象进一步导致功能性基础公共服务普遍缺失，在经济发展过程中社会矛盾不断积累，造成经济与社会发展不协调，这也是许多城市难以吸引大型企业集团投资的主要原因。

【本章小结】

在历史上，有由两种完全不同的原因所导致的城市的产生和发展，一类是政治军事中心，一类是经济贸易中心，或者称之为市场型城市。市场型城市的产生归于四大经济原因：农产品剩余、运输规模经济、内部规模经济和聚集经济。

农产品剩余产生交易。贸易及运输规模经济是贸易城市诞生的主要原因。内部规模经济促进了工业城市的产生与发展；聚集经济是指企业生产成本随着企业在空间上聚集数量

---

① 阿瑟·奥沙利文．城市经济学．北京：中信出版社，2003：67-68.

的增加而降低的经济效应。聚集经济分为两种：由于同行业企业集群发展而产生的专业化经济和由于不同类型行业聚集发展带来的城市化经济。

专业化经济产生于如下五大原因：减少运输费用和交易费用、赢得中间产品的规模经济、共享良好的创新环境、共享劳动力市场、政府为专业化产业提供有效的公共服务。城市化经济则主要得益于共享服务业规模经济、综合性的劳动力市场、由于集聚而营造的创新环境以及购买的外部性。

在市场经济条件下，企业选址对城市布局产生重大影响。不同类型企业的聚集可以产生不同类型的城市：资源型城市、市场型城市和政府导向型城市。

当企业所用原材料的理想重量大于制成品的理想重量时，企业布局在原材料地；当原材料的理想重量小于制成品的理想重量时，企业布局在市场区；端点成本的存在带来了长途运输规模经济，促进港口城市、枢纽城市、边贸城市的发展；服务业企业的居中布局原则为中心城市规模的进一步扩大提供了有力的经济学解释。

劳动力及中间产品价格的地区差异对城市发展也有着重大影响。企业经常被吸引到劳动力价格较低的地区。企业最初选址在运费最低点 A 城市，城市 B 的劳动力价格较低，企业是否会因此发生迁移？企业的决策主要取决于由 A 城市迁往 B 城市造成的运输费用的增加和劳动力成本节约之间的比较。一种特殊的情况是：B 城市是一个新兴的、处于高速发展中的城市，所在地区拥有大规模的市场。因此企业迁往 B 城市，在靠近廉价劳动力的同时，也靠近市场区，带来劳动力成本和运输费用的双重节约。这时就有可能发生产业由 A 城市向 B 城市的大规模迁移。这是新一轮世界性产业转移的理论基础。

最后，政府营造投资环境是吸引企业选址的主要原因。政府营造投资环境包括两个方面：一是职能服务，一是具有针对性的特殊服务。当前中国某些地方政府忽略了作为基础性投资环境的职能服务。

【关键术语】

内部规模经济	专业化经济	城市化经济	聚集经济
原材料采购成本	制成品配送成本	理想重量	资源型城市
市场型城市	居中布局原则	端点成本	世界性产业转移

【复习题】

1. 解释市场型城市产生的基本经济原因。
2. 论述聚集经济促进城市发展的作用机理。
3. 运用居中布局原则，举例说明服务业为什么趋向于配置在中心城市。
4. 在什么情况下低工资等同于低劳动力成本？
5. 中国为什么会成为新一轮世界性产业转移的主要目的地？
6. 政府作用如何影响企业布局和城市发展？

第三章

城市体系的规模结构

德国经济学家克里斯塔勒的中心地理论从经济学的角度阐述了城市作为区域商业中心和加工工业中心形成与发展的基本规律，并且进一步研究了城市体系的规模结构和空间结构。本章在介绍中心地理论的基础上，进一步对中国城市体系进行实证分析。

重点问题

- 中心城市形成的基本原理。
- 各规模等级城市形成的原因。
- 城市规模的影响因素。
- 中国的城市设置标准及其问题。
- 中国城市规模效应的经济验证。

第一节 中心地理论

中心地理论是城市体系和规模结构研究的理论基石，该理论最早系统地论述了在城市体系形成过程中市场的作用机制。

德国经济学家克里斯塔勒对德国南部城乡聚落的市场中心和服务范围进行了考察研究，于1933年出版《德国南部中心地原理》一书，首次提出了系统的中心地理论。以克里斯塔勒的研究成果为基础，勒施等人根据现实经济运行对中心地理论进行了补充和发展。

一、克里斯塔勒的中心地理论①

克里斯塔勒认为，几乎所有的城市都在不同程度上履行着商品集散中心和加工中心的职能，城市普遍要履行的这种职能叫作中心地职能，在这个意义上城市被称为中心地。中

① 沃尔特·克里斯塔勒．德国南部中心地原理．北京：商务印书馆，1998：19－34.

心地理论研究的是在一个匀质平原上，如何布局不同规模的多级城市，形成以城市为中心、由相应的多级市场区组成的网络体系，以有效地组织物质财富的生产和流通。

（一）假设条件

克里斯塔勒的中心地理论用抽象的方法对所研究区域进行了匀质性假设：

（1）在一个匀质平原上，地形、地貌以及各种自然资源都均匀分布，平原各处土壤肥力相等；

（2）在一个匀质平原上，人口均匀分布，各地方人口的收入水平、对商品的消费需求、消费方式、生活习惯完全一样；

（3）市场是统一的，在各个中心地的市场上同样的商品或者服务的质量和价格完全相同；

（4）生产者和消费者的行为都属于经济人的理性选择。生产者追求利润最大化，为此他们尽可能地扩大市场区范围；消费者购买商品或者服务的实际出价等于商品或者服务的价格加上路费。因此，消费者为了减少获得商品或者服务的支出，都愿意到最近的中心地去购买，以便节约交通费用。

作出上述假设以后，克里斯塔勒开始了他的中心地理论的阐述。

（二）中心地的数量、规模和分布模式

克里斯塔勒分以下四个步骤来展开他的研究和分析：

1. 单个企业市场区的形成

在匀质区域，任何企业的市场区都呈圆形，那么，企业的市场区有多大呢？

假定企业发展的目标是获得最大利润，至少获得平均利润。而由于居民是匀质分布的，因此，企业的获利程度取决于市场范围。市场范围越大，销售额越多，利润越大。下一个问题就是企业的市场区范围由什么决定。克里斯塔勒认为，企业市场区的大小取决于居民的购买能力、居民距离市中心的距离以及运输费用的高低。以中国居民最常食用的香肠的生产为例：

Y：居民可以买到的香肠数量（千克）；

x：居民用于购买香肠的钱（60 元/月）；

t：运费率（0.5 元/人公里）；

d：运距（公里）；

p：香肠的价格（15 元/ 千克）。

那么居民可以买到的香肠数量可以表示为：

$$Y=\frac{x-2td}{p}=\frac{60-2\times0.5d}{15}=4-\frac{1}{15}d \tag{3.1}$$

居民可以买到的香肠数量随着其居住地距离市中心距离的增加而减少：居住在市中心的居民由于无须付出交通费用，60 元可以全部用于购买香肠，因此他们每月可以消费 4 千克香肠（在上述公式中，当 $d=0$ 时，$Y=4$）；同理，当 $d=15$ 时，$Y=3$；当 $d=45$ 时，$Y=1$；当 $d=60$ 时，$Y=0$。在各个市场区范围内产生的需求量构成需求圆锥体。

理论上可以假设企业的理想销售范围是趋近于 60 公里，比如在 57 公里处的居民可以花费 57 元钱作路费而购买 0.2 千克香肠；居住在 59.7 公里处的居民可以花费 59.7 元的路费购买 0.02 千克香肠，因此可以认为 60 公里是香肠企业的理想销售范围。但是，因为这样的购买效率太低、概率太小，因此可以认为在现实中这样的销售范围是不存在的。

假设居民至少要消费 1 千克香肠，那么，45 公里便是香肠企业的最大销售范围，在 45 公里范围内，企业可以赢得最大销售额及最大利润。能够保证企业得到平均利润的市场区范围叫作最小销售限界，在该市场区的销售量叫作限界值。在我们的案例中，可以假设 30 公里的范围是最小销售限界，如果其销售范围小于 30 公里，企业将因为得不到平均利润而转产或者倒闭。这样，每个企业都垄断着一个圆形市场区，该市场区面积介于最小销售限界和最大销售范围之间。克里斯塔勒所指的单个企业的市场区范围就是为了保证赢得平均利润所必需的、以最小销售范围为半径形成的圆形市场区。

2. 单一产品市场区网络的形成

单一企业市场区呈圆形，在有多个同类企业竞争的情况下，就呈现出多个圆形市场区。在追逐利润的过程中，企业都力求尽可能多地占有市场，因此分散的圆形市场向连接的圆形市场过渡。由于圆形市场存在空隙，这些空隙势必会吸引新的企业到来，相切圆之间的空隙慢慢消失，市场区逐步缩成既接近圆形又不存在空隙的正六边形（见图 3-1）。正六边形是理想的高效市场区。

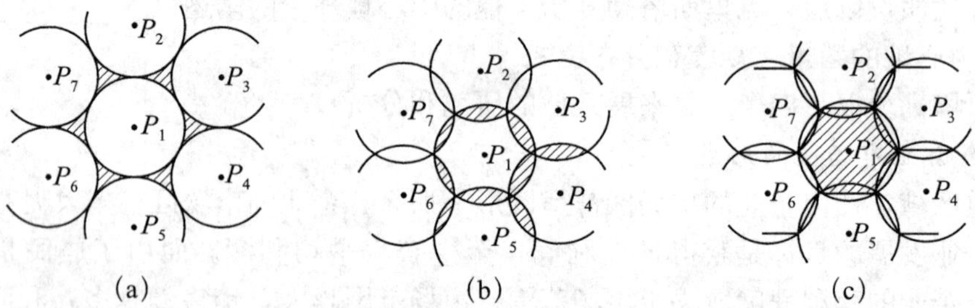

图 3-1 单一产品市场区网络的形成

3. 多级市场区网络的形成

在现实的经济生活中，有千万种产品的生产与消费，每一种产品的限界值都不同，都能形成自己的市场区网络。那么各种产品的市场区网络与城市体系如何相互结合呢？

克里斯塔勒将中心地划分为几个等级，将各种产品的限界值也相应地划分为若干等级，在各等级中心地配置相应等级限界值的产品，同时辅之以该等级限界值以下的产品，在最低等级中心地则只配置最低等级限界值的产品。这样便形成了由大六边形套小六边形的多级市场区网络。在该网络中，越是高等级的中心地，提供的产品和服务越齐全。

比如，根据城市规模的大小，可以将城市体系中的各级城市划分为特大城市、大城市、中等城市、小城市和建制镇；同时，我们可以将所有的产品产业限界值从大到小划分为 5 类，其产品分别以珠宝、汽车、空调、布匹和啤酒为代表，各类企业的布局如下：

表 3-1 不同限界值的产业生产与不同规模城市的匹配关系

城市规模	产业限界值	代表性产品	城市可布局的产业类型
特大城市	大于等于 100 万元	珠宝	珠宝、汽车、空调、布匹和啤酒
大城市	50 万元～100 万元	汽车	汽车、空调、布匹和啤酒
中等城市	20 万元～50 万元	空调	空调、布匹和啤酒
小城市	5 万元～20 万元	布匹	布匹和啤酒
建制镇	小于 5 万元	啤酒	啤酒

4. 市场区的网络组织形式

克里斯塔勒认为市场区必须按照严格的比例关系分布。他设计了 $K=3$、$K=4$ 和 $K=7$ 的市场区网络模式，K 表示各级市场区面积与下一级市场区面积的比值。$K=3$ 的网络模式以市场原则为出发点，有利于产品和服务取得最大的供应范围（见图 3-2）；$K=4$ 的网络模式以交通原则为出发点，主要考虑各级中心地尽可能缩短运输距离，并处于重要交通运输线上（见图 3-3）；$K=7$ 的网络模式以行政原则为出发点，主要考虑上一级中心地能够控制下一级中心地的市场区范围（见图 3-4）。

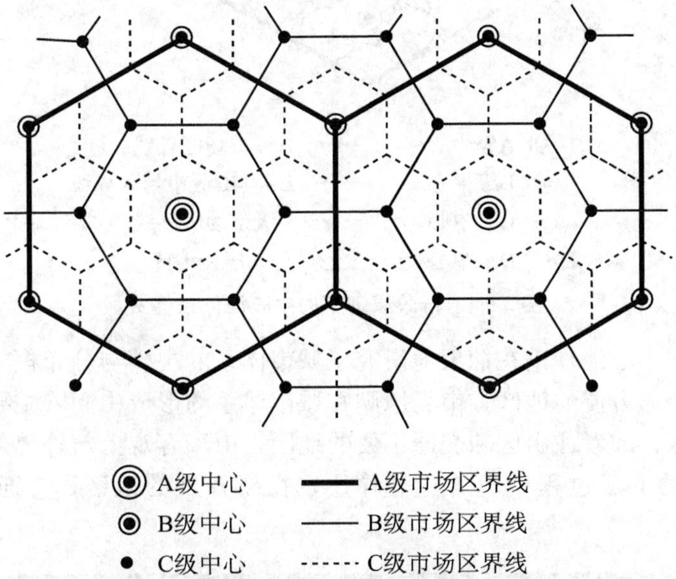

图 3-2　市场原则下形成的中心地体系模式

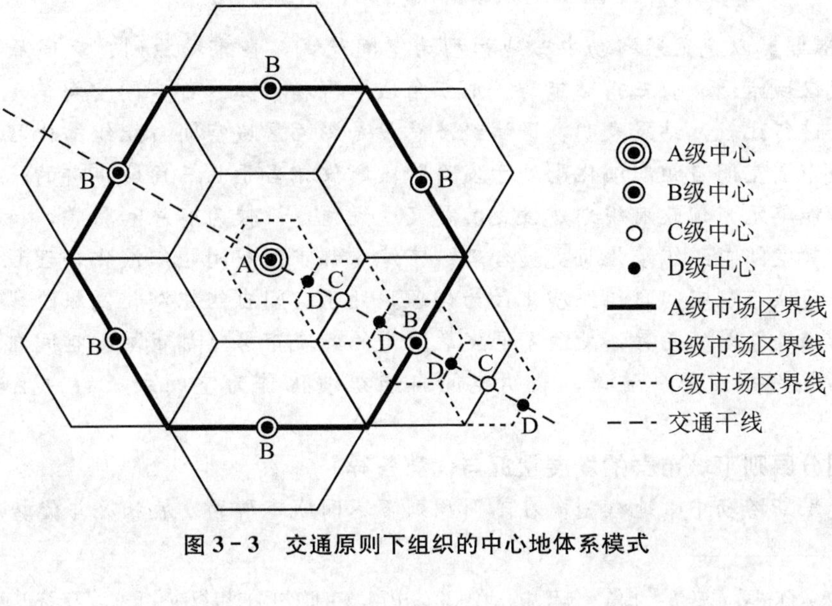

图 3-3　交通原则下组织的中心地体系模式

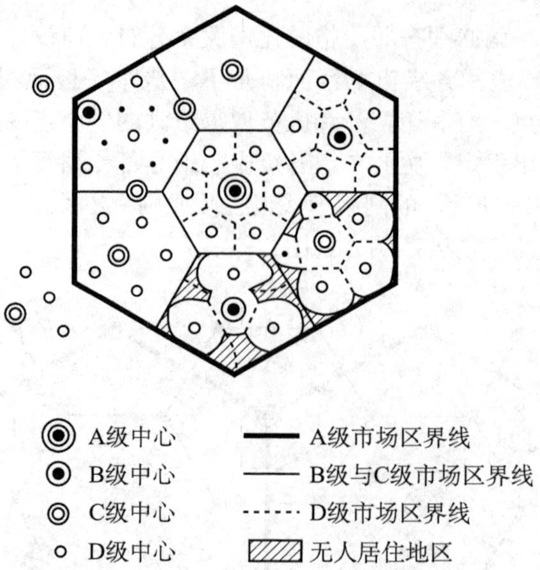

图 3-4 行政原则下的中心地体系模式

克里斯塔勒的中心地理论在抽象地研究了城市体系的规模与分布模式之后，进一步指出，在开放的、交通方便的地区，市场原则在城市体系的形成中起着主要的作用；在经济开发程度低的地区，或者在山区和交通不便的地区，由于客观上与外界隔绝的原因，行政原则在城市体系的形成过程中起着主导作用；在新开发的地区，交通原则则起着主要作用。

【专栏】

中国不同城市群的空间自组织演化①

【内容提要】 *以克里斯塔勒中心地模型为空间范式，在市场原则、交通原则和行政原则下划分武汉城市圈、长三角城市群、珠三角城市群和京津冀都市圈空间单元，与理论模型空间划分进行比较。结果表明：区域经济总量是影响区域空间自组织演化程度的首要因素，武汉城市圈空间自组织演化尚处于发育阶段，仅相当于长三角城市群的一个空间子系统或二级功能单元，但政府规划建设尤其是交通设施建设较为有序和科学，待其经济总量持续增长，其空间自组织演化将更趋合理。京津冀都市圈空间组织演化合理程度更高，珠三角和长三角城市群空间自组织演化最为合理，处于空间自组织演化高级阶段。同时，相对于巨大的经济总量的差异，处于不同发展阶段的各城市群（都市圈）空间自组织演化水平实际上的差异并不那么显著，表明空间自组织演化作为空间成长的内生动力规律性明显。*

不同划分原则下城市群的发展状况与优势各异

基于克里斯塔勒中心地模型，在不同原则下不同城市群的发展状况与优势不同。

---

① 张贞冰，陈银蓉，赵亮，王婧．基于中心地理论的中国城市群空间自组织演化解析．经济地理，2014（07）：44-51.

在市场原则下，长三角城市群的空间发育水平高于其他城市群。

首先，在市场原则下，长三角城市群的空间结构发育最接近理论状态，接下来是珠三角城市群和京津冀都市圈，武汉城市圈的空间发育程度低于上述区域。其次，就都市圈（城市群）空间发育的规模等级而言，长三角区域中心城市上海市的中心地级别高于其他城市群的一级中心地。因此，长三角城市群的空间分割实际上只做到了省会城市和副省级城市这一级别，而二级中心地与珠三角城市群和武汉城市圈的一级中心地为同一级别，长三角城市群的空间分割曲线的数量事实上少于其他城市群。这说明它达到了较高级阶段。最后，各都市圈（城市群）基于市场原则的空间分割与中心地模型的拟合程度排序与区域的经济实力总体排序一致，表明空间结构与经济发展水平之间的耦合协同作用关系：经济越发达的区域，其空间相互作用越强，空间自组织演化越合理，其空间结构越接近于理论空间模型；同时，空间结构越合理的区域，越有利于区域空间相互作用，强化区域的一体化趋势，优化整合配置调度区域内的资源，推动区域经济更快、更合理地发展。

在交通原则下，武汉城市圈基于交通组织的空间结构最合理。

首先，在交通原则下，武汉城市圈基于交通组织的空间结构最合理，发育良好，长三角城市群和珠三角城市群次之，拟合程度较低的是京津冀都市圈。其次，各区域空间分割与中心地理论模型的拟合程度排序与区域经济发展水平排序并不一致，武汉城市圈城市等级规模在该原则下一致性趋势更为明显，排序较为靠前。最后，道路网络建设为政府行为，政府规划影响明显。在交通原则下，人为的规划引导避免了单纯的经济作用所导致的空间不均衡发展，人为组织空间的作用在一定程度上规避了空间发育过程中单纯依靠市场作用而产生的滞后性，规划空间向更为合理的方向演进。

在行政原则下，武汉城市圈的中心地模型拟合度最高。

首先，在行政原则下，按照各城市行政级别划分影响的空间范围，分割区域内空间，分割曲线与理论的模型拟合度武汉城市圈最高，其次是长三角城市群，珠三角城市群和京津冀都市圈的拟合程度略低。其次，在行政原则下各都市圈（城市群）空间分割与中心地理论模型的拟合程度排序与在交通原则下的拟合程度排序指向性一致，原因在于在行政原则下的各发生点空间影响范围同样受到人为作用的强烈影响，表明空间结构在演进过程中是由空间自组织演化规律和政策引导共同作用的结果。再次，尽管在行政原则下各都市圈（城市群）的空间分割与中心地理论模型的拟合程度排序和在交通原则下的排序一致，但从数量表现而言，仍与其表现存在明显差异。主要表现为在交通原则下除京津冀都市圈外，其余的（都市圈）城市群与中心地理论模型的拟合程度相差不大，而在行政原则下则明显分为两个档次，武汉城市圈与长三角城市群的空间分割与中心地理论模型的拟合程度几乎一致，而珠三角城市群与京津冀都市圈的空间分割与中心地理论模型的拟合程度差异不大，这种现象出现的原因在于珠三角城市群有香港、澳门两个特别行政区以及深圳、珠海经济特区，其在行政原则下的空间分布较为均衡，在一定程度上影响到实际的空间分割与中心地理论模型的拟合度；京津冀都市圈则是由于首都的巨大影响范围以及天津作为直辖市与首都邻近的空间距离导致其空间分割背离了中心地理论模型。最后，在行政原则下各都市圈（城市群）空间分割与中心地理论模型的拟合度排序和其经济社会综合实力排序的不一致性再次表明区域城市体系空间结构的演进与成长不单纯是经济发展的结果，经济发展或者过度的行政集中在带来区域经济社会快速发展的同时也可能使区域空间结构向相反的方向逆向演进，若不能及时根据现实情况进行合理的规划和调整，可能因过度的集聚导致规模不经济而延缓区域空间成长，降低区域的空间竞争力。

区域经济总量为推动区域空间结构有序发展的首要动力

总体而言，在经济原则下空间自组织演化作用最为显著，城市体系空间自组织演化发育程度与区域经济发展水平密切正相关，区域经济总量为推动区域空间结构有序发展的首要动力。从城市体系规模等级和都市圈发育程度来看，武汉城市圈尚处于初级阶段，由于经济总量以及空间自组织演化的程度限制，其空间形态和结构表现得更趋近于发达地区城市群尤其是长三角城市群的一个子系统或者二级功能单元，空间结构总体较为合理，但有待进一步发育。京津冀都市圈规模等级和发育程度更好，而珠三角城市群和长三角城市群则在更大的空间尺度内承载了地区核心增长极的职能，空间自组织演化也更趋合理。在交通原则和行政原则下，各研究对象空间结构与中心地模型的空间范式趋近程度基本无异，处于同一层级，表明人为规划的交通网络建设以及行政职能的层级分布与空间表征较为一致，总体规划均较为合理。比较各都市圈（城市群）空间组织水平，总体排序为长三角城市群、珠三角城市群、京津冀都市圈及武汉城市圈，空间组织演化合理度与各区域都市圈（城市群）区域经济社会实际的发展水平的排序一致。武汉城市圈空间组织演化的合理性略弱于经济发达地区的都市圈（城市群），但相比较于上述区域经济社会发展总体水平的巨大差异，武汉城市圈空间结构合理，空间发育状态良好，组织演化有序。这表明经济社会发展水平处于不同阶段的城市体系空间组织演化亦可处于相似的水平，区域空间成长不仅仅是经济社会发展的产物，空间自组织演化规律是更为重要的内生动力。

二、勒施及艾萨德对中心地理论的补充

（一）勒施对中心地理论的发展①

在克里斯塔勒中心地理论的基础上，勒施对其进一步深化并将其扩大运用于工业和农业区位的研究。勒施在其著名的著作《经济空间秩序》中，对克里斯塔勒的中心地理论进行了如下补充：

(1) 在现实生活中，严格的 $K=3$、$K=4$ 和 $K=7$ 的市场区网络模式是很难实现的，市场区和中心地的分布模式是不规则的和多样的。

(2) 交通线对市场区的范围和分布影响很大，在主要交通干线两侧必然会集中更多的工业、商业和人口，形成富裕区，而在两条交通线之间交通不便的地方则很少有企业和人口集聚，则为贫穷区。富裕区与贫穷区间隔分布是现实经济生活中经济景观的重要特点。

(3) 在富裕区的中心地和市场区范围内，一般拥有更高级的经济活动和更为稠密的交通网络，而贫穷区则较少。

(4) 由于交通方便，可以延长商品销售的经济距离，因此市场区会在交通干线上向两边延伸，形成矩形，而不再是标准的六边形。

后人称勒施六边形城市体系的格局为勒施景观（见图 3-5）。此外，勒施还研究了人口密度、经济发展水平、自然环境以及政治因素对市场区的影响，并对其理论进行了进一步的修正。

① 奥古斯特·勒施．经济空间秩序：经济财货与地理间的关系．北京：商务印书馆，1995.

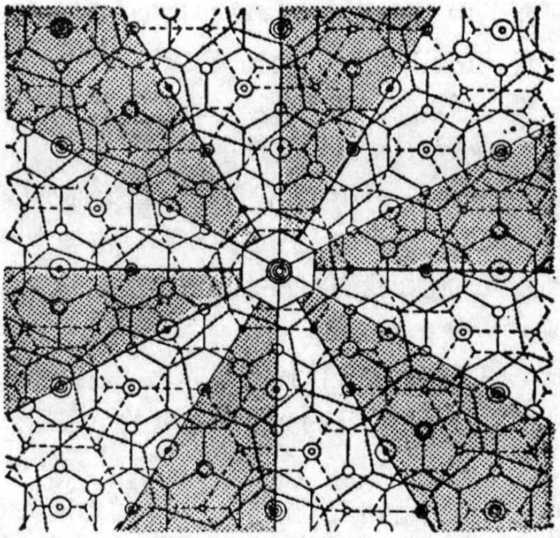

图 3-5　勒施景观：在交通干线影响下的中心地模式

（二）艾萨德对中心地理论的进一步完善

中心地理论是基于匀质区域的假说形成的。但是，在现实的经济社会生活中，任何区域都不是匀质的，包括自然资源、交通条件、地形地貌以及人口密度等，以非匀质区域为基础形成的城市体系与中心地理论模式差异很大。

艾萨德研究了在人口分布不均匀条件下的中心地模式。他认为在绝大部分地区，人口的空间分布是非均匀的，中心地附近人口密度会比较高，随着中心城市向外围延伸，人口密度逐渐下降。人口密度的不同将对中心地模式中市场区的大小发生重大影响。在人口密度高的中心城市附近，单位面积土地产生的商品和服务需求量大于人口密度较低的地区，较小的市场区面积就能够满足企业较高的销售量需求。因此，在人口密度大的地区，市场区范围通常比较小，或者说，同样大面积的地区中心地比较多；相反，在人口密度比较低的地区，市场区范围比较大，同样大面积的地区中心地比较少。

艾萨德在 1956 年发表论文，总结人口密度不平衡对中心地市场区规模的影响，修改、完善了勒施的中心地模式。他将自己的研究成果表示成图 3-6。

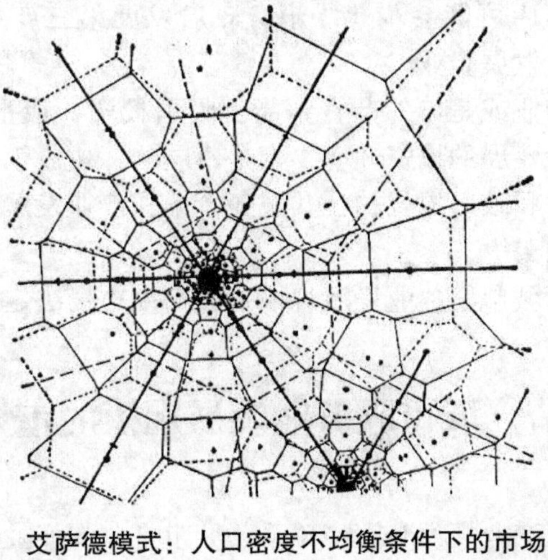

图 3-6　艾萨德模式：人口密度不均衡条件下的市场区模式

可见，中心地理论研究了中心城市及各等级规模城市如何在市场作用机制下逐步形成。我们也要清楚地认识到：克里斯塔勒、勒施及艾萨德对中心地理论模型都有一个没有明确的假设：企业生产的商品都是面向本地市场。理论阐述了在专业化未得到充分发展的条件下，制造业布局的基本规律及其与城市发展的关系。

但是，进入 21 世纪，世界经济一体化进程加速，绝大部分制造业生产是面向区外市场，甚至于面向世界市场，制造业规模的大小取决于国际市场竞争力，而与所在城市居民对该商品的购买力无直接关系。比如我们熟知的青岛啤酒、漯河双汇香肠，绝大部分都销往青岛、漯河以外的市场。

全国性市场逐步形成，特别是世界经济逐渐一体化，是否意味着中心地理论无效或者理论意义下降呢？回答是否定的。我们认为克里斯特勒的中心地理论对指导中国城市研究产业结构具有重要的理论指导意义。

克里斯特勒的中心地理论仍然适用于城市第三产业的发展与布局。与第二产业不同，第三产业除了旅游等少数行业外，绝大部分都是要面对面提供服务的，也就是说，绝大部分第三产业是面向本地市场的，其发展规模与水平取决于本地对第三产业的市场需求。当一个城市的购买力没有达到某服务业领域的限界值时，该城市的市场就难以提供该领域的服务。

假定一个有 500 个床位的 5 星级宾馆一年营业额的限界值是 2 000 万元，如果某城市对五星级酒店服务的需求只有 1 500 万元，那么，酒店投资者就不会到该城市投资五星级酒店；当然，还可以对城市五星级酒店市场进行预测，如果在短期内该城市对五星级酒店服务的需求快速上升，并且很快达到限界值，有魄力的企业家仍然会愿意投资。如果在可见的时期，该城市对五星级酒店的需求难以快速提高，政府又要强行动用财政力量建一家五星级酒店，那么该酒店必然由于不能得到平均利润而难以为继。城市第三产业发展的需求主要取决于本地市场，各城市政府不可盲目推行促进第三产业发展的优惠政策。

对于第二产业和第三产业，政府推进的策略应该是不同的。对于第二产业，政府有可能通过加大招商引资强度，吸引属于世界 500 强之一的跨国企业集团来投资某项制造业，只要该企业具有强大的国际竞争力，在该企业的带动下，该城市的第二产业必然能够得到快速发展；第三产业则不同，即便政府吸引了一家大型企业在这里开办五星级酒店，如果缺乏城市市场支撑，该酒店可能会步履维艰。政府发展第三产业最重要的策略是培育市场，而不是直接引进或者发展企业。

诚然，不论是第二产业或是第三产业，能否吸引投资，最重要的是投资环境。但是，构成第二产业和第三产业发展的投资环境要素是不同的：构成第二产业投资环境的主要因素是产业链、劳动力素质和政府提供的公共服务；第三产业发展最重要的环境要素就是本地市场对各种服务业的购买力。

在下一节我们将分析城市服务业发展规模是如何由市场决定的。

第二节　城市服务业发展规模的市场决定

城市发展规模与城市产业规模有直接关系。城市是非农产业发展的聚集地，在非农产业中，第二产业与第三产业相比具有技术密集型特性，第三产业的发展对于吸收劳动力以及扩大城市规模都有重大影响。一个城市的服务业发展规模和水平是如何由市场决定的呢？

假定斯阁运动服装由于其时尚性和良好的性价比受到广泛欢迎，该服装只在专卖店销售。在完全由市场调节的条件下，一个城市会发展多少家斯阁专卖店？发展多大规模的斯阁专卖店呢？下面我们以斯阁专卖店为例，通过两个环节分析这些问题：

首先，假定对斯阁运动服装的需求完全无弹性，即人均需求与价格无关，研究城市斯阁专卖店的服务范围和个数的确定。

其次，补充考虑斯阁运动服装需求弹性因素，再进一步分析专卖店的服务范围和个数的确定。

一、在需求完全无弹性条件下，斯阁专卖店的服务范围和个数

（一）城市对斯阁运动服装总需求的决定

城市对斯阁运动服装的总需求取决于什么呢？它取决于人均需求量、人口密度和城市面积。假设 Q 为城市对斯阁运动服装的总需求；d 为人均需求量（件/年）；e 为人口密度（人/平方公里）；S 为城市面积（平方公里），则有：

$$Q=d\times e\times S \tag{3.2}$$

即城市对斯阁运动服装的总需求等于人均需求量与人口密度及城市面积的连乘积。

假定一个城市对斯阁运动服装的人均需求量是 10 件/年，人口密度是 1 000 人/平方公里，城市面积是 50 平方公里，那么该城市对斯阁运动服装的需求密度（每年每平方公里对斯阁运动服装的需求量）为 1 万件，整个城市对斯阁运动服装的总需求是 50 万件。

（二）斯阁专卖店数量和销售区的一般决定因素

首先，我们看该城市需要多少斯阁专卖店。斯阁专卖店的数量取决于平均每一个专卖店的销售量：专卖店的平均销售量越大，则需要的专卖店数量越少；专卖店的平均销售量越小，则需要的专卖店数量越多。

设 q 代表专卖店的平均销售量，已知是 2 万件，那么该城市斯阁专卖店的数量 N 为：

$$N=Q/q=50/2=25\text{（个）}$$

其次，再分析每个专卖店需要多大的销售区范围 D。

专卖店的销售区范围可以用两种形式表示。专卖店的销售区范围等于城市面积除以专卖店的数量：

$$D=S/N=50/25=2\text{（平方公里）}$$

另外，销售区范围还取决于专卖店的平均销售量（q）、人均需求量（d）和人口密度（e）。销售区范围与专卖店的平均销售量成正比，与人均需求量及人口密度成反比。用公式表示为：

$$D=\frac{q}{d\times e} \tag{3.3}$$

根据我们上面的假定，斯阁专卖店的平均销售量是 2 万件，人均需求量为 10 件/年，人口密度是 1 000 人/平方公里，那么，专卖店的销售范围就是 2 平方公里［＝2 万件/(10 件/年×1 000 人/平方公里)］。

专卖店的规模经济水平对斯阁专卖店数量和销售区范围的影响很大。专卖店规模经济可以理解为随着专卖店规模的扩大其平均成本和总成本下降的效应。在存在规模经济的条件下，专卖店会不断增加其产出规模，即多销售服装，那么，如上所述，在其他条件不变的前提下，专卖店的平均销售量提高，专卖店数量减少，销售区范围扩大。在我们的案例中，如果平均每个专卖店的销售量由 2 万件增加到 2.5 万件，那么，专卖店的数量由 25 个减少到 20 个；平均每个专卖店的销售区范围由 2 平方公里增加到 2.5 平方公里。

人均需求量与人口密度对专卖店销售区范围的影响是同向的：如果专卖店的平均经济规模不变，人均需求量增加一倍，那么专卖店的销售区范围缩小到原来的 1/2，专卖店数量则增加 1 倍；人口密度增加一倍与人均需求量增加一倍的影响相同。反之亦然。人均需求量对专卖店数量和销售区范围的影响主要取决于居民收入水平。

（三）城市居民收入水平对斯阁专卖店数量和销售区范围的影响

假定斯阁运动服装属于正常商品，即对斯阁运动服装的需求随着居民收入水平的提高而提高。假定存在一个与上述城市（甲城市）相比更为富裕的城市（乙城市），斯阁专卖店的发展情况将会如何呢？

如果甲城市的居民年均可支配收入为 8 000 元，乙城市的居民年均可支配收入为 10 000 元，两个城市对斯阁运动服装的需求弹性均为 0.8，乙城市人均收入比甲城市高 25%，那么对斯阁运动服装的需求高出 20%（=0.8×25%）。如果其他假设不变，那么两个城市的斯阁专卖店的发展情况如表 3-2 所示：

表 3-2　在不同收入水平的城市中斯阁专卖店发展情况的比较

决定因素	符号	甲城市	乙城市
人均收入（元/年）	R	8 000	10 000
人均需求量（件/年）	d	10	12
人口密度（人/平方公里）	e	1 000	1 000
需求密度（件/平方公里）	$d\times e$	10 000	12 000
城市面积（平方公里）	S	50	50
专卖店的平均销售量（件/年）	q	20 000	20 000
总需求（件）	$Q=d\times e\times S$	500 000	600 000
销售区范围（平方公里）	$D=q/d\times e$	2	1.67
专卖店数量（个）	$N=Q/q$	25	30

表 3-2 可以作为勒施理论的佐证：富裕地区的专卖店密度更大。

如果结合中国的情况，那么可以得出结论：如果一个城市要发展第三产业，主要路径是提高产业效率，从而提高居民收入水平和市场购买能力。许多城市都将目标放在城市规模本身，一些中小城市急于在很短时间内发展成为拥有 50 万人口的大城市，以为人口多了，有了人气，第三产业就发达了。这固然不是完全没有道理，但是，如果操之过急，主要依靠发展劳动密集型产业来实现外来人口的急剧扩张，产业低效率，就会导致就业人员收入处在低水平。人口多了，但是他们工资很低，除了日常生活外对其他商品的需求极少，人口规模的扩张要远远快于第三产业需求市场的扩张，第三产业的发展同样困难重重。

城市发展第三产业的科学路径是营造环境，发展高效率的主导产业，主要是制造业和外向型服务业（比如旅游等），提高居民收入水平，扩张第三产业市场需求。这一问题在第八章还将深入探讨。

二、斯阁专卖店的销售区范围和个数与需求定律

上一节的讨论假定人均需求量是完全非弹性的，即价格变化对人均需求量没有影响，以此为条件研究城市专卖店的发展与布局。

在现实生活中，顾客的需求是遵循需求弹性规律的，即随着价格的下降，人均需求量增加。什么因素将导致价格下降呢？如果不考虑生产因素，销售的规模经济以及技术更加先进的新型业态的出现等是影响销售价格最重要的原因。

（一）销售的规模经济对销售区范围和专卖店数量的影响

如上所述，在商品需求完全无弹性的条件下，专卖店的规模经济增长表现为专卖店平均销售量提高，导致专卖店数量减少，销售区范围扩大。但是，在存在商品需求价格弹性的条件下，规模经济对专卖店数量及销售区范围的影响是不确定的：一方面，专卖店规模经济增长具有产出效应，规模经济增长使专卖店销售的商品增加；另一方面，专卖店规模经济增长还具有需求效应，如果规模经济增长使商品价格下降，人均需求量将会增加。

产出效应导致专卖店需要更大的销售区范围来消化规模经济，销售区范围扩大，专卖店数量减少；需求效应则导致需求密度增加，专卖店在较小的销售区范围中就可以实现其规模销售，导致销售区范围缩小，专卖店数量增加。销售的规模经济对销售区范围和专卖店数量的影响就取决于产出效应与需求效应的对比：如果产出效应大于需求效应，则专卖店销售区范围扩大，数量减少；如果产出效应小于需求效应，则专卖店的销售区范围缩小，数量增加。

（二）新型商业业态对销售区范围和专卖店数量的影响

自 20 世纪 90 年代以来，中国商业领域发生的最重要的一场革命就是商业业态的革命：大量的仓储式销售取代小百货商店，完成食品、日用品和一般服装鞋帽的销售。

在 20 世纪 90 年代以前，中国的百货服装在百货店或者是众多的小商店销售，销售方式是面对面式服务，一件一件商品通过售货员传递给购买者，购买者一件一件选择，进行质量把关，效率很低。90 年代以后，仓储式销售大规模发展起来，大批标准化商品几乎无须选择，商品早已通过各种信息渠道广为人知；由于大规模经营，信誉度相对较高，对顾客富有吸引力；企业只需聘用少量一般劳动力就可以完成大规模的销售，销售成本大幅度下降。种种原因致使仓储式销售被人们广泛接受，人们经常跑到较远的地方去仓储式商店购物，而非在家门口的夫妻店购物。仓储式销售较传统百货店的销售区范围大幅度提高，传统的百货店和夫妻店一家家被击败。新型业态扩大了商店的销售区范围，减少了商店的数量。

当前，中国的县城乃至建制镇都能够看到仓储式销售的统治地位。

其他新型业态包括专卖店、连锁店、休闲购物广场等，也具有扩大销售区范围的作用：虽然专卖店也是一对一服务，但是，由于品牌效应和其个性化商品，其商品的品质往往受到顾客欢迎，顾客常常愿意多花费一些时间和路费，去一家大品牌专卖店购买如意的商品。

因此，现代服务业发展规划除了要符合传统的成本效益分析之外，还要将一些人性化的因素考虑在内。一些看起来是提高成本的活动，却往往被居民接受，因为商品和服务的满意度已经被注入商品的品质之中，人们为了获得满意的商品和服务，宁愿花费相对较高的成本。

总的来说，新型业态或者更加具备规模经济效应，或者能够更加满足不同类型居民的需求，最终扩大其销售区范围。与传统业态相比，商店数量减少，销售区范围增加。

三、不同行业的销售区范围和企业个数

不同行业具有不同的销售区范围，这取决于各行业的人均需求量和规模经济。

规模经济大的行业，销售区范围大，企业数量少；相同规模经济的行业，如果人均需求量高，那么企业销售区范围小，企业数量多；相反，如果人均需求量低，则企业销售区范围大，企业数量少。

比如古玩销售企业和计算机销售企业，规模经济都是 10 万元/周。如果某个城市对计算机的总需求是每周 50 万元，那么，该城市需要 5 个计算机销售企业；而如果该城市对古玩的需求是一周 10 万元，那么，该城市只可能发展一个古玩销售企业。如果该城市对古玩的需求是一周 5 万元，那么，该城市可能就不能诞生古玩销售企业，因为古玩销售企业缺乏最低限界值的市场保障。

各行业的销售区范围和在城市中的发展规模的差异主要不是取决于规模经济的绝对差异，而是取决于与人均需求量相关的市场总需求的差异。对于发展现代服务业而言，人均需求量是最重要的市场决定因素之一。

第三节　城市规模结构模型

第二节探讨了一个城市中为地方服务的制造业和服务业发展规模和水平的决定问题，那么，在一个地区，不同等级城市规模之间有什么关系呢？克里斯塔勒、勒施和艾萨德在理论上提出了城市规模等级及空间分布模型，大量学者还通过对世界不同国家城市规模等级的实证研究，总结出城市规模分布的理论和模型，常用的有城市首位度理论、城市的等级—规模规则。

一、城市首位度指数

城市首位度指数包括二城市指数、四城市指数和十一城市指数，都是用于反映最大城市与其他城市规模分布关系的指标。由于首位度概念最早被用于考察最大城市与第二位城市规模的比值，因此二城市指数又通常直接被称为首位度，四城市指数和十一城市指数是对首位度指数运用的扩展。

（一）城市首位度

城市首位度是马克·杰斐逊在 1939 年提出的对国家城市体系规模分布的一种概括。[①]

---

① 周一星．城市地理学．北京：商务印书馆，1995：255.

首位度是指一个国家最大规模城市与第二位城市人口规模的比值。首位度高的城市规模分布就叫作首位分布。

杰斐逊通过对 51 个国家的观察分析，发现各国城市发展千差万别，但是有一种现象在大量国家中都存在：一个国家在城市发展的过程中，通常会产生首位城市，即最大城市，其规模远远大于第二位城市，并在经济、政治和文化发展方面起着领袖作用。领袖城市将高级人才和高层经济社会活动吸引过来，从而成为一个国家和一个民族的象征。

周一星在其著作《城市地理学》中考察了 44 个国家 20 世纪 30 年代和 20 世纪 80 年代的城市首位度，发现 30 年代首位度在 2 以上的国家有 26 个，80 年代有 27 个；首位度在 3 以上的国家 30 年代有 18 个，80 年代有 9 个。[①] 各国的首位度在不断发生变化，应该说还缺乏完全统一的规律。对不同首位度对国民经济影响的评价也具有不确定性。

首位度指标在国内被普遍使用，而且其用途更为广泛，不仅用于考察国家的城市规模分布，也常常被用于考察区域甚至县域的城市体系规模分布。作为客观存在的反映，应该说这是被允许的，只是在分析时要视具体情况而定。

由于首位度被用于衡量两个城市之间的规模关系，因此它又被称为二城市指数。

如果城市首位度很低，而第二位城市与第三位城市规模差异非常大，这样的城市规模分布通常被称为双中心型城市规模分布，或者称为双中心型城市体系。在双中心型城市体系中，两个最大的城市的发展起着举足轻重的作用。如果两个城市分工合理，相互协作，则可以产生 1+1>2 的效果，能够更好地带动整个地区城市体系的发展；相反，如果两个中心城市相互盲目竞争，都搞“大而全”，城市之间必要的经济技术合作也难以开展，那么必然造成巨大的浪费和低效率。

（二）四城市指数和十一城市指数

为了比较全面地反映规模最大城市与整个城市体系规模分布的关系，又有人提出四城市指数和十一城市指数，分别代表最大城市规模与第 2、3、4 位城市规模之和的比值以及最大城市规模的 2 倍与第 2～11 位城市总规模的比值，计算公式可以写为：

四城市指数：$q=P_1/(P_2+P_3+P_4)$　　(3.4)

十一城市指数：$q=2P_1/(P_2+P_3+\cdots+P_{11})$　　(3.5)

如果城市规模分布基本按照等级—规模规则分布，那么，四城市指数和十一城市指数都接近于 1；如果首位城市规模明显大于等级—规模分布原则中首位城市的规模，那么这两个指数将明显大于 1；否则将小于 1。

二、城市分布的等级—规模规则

等级—规模规则（rank-size rule）是迄今为止研究城市规模分布运用最广的理论，也是能够最接近阐述城市等级与规模之间关系的模型。

等级—规模规则理论模型由奥尔巴赫于 1913 年提出，捷夫和罗特卡等人又予以补充和发展。[②]

① 周一星．城市地理学．北京：商务印书馆，1995：255.

② 同①265－271.

等级—规模规则是指城市体系沿着由大到小的规模排列，随着排序的增加城市规模逐步下降，并且下降的幅度逐步减小，即每两个相邻城市间的规模差异缩小。

图 3-7 反映了美国 2000 年 200 万人以上的城市化地区等级—规模分布，图 3-8 反映了 2000 年美国 5 万人～200 万人的城市化地区等级—规模分布。

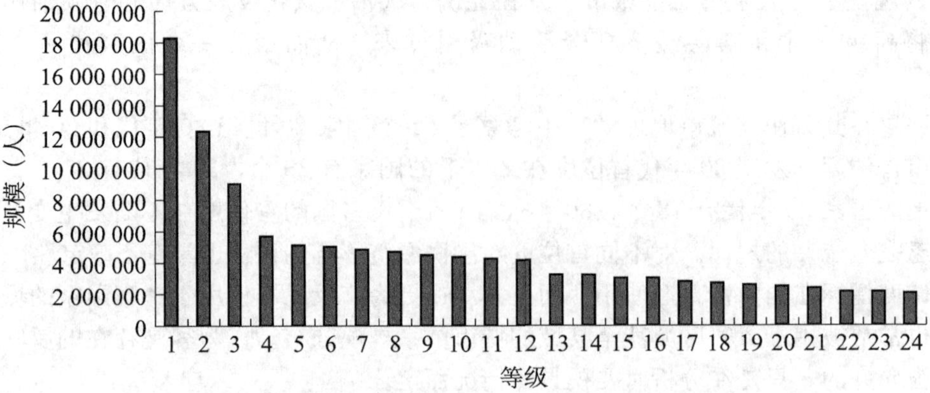

图 3-7　美国 2000 年 200 万人以上的 24 个城市化地区等级—规模分布

资料来源：美国人口普查局。

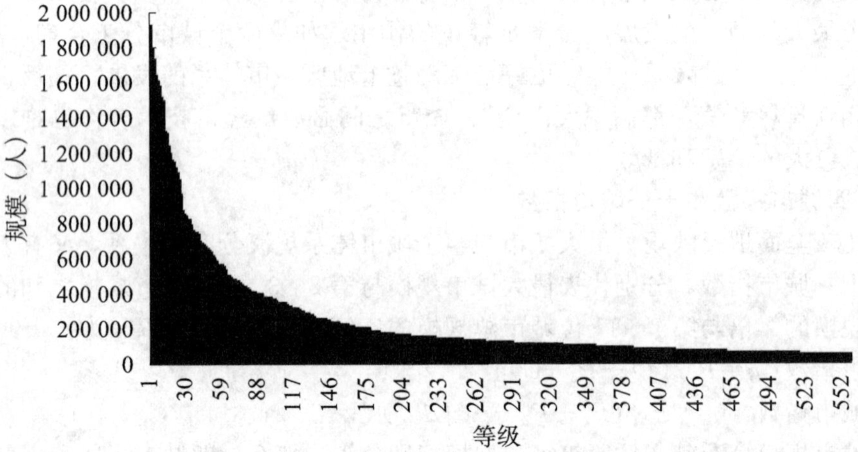

图 3-8　美国 2000 年 5 万人～200 万人的 558 个城市化地区等级—规模分布

资料来源：美国人口普查局。

图 3-7 和 3-8 都明显地反映出美国城市的等级—规模分布。

奥尔巴赫将城市的等级—规模规则用公式表示为：

等级×规模=常数

假设：P_i 为将所有城市由大到小排序，第 i 位城市的人口规模，I 为第 i 位城市排序的序号，K 为常数，则上述公式可表示为：

$$P_i \times I = K \tag{3.6}$$

图 3-9 显示了美国 2000 年的等级—规模分布，虽然不是非常严格，但是也比较接近上述公式所表示的情况。

捷夫提出在经济发达国家，常数 K 就是该国家最大城市的人口。

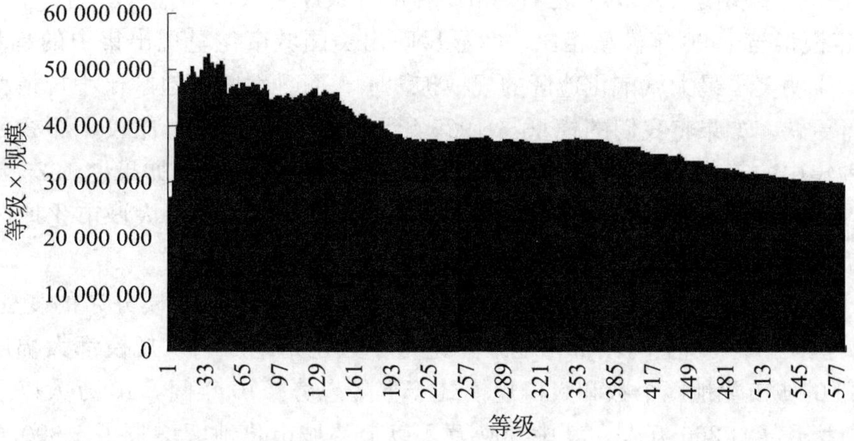

图 3-9　美国 2000 年 5 万人以上的城市化地区等级—规模分布图

资料来源：美国人口普查局。

$$P_i \times I = P_1 \tag{3.7}$$

1925 年罗特卡通过对美国的研究，拟合得出美国城市规模分布符合如下模型：

$$P_i \times I^{0.93} = 5\ 000\ 000$$

罗特卡模型随后被广泛推广，其一般形式为：

$$P_i \times I^q = K \tag{3.8}$$

捷夫模型是罗特卡模型的特例，q 越接近 1，城市规模结构就越接近标准的等级—规模分布。

对公式（3.8）进行对数变形得：

$$\lg P_i = \lg K - q\lg I \tag{3.9}$$

这样，就将等级—规模规则模型变成直线形式，可以通过对城市规模分布资料进行回归，求得 K 和 q，得出城市规模结构模型。参数 K、q 都具有重要的意义。

从静态看，$\lg K$ 是截距，截距越大，说明首位城市越大，城市体系的首位特征突出；q 是斜率，$q>1$，说明城市分布比较集中，大城市发达，中小城市则发展不够；$q<1$，说明城市规模比较分散，中小城市发展较多，而大城市发展不够充分；q 接近于 1，则说明城市规模分布比较接近等级—规模规则。

从动态看，如果拟合特定时期城市规模分布的资料进行比较分析，则可以解释城市规模分布的动态特征。$\lg K$ 反映了首位城市规模的变动趋势，$\lg K$ 与首位城市规模呈现同方向变动：$\lg K$ 增长，说明首位城市规模增长；反之则说明首位城市规模下降。q 的变化说明城市规模分布的变动态势：q 如果越来越大，说明这一时期大城市发展快，中小城市发展相对缓慢，城市分布呈现集中的趋势；如果 q 越来越小，则说明这一时期中小城市发展快，大城市发展相对缓慢，城市分布呈现分散的趋势。

我们根据美国 1990 年和 2000 年城市化地区人口资料，进一步建立了美国 1990 年和 2000 年城市化地区等级—规模分布模型：

1990 年：$P \times I^{1.178\,4} = 8\ 178 \quad R^2 = 0.977\ 5$ （3.10）

2000 年：$P \times I^{1.194\,7} = 10\ 011 \quad R^2 = 0.976\ 2$ （3.11）

其中，P 表示城市规模（人），I 表示城市所在的等级序号（1，2，…）。

2000 年模型与 1990 年模型相比，明显反映出美国城市化呈现出集中的趋势：K 和 q 明显增大，说明美国最大城市化地区的规模扩大了，而且大城市地区比小规模城市化地区规模扩大得更快。如果将我们的模型与 1925 年罗特卡的模型进行比较，那么更加明显地反映出这种集中的趋势：K 大幅度增加，q 由小于 1 变为大于 1。如果说 1925 年美国城市化地区是以中小城市为主的话，那么到 20 世纪末已经发展成为以大城市化地区为城市发展的主要空间载体了。

表 3-3 更加详细地显示了美国 1990—2000 年城市化地区规模分布的变化。与 1990 年相比，美国 10 万人以上的城市化地区无论是个数还是绝对人口规模都大幅度上升，而 10 万人以下的城市化地区个数和人口规模处于下降态势。10 年间，10 万人以上的城市化地区总人口增长了 3 266 万人，其中 500 万人以上的城市化地区增长了 1 390.6 万人，占 42.6%，100 万人～500 万人的城市化地区增长了 1 031.6 万人，占 31.6%；10 万人～100 万人的城市划地区增长了 843.8 万人，占 25.8%。自 1990 年以来的美国城市化分布格局确实如模型显示，呈现出集中化的趋势。这一趋势反映了市场化国家信息社会城市规模分布的基本要求和规律。

表 3-3　美国 2000 年和 1990 年城市化地区规模分布的比较

等级	2000 年				1990 年			
	人口		个数		人口		个数	
（万人）	（万人）	（%）	（个）	（%）	（万人）	（%）	（个）	（%）
≥500	5 564.3	21.3	6	0.7	4 173.7	18.1	4	0.4
200～500	5 847.6	22.4	18	2.0	5 509.9	23.9	18	2.0
100～200	3 512.6	13.4	25	2.7	2 818.7	12.2	21	2.3
50～100	2 699.2	10.3	39	4.2	2 624.8	11.4	38	4.1
20～50	3 411.1	13.0	104	11.3	2 975.9	12.9	94	10.2
10～20	2 481.9	9.5	181	19.6	2 147.7	9.3	158	17.1
5～10	1 478.0	5.7	210	22.8	1 563.3	6.8	217	23.5
3～5	902.6	3.5	229	24.8	896.5	3.9	233	25.3
1～3	256.1	1.0	110	11.9	317.1	1.4	139	15.1
合计	26 153.4	100.0	922	100.0	23 027.6	100.0	922	100.0

资料来源：美国人口普查局。

尽管美国城市化地区发展呈现出明显的集中化趋势，但是，迄今为止，美国城市化地区的规模分布仍然符合城市金字塔分布律。在符合等级—规模规则的城市规模分布中，城市的规模越大，城市的个数越少。从个数的分布看，随着规模的减小，个数越来越多，个数的排列如同金字塔，首位城市在塔尖，众多的小城市是塔基。因此，符合城市等级—规模规则的城市规模结构又称城市金字塔结构或者金字塔形分布的城市规模结构。

【专栏】

2000—2005年京津冀都市区空间演化轨迹①

【内容提要】本文在对都市区中心市划分标准进行界定的基础上，运用2000年和2005年分省统计数据，以县域为数据分析单元，借助地理信息系统软件建立数字地图，发现2000—2005年京津冀都市区的数目增多，人口和经济聚集程度加强，且都市区之间表现出连接的趋势，京津冀大型都市区已经成型。但同时也存在着都市区空间分布不均衡，整体优势不显著的问题。多元回归分析结果表明：工业和服务业发展水平、农业劳动生产率、人均耕地面积、城市化水平等是影响京津冀都市区发育的主要因素。

2000年京津冀地区已经形成了四个大型都市区，三个小型都市区和一个亚都市连绵区。其中四个大型都市区分别为北京都市区、天津都市区、石家庄都市区和邯郸都市区，三个小型都市区分别为邢台都市区、廊坊都市区和衡水都市区，亚都市连绵区为京津亚都市连绵区，共包括28个行政单元，其中包括2个直辖市，5个地级市，21个县级行政单元。

2000年京津冀地区的发育特点

都市区数目少，规模差异显著。

2000年在整个京津冀地区虽然有13个城市达到了中心市的标准，但其中的唐山、秦皇岛、张家口、承德、沧州、保定等因为缺乏外围县而不能成为真正意义的都市区。在仅有的7个已经成型的都市区中，邢台、廊坊和邯郸都市区都是由一个中心市和一个外围县组成，其面积、人口和国内生产总值仅占整个地区的2.3%、4.8%和5.1%，整体规模偏小。衡水都市区虽然有两个外围县，但整体实力偏弱。真正由中心市和外围县共同组成的典型都市区只有北京、天津和石家庄三个，其面积、人口、国内生产总值占整个京津冀的比重分别为13.9%、27%和52.8%。其中最大的都市区为北京都市区，其人口规模为最小都市区邢台都市区的13倍还多，国内生产总值是其30.5倍，规模差异显著。

县域经济不发达，中小城市发育程度不高。

在京津冀地区的156个县级行政单位中，第二、第三产业产值比重达到75%且非农从业人员比重在60%以上的只有26个，占总数的16.7%。而大部分县市没有达到都市区外围县的标准，其中达到非农产值比重标准的有90个县市区，达到非农从业人员比重标准的仅有30个，有70%左右的县（市）城市化水平在全国平均水平以下。县域经济不发达在很大程度上制约了中心市向外进行经济辐射和扩散，从而导致了唐山、秦皇岛等城市由于缺乏外围县而不能形成都市区。

较大中心市的影响范围超出行政界线，对传统行政区划体系产生冲击。

从中心市的情况来看，北京和天津对周围经济影响较大，其中北京都市区的范围已经超出了北京市的行政界线，包括了河北省的三河市和大厂回族自治县，而天津的都市区则将沧州市的黄骅包含在内。相比之下，河北省五个都市区中心市的影响范围则相对

① 陈丙欣，叶裕民．京津冀都市区空间演化轨迹及影响因素分析．城市发展研究，2008（01）：21-27.

较小。中心市的影响范围超越行政界线，使得传统的行政区划难以及时反映最新的城市体系变化。因此，需要我们加强对都市区的研究，以解决行政区划与城市体系脱节的问题。

2005年京津冀地区的发育特点

都市区数目增多，覆盖面积扩大。

2000—2005年京津冀地区都市区的数目增多，由原来的7个增加到9个。其中，大型都市区新增了唐山都市区，小型都市区在原来的基础上增加了沧州都市区，而满足外围县条件的县市数目也由2000年的26个增加到39个。在都市区数目增加的同时，其所覆盖的面积也不断扩大，由原来的3.67万平方公里增加到2005年的5.68万平方公里，占地区总面积的26.3%。尤其值得注意的是，唐山都市区的兴起将为北京和天津的产业疏散创造条件，加快区域经济融合，从而带动周围地区的快速发展。

人口和经济聚集程度加强，在区域经济中的地位日益突出。

与2000年相比，京津冀都市区的人口和经济聚集程度都有所加强，日益成为地区社会经济活动的中心。2005年其总人口达到4 494.1万人，为2000年的1.49倍，年均增长9.8%，占整个地区总人口的47.6%，其中，北京都市区的人口最多，达到1 597.8万人(同年北京市常住人口为1 538万人)。2000—2005年的五年间京津冀新增人口393万人，其中分布在原都市区范围内（2000年）的有158万人，占新增总人口的40.34%。同时，都市区的经济聚集程度也不断增加，2005年其国内生产总值占整个地区的70.5%，人均国内生产总值由2000年的18 140元增加到30 016元，为地区平均值的1.48倍。

都市区之间走向联合，其相互之间的边界逐渐连接，形成联合都市区。

从图3-11中可以看出，河北省南部的邯郸都市区和邢台都市区已经连接在一起，中部的石家庄都市区和衡水都市区也逐渐走向联合。同时随着唐山都市区的兴起，其向南和天津都市区连接在一起，再加上南部的沧州都市区、京津之间的廊坊都市区和北京都市区，从而共同构成了总面积4.4万平方公里，人口达3 300万人的京津唐大都市连绵区，2005年其国内生产总值达11 254亿元，占整个地区的58%。

都市区发展仍存在空间分布不均衡、县域非农化水平低的问题。

都市区在迅速发展的同时也反映出一些问题，首先从图3-11中可以看出，京津冀都市区在空间上分布不均衡，已成型的都市区主要位于中部和南部，而北京周围的张家口、保定、承德和河北东北部的秦皇岛周围因没有符合都市区外围县标准的县市，故不能构成都市区。县域非农化水平低是制约该地区都市区外围县发育的主要原因。另外，京津唐都市区之间存在大量的空白区域，整体优势仍不明显。在北京、天津和唐山之间还存在大量不满足外围县标准的空白地带，如不采取措施加快该地区的发展，必将会对京津唐之间的经济联系形成制约，影响整体竞争力的发挥。

为了解决上述问题，京津冀在下一步的发展过程中应制定具有针对性的人口和产业政策，促进都市区的健康发展。以冀西北为例，该地区为京津主要水源地，生态比较敏感，目前应重点做好教育与劳动力市场的培育，以适应未来劳动力转移的需要。对于有条件的地区，可以吸引当地劳动力，加快城市化步伐，促进产业与人口聚集，由于处于生态环境相对脆弱的地区，其产业发展与城镇建设应该考虑与生态环境相协调。除了引导人口向都市区集中外，面对规模庞大并将继续增长的流动人口，京津冀地区还需要建立一套开放、公平和宽容的城市化政策体系，以消除人口合理流动的制度障碍。其中最为基本的内容就是要统筹城乡人口流动，构建以人为本的人口流动管理机制，赋予京津冀区域内公民以平等选择就业和生活的权利，赋予区内公民以自由的迁徙权。

三、贝里的城市规模分布四阶段论

于洪俊教授和宁越敏教授在他们的著作《城市地理学概论》中介绍了美国地理学家贝里提出的城市规模分布模式①：

贝里通过对38个不同发展水平的国家和地区城市发展的调查和研究，提出一个国家和地区的城市规模往往起步于首位度高的城市体系类型，随着国家的经济社会文化生活日益复杂化，其城市规模分布将呈现出城市数量随着规模的增加而减少的规律，这样的分布又不完全是正态分布，通常可以用3种方法来描述：对数正态分布、帕累托分布和等级—规模规则。等级—规模规则如上所述；如果城市规模频率分布是驼峰型并且斜率为正，那么就可以用对数正态分布来描述该城市体系的规模分布：

$$N=\lg P \tag{3.12}$$

其中，N 为所有城市人口的累计百分比（%）；P 为城市人口。

帕累托分布的不同之处在于：帕累托分布描述的是高于门槛规模的城市分布规律，其分布形式是：

$$N(P^*)=AP-Q \tag{3.13}$$

其中，$N(P^*)$ 为高于门槛规模的城市累计百分比（%）；A、Q 均为常数。

帕累托分布可以取对数变化为直线形式，通过回归求出常数 A、Q，从而找出城市规模分布规律。

贝里根据实证研究，提出一个国家城市规模分布遵循由首位分布向等级—规模分布转变的规律，这一过程可以通过对数正态分布表现为4个阶段（见图3-10），图中 N 为各规模城市人口的累积百分比：

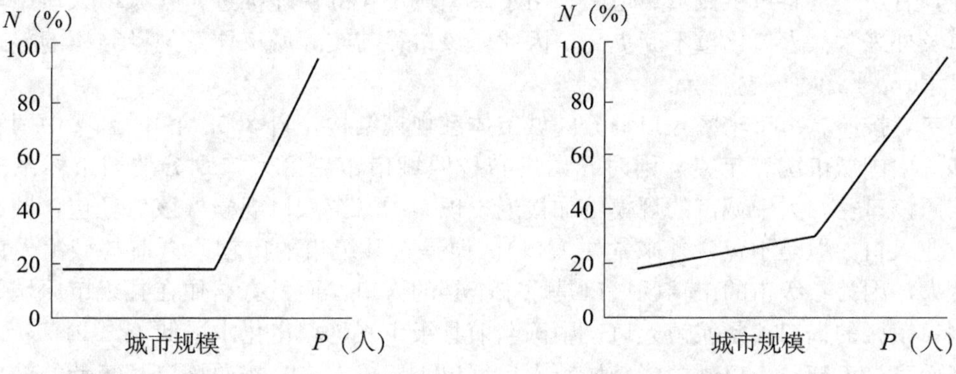

(a) 城市发展的早期阶段。只有一些首位大城市，缺乏中小城市，大城市仍然占优势地位。

(b) 逐渐出现一些较小的城市中心，一些大城市仍然占优势地位。

图3-10　贝里的城市规模分布发展模式

① 于洪俊，宁越敏．城市地理学概论．合肥：安徽科学技术出版社，1983：480.

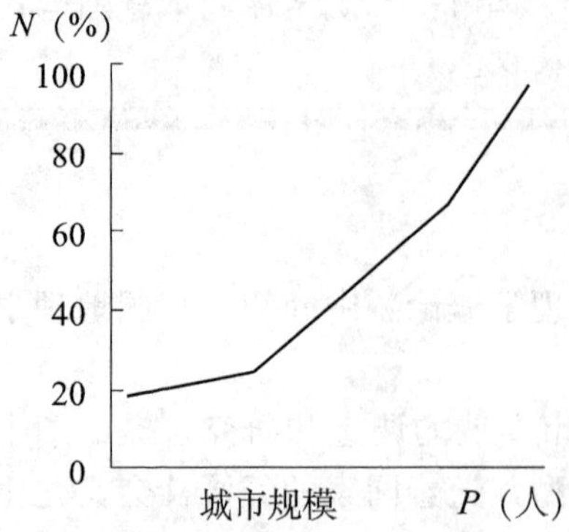

(c) 城市等级体系开始出现。中等城市的成长使规模分布曲线变直。

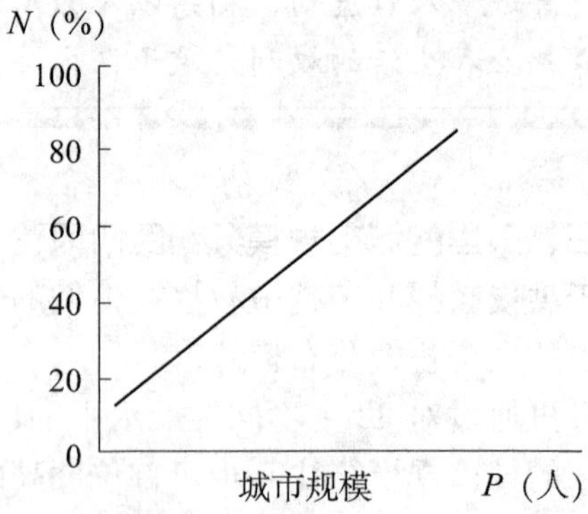

(d) 成熟城市体系形成阶段。一个拥有各个规模等级、发展良好的城市等级体系出现。直线式的等级—规模分布将保留下去。

图 3-10 贝里的城市规模分布发展模式（续）

第四节 中国城市体系规模结构的经济学分析

一、中国不同统计口径的城市体系规模结构

中国的城市体系规模结构到底是什么状况，任何资料都难以说清，因为两个原因：一是中国城市体系规模统计口径多元化；二是构成中国城市体系统计的两个核心环节城市统计与建制镇统计严重脱节。

（一）中国不同统计口径的城市体系规模结构

中国国家统计局发布城市体系规模结构有以下几种口径：

第一，按照城市市辖区非农业人口划分的城市体系规模结构。该口径是中国长期使用的口径，有历史资料可供比较。但是，由于中国城市化的快速推进，各城市人口中本地农业人口及外来常住人口比重不断提高，因此，该口径与实际城市体系规模结构的差距也在不断扩大。

第二，按照城市市辖区人口划分的城市体系规模结构。自 2002 年开始，《中国统计年鉴》和《中国城市统计年鉴》同时开始发布按照城市市辖区人口划分的城市体系规模结构。按照该口径，大中城市的规模更加接近于现实的城镇人口规模（该口径包含城市中本地的农业人口，但是不包含外来常住人口）。但是，县级市的市辖区人口与城镇人口的差距非常大，因为县级市的市辖区人口是原来全县的人口，而只有居住在县级市原城关镇和各建制镇镇区的人口才是城镇人口。中国当前县级市平均城市化水平低于 40%，所以对于县级市而言，市辖区人口规模将较城镇人口超出 1.5 倍左右。按照该口径统计的结果是小城市数量大大减少。

第三，2003 年统计口径有了一定的进步，按照市辖区常住人口的城市体系规模，县级市统计城关镇的人口，对于县级市而言，更加准确了。但是，对于地级以上城市而言，又远远扩大了城市聚集区的规模结构，因为中国地级以上城市都在不同程度地扩大郊区，将原来的县级市和县扩展为自己的辖区，而这些辖区中有大量的非城镇

人口。

第四，按照城市市辖区城镇人口统计的规模结构。这是中国第五次人口普查用的统计口径。2000 年第五次人口普查之后，国家统计局于 2001 年第一次出版了《2000 年第五次全国人口普查主要数据公报》，公布 2000 年中国各城市市辖区常住人口规模。这里的城镇人口既包括在城市居住的本地农业人口，也包括外来常住人口，比较真实地反映了城镇人口状况。唯一遗憾的是县级市城镇人口统计中没有将县级市市政府所在地城镇人口与其他建制镇城镇人口区分开来，致使县级市统计的城镇人口要大于实际上在市政府所在地聚集的人口规模，这样的划分稍微扩大了县级市的市区人口规模，对城市体系规模结构可能产生的影响是减少小城市数量。当县级市市政府所在地人口规模小于 20 万人，而县级市市辖区城镇人口大于 20 万人时，这样的情况就发生了。由于资料所限，我们难以对此加以准确区分和纠正。2010 年的第六次人口普查也是按照城市市辖区城镇人口统计的规模结构。

表 3-4 反映了中国上述不同时期不同统计口径的城市体系规模结构的差异：

表 3-4　　中国不同时期不同统计口径的城市体系规模结构的差异

		全国城市	≥200 万人	100 万人～200 万人	50 万人～100 万人	20 万人～50 万人	<20 万人
按照城市市辖区非农业人口划分（2002 年）	个数（个）	660	15	30	64	225	326
	比重（%）	100.0	2.3	4.5	9.7	34.1	49.4
按照城市市辖区总人口划分（2002 年）	个数（个）	660	33	138	279	171	39
	比重（%）	100.0	5.0	20.9	42.3	25.9	5.9
按照市辖区常住人口划分（2003 年）	个数（个）	650	43	69	113	140	285
	比重（%）	100.0	6.6	10.6	17.4	21.5	43.8
按照城市市辖区城镇人口划分（2000 年）	个数（个）	665	23	36	92	305	209
	比重（%）	100.0	3.5	5.4	13.8	45.9	31.4
按照城市市辖区城镇人口划分（2010 年）	个数（个）	657	41	41	135	308	132
	比重（%）	100.0	6.2	6.2	20.5	46.9	20.1

资料来源：国家统计局城市社会经济调查总队．中国城市统计年鉴 2003. 北京：中国统计出版社，2004；国家统计局城市社会经济调查总队．中国城市统计年鉴 2004. 北京：中国统计出版社，2005. 国务院人口普查办公室，国家统计局人口和就业统计司．中国 2010 年人口普查资料．北京：中国统计出版社，2012.

第五，按照城市城区常住人口统计的规模结构。2014 年 10 月 29 日，国务院印发《国务院关于调整城市规模划分标准的通知》（国发〔2014〕51 号），对原有城市规模划分标准进行了调整，明确了新的城市规模划分标准以城区常住人口为统计口径，将城市划分为五类七档（见表 3-5）。其中，城区是指在市辖区和不设区的市，区、市政府驻地的实际建设连接到的居民委员会所辖区域和其他区域。常住人口则包括：居住在本乡镇街道，且户口在本乡镇街道或户口待定的人；居住在本乡镇街道，且离开户口登记地所在的乡镇街道半年以上的人；户口在本乡镇街道，且外出不满半年或在境外工作学习的人。

表 3-5　《国务院关于调整城市规模划分标准的通知》划分的城市体系规模结构

		全国城市	≥1 000 万人	500 万人～1 000 万人	300 万人～500 万人	100 万人～300 万人	50 万人～100 万人	20 万人～50 万人	<20 万人
按照城市城区常住人口划分(2017 年)	个数（个）	661	22	12	10	62	99	247	209
	比重（%）	100.0	3.3	1.8	1.5	9.4	15.0	37.4	31.6

资料来源：中华人民共和国住房和城乡建设部．中国城市建设统计年鉴 2017．北京：中国计划出版社，2018.

按照不同的划分标准，城市体系规模结构的差异极大。按照城市市辖区非农业人口划分，口径最窄，小城市最多，为 326 个，100 万人以上特大城市仅为 45 个；按照城市市辖区总人口划分，口径最宽，小城市个数仅为 39 个，100 万人以上特大城市达到 171 个；2003 年统计资料扩大了设区城市的人口规模，所以 100 万人以上的城市个数达 112 个，是除了按照市辖区总人口这一宽口径之外最多的，但是，县级市的统计是比较准确的；按照城市市辖区城镇人口划分，设区城市的人口规模比较合乎实际，县级市则被不同程度地扩大了。后两者的统计口径虽然有各自的问题，但是，相对而言，比较贴近实际。

2010 年与 2000 年相比，我国城市大规模化趋势显著。进入 21 世纪后，我国 20 万人以上规模城市个数全部增加，特别是 50 万人～100 万人规模城市，由 92 个增加到 135 个，比重由 13.8%上涨到 20.5%，而 20 万人以下规模城市的比重则大幅下降；按照 2014 年国务院公布的按照城市城区常住人口划分，以 2017 年的数据测算，100 万人以上的城市个数为 106 个，较为贴合实际。

另外，中国城市体系规模结构的说法也不断变化。表 3-6 反映了中国统计出版社出版的《中国城市统计年鉴》和国务院关于城市统计分组的标准：

表 3-6　《中国城市统计年鉴》和国务院对城市统计分组的规定

《中国城市统计年鉴 2003》统计分组指标		《中国城市统计年鉴 2004》统计分组指标		《国务院关于调整城市规模划分标准的通知》统计分组指标	
城市等级	城市市区非农业人口（万人）	城市等级	城市市辖区人口规模（万人）	城市等级	城区常住人口（万人）
				超大城市	≥1 000
		巨型城市	≥1 000	特大城市	500～1 000
超大城市	≥200	超大城市	500～1 000	Ⅰ型大城市	300～500
特大城市	100～200	特大城市	200～500	Ⅱ型大城市	100～300
大城市	50～100	大城市	100～200	中等城市	50～100
中等城市	20～50	中等城市	50～100	Ⅰ型小城市	20～50
小城市	<20	小城市	<50	Ⅱ型小城市	<20

资料来源：国家统计局城市社会经济调查总队．中国城市统计年鉴 2003．北京：中国统计出版社，2004；国家统计局城市社会经济调查总队．中国城市统计年鉴 2004．北京：中国统计出版社，2005；《国务院关于调整城市规模划分标准的通知》.

可见，对于城市体系规模等级的划分标准，国家统计局在 2003 年和 2004 年的年鉴中所用的口径完全不同。虽然对于城市体系规模等级的划分国际上缺乏统一的标准，但是，对于一个国家而言，要相对稳定；如果要有变化，需要作出科学论证，并给出历史资料的比较方法。2014 年，国务院印发《国务院关于调整城市规模划分标准的通知》，对原有城市规模划分标准进行了调整，以城区常住人口为统计口径，将城市划分为五类七档，作为新的城市规模划分标准，但该标准仍将 50 万人口以下的城市称为“小城市”。将 50 万人以下的城市称为“小城市”非常不合适，这是其他地方所没有的。美国 2000 年新的城市化地区标准将 5 万人以上的都市区称为大型都市区，将 1 万人～5 万人的都市区称为小型都市区。

与旧的规模等级相比，新的规模等级唯一的好处是城市规模结构看起来呈金字塔形，似乎符合规模位序规律，但是，这样的“合理规模结构”缺乏合理内核和客观事实支撑。中国城市规模结构的合理化要求深化设市制度改革。

综上所述，中国目前已初步具有了统一的城市体系规模等级的划分标准，但还缺乏一个科学准确反映城市体系规模结构的统计口径及资料公布制度。在中国城市化的快速发展过程中，这样的基本资料供给状况严重限制了人们科学认识城市化、深入研究城市化的进程。

（二）中国 2003 年与 2010 年城市体系规模分布及其评价

我们根据中国 2003 年和 2010 年城市化地区的人口资料，进一步建立了 2003 年和 2010 年的中国城市等级—规模分布模型：

$$P\times I^{1.166}=18\,484 \qquad R^2=0.901\ (2003\text{ 年}) \tag{3.14}$$

$$P\times I^{1.023}=10\,914 \qquad R^2=0.973\ (2010\text{ 年}) \tag{3.15}$$

其中，P 表示城市体系规模（万人），I 表示城市所在的等级序号（1，2，…）。

从模型可以看出，2003—2010 年，我国城市等级—规模分布呈现分散化趋势。K 值和 q 值明显减小了，这说明我国的超大城市比低等级的城市规模扩大得慢，这是因为我国长期严控大城市规模。我国 2010 年的常数项 K 达到 10 914 万人，比美国 2000 年等级—规模分布模型的常数项 10 011 万人略大，指数 q 为 1.023，远小于美国的 1.194 7，说明中国的城市平均规模与美国相当，但是规模分布偏向中低等级城市。

图 3－11 和图 3－12 分别反映了中国 2010 年 200 万人以上城市体系规模分布及 200 万

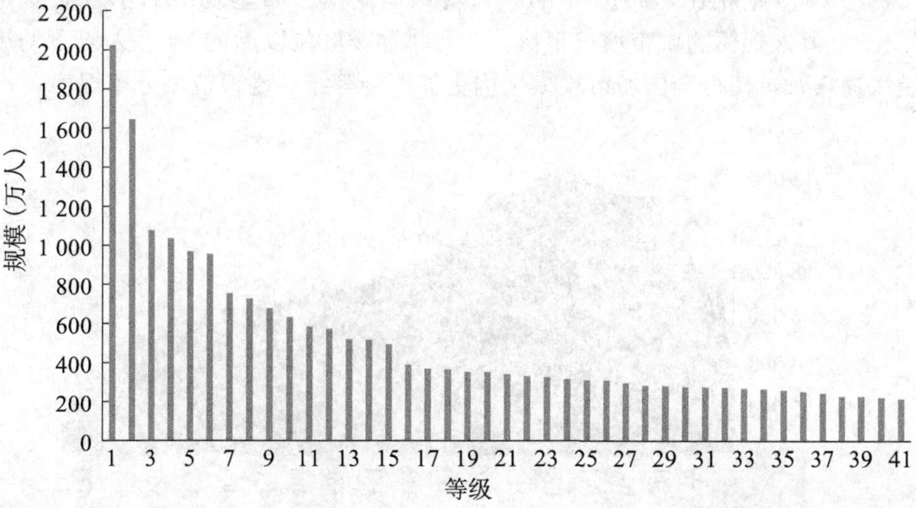

图 3－11　中国 2010 年 200 万人以上城市体系规模分布图

资料来源：国务院人口普查办公室，国家统计局人口和就业统计司．中国 2010 年人口普查资料．北京：中国统计出版社，2012.

人以下城市体系规模分布，中国城市体系规模结构偏大的特征也可以从这两个图中明显地反映出来。如果对比图 3－7 和图 3－8 美国的两个城市体系规模分布图，这一特征更加明显。

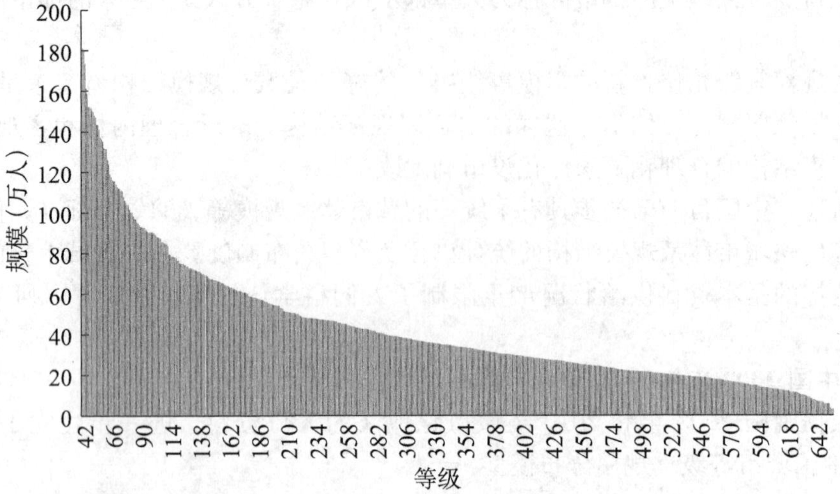

图 3－12　中国 2010 年 200 万人以下城市体系规模分布图

资料来源：国务院人口普查办公室，国家统计局人口和就业统计司．中国 2010 年人口普查资料．北京：中国统计出版社，2012.

图 3－13 和图 3－14 则反映了 2003 年和 2010 年中国城市的等级—规模分布，从图中可以进一步清楚地看出：

第一，2003 年，中国城市集中型分布主要表现为 50 万人～200 万人城市的集中分布，200 万人以上城市的等级×规模及 250 万人以下城市的等级×规模都相对较小，说明中国 200 万人以上城市的个数以及 50 万人以下城市的个数偏少。

第二，与 2003 年相比，2010 年的城市等级—规模分布呈现出两个重大变化：一是 200 万人～500 万人规模的城市增长很快；二是排序 200 位以后的 50 万人以下的小城市的平均规模快速增长，使得全国城市规模结构更加符合等级—规模位序分布规律。

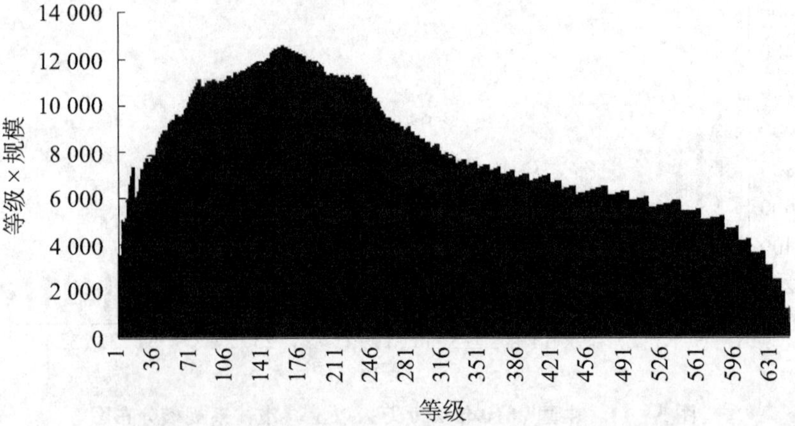

图 3－13　中国 2003 年 650 个城市等级—规模分布图

资料来源：国家统计局城市社会经济调查总队．中国城市统计年鉴 2003. 北京：中国统计出版社，2004.

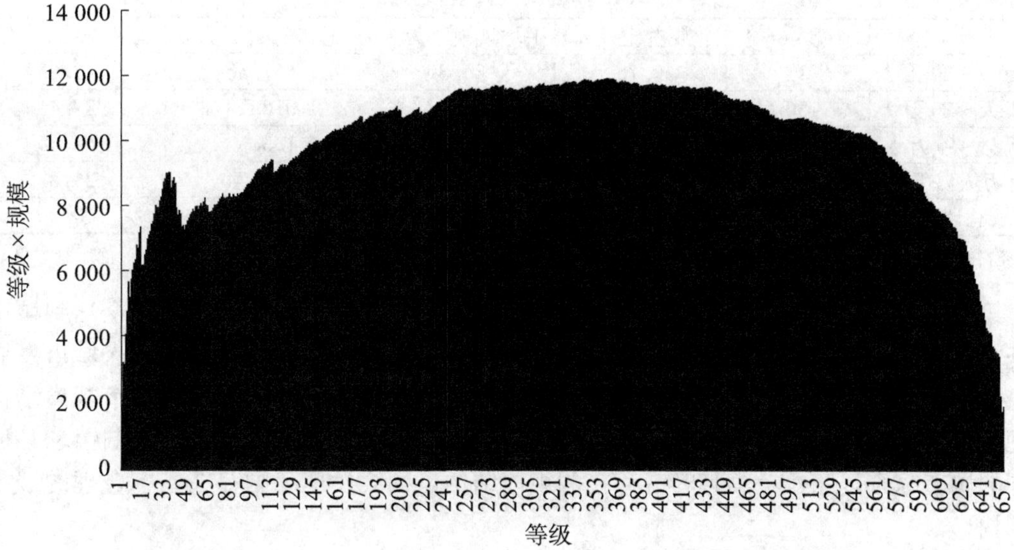

图 3-14 中国 2010 年 657 个城市等级—规模分布图

资料来源：国家统计局城市社会经济调查总队．中国城市统计年鉴 2010．北京：中国统计出版社，2011.

（三）中国建制镇的规模结构

第一，我国建制镇的平均规模为 7 100 人。

在我国镇的空间分布中，既包括城市城区内的镇，如北京市昌平区北七家镇、东莞市长安镇等，也包括非城市城区的一般镇。考虑到城市城区内的镇在统计城镇体系时已被统计过一遍，为避免重复统计，在此将这些城市城区内的镇剔除，只保留非城市城区的一般镇。

如表 3-7 所示，截至 2015 年，我国非城市城区的建制镇一共 11 503 个，其中 5 万人以上的大镇有 97 个，5 万人以下的有 11 406 个，全国建制镇平均规模达到 7 100 人。从不同规模建制镇来看，占全国所有镇数量 0.84%的 5 万人以上的大镇承担了全国镇区人口的 8.52%，其平均规模达到 7.2 万人。

表 3-7 2015 年不同规模镇的个数与人口占比

	个数（个）	个数占比（%）	平均规模（万人）	总人口（万人）	总人口占比（%）
5 万人以上	97	0.84	7.20	697.96	8.52
5 万人以下	11 406	99.16	0.66	7 489.40	91.48
总计	11 503	100.00	0.71	8 187.36	100.00

资料来源：国家统计局农村社会经济调查司．中国县域统计年鉴 2016：乡镇卷．北京：中国统计出版社，2017.

第二，5 万人以上的县城达到 610 个。

如表 3-8 所示，2013 年我国共有县城 1 460 个，县城个体之间的差异较大。其中 5 万人以下的小县城占县城总个数的 58.22%，但只占全国县城总人口的 25.87%，而 11 个 20 万人～50 万人的县城占全国县城总人口的 3.65%，150 个 10 万人～20 万人的县城，以 10.27%的个数承担了全国 27.45%的县城人口。

不同规模层级的县城的平均规模差异性很大。大县城的平均规模达到 24.3 万人，已经完全达到设市标准，反观 5 万人以下的小县城，平均规模仅为 2.23 万人。

表 3-8　　2013 年县城人口规模分布

	个数（个）	个数占比（%）	平均规模（万人）	总人口（万人）	总人口占比（%）
20 万人～50 万人	11	0.75	24.30	267.33	3.65
10 万人～20 万人	150	10.27	13.42	2 012.49	27.45
5 万人～10 万人	449	30.75	7.03	3 155.93	43.04
5 万人以下	850	58.22	2.23	1 896.74	25.87
总计	1 460	100.00	5.02	7 332.49	100.00

资料来源：国家统计局农村社会经济调查司．中国县域统计年鉴 2014：乡镇卷．北京：中国统计出版社，2014.

第三，我国达到 5 万人以上的建制镇和县城一共 707 个，这些建制镇完全达到城市发展基本水平。我国设市制度改革严重滞后，导致这些大镇、强镇长期不能进入城市发展的轨道，这限制了基础设施建设和公共服务水平的提高，导致我国体制内的城市规模结构不合理，是我国大城市规模结构难以控制的重要原因。如果把 5 万人以上的建制镇和县城与我国的城市综合排序，考察其客观存在的规模结构，则会发现我国存在基本合理的城镇规模结构。

二、中国总体城市体系规模结构及其合理性评价

（一）我国 5 万人以上所有城镇规模结构分布

表 3-9 反映了我国 21 世纪 10 年代 5 万人以上城镇总体规模。由于数据来源有限，我们用第六次人口普查的城市数据和 2014 年的县城和建制镇数据联合反映 21 世纪 10 年代我国城镇规模结构的整体水平。

表 3-9　　我国 21 世纪 10 年代 5 万人以上城镇总体规模

	个数（个）	个数占比（%）	平均规模（万人）	城镇人口（万人）	城镇人口占比（%）
1 000 万人以上	4	0.3	1 445.0	5 780.17	10.7
500 万人～1 000 万人	10	0.7	690.8	6 908.05	12.8
300 万人～500 万人	12	0.9	354.5	4 254.38	7.9
100 万人～300 万人	57	4.2	165.4	9 425.31	17.5
50 万人～100 万人	136	10.0	69.4	9 440.11	17.5
20 万人～50 万人	319	23.4	32.4	10 337.52	19.2
10 万人～20 万人	267	19.6	14.3	3 824.49	7.1
5 万人～10 万人	557	40.9	6.9	3 860.27	7.2
合计	1 362	100.0	39.5	53 830.3	100.0

资料来源：国务院人口普查办公室，国家统计局人口和就业统计司．中国 2010 年人口普查资料．北京：中国统计出版社，2012；国家统计局农村社会经济调查司．中国县域统计年鉴 2014：乡镇卷．北京：中国统计出版社，2014.

从表 3-9 中可以看出，5 万人～20 万人的城镇共有 824 个，占全国城镇总数的 60.5%，承载了城镇人口的 14.3%，这些城镇已经具备城市形成并发展的基本规模，达到初步规模效应。但是由于没有设市，严重限制了城镇发展的活力。

表 3-9 也可以反映出我国客观存在一个合理的金字塔形的城镇规模结构。在已有城市体系下，城市承担着地区发展中心的带动作用，除此之外，县城和各镇作为我国城镇体系的末端环节，起到为地区提供有效公共服务、拉动地区发展的积极作用。将这些县城、镇和城市体系一同考虑，就出现了我国客观存在的城镇规模结构。

我国城镇规模结构的合理性可以从与美国及日本的比较中更加明显地反映出来。

（二）中国、美国和日本城镇规模结构的比较

表 3-10 反映了 21 世纪 10 年代中国、美国和日本城镇规模结构的比较。

表 3-10　中国、美国和日本城镇规模结构的比较

	平均规模（万人）			个数占比（%）			人口占比（%）		
	中国	美国	日本	中国	美国	日本	中国	美国	日本
1 000 万人以上	1 445	1 588.2	2 202.5	0.18	0.55	0.1	10.4	12.3	17.6
500 万人～1 000 万人	690.8	632.8	—	0.45	1.91	0	12.4	17.1	0
300 万人～500 万人	354.5	393.6	369	0.54	2.19	0.1	7.6	12.2	2.9
100 万人～300 万人	165.4	176.2	162	2.57	9.29	1.3	16.9	23.2	12.9
50 万人～100 万人	69.4	70.1	69.1	6.14	13.9	2.1	16.9	13.8	8.8
20 万人～50 万人	32.1	31.7	32.3	14.41	30.1	10.4	18.6	13.5	20.4
10 万人～20 万人	14.3	14.3	13.8	12.06	35.8	18.9	6.9	7.25	15.9
10 万人以下	4.1	8.7	5.2	63.6	6.28	67	10.3	0.77	21.4
总计	25.2	70.7	16.4	100	100	100	100	100	100

注：美国的城市规模结构指的是美国都市区的规模结构。

资料来源：国务院人口普查办公室，国家统计局人口和就业统计司．中国 2010 年人口普查资料．北京：中国统计出版社，2012；国家统计局农村社会经济调查司．中国县域统计年鉴 2016：乡镇卷．北京：中国统计出版社，2017；日本数据来自《日本统计年鉴 2015》，美国都市区资料来自 https：//www.whitehouse.gov/sites/whitehouse.gov/files/omb/bulletins/2017/b-17-01.pdf.

表 3-10 反映了中国的城市规模结构位于美国和日本之间，可认为基本合理。第一，三个国家各等级规模城市的平均规模高度接近。不管是什么政治背景和文化背景，只要是要素可以在城市之间自由流动，在市场经济条件下，城市规模有着自己的客观规律，市场作为看不见的手，在要素配置和人口流动中起着关键作用。第二，修正后的中国城市规模结构比日本集中，比美国分散。表 3-10 的个数占比和人口占比显示，中国大于 10 万人的城市个数占比和人口占比均稍高于日本，远低于美国，居于两者之间。

日本和美国的规模结构特征很不相同，日本有巨大的城市，但是规模结构偏小；美国则是典型的偏大型的规模结构，很难说谁更合理。但是，中国规模结构居于二者之间，可以认为是相对合理的。

三、实施以人为本的城市群发展战略①

城市空间的本质特征在于聚集，城市群是城市空间聚集的高级阶段。城市群是一个国家工业化和城镇化过程中产业发展和人口迁移的主要空间载体，是承载区域乃至整个国家经济社会发展的重要地区。

（一）以城市群为主体的城镇化空间战略是我国长期探索的结果

改革开放 40 多年来，我国城镇化空间战略经历了以小城镇为主、以城市为主、以城市群为主的发展过程。

在 20 世纪 80 年代到 90 年代上半期，基于当时的国情，我国城镇化主要是以小城镇为主。1982 年颁布的“六五”计划强调要“控制大城市规模，合理发展中等城市，积极发展小城市”。

进入 20 世纪 90 年代中后期，小城镇过度分散发展导致的环境问题和低效率问题日渐

① 叶裕民．实施以人为本的城市群发展战略．人民日报，2013-07-14.

突出。这一时期，我国城市改革逐步深化，城市工业化快速推进，我国城镇化进入以城市为主的时期。1996年颁布的《中华人民共和国国民经济和社会发展“九五”计划和2010年远景目标纲要》提出要“逐步形成大中小城市和城镇规模适度，布局和结构合理的城镇体系”。

进入21世纪以来，我国对城镇化发展规律认识不断深化，充分认识到“聚集”是城市区别于农村最本质的空间特性，城镇化的聚集效应不仅表现为单一城市的聚集，还表现为多城市在空间上的有序聚集。2006年颁布的“十一五”规划纲要明确提出“要把城市群作为推进城镇化的主体形态，逐步形成以沿海及京广京哈线为纵轴，长江及陇海线为横轴，若干城市群为主体，其他城市和小城镇点状分布，永久耕地和生态功能区相间隔，高效协调可持续的城镇化空间格局”。2011年颁布的“十二五”规划纲要也明确提出要“按照统筹规划、合理布局、完善功能、以大带小的原则，遵循城市发展客观规律，以大城市为依托，以中小城市为重点，逐步形成辐射作用大的城市群，促进大中小城市和小城镇协调发展”。

城市群是城市空间聚集的高级阶段，以城市群为主体的城镇化空间战略符合世界人口大国城镇化发展的一般规律。

（二）以城市群为主体构建我国城镇化中后期发展的空间战略

城市群的出现，是一个国家在走向现代化的过程中，空间结构由增长极模式到点轴模式再到网络模式发展的必然结果。展望未来，我国将会形成以长三角城市群、珠三角城市群、京津冀城市群和成渝城市群为主要支点，以其余20个左右的城市群为节点的“准菱形”的空间战略。

我国可以称为一级城市群的主要有4个：长三角城市群、珠三角城市群、京津冀城市群、成渝城市群。这4大城市群2010年创造的GDP都在1万亿元以上，常住人口在5 000万人以上，其中吸收外来常住人口1 000万人以上。可以称为二级城市群的主要有8个：山东半岛城市群、辽中南城市群、中原城市群、海峡西岸城市群、武汉城市群、长株潭城市群、关中城市群和皖江城市群。这些二级城市群都发挥着超越省域经济社会发展的复合中心功能，它们2010年创造的GDP都在5 000亿元以上，常住人口为1 500万人～5 000万人，其中吸收外来常住人口300万人～1 000万人。此外，还有12个三级潜在城市群，主要包括长吉城市群、呼包鄂城市群、滇中城市群、昌九城市群、哈尔滨都市圈、太原城市群、兰州都市圈、黔中城市群、乌鲁木齐城市群、银川城市群、环北部湾城市群和浙中城市群。它们具有城市群雏形，并在一定程度上已经发挥着城市群的作用，但是发育水平较低。2010年，上述24个城市群合计国土面积占全国的14.7%，常住人口占全国的46.9%，创造的GDP占全国的60.4%。

2012年我国城镇化水平达到52.6%，按照世界城镇化规律，我国开始进入城镇化的中后期阶段。如果到2030年我国城镇化水平能达到70%，还将有接近3亿人口从农村进入城市，其中2亿多人口要进入城市群发展。因此，未来我国城市群能否健康发展，对于我国新型工业化和城镇化发展具有极其重要的意义。城市群外围的城市化地区、县城和小城镇仍然具有重要的战略意义，它们是相应区域人口就业和提高生活质量的直接依托，是为广大农村地区农业现代化和生态建设提供服务的基地。

（三）以人为本、以城市群为先导推进全国城乡一体化进程

城乡一体化是城镇化的最终目标。由于我国独特的城镇化历程，导致我国的城乡二元结构表现为双重性：城市与农村空间上的二元结构，城市内部本地居民与进入城市的农村居民之间的二元结构。双重二元结构使我国新型城镇化的任务更加艰巨。各城市群的规划与发展必须始终贯彻以人为本的理念，改善发展环境，引导和接纳人口有序流动，以城市群为先导推进农民工市民化，进而带动农村现代化，全面促进全国城乡一体化发展。

以人为本、以城市群为先导推进全国城乡一体化进程，其基本逻辑是：以高速交通网络建设增加城市群的通达性；坚持以人为本的理念，以“集约、紧凑、绿色、生态”为原则，优化城市群内部综合规划，为各城市群的培育和发展提供良好的宏观引导，创造稳定的市场预期；以城市群发展条件的改善引导企业家投资，推动产业发展转型升级，促进各城市群普遍持续地扩大就业；以扩大就业为依托引导全国人口有序向相应城市群流动和聚集；以推进基本公共服务均等化为契机，推进全国各城市群实现普遍的农民工市民化，解决长期积累的“两栖人口问题”，促进城市内部二元结构一体化；随着农村地区人口压力下降，在广大农村地区广泛推进基本公共服务均等化，加大对农民、现代农业和基础设施的投资，促进农村现代化，最终实现全国范围内的城乡一体化。

【本章小结】

几乎所有的城市都在不同程度上履行着商品集散中心和加工中心的职能，城市普遍要履行的这种职能叫作中心地职能，在这个意义上城市被称为中心地。中心地按照 $K=3$、$K=4$ 和 $K=7$ 的原则形成，各级中心地规模主要取决于市场区范围和购买力。

勒施提出由于交通方便，可以延长商品销售的经济距离，因此市场区会在交通干线上向两边延伸，形成矩形，而不再是标准的六边形。艾萨德研究了在人口分布不均匀条件下的中心地模式，提出在人口密度大的地区市场区范围通常比较小，则同样大面积的地区中心地比较多，反之亦然。

城市体系规模结构通常通过城市首位度、四城市指数和十一城市指数表示。城市等级—规模规则反映的是城市体系规模位序的基本特征和规律。

中国在城市化高速成长期，由于长期停止设置新的城市，原来的中小城市都向大中城市发展，而成长起来的建制镇不准设立城市，导致中国城市体系规模结构中的中小城市严重缺乏，这是中国城市体系发展最重要的问题。中国需要降低设市标准，为建立健康的城市体系和推进城市化进程提供制度基础。

【关键术语】

中心地　　限界值　　城市体系　　规模结构
设市标准

【复习题】

1. 克里斯塔勒中心地理论是如何揭示城市形成过程的？
2. 勒施对中心地理论的主要贡献是什么？
3. 城市体系有哪些类型？各有什么特点？
4. 为什么在“严格限制大城市规模”的方针指导下，中国的大城市规模却增长得很快？
5. 如何评价市场经济条件下政府政策的绩效？
6. 中国城市体系存在的主要问题是什么？
7. 为什么需要降低中国的设市标准？

第四章

世界城市化进程

世界城市化起步于18世纪中叶开始的工业革命。工业革命开辟了人类历史的新纪元。它实现了由工场手工业向大机器生产的飞跃，从此人类社会开始了由农业社会向工业社会，由农村时代向城市化时代的转变。本章重点介绍世界城市化进程及其特征，以及德国城市化进程中政府的作用。

重点问题

- 世界城市化进程的阶段性。
- 世界城市化进程的基本特点。
- 中国郊区化与发达国家郊区化的异同。
- 德国城市化的过程与问题。
- 德国城市化过程中制度建设的架构与作用。

第一节　世界城市化进程及其特征

2014年世界城市化水平已经达到54%，全面进入城市社会，世界城市化的重心也由发达国家转向发展中国家。综观世界城市化进程，发现如下特征：

一、随着工业化在世界范围内的不断推进，世界城市化水平不断提高

由表4-1可见在1800年时，世界城镇人口比重仅为5.1%，1850年也仅为6.3%。此后，随着进入工业化国家的增多及工业化进程的加速，世界城市化进程大大加快，1900年世界城镇人口比重为13.3%，1950年为28.9%，1997年为46.0%，2014年为54.1%。据世界银行预测，2025年世界城市化水平将达到60%，2050年将增长到66%。世界城市化速度见表4-2。

表 4-1　　世界城市化进程

年份	总人口（100 万人）	城镇人口（100 万人）	世界城镇人口比重（%）
1800	978	50	5.1
1825	1 100	60	5.5
1850	1 262	80	6.3
1875	1 420	125	8.8
1900	1 650	220	13.3
1925	1 950	400	20.5
1950	2 501	724	28.9
1960	2 986	1 012	33.9
1970	3 693	1 371	37.1
1980	4 450	1 764	39.6
1990	5 246	2 234	42.6
1997	5 829	2 681	46.0
2014	7 208	3 900	54.1
2025	8 200	4 920	60.0
2050	9 700	6 400	66.0

资料来源：周一星．城市地理学．北京：商务印书馆，1995：78；世界银行．1998/99 年世界发展报告．北京：中国财政经济出版社，1999．2025 年和 2050 年数据为预测值，数据来自《世界城镇化展望报告》和《世界人口展望：2015 年修订版》。

表 4-2　　世界城市化速度

年份	总人口的年平均增长率（%）	城镇人口的年平均增长率（%）	城镇人口增长速度（%）
1800—1850	5.11	9.44	0.024
1850—1900	5.38	20.44	0.14
1900—1950	8.35	24.11	0.31
1950—1997	18.17	28.25	0.36
1997—2050	9.7	16.6	0.68

资料来源：周一星．城市地理学．北京：商务印书馆，1995：78；世界银行．1998/99 年世界发展报告．北京：中国财政经济出版社，1999．2025 年和 2050 年数据为预测值，数据来自《世界城镇化展望报告》和《世界人口展望：2015 年修订版》。

二、城市化的重点正在由发达国家向发展中国家转移

从总体上看，世界城市化水平的地区差异分为发达国家和发展中国家两个部分。工业革命起源于英国，英国也是世界上实现城市化最早的国家。早在 1850 年，英国的城镇人口比重就已经超过 50%，开始初步进入城市社会。随着工业革命的传播，那些先期接受工业革命并迅速实现工业化的国家就成为今天的发达国家，那些很迟才开始走上工业化道路的国家就成为今天的发展中国家。发达国家的城市化道路基本上是在 20 世纪上半叶完成的。随着工业化的迅速推进，大批乡村人口进入城镇从事非农产业，城市化水平很快提高。表 4-3 反映出，1900 年发达国家城市化水平为 26.1%，处于城市化的起步阶段；到

1950 年城市化水平就达到了 52.5%，已经初步进入了城市社会；1975 年已经进入了成熟的城市社会。到了 20 世纪末，虽然发达国家城市的社会经济技术水平日新月异，但是城市化水平提高的速度已经大大减缓，说明发达国家城市化进程量增加的过程已经基本完成，现在主要表现为质的提高的过程，而这一过程则是无止境的。

表 4-3　　发达国家与发展中国家城市化水平对比

年份	总人口（百万人）	全世界		发达国家		发展中国家	
		城镇人口（百万人）	城市化水平（%）	城镇人口（百万人）	城市化水平（%）	城镇人口（百万人）	城市化水平（%）
1800	978	50	5.1	20	7.3	30	4.3
1825	1 100	60	5.4	25	8.2	35	4.3
1850	1 262	80	6.3	40	11.4	40	4.4
1875	1 420	125	8.8	75	17.2	50	5.0
1900	1 650	220	13.3	150	26.1	70	6.5
1925	1 950	400	20.5	285	39.9	115	9.3
1950	2 501	724	28.9	449	54.8	275	16.7
1975	4 066	1 541	37.9	560	68.8	952	29.3
2000	6 057	2 858	47.2	694	74.2	2 115	41.7
2015	7 341	3 957	53.9	979	78.1	3 002	49.0

资料来源：周一星．城市地理学，北京：商务印书馆，1995：78、81；联合国开发计划署．2002 年人类发展报告．北京：中国财政经济出版社，2002：156；联合国网站．

表 4-3 表明，发展中国家的城市化进程在总体上落后于发达国家约 75 年。发展中国家的工业化和城市化大都起步于第二次世界大战以后。1950 年发展中国家的城市化水平为 16.7%，相当于发达国家 1875 年的水平。1975 年发达国家已经进入了成熟的城市社会，而发展中国家则刚刚开始进入城市化高速发展阶段，世界城市化的重心开始由发达国家向发展中国家转移。到 20 世纪末，发展中国家的平均城市化水平仍然仅为 41.7%，比发达国家 1925 年 41.7%的城市化水平略高 1.8 个百分点。发展中国家的城市化水平正处于量的扩张阶段。到 2015 年，发达国家城市化水平高达 78.1%，发展中国家为 49.0%，虽远低于发达国家城市化水平，但是相比 20 世纪末的水平，已经有了大幅的上升。

三、发展中国家在城市化过程中城市发展质量提高缓慢

在工业革命之前，发展中国家的整体经济发展水平并不低于发达国家，经济总量甚至远远超过发达国家。1820 年，中国和印度的 GDP 分别占世界总量的 28.7%和 16.0%，而法国、英国、俄国、日本、美国、普鲁士六国之和仅占 22.1%。与这种经济格局相适应，发展中国家的城镇人口规模也较大。从表 4-3 可以看出，直至 1825 年，发展中国家的城镇人口还多于发达国家。在此后的 100 年里，工业化浪潮席卷发达国家，这些国家的城镇人口剧增。1850 年，发达国家的城镇人口追上了发展中国家；1925 年，发达国家城镇人口占世界城镇人口的 70%左右。此后，发展中国家逐步开始工业化过程，特别是在第二次世界大战以后，工业化与城市化发展成为发展中国家发展的主旋律，随着工业化的迅速推进，城镇人口迅猛增长，到 20 世纪 70 年代初发展中国家的城镇人口总量已经超过发达国

家，到1997年发展中国家的城镇人口更是发达国家的2倍还多，占世界城镇人口的67.2%。只是由于发展中国家的乡村人口增长得很快，因此城市化总水平仍然比较低（见图4-1）。

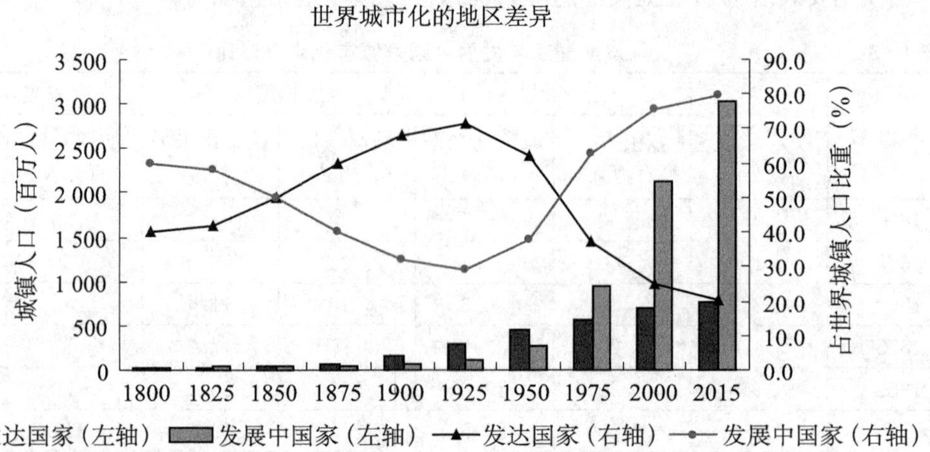

图4-1　19世纪以来发达国家和发展中国家城市化发展的比较

另外，发展中国家城镇人口的高速增长并没有带来经济的同步发展。1997年发展中国家城镇人口占世界城镇人口的67.2%，但是这些国家创造的GDP占世界的比重不足七分之一。占世界人口20%的发达国家创造了世界生产总值的86%和出口市场份额的82%。① 许多发展中国家城镇人口增加了，城市化水平提高了，创造财富的能力并没有相应幅度的提高。换言之，与发达国家相比，发展中国家城市化进程主要表现为量的增加，而城市发展质量比较低。

【专栏】

回顾20世纪90年代我国的城市化水平究竟怎么样②

【内容提要】城市现代化包括城市经济现代化、基础设施现代化和人的现代化三个方面，城乡一体化则用城乡居民收入水平及其生活质量差异来反映。中国当前的城市化质量还比较低，城市人口超过300万人的九个超大城市没有一个进入高度现代化的行列，大部分都属于初步实现现代化的水平；城乡一体化程度更低，还处于二元结构比较明显的阶段。因此需要采取一系列措施，提高城市化质量。

我国城市的现代化水平还比较低

1998年我国最大的九个城市没有一个城市达到高度现代化的水平。上海、广州和北京的现代化水平达到了中等水平；天津、武汉、沈阳、成都、西安属于初步实现现代化的城市；而重庆属于现代化前期的城市。

---

① 这是联合国贸易和发展会议第十届大会公布的数据，转引自李长久．改革不合理国际规则．人民日报，2000-02-22。

② 叶裕民．中国城市化质量研究．中国软科学，2001（07）：28-32.

从城市现代化的结构看，各城市差异比较大。

我们以三大类指标现代化的实现程度来反映城市的现代化结构，九大城市的现代化结构具有如下特征：在三大类指标中，基础设施现代化的实现程度普遍比较高，在北京、天津、沈阳、上海、武汉、广州、成都七个城市的现代化结构中，都是基础设施的现代化实现程度最高。

经济现代化实现程度居中。

大部分城市经济现代化与城市现代化总水平基本吻合，说明经济现代化是城市现代化的前提和主要决定因素。从各市的差异看，经济现代化实现程度达到50%以上的只有北京、上海和广州三个城市，其中广州的经济现代化实现程度最高，与其基础设施的现代化发展基本同步。

人的现代化程度比较低。

北京、南京、武汉和西安的人的现代化程度最高，但仍然没有超过50%。这说明在我国大城市的发展中，人的现代化建设还没有引起足够的重视。需要指出的是，我们选择反映人的现代化的指标都属于硬指标，还难以反映软环境，比如人的道德观念、责任感、进取心、纪律性及管理的规范性和科学性等。就中国城市现代化建设中人的现代化来看，软指标比硬指标更加落后一些。

中国城乡居民的收入差距很大。

在中国城乡一体化进程的分析与评价方面，对城乡居民收入差异及其变动的分析说明，从总体上看，中国城乡居民的收入差距仍然很大，城镇居民的生活水平较农村要高得多，这正是中国城市化最大的拉力所在。从城乡居民收入差异的变化看，首先表现出城乡居民收入的绝对水平都呈现出快速上升的态势。在1979—1998年，城镇居民收入的年平均实际增长率为6.1%，乡村居民为7.9%。其次，城乡居民收入差异系数曲线表现为降—升—降的变动轨迹。

1998年中国城镇居民的恩格尔系数为44.5%。刚刚进入小康阶段；农村居民的恩格尔系数为53.4%，刚刚进入温饱阶段。城乡居民的恩格尔系数差异程度为8.9个百分点，处于由二元结构向城乡一体化过渡的时期，总体上看差异程度仍然比较高，二元结构特征仍很显著。从动态角度看，城乡居民恩格尔系数差异程度呈现出先降后升的变动轨迹。城镇居民恩格尔系数虽然下降且不稳定，但是从总体上看，自20世纪90年代以来，城镇普遍进入温饱阶段并开始部分向小康阶段过渡，恩格尔系数表现出稳步下降的趋势；乡村居民的恩格尔系数却起伏很大，在20世纪80年代末曾达到53.4%，此后由于前面多次分析的原因又开始上升。这说明在整个城市化过程中，乡村居民是变动的群体。

四、在世界城市化进程中，过度城市化与城市化不足并存

在世界城市化的进程中，发达国家和发展中国家都曾经发生过度城市化和城市化不足的问题。

所谓过度城市化是指在城市化的过程中，城市化进程大大快于工业化进程。乡村人口过快地向城市迁移，超过城市经济发展的需要和城市基础设施的承载能力，以至大量人口缺乏就业机会，造成城市住房紧张、交通拥挤、犯罪增加。过度城市化在许多发达国家城

市化的过程中出现过。由于这些发达国家经济发展快，它们在不长的时间内就通过基础设施建设、产业结构升级以及郊区化等路径比较好地解决了过度城市化的问题。许多发展中国家，如巴西、阿根廷、墨西哥等，至今仍然存在过度城市化的问题。上述三国2010年城镇人口比重分别为86.5%、92.4%和78.1%，平均水平接近美国和日本（城市化水平分别为82.3%和91.3%）①，而同年这三个国家人均GDP最高的阿根廷为11 500美元，最低的墨西哥仅为8 916.45美元，而日本2010年人均GDP达42 900美元，后者仅及日本人均GDP的20.78%，即不到四分之一的水平。过度城市化的原因主要有两个：一是在城市化的过程中，人口无序流动，缺乏管理；二是经济发展滞后于城市化进程。在城市化的过程中忽视农村和农业的发展，城乡差距拉大，乡村人口大量涌入城市，而城市经济又没有得到足够的发展，不能够很好地为进入城市的乡村人口提供就业机会和生活条件，从而造成众多的社会问题。

所谓城市化不足是指城市化进程大大滞后于工业化进程。在发达国家工业化的过程中，城市化滞后主要表现为城市非农产业的劳动力供给不足，从而限制了城市化进程，也进一步限制了经济的发展。发达国家城市化滞后通常通过劳务输入（德国、俄罗斯），以及采取优惠政策鼓励农民进入城市（日本）等途径来解决。在前苏联地区、东欧和东南亚的许多发展中国家，也存在城市化滞后问题。这些国家的城市化滞后主要由两类原因所致：一是人为的政策因素（东欧、前苏联地区等），限制农民进城；二是工业过度分散，乡村人口就地非农化（东南亚一带）。比如泰国2014年人均GDP为5 560.66美元，比中等收入国家的平均水平高出40%，但其城市化水平仅为36%，还远低于中等收入国家49%的平均水平。中国当前也具有城市化不足的特征。

五、世界城市化过程中的郊区化和逆城市化是城市化的高级阶段

从中心城市人口聚散的角度看，城市化又分为向心型城市化和离心型城市化。向心型城市化就是我们通常所说的人口由农村向城市集中的过程，包括农村人口向城市集中、小城市（镇）人口向大中城市集中，以及由欠发达地区城市向发达地区城市集中的过程。离心型城市化则是指人口或产业由中心城市向外围地区中小城市扩散的过程，包括郊区化和逆城市化两个方面。

郊区化是指中心城区的人口和产业向城市边缘地区扩散的过程。逆城市化是指中心城市的人口和产业向城市地区以外的其他非城市化地区的中小城市迁移和扩散的过程。

郊区化是发达国家在第二次世界大战以后产生的城市化现象，表现为四次人口和产业向郊区转移的浪潮。

第一次表现为20世纪50年代人口郊区化的浪潮。第二次世界大战以后，世界发达国家已经普遍进入了城市社会。大城市城区是经济社会发展的中心，也是人口积聚的中心。人口的高度积聚致使大城市城区普遍产生住房紧张、交通拥挤、犯罪增加、环境恶化等问题。一批富裕起来的中产阶级开始不满足于这样的生活环境，开始向郊外搬迁。第二次世界大战以后，发达国家大规模地发展基础设施，于是在大城市城区外围交通方便的地区逐渐兴起了一批富人居住区。他们发现这里空气清新，生活舒适；地价便宜，可以居住更加

---

① 数据来自世界银行WDI数据库。

宽敞的住房；交通方便，可以随时享受城市的各种文明（诸如购物、交往、听音乐会等），他们白天在中心城区工作，晚上到郊区居住，从而形成了人口郊区化的浪潮。这些人口集中居住的地区被称为卫星城。由于这些卫星城主要用于居住，因此又称“卧城”。卧城是卫星城的最早形式。发达国家人口郊区化的过程至今仍然在持续着。

美国中心城区与郊区人口比重的变化明显地反映出人口郊区化的趋势（见图 4-2）：

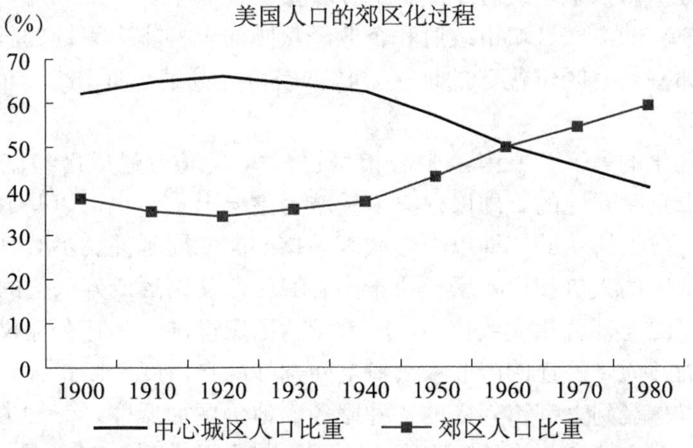

图 4-2　美国郊区化过程中中心城区与郊区人口比重的变化

第二次浪潮是 20 世纪 60 年代制造业的外迁。第二次世界大战后，发达国家普遍重视国土规划，重视大城市的再开发。其中的重要内容就是通过外迁、扩散传统产业并且发展新兴产业来调整大城市的产业结构，实现大城市乃至全国的产业结构升级。同时，传统产业经过长时期的发展，也确实面临着设备陈旧、地价过高导致的利润率下降问题，在中心城区发展的空间越来越小。在国家发展政策的引导下，在郊区廉价土地的吸引下，大量的传统产业纷纷向郊区搬迁，形成了产业郊区化的浪潮。企业迁到郊区后，由于土地廉价，可以大面积地建设单层厂房，这种单层厂房有利于现代化企业的流水作业，从而大大提高了工作效率；另外，郊区往往更加接近交通干线，特别是高速公路出口，可以方便地运用快速、便捷的汽车运输，而在中心城区，由于交通拥挤，运输效率很低。

制造业的郊区化一方面形成了郊区的工业区或工业城镇，另一方面促使卫星城的功能综合化，由卧城向综合性城市发展。

第三次浪潮是自 20 世纪 70 年代以来的批发零售业的外迁。这主要由两个原因所致：第一是零售业外迁至富人居住区和工业区。人口和工业的外迁在郊区城镇形成了大规模的消费市场，吸引了大批零售业的外迁。第二是批发仓储业外迁至郊区的高速公路出口处，由于批发仓储业需要占用大片土地，在郊区可以带来成本的节约；另外，富人区和中心城市外围的中小城市是批发仓储业的主要服务对象，在郊区交通便捷的地方建设超级市场、商业中心和仓储中心，以无所不包的货物、大面积的停车场以及方便的 24 小时昼夜服务为特征吸引消费者。对于居住在郊区的高消费阶层来说，由于能够方便地驾车到达，该模式吸引力很大。同时，对于中心城市外围的中小城市而言，在这里批发商品比在中心城市的市区要方便得多，因此该模式大有市场。实际上，在大城市外围环线的高速公路出口处兴建批发仓储业正是自 20 世纪 70 年代以来发达国家商业空间格局演变的一大特征。一系列新兴商业业态的出现，包括超级市场、连锁店、专卖店的出现，使得一个商业中心要占据大量土地，郊区商业中心应运而生。

第四次转移浪潮则是自20世纪80年代中后期以来办公用地的外迁。这次浪潮起因于知识经济的发展，互联网的大量发展和运用使得信息交流超越了时空障碍，办公业务的合作完全可以在不同的空间高效率地进行，家庭办公成为时尚，这样，居住在郊区的蓝领阶层进城将办公业务带回家中，或者干脆就把办公室设在家中；与此同时，为了享受郊区相对廉价的土地和清新的空气，城市政府和企业经常倾向于将非决策性的日常工作机构分散到郊区，郊区中那些具有区位优势的地区，比如空港、高速公路出口、商业中心等附近，就成为良好的选择。

实际上，郊区化的另一个原因是中心市区已经完全成为建成区，城市正在向郊区延伸，这种延伸可以是跳跃性的，即以建立卫星城为主要形式；也可以是放射状的，沿高速公路延伸；或者是摊大饼状的，即以中心城区为核心向四周延伸。不管什么形式的郊区化发展，都会导致郊区的人口和产业增长快于中心城区，从而形成郊区化的态势。

逆城市化的原因与郊区化大致相同。随着发达国家全国性高速公路网络的形成，以及全国性信息网络的开通，外迁的产业和人口空间选择的自由度不断扩大，在远离大都市的中小城市一样可以享受到大都市郊区的各种服务，地价更加低廉，劳动力也更加便宜，空气更加清新，因此对企业和人口的吸引力也更大。其吸引力到底有多大，取决于这些地区基础设施的建设水平和发展状况，它们与郊区的差异越小，吸引力就越大。因此，可以认为郊区化是逆城市化的特殊形式，对于中心城区而言，是一种近域的逆城市化。

从人口迁移的角度看，如果说城市化是农村人口为了摆脱贫困，寻求富裕而进入城市，可以称之为“贫困的迁移”，那么郊区化或者逆城市化则是城市的富裕阶层为了寻求更好的生活环境、提高生活质量而进行的人口迁移，可以称之为“发达的迁移”“富裕的迁移”，也可称之为“退休的迁移”。因此，可以认为逆城市化是城市化过程在继续，是城市化发展到高级阶段的产物，是城市化质量得到充分提高的结果。

六、知识经济对世界城市化的挑战

第二次世界大战以后，以计算机技术为核心的高技术产业和信息产业的大发展终于在世纪之交把世界推进了一个新时代——知识经济时代。知识经济由于具备如下特征而对世界范围内的城市化进程具有重大影响：

第一，知识经济是以智力资源为基础的经济。各国智力资源禀赋的差异将最终决定其在世界新一轮经济竞争中的地位。为了创造智力资源优势，各国都十分重视教育和人才的培养，创造与知识经济时代相适应的文明进步的环境。而城市正是现代文明的代表，各发展中国家都在努力加速城市化进程，使更多的国民有机会提高自身素质，并参与到知识经济发展的浪潮之中。另外，大批才华出众的有志之士也都集中到城市这一富有挑战性和创造性的环境之中，施展才华。因此，随着知识经济时代的到来，必然会伴随着新一轮世界范围内的城市化浪潮——城市的发展无论在数量上还是在质量上都会有空前的提高。知识经济特别地为仍然以量的扩张为主的发展中国家推进城市化进程提供了良好的机遇。实际上，自20世纪90年代以来，发展中国家城市化进程不断加速正是以此为背景展开的。

第二，知识经济是以高技术产业为主体的经济。因此，知识经济时代各国之间的竞争在产业上将主要表现为高技术产业的竞争。哪个国家能够成为世界最前沿领域技术和产品的研究与开发中心、生产中心和传播中心，那个国家在世界经济舞台上就居于主导地位。现代化的大城市人才济济，是高技术产业发育和发展的最好场所。在最近20年里，世界各国又一次掀起大城市发展的浪潮，特别集中地表现在大城市人口又一次快速增长，以及产业结构的迅速升级，大城市的主导产业进一步由制造业向高技术产业、信息产业转换。因此，大城市超前发展，不仅是工业化中期规模经济时代的必然产物，也是知识经济时代城市化的重要特征。

第三，知识经济是以网络传输为主要通信手段的经济。与传统的通信工具不同，网络传输使得世界各个角落之间大量的信息交换在瞬间完成成为可能。网络大大缩短了世界各国各地区之间的距离，降低了相互交流的成本，为更大范围、更加细致的社会分工与协作创造了条件。网络将整个世界连为一体，世界各国之间的竞争更加激烈而不是相反。在网络时代，一方面，尖端的高技术产业需要借助发达的现代化的大都市来发展；另一方面，更加大量的一般产业，包括传统的制造业和服务业在空间选择上的自由度更大。它们可以在远离大都市的中小城市发展，而同样可以通过网络及时了解世界市场信息和技术动态。因此，逆城市化（含郊区化）、中小城市化也是知识经济时代城市化进程中的另一种空间表现形态。实际上，技术越进步，社会越发达，提供给人类发展可选择的路径也就越多样化，各国各地区城市化具体路径的选择要视具体国情区情而定，不能盲目效仿。

【专栏】

从城市规模看中国城市化路径①

【内容提要】鉴于城市化在我国经济发展中的重要地位，以及国家“十二五”规划对未来城市化进程将要给予的关注，本文尝试探讨我国城市的合理规模和城市化路径。本文回顾了我国过去城市化的一些重要经验教训，认为我国目前一百万人以上人口的大城市不是太多，而是仍然太少。市场调节下的大城市合理发展有利于提高经济效益和资源合理利用，尤其是节约土地资源。但不同规模城市及小城镇之间存在某些共生和互补关系，处在大城市辐射区内的中小城市和小城镇有更好的发展条件，有利于形成合理的城市群。本文根据各国的经济发展水平、城市化水平、人口密度、交通条件、地理位置等影响因素，预测我国一百万人以上人口规模的大城市人口占总人口的比重在2020年可能达到30%左右，在2030年可能达到39%。这需要未来至少增加上百座百万人级别的大城市。文章还对政府在城市化中应起的作用提出了看法。

中国的城市化历程在经验和教训中不断前进

城市化显著落后于工业化。

改革前的近30年，中国的城市化发展远远滞后于工业化发展，这主要是由于当时中国处在有限的资源条件下，为了尽快实现工业化，采取了牺牲城市化发展的策略。这一政策虽然在初期起到了迅速提升工业化水平的作用，但后来越来越导致了经济布局不合理、工业效率低下、城乡隔绝、收入差距拉大、就业不充分、大量劳动力资源得不到有效利用

① 王小鲁．中国城市化路径与城市规模的经济学分析．经济研究，2010（10）：20-32.

等一系列问题，反而影响了经济发展。

中国的城市化率仍然偏低，大城市数量仍然偏少，平均城市规模仍然太小。

从1980年开始，中国的城市化战略从限制城市发展转变为“严格控制大城市规模，合理发展中小城市，积极发展小城镇”。由于对中小城市和小城镇发展网开一面，并得益于市场的开放和逐步放开对农民工进城的限制，中国迎来了城市化加速发展的阶段，城市化率在近20年间提高了15个百分点，1998年达到33.3%。不过，这一时期的城市化发展是不均衡的，主要表现在中小城市和小城镇数量迅速增加，而城市平均规模显著下降，大城市数量偏少、发展滞后。

放弃限制大城市发展的政策使得城市化发展更加均衡。

从20世纪90年代末到之后10年左右可以界定为城市化发展的第三阶段，在这期间，中央政府放弃了限制大城市发展的政策，并于2001年正式宣布了“大中小城市和小城镇协调发展”的新政策。对农民工进城的政策也从仅仅允许逐渐转变为鼓励和支持。这期间，城市化速度进一步加快，到2008年，城市化率比1998年上升了12个百分点，达到45.7%；年均提高1.24个百分点，显著高于1978—1998年的年均0.77个百分点。因此第三阶段是一个城市化更加均衡发展的阶段。这一时期的一个重要特点是大中型城市的数量和人口增长都显著加快了。

城市规模与经济发展密切相关

中国的大城市过少。

中国的大城市不是太多，而是太少；中国应该改变限制大城市而重点鼓励小城镇发展的政策，优化城市规模，这将改善资源配置状况，提高资源利用效率和经济效益，加速经济增长。

城市间的溢出效应影响城市的发展。

单个城市（或镇）处在邻近城市组成的空间结构中，其规模收益会发生很大的改变。举例说，某些东部沿海地区的小城镇表现出很强的活力，能够吸引人口和资本聚集，并能够发展成为一定规模的城市。而这种情况在大城市分布稀疏的西部地区却很少看到，那里的小城镇即使在政府行政措施的推动下，也往往缺乏实质性的发展。其中一个主要原因是前者往往邻近大城市，同时交通方便，能够享受到产业聚集在城市间的溢出效应。

城市规模过大会出现不经济的结果。

城市规模过大也会导致外部成本（或负外部效应）上升。外部成本至少有相当一部分需要由政府负担，并不由个人和企业负担（例如需要由政府来治理环境、清除污染，改善基础设施以解决交通拥堵问题，付出更大成本解决城市治安问题等）；居民和企业感受较多的是正外部效应（较高的工资、较容易找到工作、较方便的生活条件、较充分的信息交流、较高的投资回报等），这导致收益和成本负担不对称。在此情况下，城市会吸引资金和人口过度流入，使城市超过最优规模，净收益下降。也就是说，在存在外部成本和外部收益的情况下，市场的自发调节仍然是重要的，但并不总是导致最优结果。

小城市和镇在地方经济中有重要的作用。

小城市和镇可以成为提供地方市场、繁荣农村经济、连接城乡商品和物流的集散地和纽带。一些具有良好成长性的小城市和镇还将发展成为中型城市，并成为新兴城市群的有机组成部分。这样的小城市和镇，可以称为城市化过程中的生长点。它们还将成为接纳农村人口向城市转移中重要的一环。但是小城市和镇不可能替代大城市在经济中的作用。

城市集中度与经济发展水平、人口密度和交通运输条件密切相关

城市集中度（100万人以上规模的城市人口占总人口的比重）与若干影响因素相关。它会随着经济发展水平的提高和城市化程度的提高而上升。人口密度也对城市集中度有正的影响（人口较密集的国家，通常城市集中度较高）。反之，良好的交通运输条件能够在一定程度上降低城市集中度，但不能根本改变人口向大城市集中的趋势。城市集中度还和各国在各大洲的地理分布有重要关系。

中国2020年城市集中度仍将偏低

中国2020年的城市集中度的预测值为34%（由于目前的集中度过低，研究认为2020年实际可能达到30%），2030年为39%。这仍然低于日、美等发达国家，尽管高于欧洲国家。这意味着中国未来新增城市人口仍将主要进入超过100万人的大城市。到2030年，超过100万人的大城市可能将新增150座以上，其中也包括一部分特大和超大城市。

政府在城市化过程中的职责重大

为城市的发展提供良好的基础设施。

城市基础设施建设需要根据城市的自身发展趋势，在科学预测的基础上具有超前性，但又不能凭主观意愿而随意"超前"，导致投资大量浪费。

为城市的发展提供科学的规划预测。

一个城市需要基于对城市未来发展的科学预测，对城市的功能分区、市政建设、公共设施和道路布局等进行合理规划。城市规划需要反复论证，充分透明，广泛征求专业人士和社会各界的意见，具有科学性、超前性和经济合理性。

为城市的发展留出足够的空间。

对于全国各地的城市空间布局规划和相应的城市间交通等基础设施建设规划，更需要强调科学性、经济合理性、透明性、公众性、超前性，与市场导向的城市发展方向相协调，为大城市发展留出足够的空间，同时顾及中小城市及小城镇的协调发展，特别要有利于形成空间结构和布局合理的城市群。

合理疏导超大城市。

对于个别超千万人口的超大城市扩张，需要通过合理规划进行疏导，特别注重超大城市周边地区的次级大城市有序发展，从而减轻超大城市的压力。同时配合以其他必要的限制措施。但重点在于只有有更多的百万人级别的大城市得到合理发展，才能有效减轻个别超大城市的膨胀压力。

提供城市公共服务。

提供城市公共服务包括尽早实现全民覆盖的（包括城市各阶层居民和外来移民在内的）社会保障和文化教育、医疗卫生、住房、公共安全等服务，实现城市的和谐发展。城市政府应当及早实现职能转换，从过分追求GDP、过分热衷于固定资产投资和扩大财政收入、过多参与产业决策和干预市场的"经营性政府"，转向服务型政府；从不受公众监督的管理者，转变为财政公开、运作透明、接受公众监督的城市公仆。

第二节 德国的城市化进程及其政府作用

在欧洲工业化的过程中，德国属于后起的资本主义国家，它用更少的时间走完了城市化过程。德国的城市化起步于19世纪三四十年代，快速发展于19世纪70年代，初步结束于20世纪第二个十年。我们试图从如下三个方面考察德国城市化的全过程。

一、城市化的背景

与英国相比，德国是一个后起的工业化国家，德国的工业化与城市化一样，大致开始于19世纪三四十年代。之所以如此，是由德国特定的社会经济历史发展条件所决定的。

首先，起决定作用的是政治环境。1871年以前，德国是一个四分五裂的国家。在19世纪以前，这里曾经有三百多个德意志诸侯分治着这35.6万平方公里的土地，保持着一个僵化的等级社会。在18世纪末和19世纪初，英国的工业革命已经蓬勃开展，而德国仍然是以传统的农业和小手工业为主，行会制度盛行。这些手工业行会利用严格的行会制度，垄断本地的手工业生产和销售，它们画地为牢，限制外地商品以及手工业者进入自己的控制区，以保护本地手工业的利益。这种行会制度严重限制了德国商品农业的发展、手工业规模的扩大以及全国统一市场的形成，致使德国到19世纪初仍然是一个分裂的和传统的农业国家。1820年，德国的工业生产值为0.85亿英镑，而法国已经达到2.2亿英镑，英国达到2.9亿英镑，德国的经济实力大约为法、英的38.6%和29.3%。

在德国众多的诸侯当中，有两个诸侯的势力最为强大，一个是奥地利，一个是普鲁士。在18世纪以前，奥地利王国势倾全德，而在18世纪下半期特别是19世纪以后，普鲁士王国迅速发展，它的实力赶上并且超过了奥地利，成为德国统一和发展的决定性力量。

普鲁士王国从18世纪下半期开始，在德国的各个诸侯国中率先进行改革，它在政治上加强集权，实行法制，鼓励农业和手工业的发展，奉行重商主义政策，鼓励移民等等，这使普鲁士的经济实力迅速提高，在1850年时，德国铁路总长度为6 000公里，普鲁士就有3 869公里，占64.5%。

逐渐强大起来的普鲁士开始致力于德国的统一事业。早在1814年在由欧洲各国（俄罗斯、普鲁士、英国、奥地利等）组成的“联军”对法国的战争中，普鲁士军队是德国最强大的军队。这次战争的胜利将德意志民族从拿破仑的铁蹄下解放出来，对于德意志来说，是一场在普鲁士领导下的解放战争，战争的胜利大大提高了普鲁士在德意志各邦中的威信，使之成为德意志的核心力量。

在经济上，1834年德意志地区以普鲁士为首联合大多数德意志国家成立了德意志关税同盟，相互之间减少关税壁垒，开放市场，加强经济联合，制定了统一的经济法规。19世纪中期，这一关税同盟已经发展到除奥地利和少数个别地区以外的全部德意志国家。关税同盟为工业化创造了良好的市场环境，在19世纪三四十年代德国的工业化和城市化开始起步，并得到迅速发展。同时，经济一体化也为德国的统一、实现政治一体化奠定了经济基础。

但是，这时的德国仍然处于分裂状态，是一个由 38 个主权邦组成的疏散联盟。德国统一的呼声越来越强烈。当时，在德国统一的问题上，最大的内部障碍是奥地利，最大的外部阻力是法国，于是普鲁士于 1866 年发动了普奥战争，普鲁士大获全胜，成立了由北部 24 个邦组成的“北德意志联邦”。南部诸邦由于有法国的支持仍然处于独立状态。1870 年普法战争爆发，1871 年普鲁士大获全胜，威廉一世在法国的凡尔赛宫加冕称帝，建立了德意志帝国。德国的统一使德国真正走上了工业化和城市化之路。

二、德国城市化的历程

从表 4－4 可以看出德国的城市化历程与城市化速度。

表 4－4　德国的城市化历程与城市化速度

	总人口（万人）	城镇人口（万人）	农村人口（万人）	城市化水平（%）	城市化速度（%）
1841	3 272				
1871	4 106	1 482	2 624	36.1	
1900	5 637	3 066	2 570	54.4	0.63
1910	6 291	3 775	2 516	60.0	0.56
1950				74.5	0.36
1980				93.9	0.64
1996				94.5	0.04
2016	8 267	7 963	304	96.0	0.075

资料来源：王章辉，等．欧美农村劳动力转移与城市化．北京：社会科学文献出版社，1999：170－220.

1875 年德国 1 万人以上的城市只有 271 个，1890 年达到 394 个，1910 年进一步增加到 576 个。1850 年德国 10 万人以上的城市仅有 3 个，到 1910 年增加到 40 多个。2013 年，德国共有 2 065 个城市，其中，82 个 10 万人以上人口的行政区生活着 2 530 万人，占德国总人口的 30%；其余人口则多数分布在 2 000～10 000 人的小型城镇里。德国总人口已经达 8 071 万人，是欧盟人口最多的国家，首都柏林的人口为 341.5 万人。①

在城市化的过程中，一大批城市从无到有，从小到大，逐渐形成德国的城市体系。

三、德国城市化过程的人口流动

在城市化过程中，德国的人口流动具有如下特点：

第一，流动人口数量庞大。在 19 世纪末 20 世纪初德国城市化的高潮时期，几乎每两个德国人中就有一个处于不同形式的流动状态。1907 年，德国有 6 000 万人口，流动人口有 2 900 万人，约占德国人口的 1/2。当时，在许多城市中，本城市出生的居民约占 2/5，其余 3/5 是外地迁移来的人口。由于人口的高度流动性，人们将高度流动的群体称为“游牧人”。

正是因为流动人口多，长久定居的人口少，购买固定住宅的人很少，大部分人都是依靠租赁房屋生活。由于租赁房屋的人很多，许多人租不到房子，只能够租床位，几个人合租一

① Buschmann Schultz. 德国小城镇是中国城镇化未来．中国房地产业，2013（06）：66－71.

个房子，或者一个人每天租床位几个小时，某床位 6：00—14：00 被租给 A，14：00—21：00被租给 B，21：00—6：00 又被租给 C。这样就产生了德国城市化过程中特有的一个群体，人们称之为“租床人”。

第二，德国的人口流动以近距离流动为主。德国通常根据流动人口迁移距离的远近将流动分为三类：近邻流动、近距离流动和远距离流动。近邻流动是指农村人口就近迁移到小城镇或者城市的郊区；近距离流动是指相邻地区之间的人口迁移，包括农民迁移到相邻省份的城市以及中小城市的人口迁移到相邻省份的大中城市；远距离流动则是指人们跨越地区的流动。

在德国的城市化过程中，约 70%属于近邻流动或近距离流动，30%是远距离流动。德国是一个传统的农业社会，人们有着比较强烈的传统文化观念，普遍依恋旧土，加上社区居民的亲近感比较重，相邻村庄的人们彼此熟悉，相互了解。人们不愿意轻易远离故土，他们绝大部分在家乡附近的城镇，或者省内及相邻地区的城市中寻找就业机会。远距离迁移的居民主要是从东部德国，特别是东北部德国向鲁尔工业区迁移。

正因为如此，德国城市化的另一个特点是中小城市占有重要地位。星罗棋布的中小城市的发展在一定程度上减轻了大城市的压力，其城市化过程中的大城市问题不像英国、法国那么严重。到 1910 年，德国城市化水平达到 60%的时候，德国 50 万人以上的大城市仍然屈指可数，仅有柏林（207 万人）、汉堡（93.1 万人）、慕尼黑（60 万人）、莱比锡（59 万人）、德累斯顿（54.8 万人）、科隆（51.7 万人）和勒斯劳（51.2 万人）等七个，20 万人～50 万人的中等城市有 12 个，以上城市合计城市人口有 735.8 万人，占城市人口的 1/5。

第三，德国农村人口单向流动少，双向流动或者多向流动多。单向流动即流动者由 A 地迁往 B 地，在 B 地比较固定地就业和生活。双向流动是流动者在由 A 地迁往 B 地后，经常性地又返回 A 地，周期性地在两地之间往返。在德国，大部分农村人口在进入城市稳定居住之前，都有一段时间往返于城市和乡村之间，一是由于在城市缺乏稳定的工作，二是由于农村中还有土地，因此他们在播种或者收获季节又回到乡村，直至在城市有了相对稳定的工作，将农村的土地卖出去为止。

多向流动即流动者由 A 地迁往 B 地后，又相继迁往 C 地、D 地等。城市化过程是一个农村人口寻求新的工作环境和生存空间的过程，他们对迁往的城市是不可知的，或者了解不够，对各城市更是难以作出全面的比较，他们只能在工作和生活的过程中不断地感受和比较，最后相对稳定在他们比较满意的城市。因此城市化过程必然主要是一个双向选择和多向选择的过程。根据典型调查，1905 年开姆尼茨城迁入人口 4 600 人，其中 50%又迁往别的城市去了。

第四，国际移民数量大，包括向海外移民和外国居民移居德国。向海外移民主要表现为向美国移民。德国向美国的移民早在 19 世纪初就开始了，美国在 18 世纪独立战争之后，经济发展比较快，对欧洲各国有着强大的吸引力，当时德国还是一个农业国，经济相对落后，1816—1817 年就有 2 万人移居北美。之后，移居北美特别是美国的移民现象一直不断，大致分为 4 次较大的移民浪潮：第一次是 1846—1855 年，德国向海外迁移 110 万人（因农业歉收、对德国统一愿望破灭），其中移居美国的占 85%；第二次是 1865—1873 年，美国国内战争结束，经济发展快，吸引德国移民 100 万人，其中移居美国的占 91%；

第三次是1880—1893年，德国向海外移民180万人，其中移居美国的占92%；第四次是1910—1925年，德国向海外移民100万人左右，这是由于战争前后不稳定的国内环境，以及战后战败而归的士兵们在家乡很难找到工作。

同时，也有很多其他国家和民族的人不断向德国移民，战前在德国的外籍劳工等共有780万人，1945—1970年又有340多万人移居德国，其中的许多人由临时劳工变为定居者。

四、城市化过程中的问题与解决

与很多发达国家城市化过程一样，城市化在推动社会经济发展的同时，也不可避免地产生了许多社会问题。在城市化速度较快的德国，这些问题也更加突出，主要包括住房拥挤、环境卫生差导致疾病蔓延、周期性失业以及学龄儿童入学困难等，这些问题危及社会稳定和企业发展，因此政府和企业主都十分关心，并且共同采取一系列措施来解决城市化过程中的矛盾。随着这些矛盾的解决，德国的社会公用事业得到进一步的发展，为德国经济的振兴奠定了社会基础。德国虽然是欧洲后发国家，但是是19世纪中后期到20世纪欧洲发展最快的国家，是欧洲最具竞争力的国家（见表4-5）。德国是西方社会以制度创新引领经济发展和社会进步的典范。

表4-5　　2016年英国、法国、德国主要指标的比较

	人口（万人）	面积（万平方公里）	GDP（亿美元）	人均GDP（美元/人）	出口额（亿美元）
德国	8 267	35	34 670	41 936	14 186
法国	6 690	55	24 650	36 855	5 322
英国	6 564	24	26 190	39 899	4 190

资料来源：世界银行数据库。

（一）住房问题及其解决

如前所述，在德国城市化的过程中，城市人口的高速增长大大增加了城市住房压力，很多农民进入城市后的第一大难题就是找住房。由于很难租到整套的居室，很多人只能租一个床位，因而成为所谓的“租床人”。

在城市化初期，农民大量进入城市，为了解决居住问题，基本的做法是建设大量的简易房屋。由于房屋简陋，卫生条件很差，加上缺乏城市规划，建筑杂乱无章，形成了一系列问题。到19世纪下半叶，政府和企业开始关注并着手解决住房问题。德国很注重从开始工业革命较早的英国、法国吸取经验教训，在城市建设和管理上形成了“全面规划、综合治理”的基本指导思想。

解决住房问题的主要措施是：

第一，制定统一的城市规划管理法规，将城市住宅建设纳入城市的综合规划之中，并进行法制化管理。

德国实行的是联邦制，各省拥有相对独立的管理权和立法权。城市规划法首先是在巴登、普鲁士等少数地区实行，很快就在全国广泛推广。具体的做法是：首先由市长和建筑部门共同起草拟订城市规划和建筑方案；其次，公布该方案，交由全体市民广泛讨论，进行修改；然后由地方政府向警察局提出具体的规划和建筑方案。方案的内容很全面具体，包括改建和扩建老城区，建设新的住宅，对城市街道的走向、宽度、住宅及其他建筑的高度、方向都作出了具体的规定。建筑企业只有建设符合规划的住房才能够进入房屋市场销售，不符合规划的建筑以及未列入计划的建筑均视为无效。

允许农民进入正式的、城市统一规划的住房，是转化农民身份为市民身份的前提。

第二，建筑协会或者是建筑合作社成为住房的主要提供者和管理者。

许多城市成立了半政府性的机构，即建筑协会或者建筑合作社，进行住房的建设和管理，以弥补市场之不足。由于是半政府性的机构，因此通常可以吸收到市政府组织的抵押贷款，或者在州保险局得到没有交担保的贷款，并且得到低税优惠。这样一来，大大提高了建筑协会建设住房的积极性，它们努力建造住房，使住房紧张程度得以缓解。

第三，企业尽可能为工人提供近距离的住房。许多比较具有实力的大企业，在工厂的周围建设工人住宅区，为外地移民解决住房问题。这种做法在鲁尔区比较多。

第四，政府建造经济适用房，解决部分低收入阶层的住房问题。

很多州的法律明文规定，为了满足发展公共事业的需要，以及政府机构本身某些特殊的需要，州政府可以对城市房地产享有一定的份额，并且可以制定公共住宅政策，参与住宅市场活动。政府通常建造一些带有社会福利色彩的住房，这种住房比较简单，租金也比较便宜，比较受农民移民的欢迎，是解决住房问题的重要路径。

（二）卫生状况的改善

改善居民日常生活的卫生状况是城市化的又一个重要课题。在城市化初期，城市中农村人口不断增加，住房变得拥挤，特别是“租床人”的出现，使得很多人只能合租一个小居室，房间小，空气流通不畅，取暖设备不足，饮用水被污染，污水难以排放。在这种恶劣的环境下，很多疾病蔓延，传染病流行，霍乱、痢疾、天花、伤寒、疟疾等疾病时刻威胁着人们的健康和生命。特别是在大城市中贫困人口的居住区，人口的死亡率很高。根据记载，在这里因为结核病导致死亡的人数占居住区总人口的比例是全国平均数的 2 倍以上。

德国解决环境卫生问题的措施主要包括两个方面：

第一，改善室内的居住条件。在城市化初期，很多企业为了减少工人的发病率，自己打井，为工人提供洁净的饮用水。后来，德国学习英国的经验，铺设自来水管道和排污水管道，安装取暖设备，到 1870 年已经有大部分居民都解决了饮用水问题，在 1910 年左右，大部分居民区都实行了统一供暖，室内都建有浴室，卫生条件得到了大大改善。

同时，德国开始大力发展煤气产业，到 1871 年，全德国已经有 240 个城市建立了煤气厂，煤气作为燃料，又干净又快捷，煤气使用率的提高，使城市的环境卫生条件大大改善。

第二，大力发展医疗保健事业，解决城市人口增多以后就医难的问题，提高居民的身体素质。首先是公布食品卫生法，强调饮食卫生；其次是发展基础医学的研究事业，使很多疑难疾病得以治疗；再次是发展医学教育，增加医药学校和护士学校，壮大医疗卫生队伍。1887—1909 年，德国每万人拥有护士数量由 3.1 个增加到 10.8 个，每万人拥有医生数量由 3.2 个增加到 5.1 个。（中国 1998 年每万人拥有医生数量为 16 个，每万人拥有护士数量为 9.8 个，全国共有 200 万名医生，121 万名护士。）

城市政府规定，所有的城市居民都必须定期接受各种预防针。对于结核病的预防和治疗，德国所采取的措施比当时几乎所有的国家都要有力。19 世纪末，德国的社会医疗事业由城市向农村发展，全德国的居民健康素质不断提高，死亡率不断下降。普鲁士的人口死亡率由 1870 年的 2.9％下降到 1910 年的 1.6％。（中国 1952 年的人口死亡率为 1.7％，1999 年为 0.65％。）

（三）周期性失业问题的解决

周期性失业是德国城市化过程中的另一个重要难题。在经济景气时，工厂延长劳动时间，增加劳动强度；在经济不景气时，工厂大量解雇工人，失业队伍的扩大带来了贫困等一系列社会问题。为此，德国采取的主要措施是增补建立规范的社会保障制度。

德国社会保障制度的建立分为建立地区性社会保障制度和建立全国性社会保障制度两个阶段：

第一阶段，地区性社会保障制度的建立。各地区城市化的程度不同，那些城市化程度较高和问题比较突出的地区率先建立社会保障制度。1855 年普鲁士首先通过了穷人权力法规，以法律的形式规定照料穷人的义务。该法规规定，每个地区根据居民的人数，对贫困居民实行生活补贴。要求居民之间相互照顾，新的移民只有从移民之日起，参加义务帮助穷人的活动，才能够得到有财政补贴的住房。

1870 年，在北德联盟成立以后，该法律覆盖了德国的大部分地区。社会上各阶层普遍加入了捐助穷人的行列，包括中产阶级、一般职员、教师、医生等，经常性地有人捐助食品、衣物甚至住房给穷人。社会上成立了专门的社会福利组织或者社会救济组织，代表穷人接受各阶层的捐助，然后将物品送达穷人手中。

第二阶段，德国统一以后，全国性社会保障制度逐步建立起来。在专家、学者的积极倡议和推动下，对穷人的自愿捐助活动逐步发展为全社会的公共福利事业，并且以立法的形式强制执行。

1883 年德国国会德国国会通过了第一项保障制度的议案《疾病保险法》，保险法规定，疾病保险费用雇主承担 2/3，个人承担 1/3。

1884 年德国国会通过了《意外灾难保险》，其保险费用全部由雇主承担。

1889 年德国国会通过了《老年和残疾保险法》，该两项费用由雇主、雇员以及国家财政三方面承担。

1894 年科隆首先建立了全市性的失业保险制度，很快该项制度就被推及全国。

第二次世界大战以后，各项社会保障制度由城市向农村普及，建立了全德国的社会保障体系。

不断建立和完善的社会保障制度为进入城市的农村居民提供了一种基本的安全感，为德国社会的稳定，以及工业化和城市化的快速平稳推进提供了必不可少的环境与条件。德国著名的社会学家、史学家科佩尔·S. 平森在《德国近代史》中写道：“劳工安宁是国家统一和国防所必需的。”① 德国是欧洲社会最早实现社会保障的国家，在第一次世界大战以前就被西方国家视为先进社会立法的楷模和标准的社会福利国家。

---

① 科佩尔·S. 平森. 德国近代史. 北京：商务印书馆，1989：330.

（四）教育问题

为了提高工业化和城市化的质量，德国十分重视大众教育，包括基础教育和成人教育。

在基础教育方面，德国1903年通过了《童工法》，该法明文规定：6～14岁的青少年必须接受最基本的义务教育，才能够进入工厂就业。德国的义务教育由国家和地方政府双方共同承担。为了提高教学质量，德国规定所有的教师必须经过国家有关主管机构委任，并且制定了一整套严格的教师选用和考核制度。同时将所有的教师都纳入公务员系列管理，从而维护和提高了教师的社会地位，使教师受到全社会的普遍尊重。

同时，德国十分重视成人教育，创办各种职业学校，收费低廉，被证明贫困的求学者可以享受免费教育。同时，德国的职业教育形式独特，实效好。德国采用的是双轨制，在政府创办的职业学校里学习理论知识，然后去相应的工厂或者企业中进行实践培训，既避免了理论脱离实际，又可以减轻国家的负担，同时也增强了学员学习的针对性。

德国还十分重视新兴领域的科学研究和生产技术创新，每年在研究与开发上都给予很多的财政支持，使得德国很快拥有了一大批富有创新能力的科学技术人才。在1900年，德国最大的6家化学公司雇用了各类科学家650人，而同期英国化学工业的前6大企业才雇用不到40名科学家。重视普及教育，重视人才，重视科学技术的发展，正是德国城市化过程中的一个重要经验。

【本章小结】

世界城市化是一个由工业化拉动城市化，同时城市化又通过制度创新促进工业化发展的过程。迄今为止的世界城市化历史告诉我们：世界发展的历史就是工业化与城市化不断健康发展的历史。自20世纪下半叶以来，世界发达国家相继完成城市化的过程，世界城市化的重点向发展中国家转移。中国城市化作为世界城市化史上最大、背景最复杂、受益人口最多的城市化进程，是21世纪推进世界城市化的最重要力量。

德国作为后起的发达国家，城市化初期也曾面临极大的社会问题和城市发展障碍。德国制度坚决而又快速地按照城市化发展的一般规律进行全面的制度创新，从而使德国成为西方国家以制度文明拉动并保障国家发展的楷模。

中国当前正处于城市化的高速发展期，而且制度建设明显滞后于发展的需要，这成为工业化和城市化进一步健康发展的障碍。中国需要深入研究、总结发达国家城市化的经验，加速制度创新，为21世纪中国复兴奠定基础。

【关键术语】

世界城市化　　郊区化　　逆城市化　　公共住房

制度建设

【复习题】

1. 世界城市化进程的基本特征是什么?
2. 中国城市化需要遵循世界城市化的哪些共性规律?
3. 中国郊区化与发达国家郊区化有什么异同?
4. 德国城市化进程及其问题是什么?
5. 德国城市化进程中制度创新的架构及其内容是什么?

第五章

中国城市化进程中的市民化与就业

2011年中国城市化率达到51.27%，城镇人口比重首次超过农村人口，这对于中国数千年传统农耕社会别具意义，城市化不仅是城镇人口百分比的变化，它还表示着人们的生活方式、生产方式、职业结构、消费行为以及价值观念的变化。本章重点关注了中国城市化中的市民化、就业转型和人力资本转型的关键问题，结合近几十年来中国城市化的发展，讨论了中国城市化与就业的特征、城市化与市民化的特征，中国就业结构的发展历程、中国人力资本积累的现状及其与产业结构的互动关系。

重点问题

- 城市化的概念、中国城市化进程的就业现状、中国城市化进程中的市民化。
- 经济增长与就业增长的理论关系。
- 人力资本理论、中国城市化中的人力资本积累与产业结构转型的互动关系。

第一节　中国城市化与就业、市民化的特征

城市化是指随着一个国家或地区社会生产力的发展、科学技术的进步以及产业结构的调整，其社会由以农业为主的传统乡村型社会向以工业（第二产业）和服务业（第三产业）等非农产业为主的现代城市型社会逐渐转变的历史过程。城市化过程也伴随着就业结构的转变和市民化进程。

一、中国城市化的特征

城市化是社会与经济发展的一个必然过程。它同工业化一起推动经济发展的重心从农

村转移到城市，促进城市数量急剧扩张，质量不断提高。① 城市化对于推动我国城乡经济社会发展具有极其重要的作用，也是经济高速增长的动力，改变着我国经济发展的空间方向和基本方式。②

（一）城市化的概念

城市化是人类社会发展的普遍现象和重要过程，城市化一词来自英语“urbanization”，也译作“都市化”。对于什么是城市化，学术界认识不统一，不同的学科有不同的见解。③ 国内外学者分别从人口学、地理学、社会学、经济学等角度定义了城市化的概念。

人口学认为城市化是人口的城市化，即城市化是农村人口转化为城镇人口的过程，是人口向城市地区集中或农业人口变为非农业人口的过程。简单地说就是农村人口不断减少，城市人口逐步增加，是城市人口占总人口比重不断提高的过程。④

地理学则从人口活动空间变化和地理景观变化的角度来定义城市化，认为城市化是人口由农村的分散状态向城市的集聚状态转化，城市景观、城市文化、城市生活方式由城市地区向农村地区的扩散过程。⑤

社会学认为城市化就是农村生活方式转化为城市生活方式的过程，发展不是目的而是一种手段，其根本目的是提高人们的生活水平，改善人们的生活质量，促进人的技能和素质的提高，提高人类社会的整体发展水平。其中也包括观念意识的转化，是城市的思想、观念、意识、生活方式的一种扩散⑥，最终达到的是人与人、人与自然的和谐相处。

学术界更多地从经济学的角度来把握城市化的概念，其内涵主要包括五个方面⑦：

（1）城市化是城市人口比重不断提高的过程。城市化首先表现为大批农村人口进入城市，城市人口在总人口中的比重逐步提高。

（2）城市化是产业结构转变的过程。随着城市化的推进，原来从事第一产业的劳动力转向从事第二、第三产业，产业结构逐步升级转换，国家创造财富的能力不断提高。

（3）城市化是居民收入水平不断提高的过程。城市聚集高消费群体，城市化使得大批低收入群体转变为高收入群体，因此城市化过程是一个市场不断扩张、对投资者吸引力不断增强的过程，也是越来越多国民在发展中享受到实惠的过程，是一国形成以中产阶级为主体的过程。

（4）城市化是城市文明不断发展并向广大农村渗透和传播的过程。城市化的过程也是农村和农民的生产方式、生活方式以及文明程度不断提高、现代化的过程，是城乡一体化的过程。

（5）城市化是人的整体素质不断提高的过程。由于城市中大部分人从事着先进的产业活动，有着较高的生活质量，因此，人们的生活方式、价值观将会发生重大变化，工商社

---

① 冯云廷．城市经济学：4版．大连：东北财经大学出版社，2015：28.

② 栾峰．城市经济学．北京：中国建筑工业出版社，2011：114－132.

③ 董利民．城市经济学．北京：清华大学出版社，2011：19.

④ 孙久文．城市经济学．北京：中国人民大学出版社，2016：15－19.

⑤ 同④15－19.

⑥ 同②115.

⑦ 同①28－29.

会将建立起根本区别于农业社会的新秩序。人们按照既定的游戏规则自由地进行多样的社会活动，自尊、自律、自强成为社会风尚。①

（二）城市化的进程

与世界其他国家和地区相比，中国的城市化主要是由政府发动和引导的，这与我国的政治经济发展有着极为密切的关系。1949 年中华人民共和国成立以来，我国的城市化经历了上升、波折、停滞、正常发展和高速发展等几个主要阶段②：

（1）城市化上升时期（1949—1957 年），也称自由发展阶段。中华人民共和国成立后，我国没有立即采取计划经济体制，而是进入三年的过渡时期，恢复遭到严重破坏的国民经济，同时对旧城进行改造。1953 年，国家开始实行第一个"五年计划"，启动大规模的经济建设和工业化进程，推动了我国的城市化。到 1957 年，我国城市数量从中华人民共和国成立前夕的 86 个增加到了 176 个；城市人口达到了 9 950 万人，占全国总人口的 15.4%；我国城市化水平从 1949 年的 10.6%上升到 15.4%，年均增长 0.53 个百分点，是我国社会经济和城市化水平保持协调发展的较好时期。③

（2）城市化波折时期（1958—1965 年），城市化水平大幅波动。1958 年，受到"左"的错误思潮影响，我国开始"大跃进"。到了 1959 年，仅一年时间，城镇人口就增加了 1 650 万人，城市化水平提高了 2.2 个百分点。到 1960 年，全国城镇人口达到 13 073 万人，年均增长超过千万人，城市化水平达到 19.8%。1961 年，国家开始对国民经济发展实行三年调整，包括大力压缩城镇人口，动员部分职工和家属回乡务农，压缩城镇人口约 3 000 万人，城市化水平从 1960 年的 19.8%下降到 1963 年的 16.8%。④

（3）城市化停滞时期（1966—1978 年）。受"文化大革命"影响，1966—1978 年，全国只增加城市 26 个，城市化水平仅提高了 0.1 个百分点，为 17.9%。⑤

（4）城市化正常发展时期（1979—1999 年）。改革开放后，我国城市的建设与发展进入了蓬勃发展的时期。自 1979 年起，我国城市化水平逐渐摆脱了长期停滞的局面，开始步入正常发展阶段。1980 年，全国城镇人口为 19 140 万人，占总人口的 19.4%，到 1995 年，城镇人口增加到 26 600 万人，占总人口的 29%。该时期城市化水平年均增长 0.7 个百分点。⑥

（5）城市化高速发展时期（2000 年至今）。这一时期城市化进程明显加快，城市化率显著提高。以 2000—2017 年为例，城市化率从 26.08%上升到 58.52%，17 年间增加了近 33 个百分点，平均每年增加 1.9 个百分点。党的十四大确定了以市场经济为主体的经济体制。城市作为经济社会发展的中心，其地位和作用得到前所未有的认识和重视。党的十六大又明确提出"要逐步提高城市化水平，坚持大中小城市和小城镇协调发展，走中国特色的城市化道路"。至 2017 年年底，全国城市总数达到 661 个，城市人口为 91 347 万人。

① 冯云廷．城市经济学：4 版．大连：东北财经大学出版社，2015：28－29.

② 项英辉．城市经济学．大连：大连理工大学出版社，2011：39－40.

③ 栾峰．城市经济学．北京：中国建筑工业出版社，2011：129－130.

④ 董利民．城市经济学．北京：清华大学出版社，2011：22－23.

⑤ 同②39－40.

⑥ 同①43－45.

（三）城市化的特征

中国城市化的特征与西方发达国家存在差异，表现在经济的、自然的、民族的和社会的各个层面。

（1）城市化水平比较低，城市数量不足，规模偏小。城市人口占总人口的比重、城市的数目、绝对的城市人口数量、不同规模等级中的城市人口分布及其增长率是衡量城市化率的主要指标①，还有学者指出要增加土地利用指标，从土地性质和地域结构等来反映城市化水平及其质量。根据国家统计局 2011 年 4 月 28 日发布的第六次全国人口普查第 1 号公报，当时全国总人口已经超过 13.39 亿人，内地 31 个省、自治区、直辖市和现役军人的人口中，居住在城镇的近 6.66 亿人，占 49.68%；居住在农村的人口约为 6.74 亿人，占 50.32%。城市人口比重占总人口的约 50%，仍旧有较大的人口转移压力。到 2016 年，中国城镇常住人口 79 298 万人，比 2015 年年末增加 2 182 万人，农村常住人口 58 973 万人，减少 1 373 万人，城镇人口占总人口比重（城市化率）为 57.35%。2016 年年末，我国城市数量达到 657 个。其中，直辖市 4 个，副省级城市 15 个，地级市 278 个，县级市 360 个。在地级以上城市中，按 2015 年年末市辖区户籍人口划分，100 万人～300 万人规模的城市数量增长迅速，达到 121 个，比 2012 年增加 15 个；300 万人～500 万人规模的城市 13 个，增加 4 个；500 万人以上的城市达 13 个，增加 1 个。2015 年年末，地级以上城市行政区域土地面积为 73.3 万平方公里，比 2012 年增长 11.6%。其中，建成区面积 40 941 平方公里，增长 13.3%。

（2）城市化进程是渐进式的发展态势。自 1949 年以来，中国城市化发展主要经历了上升、波折、停滞、正常发展和高速发展等几个主要阶段，总体是渐进式的增长。② 从人口普查数据可以看到，中国六次人口普查城市化水平依次为：12.84%，17.58%，20.43%，25.84%，35.39%，49.68%，总体呈现上涨趋势。2016 年年末中国常住人口城市化率达 57.4%。

（3）城市化地区分布不平衡，呈梯度发展。由于历史原因，我国东中西部三大区域经济发展水平和城市化水平不平衡，呈现由东向西的阶梯式下降趋势。③ 受地理条件、经济发展水平和历史文化等多种因素的影响，我国生产力布局和城市分配不平衡，城市化在各个地域的分布极不平衡。沿海、沿江、沿路城市相对集中，特别是东南沿海地区，开发历史悠久、交通便利、资源丰富，因此经济相对比较发达、人口稠密、城市密集。而西部内陆地区地形和气候比较复杂，经济发展相对缓慢，人口密度小，城市稀疏。为此，近年来党中央、国务院进行了“西部大开发”等一系列战略部署。另外，我国的城市化发展主要是政府主导型的城市化，城市化的过程不只是由市场运行，还包括以行政手段进行资源配置，按照城市行政权力的大小依次配置资源，此举也加重了城市发展的不平衡。

（4）不同规模的城市，城市化发展差异性较大，面临的问题有所不同。④ 大城市在人口迅速扩张的同时，基础设施和公共服务发展滞后，同时城市面临巨大的交通、通信、医疗、供电、供水、教育等压力，供给不能满足日益扩张的人口的需求，尤其是近年来的交

---

① 项英辉．城市经济学．大连：大连理工出版社，2011：40－42.

② 董利民．城市经济学．北京：清华大学出版社，2011：23－24.

③ 韩增林，刘天宝．中国地级以上城市城市化质量特征及空间差异．地理研究，2009（06）：1508－1515.

④ 同①.

通拥挤、住房紧张、环境污染等问题，已经开始阻碍大城市的健康发展。中等城市在促进城市化进程中的地位不够显著。在我国，中等城市分布较为广泛，特别是在辽阔的中西部地区，且与广大农村地区和经济腹地联系紧密，有着巨大的发展潜力，但在区域经济 GDP 中所占的比重、吸引就业人数、对周围农村的辐射作用等多方面还未发挥其应有的作用。

(5) 土地利用效率低下，人口城市化落后于“土地城市化”。[①] 过去 30 多年，虽然我国城市化取得飞速发展，但是在城市化过程中也存在土地粗放利用的问题。一些地方政府提出的发展目标没有考虑城市发展的原则、经济发展阶段和有限资源，城市盲目扩张。由于政府需要依靠土地出让收入进行城市建设，因而导致城市土地面积不断扩大，城市面积扩张领先于人口规模扩大。1981—2007 年，城市建成区面积的年平均增长率为 6.2%，而城市人口的年平均增长率仅为 4.2%。2000—2007 年，在城市面积年均增长率提高到 6.8%的同时，城市人口增长率则下降到 3.7%。世界上城市人口平均用地规模为 100～105 平方米，我国现在是 130 平方米[②]，城市土地用地规模超过了世界平均水平。

(6) 城市化扩展不恰当，一方面城市化迅速发展造成耕地大量减少，另一方面城市征占农村土地的力度加大，导致农民失去了大片土地，带来了诸多隐患。我国耕地数量逐年减少，随着社会经济的发展、城市化的推进以及退耕还林等因素的影响，2001—2008 年，全国耕地面积由 19.14 亿亩减少到 18.26 亿亩，我国耕地总量呈明显下降趋势，与此同时，我国人口数量持续增长，人均耕地减少，造成了口粮不安全的隐患。此外，我国后备耕地资源量少，导致进一步提高耕地利用率的空间有限。随着城市化进程的加快，城市征占农村土地的力度加大，导致农民失去了大片土地，而农民只是得到了很少的补偿费用，使得农民的生存条件进一步恶化。在征占土地的同时，由于户籍制度的不完善，只能有一部分农民成为城市人口，而且城市也未能提供相应的岗位，这一部分新的城市人口处于失业状态，而征收的一部分土地也没能得到很好的利用。

二、中国城市化与就业的特征

自 1949 年以来，尤其是改革开放后，我国经济持续快速发展，综合国力不断增强，国际地位日益提升，工业化与城市化发展迅速。而经济的增长、城市化进程的加快也对就业产生巨大影响，对提高城市化水平与就业水平、协调城市化与就业的良性互动关系具有重要的意义。

(一) 我国城市化进程中的就业现状

(1) 我国就业人口基数大，新增劳动力多，就业压力大。我国城市化进程中的就业现状主要特征是：就业人口基数大，每年新增劳动力人口多，劳动力的地域分布不均匀，劳动力素质普遍偏低。根据国务院新闻办公室发布的《中国的就业状况和政策》白皮书的观点，由于受人口基数、人口年龄结构、人口迁移以及社会经济发展进程等诸多因素的影响，21 世纪前 20 年中国依然面临较大的就业压力，到 2020 年劳动年龄人口总规模将达到 9.4 亿人。[③]

---

① 宋仁登．城市化进程中农民市民化问题研究．山东大学学报（哲学社会科学版），2012（01）：27－31.

② Robinson，Douglas. *Becoming a Translator*：*An Accelerated Course*. London：Routledge，1997.

③ 杨宜勇．城市化创造就业机会与城市就业空间分析．管理世界，2000（2）：121－128.

（2）农民工是就业主体之一，收入保障问题逐渐改善。随着城市化的加速发展，越来越多的农村富余劳动力涌入城市，据国家统计局调查，2016 年农民工总量达到 2.817 1 亿人，比上年增加 424 万人，增长 1.5%。其中，本地农民工 1.123 7 亿人，比上年增加 374 万人，增长 3.4%；外出农民工 1.693 4 亿人，比上年增加 50 万人，增长 0.3%。农民工广泛分布在国民经济各个行业，收入保障上也渐受重视，从农民工比较集中的几个行业看，2016 年制造业、建筑业、批发和零售业、交通运输仓储和邮政业被拖欠工资的农民工比重分别为 0.6%、1.8%、0.2%和 0.4%，但已分别比上年下降 0.2、0.2、0.1 和 0.3 个百分点。只剩居民服务、修理和其他服务业被拖欠工资的农民工比重有所上升，2016 年为 0.6%，较上年上升 0.3 个百分点。农民工在我国工业化、城市化、现代化建设中也占据着日益重要的地位。①

（3）产业结构导致的就业矛盾与技能导致的就业矛盾并存。② 从 2001 年到 2016 年，我国从事第一产业的人数显著减少，从事第二产业和第三产业的人数稳步增加，但是从事第一产业的人数依然占全国城乡就业人数的很大比例。2016 年我国第一、二、三产业的就业人数的比例是 27.7∶28.8∶43.5，与 2001 年的 50.0∶22.3∶27.7 相比有了很明显的进步。③ 但是 2016 年我国第一、二、三产业的 GDP 之比是 8.6∶39.8∶51.6。④ 也就是说占全国 27.7%的劳动力创造和得到的价值只占全国总量的 8.6%，而占全国就业总人数 28.8%的第二产业劳动者创造和实现的价值占全国总量的 39.8%，占全国就业总人数 43.5%的第三产业劳动者创造和实现的价值占全国总量的 51.6%，按人均 GDP 水平来看，我国已经到了工业化中期阶段，但第二产业对就业的拉动作用依然有限。

（二）城市化对就业的影响

城市化是社会发展的必经阶段，是农业人口转化为非农业人口、农村地域转化为城市地域、农业活动转化为非农业活动的过程，是社会经济发展的必然结果，是社会进步的体现，是一个国家社会经济发展水平的体现。⑤ 一方面，城市化对于就业有着显著的影响，创造了就业机会，改变了就业结构，提高了劳动力素质等；另一方面，随着大量农村富余劳动力进城务工、大中专毕业生进入劳动力市场、城镇下岗工人增加，城镇的就业岗位的竞争将会日益加大，就业问题已经成为阻碍我国城市化进程的一个重要因素。⑥

（1）城市化对于扩大社会就业总量和城市就业是有利的。⑦ 我国城市化的发展创造了大量的就业机会，表现为城镇的就业增长率明显大于全国及农村。⑧ 1978—2009 年，全国就业人数由 40 152 万人提高到 77 995 万人，净增 37 843 万人，年均增长率为 3.1%。而其中农村就业人数所占比重由 76.3%下降到 60.1%，相当于全国新增就业人数的 44.6%，

① 《2016 年农民工监测调查报告》.

② 周靖．我国城市化进程中的就业问题思考．长沙理工大学学报（社会科学版），2005，20（4）：79－80.

③ 《2016 年度人力资源和社会保障事业发展统计公报》.

④ 《中华人民共和国 2016 年国民经济和社会发展统计公报》.

⑤ 赵荣，等．人文地理学．北京：高等教育出版社，2000.

⑥ 同②.

⑦ 杨宜勇．城市化创造就业机会与城市就业空间分析．管理世界，2000（2）：121－128.

⑧ 胡鞍钢．城市化是今后中国经济发展的主要推动力．中国人口科学，2003（6）：1－8.

年均增长率为1.81%；城镇就业人数所占比重由23.7%增长到39.9%，相当于全国新增就业人数的55.4%，年均增长率为7.3%。由此可见，城镇的就业水平已经以超过全国近5%的速率在增长，增速也远远大于全国。显而易见，随着城市化发展水平的推进，城镇从业人员的增长要比农村从业人员的增长快得多。因此，在弥补低度城市化造成的缺口时，大量的就业机会将在城市产生是毋庸置疑的。

（2）城市化提高了就业弹性，完善了城市就业体系，从而优化了产业结构和就业结构。① 城市化从两个方面提高我国的就业率，一是可以使经济增长与就业增长弹性系数提高；二是可以优化产业结构与就业结构，对于扩大就业量和提高就业率有十分重要的意义。就业弹性是指经济增长所带动的就业的弹性，即经济增长每变化一个百分点所对应的就业数量变化的百分比，即就业增长率与经济增长率的比值，它反映的是经济增长创造就业岗位的能力。二元性劳动力市场降低了农村劳动力的竞争力，也因此降低人力资源配置效率，城市化转移大量农村剩余劳动力进城，有利于促进城乡统一的劳动力市场建立，极大地扩大了城市规模，增强了人口聚合效应，进一步促进了社会的分工、分业，推动了第三产业的大发展，增强了就业弹性。②

（3）城市化进程也带来了巨大的就业压力。③ 城镇对农村劳动力的吸纳能力影响了农村劳动者向城镇的稳定转移。④ 入世后，国内主要粮食和棉花等农产品会被国外进口的优质低价的大宗农产品所替代，农业就业机会减少，同时也增加了城市二、三产业的就业岗位，拉大城乡比较利益的差距，导致农村富余劳动力进行更大规模的城市流动，也对城镇吸纳农村劳动力的能力带来了巨大压力，而通过城市化疏通农村劳动力的就业出路更是化解“三农”问题的关键。⑤

三、中国城市化与市民化的特征

（一）城市化进程中的市民化

城市化是指农业人口及土地向非农业的城市（镇）转化的现象及过程，它包括人口职业的转变、产业结构的转变、土地空间的变化、基础设施和生活方式的转变等。城市化实质上就是要用后一种文化对前一种文化进行改造与融合，也是前一种文化趋同与融入后一种文化的过程，城市化的首要表征是人口集聚。而人口集聚过程也就是农业人口向非农业人口转化并从分散居住走向集中居住的过程，因此，城市化过程即农业人口的市民化过程。⑥

（1）市民化的定义。市民化，国内学者又称其为“农民市民化”⑦，农民市民化是指在人口城市化进程中，农民逐渐转化为市民的一种过程和状态，狭义上是指农民、城市农民工等在身份上获得与城市居民相同的合法身份和社会权利的过程，最明显的标志就

---

① 董春丽．城市化对就业的影响及政策研究．重庆：重庆理工大学，2011.

② 杨宜勇，顾严，魏恒．我国城市化进程与就业增长相关分析．教学与研究，2005，4（4）：5-12.

③ 杨宜勇．城市化创造就业机会与城市就业空间分析．管理世界，2000（2）：121-128.

④ 周靖．我国城市化进程中的就业问题思考．长沙理工大学学报（社会科学版），2005，20（4）：79-80.

⑤ 葛金田．我国城市化进程中的失地农民问题．山东社会科学，2004（8）：47-50.

⑥ 杨连登，张公武．论城市化、市民化与市民文化．湖南社会科学，2003（04）：75-77.

⑦ 郑杭生．农民市民化：当代中国社会学的重要研究主题．甘肃社会科学，2005（4）：4-8.

是获得所在地的城市户口及相应的社会权利。从广义看，农民市民化指的是借助工业化和城市化，使传统农民在身份、地位、价值观、社会权利以及生产生活方式等方面向市民转化，以实现城市文明的社会变迁过程。[①] 简而言之，农民市民化不仅仅表现为地域（农村→城市）、职业（农业→非农业）、身份（农民身份→市民身份）、权利（农民权利→市民权利）等的转变，而且伴随着价值观念、思维方式、生活方式和行为方式的冲突与交融。

按照发展阶段的不同，农民市民化可以分为初级阶段和高级阶段。农民市民化的初级阶段是指在人口城市化进程中，农民不断由农村居住转变为城市居住，并获得城市有效户籍和享有城市经济、社会、文化权利的过程。在此过程中，农民不断由农村居民转变为城市居民，此阶段也可称为农民的"城市居民化"或"准市民化"。[②] 我国当前进入城镇的农民（主要是失地农民和农民工）是农民城市居民化的主体和重点。农民市民化的高级阶段是指在城市居民化基础上，实现农民价值观念、思维方式、生活方式、行为方式不断与市民相互融合的过程。高级阶段的农民市民化以农民生活方式城市化为核心。

(2) 城市化与市民化的关系。从上述概念的分析可以看出，城市化并非简单地将农民转变成市民、向城市聚集的过程，而是农民生活方式和思维观念的改变，综合素质的提高，以及逐步融入城市社会的过程。[③] 市民化是城市化的重要组成部分，只有实现农民的市民化才能真正实现国家的城市化。市民化的过程是一项复杂的社会系统工程，这个过程并非农民自身单独实现的，需要政府和社会各方面的关心和协助，促进农民市民化将对我国城市化进程产生积极的影响。总结来说，城市化与市民化相互依存，农村城镇化、农民居住集中化与农民非农化是居村农民市民化的强大动力源，通过工业化、非农化、城市化的共同作用，促成了农民市民化的转变，而市民化才是农村现代化与城市化发展的最终落脚点，城市是农民市民化的承受载体。[④⑤⑥]

（二）农民市民化过程中主要遇到的问题和障碍

市民化进程和城市化进程一样是渐进式的。农民市民化有两项基本内容：第一，农民群体实现从农民角色集向市民角色集的全面转型[⑦]；第二，在实现角色转型的同时，通过外部"赋能"（empowerment）与自身增能，适应城市，成为合格的新市民。而从具体的个人层面来看，在这个过程中，农民将实现自身在生活方式、思维方式、生存方式和身份认同等方面的现代性转变。[⑧] 在经济层面和生活层面的转变相对容易，而在社会层面、文化层面和心理层面的适应与融入相对困难。随着时间的推移和条件的变化，市民化进程在各个阶段呈现出许多问题有待解决。

---

① 傅晨．农民工市民化的制度创新——基于广东省的实证研究．北京：中国经济出版社，2013：6-10.

② 杨风．从人口城市化到农民市民化的演变研究．创新，2013（01）：78-82.

③ 白春梅．城市化与市民化关系的思考．工程经济，2014（12）：37-40.

④ 文军．农民市民化：从农民到市民的角色转型．华东师范大学学报（哲学社会科学版），2004（03）：55-61.

⑤ 陈映芳．征地农民的市民化——上海市的调查．华东师范大学学报（哲学社会科学版），2003（03）：88-95.

⑥ 吴业苗．居村农民市民化：何以可能？——基于城乡一体化进路的理论与实证分析．社会科学，2010（07）：54—62.

⑦ 同④.

⑧ 郑杭生．农民市民化：当代中国社会学的重要研究主题．甘肃社会科学，2005（4）：4-8.

(1) 户籍制度。城乡分割的户籍管理体制及其衍生品对农民市民化的制约。1958年，《中华人民共和国户口登记条例》及配套制度的实施，为限制农村人口流入城市提供了详细的制度安排，是中国人口管理制度的一个分水岭。① 二元户籍制度导致城乡人口在就业、教育、社会保障和生活福利等方面的差异化，随着人口流动或"民工潮"的出现，人户分离现象普遍，影响户籍管理制度对人口流动管理的效果。

(2) 社会保障制度。滞后与低层次的农村社会保障制度增加了农民市民化的不确定性。在中华人民共和国成立之初，我国形成了"城乡二元社会保障体系"，发展至今，面向城镇居民的包括生、老、病、死、伤、残、育、抚以及社会救济等在内的保障内容已相对完整，而广大农民的保障负担主要依靠家庭，医疗主要依赖于自身的积累。农民工群体和失地农民被排斥在城市社会保障之外，农民工社会保障不到位制约了人口的正常流动，而失地农民不能及时被纳入社会保障体系也阻碍了农民市民化。

(3) 土地管理制度。农地产权流转及农村土地的保障功能制约农民市民化。《中华人民共和国土地管理法》限制了农村与城市间的土地流转，以征地形式为主的土地城市化补偿分配、补偿价格问题提高土地城市化的交易成本，降低农民市民化意愿。另外，农村土地具有保障农民生活的基本功能，如村里的股份分红、家庭房屋的出租收益等。农地收益上升提高了土地城市化的交易成本和农地保障功能，制约了农民市民化的进程。②

(4) 观念转变及文化融合。农民长期生活在农村，适应农村文化，在进入城市后其社会活动和交流受到限制，不易融入城市文化以及社会生活。而农民教育程度普遍低于城市居民，价值观和行为方式转变不易，小农意识明显，市民意识弱。③

(5) 劳动就业。城市劳动力市场对人力资源的技术要求较高，限制了进城农民从事的行业、职业与工种，心态上被"歧视"影响到农民市民化的意愿。从短期来看，农民的教育水平、文化水平背景导致其技术能力提升不易，实现农村劳动力城市就业公平化存在较大困难。

(6) 居住环境。农民不能享有城市居民待遇和社会保障，不能在城市住房分配制度改革中获益，不能享受经济适用房、住房公积金、廉租房政策，在城市的住房政策中属于临时性居住，城市住宅价格高也限制了其在市场租购合理住宅的可行性。

第二节　城市化中的就业转型

随着城市经济的不断发展，人口城市化进程加快，在大量农村剩余劳动力进入城市的同时，城市内国有企业改制等因素也产生大量的城市劳动力需要安置，城市就业形式十分严峻。技术革新和产业结构影响城市吸纳劳动力的水平，企业下岗职工的失业数量和形式影响城市吸纳农村剩余劳动力的能力，就业结构的优化情况则直接影响劳动力的

① 宋仁登．城市化进程中农民市民化问题研究．山东大学学报（哲学社会科学版），2012（01）：27－31.

②③ 郑杭生．农民市民化：当代中国社会学的重要研究主题．甘肃社会科学，2005（04）：4－8.

流向。人口城市化与就业转型两者的相互结合与相互作用是影响中国未来经济发展的重要因素。

一、经济增长与就业增长的理论关系

经济增长与就业增长是宏观经济运行的主要目标之一，经济增长是长期财富增长的过程，就业增长是经济周期引发的短期现象，两者在理论上存在关系。

（一）古典与新古典时期的经济增长与就业理论

古典学派始于亚当·斯密1790年的《国富论》，经过萨伊、李嘉图、穆勒的发展而完善，经济增长是其主要关注的问题。古典学派认为市场价格的机能是市场运作的动力，通过工资或物价的充分调整，即可实现市场充分就业，如果出现了较多的失业，就会引起货币工资下降，资本家就会多雇用工人。在货币工资下降到零之前，雇主就会把工人全部吸收到企业中来。政府在其中扮演稳定政治、减少市场干预的角色，主张“自由放任”。充分就业下的经济产出是否都能够被需求？古典学派大师之一萨伊提出著名的“萨伊定律”，萨伊定律是指“供给创造本身的需求”，认为人们从事生产活动的目的除了供给自己消费外，还为了将其商品与他人交换，因此，每一笔生产价值必然会等于另一笔等额财货的需求，基于此，财货市场一定能确保均衡。萨伊法则能够确保财货市场均衡的前提是：人们从提供财货所赚取到的收入，必须等于对其他财货的消费支出，因此，人们会完全用尽收入，而关于用尽收入的形式，根据萨伊以及李嘉图的观点，人们不会将收入转化为无收益的现金来储蓄，而会将收入用于累积资本或借贷投资，如此一来，尽管财货市场的需求因消费不足而减少，却也因投资增加而提高，使得总需求水平不变。①

19世纪90年代，马歇尔的《经济学原理》标志着新古典主义理论体系的正式形成。新古典主义经济学尽管承认劳动力市场的不完全性，承认劳动力市场的工资刚性（弹性不足）将导致劳动力市场供求失衡，但从完全竞争、完全信息、完全理性和充分灵活的货币工资假定出发，仍认为在市场条件下不存在非自愿失业。② 其主要分析工具是劳动供给和需求曲线，理论基础则是“萨伊定律”。庇古在《论失业问题》中提道：“通过完全自由的竞争，充分就业的强大趋势始终存在。现在的失业与任何时候所存在的失业一样，完全是由于摩擦阻力妨碍了工资和价格能迅速作出适当调整这一点所致。”③ 继承古典经济学之大统，新古典经济学秉持古典经济学的认识，即失业是短期问题，长期来说经济增长会消除失业。

沿袭到20世纪70年代，罗伯特·索洛在《对经济增长理论的贡献》一文中认为资本和劳动是经济增长的主要因素，高速经济增长必然通过较高的资本—劳动比率（采用资本密集生产方法），产生较高利润，提高储蓄率，最后产生较高的经济增长率，经济增长最终带动劳动力需求的增加，达到充分就业的状态，并在这种状态下，通过技术进步实现长期增长，即达到在增长路径上的稳态。④

---

① 杨云明．总体经济学．台北：智胜文化出版社，1999.

② 阿尔弗雷德·马歇尔．经济学原理．长沙：湖南文艺出版社，2012.

③ 阿瑟·塞西尔·庇古．论失业问题．北京：商务印书馆，2014.

④ Solow，R. M. Growth Theory：An Exposition. *Oup Catalogue*，2000，22（4）：1016.

(二) 凯恩斯主义的经济增长与就业理论

相对于古典学派以供给为导向的宏观理论，凯恩斯学派为需求导向的宏观理论。1922年华尔街股市崩盘，失业成为一种常态，凯恩斯学派形成，自凯恩斯的《就业、利息和货币通论》一书的出版开始，经济思想发生转变，主张失业成为常态现象，价格机能无法运作，购买力下降，有效需求不足，因此解决经济体系的问题应扩大总需求。① 凯恩斯模型认为，在一个封闭的有闲置资源的经济中，就业取决于总的计划支出，它包括两个部分：居民的消费支出和厂商的投资支出，前者是内生的，取决于收入，一般比较稳定；后者是外生的，取决于厂商对投资利润的预期，而预期利润是极不稳定的，由此导致投资不稳定；正是投资的不稳定导致有效需求的不稳定，进而导致就业的不稳定。所以，凯恩斯认为依靠货币工资的减少恢复充分就业不仅在实践上行不通，而且在理论上也是不可能的；仅靠市场自发的力量不能达到供给与需求的均衡状态，从而不能消灭非自愿失业和实现充分就业，长期失业是有可能的。通过有效需求不足论，凯恩斯否定了萨伊定律及依据萨伊定律建立起来的传统失业理论，并论证了非自愿失业长期存在的可能性。凯恩斯关于减少非自愿失业的主要政策建议是：刺激消费，扩大有效需求，鼓励投资（包括提高人们的投资信心和降低利率等)，促进经济增长。②

(三) 发展经济学中的经济增长与就业理论

发展中国家的经济增长与就业问题自 20 世纪 50 年代以来受到各国经济学家的关注。美国经济学家阿瑟・刘易斯 1954 年在《曼彻斯特学报》上发表了《劳动力无限供给条件下的经济发展》一文，提出了二元经济结构的理论模式。用隐性失业来描述发展中国家传统农业部门那些边际生产力为零的过剩劳动力，探讨了二元结构发展模式下的失业问题。刘易斯之后，拉尼斯和费景汉扩展了刘易斯模型，形成了刘易斯-费景汉-拉尼斯模式。其核心观点是，传统农业部门的劳动生产率很低，边际劳动生产率甚至为零或负数，存在大量的隐性失业，而现代工业部门的劳动生产率相对较高，但从业人数少，其相对较高的工资水平可以吸引传统农业部门的劳动力，最终解决二元结构失业问题，从而呈现了一个经济增长和就业增加正相关的途径，失业则随着现代工业部门的快速发展而不断减少。③

托达罗基于刘易斯等人的二元结构发展模式，于 20 世纪 60 年代末 70 年代初发表系列论文，探讨了发展中国家劳动力转换下的失业问题，提出了与刘易斯-费景汉-拉尼斯模式不同的结论。托达罗看到了解决发展中国家失业问题的艰巨性和困难性，认为由于工业部门的工资在增长过程中不是固定的而是上升的，这导致城乡收入差距扩大，引发城乡劳动力转移速度超过工业部门创造就业的速度，从而造成城市失业率上升，于是经济增长率和失业率同时上升，最后过高的增长率导致增长放缓，劳动力转移放慢，并断定发展中国家城市中的失业和农村中的过剩劳动力或非公开性失业会长期存在。④

---

① 杨云明．总体经济学．台北：智胜文化出版社，1999.

② 约翰・梅纳德・凯恩斯．就业、利息和货币通论．北京：商务印书馆，2005.

③ 费景汉，古斯塔夫・拉尼斯．增长和发展：演进的观点．北京：商务印书馆，2013.

④ Michael Todaro. A Model of Labor Migration and Urban Unemployment in Less Developed Countries. *American Economic Review*, 1969 (59): 138 - 148.

二、产业结构与就业结构的理论关系

就业结构及其变动是产业结构演进的结果和主要内容之一，对就业结构的研究通常要通过对产业结构的研究进行，主要有以下代表理论：

（一）配第-克拉克定律

英国经济学家克拉克基于若干国家的统计资料深入分析了劳动力在三次产业间分布的演变及发展趋势。以三次产业分类为基础，通过分析各国的人均 GNP 和劳动力在各产业中的分布情况，发现随着经济的发展和人均国民收入水平的提高，劳动力首先由第一产业向第二产业转移，当人均国民收入水平进一步提高时，劳动力逐渐向第三产业移动。劳动力在产业间的这种转移是由于收入差异产生的，劳动力总是向高收入的产业转移，从而使第一产业的劳动力不断减少，第二、三产业的劳动力逐渐增加。这一理论被后人称为"配第-克拉克定律"。克拉克还从消费结构等方面分析了第三产业劳动力相对比重上升的原因，他认为随着人们收入水平的不断提高，个人收入中用于支付生活必需品的支出比例将减少，而用于服务消费的支出却不断增加，这使第三产业劳动力就业人数必须大幅增加才能满足这种消费结构的变化。[①] 另外，第三产业中信息产业的发展需要大批具有相关知识和技能的劳动力，第三产业收入弹性相对于其他产业占有优势地位，也吸引着更多劳动力向第三产业转移。

（二）库兹涅茨理论

美国经济学家西蒙·库兹涅茨在《各国的经济增长：总产值和生产结构》[②] 一书中，运用大量数据资料对包括发达国家和发展中国家在内的世界各国进行了比较和分析，研究了三次产业就业结构的演变规律。库兹涅茨将三次产业分为农业部门、工业部门和服务部门。随着经济的发展，人均国民生产总值不断提高，三次产业的产值比重和就业比重都将发生变化，虽然变动的具体数值不同，但两者变化的趋势基本一致。其变化趋势为：农业部门所占的产值比重和就业比重趋于下降，而工业部门和服务部门所占的产值比重和就业比重趋于上升。库兹涅茨还指出，在各部门内部，就业结构的变化也存在差异。如在制造业内部，与现代技术密切联系的新兴部门增长得最快，新兴部门就业人数在制造业就业中的比重逐渐上升；而一些传统的制造业部门就业比重出现下降。在服务业内部，需求增长较快的部门就业比重也上升较快。

（三）钱纳里与赛尔昆理论

美国经济学家钱纳里和赛尔昆对世界各国经济结构、工业化的发展规律和模式进行了一系列研究。在《发展的格局 1950—1970》一书中，他们采用回归方法对第二次世界大战后 20 年间 101 个国家的经济数据进行研究，构造世界发展模型，由发展模型整理出经济发展结构调整方案，提出经济增长、产业结构的演变趋势。[③] 同时，他们还关注了劳动就业部门的变化，将劳动力的分布划分为三个部门，即初级产品生产部门、工业部门和服务业部门。随着人均收入水平的变化，城市化水平和就业的产业分布情况会发生相应的变化。当人均收入超过 500 美元时，城市人口的比重大于农

---

① F L.，Clark C. The Conditions of Economic Progress. *Population*，1960，15（2）：374.

② 西蒙·库兹涅茨．各国的经济增长：总产值和生产结构．北京：商务印书馆，1999.

③ H. Chenery，M. Syrquin. *Pattern of Development*：*1950—1970*. London：Oxford University Press，1975：38.

村人口的比重。当人均收入超过700美元时，工业就业人数超过初级产品生产就业人数。当收入水平达到1 500美元时，劳动力在初级产品生产部门的比重下降到15%，同时劳动力在工业和服务业的比重逐渐增加，并越来越接近其产值比重。当收入水平高于1 500美元时，产值比重与劳动力就业比重往往出现相反的变化，如服务业的就业比重高于服务业对GDP的贡献，这说明资本替代劳动力更为困难，服务业部门比物质生产部门的技术进步率更低。

三、中国就业转型现状

（一）分产业就业结构

1952—2014年中国就业的三次产业结构基本符合配第-克拉克定律。随着经济的发展，第一产业占比不断减少，第二、三产业占比不断增加。就业人数从1952年的20 729万人增至1978年的40 152万人，直至2015年，中国就业人口为77 451万人。从时间维度分析，1952—1978年，政府实行计划经济政策，重点发展重工业，第二产业就业人员的比重不断上升，由原来的7.4%上升到17.3%，第一产业就业人员则由83.5%下降到70.5%。①

1978年三次产业就业结构为70.5∶17.3∶12.2，呈现为“一、二、三”传统就业格局。其中，第一产业就业一枝独大，其吸纳的就业人员是第二、三产业就业人员总和的2.4倍。随着改革开放的深入，越来越多的劳动力从生产率较低的第一产业转向生产率和利润率较高的第二、三产业。1978年，中国实行了改革开放政策，经济得到迅速发展，第三产业就业人员占比由1978年的12.2%上升到2015年的42.4%，第二产业就业人员占比由1978年的17.3%上升到2015年的29.9%，这一时期第二产业就业人员占比增幅小于第三产业，但第二产业产值仍不断增加。第一产业就业人员占比则由70.5%下降到29.5%，截至2015年年末，第三产业就业人员占比高于第一、二产业就业人员占比，三次产业就业结构为28.3∶29.3∶42.4。

与发达国家相比，我国的经济发展和就业的产业结构还存在明显的差距，图5-1即为中国三次产业就业人员占比情况。中国的第一产业就业人员占比太高，2012年第一产业就业人员占比为33.6%，第一产业对GDP的拉动仅为10.1%，而第二产业对GDP的拉动为45.3%，第三产业对GDP的拉动为44.6%，呈现第一产业高就业、低产出的特征。中国的第二产业就业人员占比与日本、德国和意大利等发达国家的比例比较接近。从表5-1中可以看出，中国的第三产业就业人员占比与发达国家相比差距较大，美国、新加坡、韩国、日本等发达国家的第一产业就业人员占比均低于10%，而第三产业就业人员占比高于60%。随着进入后工业化时代，发达国家中从事工业、农业的比重逐渐减少，知识密集型、资本密集型的第三产业占比越来越高，按照产业结构占比来看，第三产业大于第二产业，第二产业又大于第一产业。按此规律来看，中国仍有大量劳动力需从第一产业转移到第三产业，迫切需要就业转型来吸收转移的劳动力。

---

① 中华人民共和国国家统计局．中国统计年鉴2016．北京：中国统计出版社，2016．

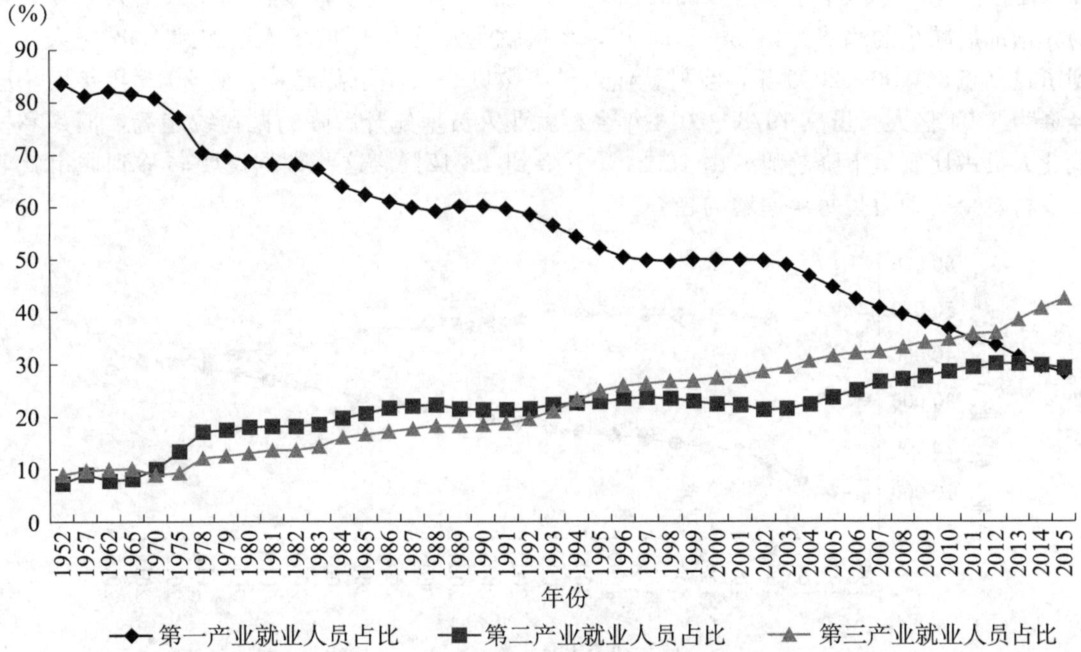

图 5-1　1952—2015 年三次产业就业人员占比

资料来源：中华人民共和国国家统计局．中国统计年鉴 2016．北京：中国统计出版社，2016．

表 5-1　　**各国三次产业就业人员占比**　　单位：%

国家	第一产业	第二产业	第三产业
中国	33.6	30.3	36.1
日本	3.7④	25.3④	69.7④
韩国	6.6④	17.0④	76.4④
新加坡	1.1②	21.8②	77.1②
加拿大	2.4③	21.5③	76.5③
墨西哥	13.4①	24.1①	61.9①
美国	1.6④	16.7④	81.2④
法国	2.9	21.7	74.9
德国	1.5	28.2	70.2
意大利	3.7	27.8	68.5
英国	1.2	18.9	78.9

注：①2011 年数据。②2009 年数据。③2008 年数据。④2010 年数据。其余为 2012 年数据。

（二）城乡就业结构

城市就业人员占比情况，1949 年为 10.64%，1978 年为 23.69%，1980 年为 24.85%，1990 年为 26.32%，2000 年为 36.22%，2014 年为 50.88%。2007—2015 年，人口城市化提高了 10.21%；城市就业人员占比呈上升趋势，乡村就业人员占比呈下降趋势，这表明每年有大量劳动力由乡村转移到城市。城乡大幅度的收入差距推动了劳动力的转移。由图 5-2 和图 5-3 可知，1978—2015 年，城市就业人员人数由 0.95 亿人上升到

4.04 亿人，就业人员占比则由 23.69%上升到 52.17%。同期，乡村就业人员人数则表现为先增加后减少的趋势，1978—1990 年，乡村就业人员由 3.06 亿人增加到 4.90 亿人，达到了最高点，1990—2015 年，乡村就业人员人数则一直呈下降趋势，到 2015 年年底，已经降为 3.04 亿人。虽然 1978—2014 年乡村就业人员呈先升后降的抛物线趋势，但是乡村就业人员占比则呈下降趋势，由 76.31%下降到 49.12%。这些数据说明转移到城市就业的乡村剩余劳动力呈每年递增的趋势。

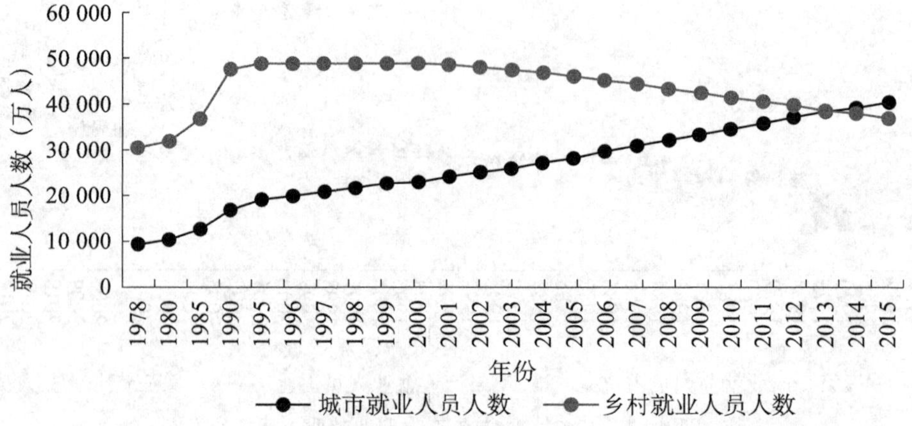

图 5-2　1978—2015 年城乡就业人员人数

资料来源：中华人民共和国国家统计局．中国统计年鉴 2016. 北京：中国统计出版社，2016.

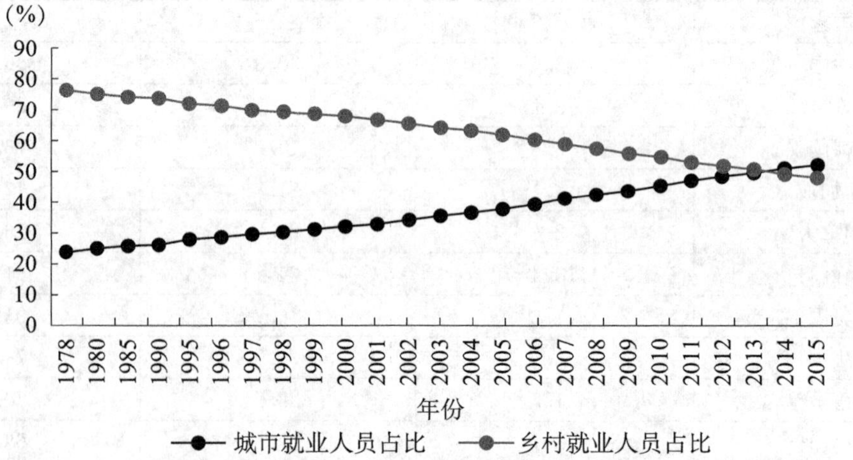

图 5-3　1978—2015 年城乡就业人员占比情况

资料来源：中华人民共和国国家统计局．中国统计年鉴 2016. 北京：中国统计出版社，2016.

第三节　城市化中的人力资本转型和产业转型

在全球化时代，高端人才对每个国家的发展均相当重要。在城市化过程中，人力资本积累与产业转型有着紧密的联系。中国的产业结构正从资本密集型向产业密集型转变，国家需要更多的高新技术人才支持产业结构的转变，人力资本积累成为城市化的重要环节。

一、人力资本的概念及其与经济发展的关系

人力资本通过投资形成，如同土地、资本等实体性要素，在经济发展中具有重要的影响。理论与经验也表明，人力资本要素对经济发展和国家实力有着重要的推动作用。

（一）人力资本的基本概念

亚当·斯密在《国富论》中指出，一国国民财富的增长取决于两个条件：第一是劳动生产率的提高，第二是劳动数量的增加①，其说法等同于强调劳动力也是国民财富。马歇尔认为“在所有的投资中，最有价值的是对人本身的投资”②。欧文·费雪则认为所有能带来收益的东西都是资本，这既包括有形资本，也包括无形的人力资本和知识资本，从而最早提出了人力资本的概念。③ 古典经济学家们还没有充分认识到人力资本在经济增长中的重要作用，从而未系统地展开对人力资本理论的研究。

随着以电子技术、计算机技术和空间通信技术为核心的第三次科技革命的到来，经济增长方式发生了巨大转变，人力资本在经济增长中的决定性作用开始凸显出来。美国经济学家西奥多·舒尔茨于1959年在其《人力投资：一位经济学家的观点》一文中首次提出了人力资本的概念。他在1961年出版的《人力资本投资》一书中进一步阐述了这一观点，将人力资本界定为“人们作为生产者和消费者的能力，是体现于人身体上的知识、能力和健康”。舒尔茨还区分了五类具有经济价值的人类的能力：学习能力，完成有意义工作的能力，进行各种文娱体育活动的能力，创造力和应付非均衡的能力。

人力资本投资是通过增加人力投资来影响未来的货币和物质收入的各种活动。人力资本是技术内生化的一种表现形式，也是技术进步的载体。④ 由于人力资本概念的界定在研究中缺乏一般性和普遍适用性，研究人员大多沿用了舒尔茨或贝克尔关于人力资本的定义或解释。贝克尔认为，人力资本不仅意味着才干、知识和技术，而且意味着时间、健康和寿命。⑤ 人力资本不是与生俱来的，很大一部分是通过后天学习得到的。所以人力资本的来源主要有以下途径：①教育投资获得，教育投资又可以分为正规教育和业余教育。这是人力资本最基本的部分，它不仅能够作为生产要素直接投入物质商品和服务的生产过程中，而且是其他类型人力资本投资的投入要素和形成基础。②专业技术和知识资本。专业技术和知识资本是人们通过接受专业技术教育获得的可以直接用于生产或服务的知识和技能，它是人力资本的核心。专业技术教育包括中等专业教育、大学教育、在职培训。③边干边学也是一种人力资本的形成方式，是指人们在生产服务过程中实际积累的经验，它的大小取决于教育资本存量和提供劳动和服务时间的长短，是最有实践意义的人力资本。④健康资本。健康资本特指人的精力、健康状况与寿命长短。⑥

---

① 亚当·斯密．国民财富的性质和原因的研究（上）．北京：商务印书馆，1972.

② 阿尔弗雷德·马歇尔．经济学原理．长沙：湖南文艺出版社，2012.

③ 欧文·费雪．资本和收入的性质．北京：商务印书馆，2017.

④ Schultz，T. W. Investment in Human Capital. *Economic Journal*，1961，82（326）：787.

⑤ Becker，G. S.，Murphy，K. M.，Tamura R. Human Capital，Fertility and Economics Growth. *Journal of Political Economy*，1990：98.

⑥ 武康平．高级宏观经济学．北京：清华大学出版社，2006.

(二) 人力资本理论及其与经济增长的关系

人力资本对经济增长起着重要作用。舒尔茨指出："知识和技能大半是投资的产物，而这种产物加上其他人力投资便是技术先进国家在生产力方面占优势的主要原因。"至于资本本身的增长特点，舒尔茨认为，人力资本的增长比物质资本的增长要快，这正表明了人力资本对经济增长的作用。而且，随着经济增长与现代化的推进，人力资本的作用越来越重要。据世界银行 1991 年的统计数据，发展中国家的劳动者接受教育的时间每增加一年，其国内生产总值 GDP 就会增加 9%。① 据统计，20 世纪初，在一国国民收入增长的贡献要素中，科学和教育所起的作用不过占 5%～10%，而据舒尔茨的计算，在 1929—1957 年，教育投资对美国经济增长的贡献率达到了 33%。② 到了 20 世纪 90 年代，科学与教育对一国国民收入增长的贡献率已高达 60%～80%。

在各生产要素中，人力资本是经济增长中的决定性因素，人力资本的质量和数量的积累，在一定程度上可以加速或延缓经济增长方式的转变，从而加速或延缓经济的增长，进而影响到经济发展和社会全面进步。英国经济学家哈贝森在《作为国民财富的人力资源》中指出："资本和自然资源是被动的生产要素，人是积极的因素，他积累资本，利用自然资源，建立社会的、政治的和经济的组织，并使经济继续发展。显然，一个不能开发它的人民的技能和知识并在国民经济中有效地利用这种技能和知识的国家，是不能发展任何事物的。"③

在美国，20 世纪 60 年代以后，专业和技术人员的增长率是劳动平均增长率的两倍，而科学家和工程师的增长率是劳动平均增长率的 3 倍④，这使得美国白领阶层在劳动总量中所占的比率，在 1956 年第一次超过蓝领阶层，促进了人力资本存量在美国社会总资本存量中所占比率的增加。20 世纪 70 年代，美国的总资本存量为 15.6 万亿美元，其中人力资本存量为 8 万亿美元，占总资本存量的 52%，人均资本存量达到 3.9 万元；美国人力资本对经济增长的贡献率也由以前的物质资本对经济增长的贡献的 3 倍增加到 4 倍，并且这一作用还在继续增大。⑤ 因此，重视物质资本，忽视人力资本投入，将影响经济发展与经济增长。

(三) 我国经济转型期的人力资本转型策略

邓小平同志指出："中国的事情能不能办好，社会主义和改革开放能不能坚持，经济能不能快一点发展起来，国家能不能长治久安，从一定意义上说，关键在人。"⑥ 我国已经逐渐步入"后人口红利"时期，人口红利对经济增长的贡献率在下降，应调整计划生育政策，提高教育和经济水平较高地区人口出生率，制定促进高龄劳动人口就业的配套政策，教育政策以及劳动政策是其中的两个要点。

教育是人力资本的基础，直接决定人力资本的存量和质量。首先，须实现高等教育资源地区间的相对均衡配置，鼓励与支持各地区高等教育的合作、各类资源共享，以提高它们在不同专业教学、培养人才、科研合作等方面的互补性。其次，建立和完善劳动力市场

---

① 葛玉辉．人力资本原理——基于经济与管理相结合的视角．北京：经济管理出版社，2017.

② 西奥多·舒尔茨．人力资本投资．北京：北京经济学院出版社，1990.

③ 哈贝森．作为国家财富的人力资源．北京：中国发展出版社，1996.

④ 丹尼尔·贝尔．后工业社会的来临．北京：商务印书馆，1984.

⑤ 吴文武．中国人力资源开发系统论．北京：中国建材工业出版社，1996.

⑥ 邓小平．邓小平文选：第 3 卷．北京：人民出版社，1993：380.

体系，建立城乡统一的劳动力市场，以充分发挥人力资源功能，现行的户籍制度隔离城乡与地区部门之间的劳动力市场，应打破城乡格局，引导劳动力从低劳动生产率部门向高劳动生产率部门转移。最后，进一步鼓励人才和劳动力的国际交流、流动，有效利用国内外两种人力资源。①

二、人力资本积累与产业结构转型

产业转型需要人力资本作为一项供给要素的支持，产业升级和转型也必然伴随着劳动力从劳动密集型、资本密集型产业向知识密集型产业的转移。②

（一）人力资本积累推动产业结构转型

人力资本积累对产业结构转型的推动体现在以下四个方面：

1. 人力资本积累作用于促进产业结构转型升级的需求因素③

人力资本积累作用于促进产业结构转型升级所需要的需求总量与需求结构的变化。需求总量与需求结构的变化会引起生产要素比较优势结构的变化，导致生产要素比重结构改变，从而引起产业结构变化。从需求总量的视角而言，人力资本积累一方面能够增进整个社会的国民收入总量，另一方面能够提高家庭居民的收入水平，促使需求总量增长，引起生产要素结构的变化，进而引起产业结构变化。④ 从需求结构的视角而言，随着人力资本的积累，收入水平的提高，个人的消费结构不断发生变化，从以生存型为主向以享受、发展型为主演变，从日常消费品向耐用消费品演变，引起整个社会的产业结构变化与高级化。⑤

2. 人力资本积累的技术和创新推动产业结构升级⑥

在信息时代，产业结构升级围绕着技术知识创新—技术知识扩散—技术知识应用的过程展开。产业结构中的上游产业是技术知识创新的核心，其向以技术知识为基础的其他产业提供技术知识产品，由此形成产业链关系。技术知识扩散主要由教育培训机构承担。技术知识应用主要由技术知识密集型产业和传统产业承担，它们依据本产业部门生产的要求对技术知识产品提出类型和水平的需求。

3. 人力资本积累通过引导投资方向来影响产业结构转型升级⑦

经济增长理论表明，人力资本能够提高劳动生产率、资本生产率和全要素生产率，增加物质资本投资的效率。物质资本投资者追求利润最大化的理性投资行为，他们将资本投向高人力资本产业，影响了产业结构演进，从而实现产业结构的可持续性调整。

4. 人力资本积累支撑产业结构的可持续调整⑧

人力资本积累为产业结构调整预先提供优质的人力资源保障。人力资本积累提高整体

---

① 胡鞍钢．从人口大国到人力资本大国：1980—2000年．中国人口科学，2002（05）：3-12.

② 薛继亮．人力资本、技术进步和产业转型的相互影响机理研究——基于尼尔森-菲尔普斯模型．经济经纬，2015（01）：125-130.

③ 黄文正．人力资本积累与产业结构升级的关系——基于VAR模型的实证分析．经济问题探索，2011（03）：24-27.

④ 陈剑．人力资本对产业结构的影响研究——基于产业集群视角．科学经济社会，2011（01）：44-48.

⑤ 同③.

⑥ 唐辉亮．人力资本结构、技术资本配置结构与产业转型升级能力研究．统计与决策，2014（02）：106-108.

⑦ 王力南．产业结构调整的驱动因素：人力资本投资．统计与决策，2012（06）：167-169.

⑧ 张国强，温军，汤向俊．中国人力资本、人力资本结构与产业结构升级．中国人口·资源与环境，2011（10）：138-146.

国民素质，也因此提高了再造新制度的认知水平，因此，劳动力素质影响产业结构的可持续调整。[①] 人力资本能够成为决定产业结构转换和升级的重要因素，关键是其具有要素功能和效率功能。人力资本存量增加会造成其他生产要素（主要是物质资本）的集聚，集聚效应促进了其他生产要素在产业间的转移和配置，提高了产业转化速度，促进了产业结构升级。效率功能强调了人力资本作为技术进步的载体，会通过“干中学”和知识外溢诱发技术创新[②]，促进技术引进与吸收。[③]

（二）产业结构转型能够增进人力资本积累

（1）工业化初期，以传统农业、轻纺工业为代表的劳动密集型产业占主导地位，生产力发展水平低，产业技术含量低，对高层次人力资本的需求不大；工业化中期，重工业快速发展，产业的技术含量大幅度提升，对高技能人力资本有较大需求；工业化后期，高加工度工业、高新技术产业和生产性服务业成为主导产业，对低层次人力资本的需求下降，对高层次人力资本的需求不断攀升，全社会人力资本投资总量大幅度增长，高等教育全面普及、社会培训体系发达，教育与医疗保健事业在第三产业占有相当大的比重。[④] 在现阶段我国产业结构的可持续调整中，第三产业在国民经济中所占的比重会越来越高，文化产业、体育产业、教育培训产业、医疗保健产业也会得到长足发展，增进人力资本积累。[⑤]

（2）在产业结构的可持续调整过程中，产业的技术密集度和知识密集度越来越高，劳动者知识和技能水平不断增加，增进了人力资本积累，从而使正在增长的经济或部门把其劳动力集中于技术领先的产品，迅速地积累人力资本。[⑥] 为了更好地推进我国技术进步、产业转型和人力资本积累，还需要做到：第一，大力提升区域人力资本水平，为人才提供良好的工作和生活环境，推进人才培训和开发，鼓励企业和培训机构合作，建立校企合作机制，满足产业转型和升级对人才的需求；第二，通过财政补贴、税收减免等措施鼓励企业技术创新和技术进步，并且吸引和培养相关科研人员和技能人才；第三，改造提升主导产业，培育产业集群，提升主导产业集群发展的层次和水平，加快培育新兴产业，扩大产业规模。[⑦]

【专栏】

人力资本与产业结构演进耦合关系研究[⑧]

【内容提要】改革开放以来，中国人力资本与产业结构演进存在较强的耦合关联，但二者的耦合程度不够理想。中国产业结构的演进趋势是从以资本密集型产业为主转型升级

---

① 黄文正．人力资本积累与产业结构升级的关系——基于 VAR 模型的实证分析．经济问题探索，2011（03）：24 - 27.

② 冉茂盛，毛战宾．人力资本对经济增长的作用机理分析．重庆大学学报（社会科学版），2008（01）：56 - 59.

③ Daron，A. Patterns of Skill Permian. *Review of Economic Studies*，2003，70（1）：199 - 230.

④ 张桂文，孙亚南．人力资本与产业结构演进耦合关系的实证研究．中国人口科学，2014（06）：96 - 106.

⑤ 张国强，温军，汤向俊．中国人力资本、人力资本结构与产业结构升级．中国人口·资源与环境，2011（10）：138 - 146.

⑥ 同①.

⑦ 张抗私，周晓蒙．就业结构缘何滞后于产业转型：人力资本视角的微观解释——基于全国调研数据的实证分析．当代经济科学，2014（06）：11 - 19.

⑧ 同④.

为以技术密集型产业为主。通过促进农业劳动力永久性乡城迁移、加大创新人才与高技能人才的培养力度、产学研一体化，提高人力资本与产业结构演进的耦合程度，促进中国产业结构转型升级。

产业结构演进影响人力资本的投资总量、结构与收益

人力资本与产业结构作为要素投入系统和产品输出系统，存在相互作用的耦合关系，产业结构演进对人力资本投资的影响主要有两大方面。

产业结构演进影响人力资本的投资总量与投资结构。

工业化后期，高加工度工业、高新技术产业和生产性服务业成为主导产业，高层次人力资本需求不断攀升，全社会人力资本投资总量大幅度增长。

产业结构演进有利于提高人力资本的投资收益、降低投资风险。

人力资本投资成本包括直接成本、机会成本和心理成本。产业结构的演进程度越高，低层次人力资本的就业机会越少，高层次人力资本投资的机会成本也会随之减少。

人力资本存量系统与产业结构演进系统的总体耦合关系较强、但仍然处于磨合阶段

人力资本存量系统与产业结构演进系统的耦合度是反映两大系统总体耦合度的指标。

人力资本存量系统与产业结构演进系统的总体耦合关系较强。

中国人力资本存量系统与产业结构演进系统之间的整体耦合度数值分布在 0.517 和 0.781 之间，处于磨合耦合阶段，它们之间的交互耦合作用较强。多年来，中国产业结构演进大致经历了两个阶段，20 世纪中期，农、轻、重工业同步发展，产业结构以劳动密集型产业为主；自 20 世纪中后期以来，重工业的高速增长带动了资本密集型产业的发展。资本密集型产业增加值占比超过了劳动密集型产业，当前已转型为资本密集型产业占主导地位。

人力资本存量系统与产业结构演进系统相互作用的耦合度仅处于磨合耦合阶段。

中国人力资本投资与产业结构演进的需求还存在差距：一是中国农业劳动力具有非永久性，城乡迁移不利于城市化聚集，影响第三产业特别是生产性服务业的发展；二是中国创新型人才供给不足；三是高技能人才培养相对落后。中国产业结构演进与要素禀赋变化、需求结构升级以及增强国际竞争力的要求相比，存在 3 个突出问题：一是现代服务业发展不足；二是重工业比重过高，高端制造业发展不足；三是中国的产业选择主要集中在生产、加工、组装等加工制造环节，产品的研发、设计、精密加工、品牌建设、营销与供应链管理等环节发展不足。

三、市民化中的人力资本积累

人力资本作为社会经济增长的重要源泉，推动着我国生产力迅猛发展。现阶段，农民工经过市民化过程之后，由于教育水平低下、职业技能不足以及城乡二元体制阻碍等多方面原因，并未完全融入城市，也导致了我国人力资本积累严重不足。

（一）市民化的人力资本积累现状

新古典经济学认为，人力资本是促进一国经济增长的重要因素，是社会生产力的重要组成部分，是推动社会经济发展的核心力量。① 1979 年的诺贝尔经济学奖获得者西奥多·

① 胡秋阳．农民工市民化对地方经济的影响——基于浙江 CGE 模型的模拟分析．管理世界，2012（03）：72－80.

舒尔茨是人力资本理论的构建者。1960年，他在美国经济协会的年会上进行了名为《人力资本投资》的演说，明确提出人力资本是当今时代促进国民经济增长的主要原因，认为人口质量和知识投资在很大程度上决定了人类未来的前景，并且提出人力资本的积累是全社会经济增长的源泉。①

我国人力资本的积累不足。从我国1978—2006年各要素对经济增长的贡献率可以发现，物质资本的贡献率占56%，劳动力的贡献率占8.85%，全要素的贡献率占25.47%，人力资本的贡献率最低，仅占9.6%。② 目前我国农村地区教育水平较低，农民工人力资本积累不足，根据《2016年农民工监测调查报告》显示，截至2016年，农民工中未上过学的占1%，小学文化程度的占13.2%，初中文化程度的占59.4%，高中文化程度的占17%，大专及以上文化程度的占9.4%，高达70%以上的农民工还是处于初中及以下的文化程度水平。接受过农业和非农职业技能培训的农民工占32.9%，其中，接受过非农职业技能培训的占30.7%，接受过农业技能培训的占8.7%，农业和非农职业技能培训都参加过的占6.5%，总体来看，接受过职业技能培训的农民工不足50%。农民工技能和素质的高低决定着他们在城市就业的稳定性和收入水平的高低，也制约着我国产业结构的转换与升级。目前我国经济结构存在第一、二产业占比过大，第三产业占比偏小的问题，农民工市民化后，多数进入城市第三产业就业，从事技术含量较低的工作，工资较低。③

另外，“候鸟式迁移”是我国改革开放以来劳动力转移和城市化的特征，农民工从农村转移到城市就业，在统计上是“城镇人口”，但未实现身份转变，不能享受相应的社会保障和公共服务。④ “候鸟式迁移”主要缘于城乡二元体制，涉及社会、经济、政治和文化等领域，包括户籍制度、住宅制度、教育制度、就业制度、医疗制度、养老保险制度、劳动保护制度、人才制度、兵役制度、生育制度等制度。⑤ “候鸟式迁移”虽然在很大程度上减少了城市化对公共服务支出的需求，减轻了政府负担，在一定时期内可以加快劳动力转移步伐，有助于迅速提高生产能力，促进经济增长，却限制了农民工消费水平的提升以及其享受到的社会保障和公共服务，导致农民工在城市居无定所，工作和生活的不确定性增加，进而影响人力资本的积累，阻碍我国内需的扩大和经济增长。⑥

（二）促进人力资本转化与积累的途径

首要的基础工作是加强农村基础教育，发展职业技能培训。农村教育发展质量决定着未来农村转移劳动力的素质，应保证九年制义务教育的普及，提高农村人力资本的存量，加速农村剩余劳动力的转移⑦，再通过职业技能培训增加农民工人力资本积累。其次，改革城乡二元体制，提升农民工市民化保障。改革农村土地制度，完善基于土地承包权和物权的农地产权、农地流转、农地征用和宅基地流转等制度，提高农民工合法的土地收益；

---

① 西奥多·舒尔茨．人力资本投资．北京：商务印书馆，1990.

② 王旭辉．中国区域人力资本配置及其对经济增长影响研究．辽宁大学，2010.

③ 安仁才．农民工市民化对经济增长的影响研究．商业经济，2012（21）：1-2.

④ 黄锟．中国农民工市民化制度分析．北京：中国人民大学出版社，2011：142-259.

⑤ 郭书田．失衡的中国——城市化的过去、现在与未来：第一部．石家庄：河北人民出版社，1991.

⑥ 国务院发展研究中心课题组，刘世锦，陈昌盛，许召元，崔小勇．农民工市民化对扩大内需和经济增长的影响．经济研究，2010（06）：4-16.

⑦ 王竹林，范维．人力资本视角下农民工市民化能力形成机理及提升路径．西北农林科技大学学报（社会科学版），2015（02）：51-55.

改革城市就业制度，逐步形成城乡统一的劳动力市场；改革城市住房、教育和社会保障等制度，建立农民工的住房、子女教育和社会保障体系，缩小与城市居民的差距，降低农民工的市民化成本，提高其城市经济融入能力。①

【本章小结】

城市化是社会与经济发展的一个必然过程，其与工业化共同推动农村到城市的经济发展重心转移，促进城市数量扩张，质量提高。城市化是城市人口比重不断提高的过程，大批农村人口进入城市，产业结构转变，居民收入水平不断提高，人的整体素质不断提高，也对就业产生影响，形成我国就业现状的两大特征：就业人口基数大，新增劳动力多，就业压力大；农民工是就业主体的重要组成。

就业压力大的原因，一方面来自大量农村剩余劳动力进入城市，另一方面来自城市内国有企业改制等因素产生了大量城市劳动力需要安置。技术革新和产业结构影响城市吸纳劳动力的水平，企业下岗职工的失业数量和形式影响城市吸纳农村剩余劳动力的能力，就业结构的优化情况则直接影响劳动力的流向。农民工成为城市主要的就业主体，也形成市民化问题；市民化是农民转变成市民、向城市聚集的过程，是农民生活方式和思维观念的改变、综合素质的提高以及逐步融入城市社会的过程。农民在市民化进程中会受到户籍制度、社会保障制度、劳动就业、观念转变及文化融合、土地管理制度、居住环境等方面的阻碍。

人力资本积累需要纳入农村剩余劳动力培育。产业转型需要人力资本这一个供给要素的支持，产业升级和转型也必然伴随着劳动力从劳动密集型、资本密集型产业向知识密集型产业转移。人力资本积累推动产业结构转型，主要包括以下四个方面：一是人力资本积累作用于促进产业结构转型升级的需求因素；二是人力资本积累的技术和创新推动产业结构升级；三是人力资本积累通过引导投资方向来影响产业结构转型升级；四是人力资本积累支撑产业结构的可持续调整。相应地，产业结构转型能够增进人力资本积累，在产业结构的可持续调整过程中，产业的技术密集度和知识密集度提升，劳动者知识和技能水平也相应不断增加，增进了人力资本积累。要推进市民化对人力资本积累的作用，需要加强农村基础教育，发展职业技能培训，并且以城乡二元制度改革提升新生代农民工市民化综合能力，从而达到促进人力资本转化与积累的目的。

【关键术语】

城市化	就业现状	就业转型	市民化
经济增长理论	人力资源	人力资本	人力资本积累

① 李练军．新生代农民工融入中小城镇的市民化能力研究——基于人力资本、社会资本与制度因素的考察．农业经济问题，2015（09）：46－53.

【复习题】

1. 阐述我国城市化的定义、进程与特征。
2. 阐述我国城市化与就业转型的相互关系。
3. 说明我国城市化进程中市民化的基本内容。
4. 说明经济增长、产业结构转型与就业转型的主要内容。
5. 阐述人力资本积累与产业结构转型的关联。
6. 解释市民化对人力资本积累的主要影响。

第六章

中国工业化与城市化的互动机制

自英国工业革命以来，任何国家现代化的过程都遵循着两个主旋律：工业化和城市化。工业化是一个国家产业结构升级和转型的过程，是创造财富的能力不断提高的过程，是经济发展的过程，是国强的过程；城市化是国家越来越多的人口公平地参与到工业化过程之中，并分享其成果的过程，是社会进步的过程，是民富的过程。经济发展与社会进步，国强和民富是一个国家现代化的最终目标。

本章将阐述工业化与城市化互动关系的基本理论，全面揭示中国工业化和城市化的互动机制、轨迹、问题与展望。自1949年以后，中国依次经历了非城市化的工业化过程，弱城市化的工业化过程，以及工业化与城市化的有机互动发展阶段，目前正在构建可持续发展的工业化与城市化良性循环的互动机制。其中关键的环节是通过新型工业化之路，建立以现代高档耐用消费品工业和装备产业为主体的产业结构，促进“中国制造2025”战略实施，进而拉动劳动密集型第三产业的快速发展和第二次劳动力转移浪潮的持续推进，为城市化奠定经济基础。城市化进程将积累人力资本，提升空间质量，增强创新能力，改善投资环境，保障产业结构升级，提供有效市场空间，是新时期工业化发展的原动力。

重点问题

- 工业化与城市化的互动机制。
- 中国城市化轨迹与动因的经济解释。
- “中国制造2025”战略的本质及其对城市化的挑战。
- 中国新型城市化促进工业化可持续发展的路径。

第一节　工业化与城市化的互动理论

一定要把工业化和城市化放到现代化的框架下，才能够阐述清楚工业化和城市化的内涵与历史使命及其相互关系。

一、现代化、工业化与城市化

（一）现代化

现代化是指一个国家由传统的农业和农村社会向现代工业和城市社会转变的自然历史过程，就是一个国家实现工业化和城市化的过程。工业化与城市化之于中国国家现代化，犹如鸟之两翼，车之两轮，共同推进国家实现国强与民富。

工业化和城市化作为现代化的两大主旋律，其各自的任务、第一主体、路径和目标如表 6-1 所示。

表 6-1　现代化的两大主旋律

	任务	第一主体	路径	目标
工业化	经济发展	企业家	资本积累与创新 建立以高效率产业为主的现代产业体系	国强
城市化	社会进步	政府	人口的空间流动与社会流动 建立以中产阶层为主的现代社会结构	民富 城乡一体化

中国是发展中国家，主要的任务是加快发展，走向发达。发展中国家通常是指那些经济社会发展和人民生活水平相对较低，尚处于从传统农业社会向现代工业社会转变过程中的国家。

一个国家由落后走向发达的过程是指发展中国家追赶发达国家的过程，同时又是现代化的过程。发展和现代化可以认为是同义语，其主旋律都是工业化和城市化。

综观世界格局，所有发达国家或者完成了现代化进入后现代社会的国家，都是在不同的制度和文化背景下，完成了工业化和城市化过程的国家；所有被称为发展中国家的国家都是正在推进工业化和城市化的国家；所有全世界最为落后的国家，都是还没有启动工业化和城市化的国家，或者还处于低水平工业化和城市化阶段的国家。现代化就是把各种不同制度背景和文化背景的国家，通过工业化和城市化导向发达、走向后现代的过程。

（二）工业化

工业化是指一个国家由传统的农业社会向现代工业社会发展转变的过程，表现为在经济发展的过程中，第二产业特别是制造业和第三产业创造国民财富和吸收就业的比重不断提高的过程，以及各产业内部技术结构升级和产业效率持续提高的过程。

工业化的核心任务是推动经济发展，第一主体是企业家。工业化的过程就是企业家通过市场机制的基础性作用，自由高效地组合生产要素，通过资本积累和创新，不断提高产业效率，建立现代产业体系，最终实现国强。

工业化的路径是资本积累。资本积累首先是物质资本积累，大量投资基础设施建设。随着技术水平的提高，工业化过程对人的要求越来越高，人力资本的积累日趋重要，资本积累的重点逐步由物质资本积累转化为人力资本积累。当社会成员普遍能够接受良好的教育，有着良好的生活环境和条件，有能力并且愿意从事高效率产业的时候，广泛地实现创新的时代到来，社会就走向了创新社会。所以由物质资本积累过渡到人力资本积累，再过渡到创新，这是推进工业化和经济发展的整个动力链条，其中，人力资本积累是核心环节。

世界看好中国在21世纪崛起，原因就在于中国有潜力让越来越多的人公平地参与到更高效率的产业活动之中。是什么有能力使全体国民公平地参与工业化和分享工业化成果？是现代化的另一个主旋律——城市化。

（三）城市化

城市化是一个国家由农村社会转向城市社会的自然历史过程，表现为人口向城市的集中、城市数量的增加、规模的扩大以及城市现代化水平的提高。

城市化的核心任务是促进社会进步，第一主体是政府。城市化的过程就是政府通过构建公平的社会秩序和发展环境，给所有人提供公平的公共服务和发展的机会，系统地创造条件，使国民最大限度地、低成本地参与到经济发展过程之中，并分享其成果，目标是实现民富，即广大居民走向共同富裕，建立现代社会结构。城乡一体化是城市化的合理内涵，也是城市化的终极目标。

城市化的路径是通过“两个流动”来促进“两个转化”：通过空间流动促进农村人口转化为城市人口，建立以城市人口为主体的城市社会空间结构；进而通过社会流动，促进城乡边缘群体转化为中间者阶层，进而在城乡普遍建立以中产阶层为主体的现代社会结构，实现城乡一体化。

可见，以人为本，以人民为中心，广泛实现人力资本积累，实现全社会人的发展是城市化的本质内涵，也是城市化固有的目标。

改革开放以来，由于特定的历史条件，我们的城市化远离了城市化的本质。基本特征是以城市为核心、以增长为导向的劳动力的非农化，我们称之为传统城市化。传统城市化导致严重的城乡二元结构，城市内部贫富差距与社会冲突加剧，经济结构升级缓慢，特别是农民工经济属性与自然属性及社会属性多重人格分裂，导致中国经济社会可持续发展遭受严重威胁，中国必须选择城市化转型发展之路，即新型城市化道路。

中国新型城市化是指以人为本，以人口的空间流动和社会流动为主线，以城乡一体化为目标，形成经济与社会同发展、城市与乡村共繁荣、人与自然相和谐、历史文化与现代文明交相辉映的新型城乡形态，以及与之相适应的一整套城乡一体化发展的体制机制。

二、工业化与城市化互动关系的一般规律

（一）工业化与城市化的基础性关系

工业化和城市化作为现代化的两大主旋律，两者互相促进，互为因果，共同推进一个国家现代化的进程。

工业化与城市化的基础性关系是：

第一，工业化发展扩大就业，伴随着就业人口与家庭的聚集，促进城市规模增长，使新的城市诞生，从而促进城市化进程。同时，工业化的过程也是物质资本积累的过程，伴随着生产能力和物质财富的增长，区域和城市基础设施系统的规模和质量不断提升，人居环境得到持续改善，为城市化质量提高奠定物质基础。该过程贯穿现代化始终。即便在工业化后期，城市化要发展，都需要工业化提供强有力的就业支撑和资本支撑。

第二，伴随着城市化的发展，城市作为人口流动与发展的空间载体，持续为所有人提供公平公正的公共服务和学习机会，促进人力资本的广泛积累，社会创新能力普遍增强，

为工业化过程中的技术与管理创新和产业结构升级奠定社会基础。同时，城市化的发展还会持续优化城市空间结构，完善城市基础设施和公共服务，城市优质人居环境又转而有利于吸引更多的企业家和居民以脚投票到城市聚集和发展，进而与工业化形成良性循环。

工业化与城市化的关系可以用中国传统的阴阳文化来表达，如图 6-1 所示。

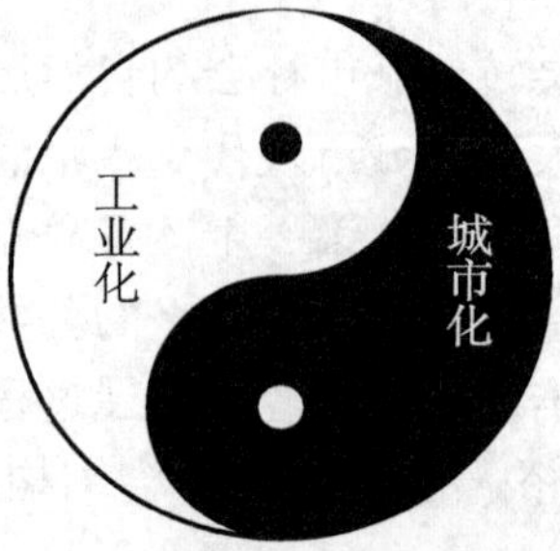

图 6-1 工业化与城市化的基础性关系

在正常情况下，工业化是阳，是矛盾的主要方面，对由工业化和城市化构成的现代化过程起着主导作用，通过物质资本积累和扩大就业为城市化提供发展的动力。工业化不仅作为主动力，推动着城市化的发展，促进工业化与城市化阴阳循环，推动整个现代化进程，更加重要的是，城市化本身的主动力也来自工业化，物质资本积累和扩大就业就是城市化中的“白眼睛”，是阴中的“阳眼”，这就是所谓的阴中有阳，阴中之阳是阴的极核，“工业化眼”是城市化的核心动力。

在常态下，城市化是阴，是矛盾的从属方面，被工业化带动和主导，它通过人力资本积累和城市空间品质提升来承载工业化的结构升级。另外，城市化的核心内容——人力资本积累和城市空间品质——也构成工业化的主动力，构成工业化中的“黑眼睛”，是阳中的“阴眼”，这就是所谓阳中有阴，阳中之阴是阳的极核，是工业化的核心动力。

因此，工业化与城市化不是两个相互独立存在的进程，更不是割裂的进程，二者必须相互依存，相互内嵌，共同发展。任何反城市化的工业化和任何反工业化的城市化都是不能持久的，必然导致结构失衡，导致现代化进程受阻。

（二）工业化与城市化关系的阶段性特征

在整个现代化的过程中，工业化和城市化的关系呈现出明显的阶段性特征。

在工业化中前期，工业化是因，城市化是果，工业化是矛盾的主要方面。投资者和中小企业主对投资环境和就业素质要求不高，哪里有投资，哪里就有就业的聚集和城市的产生。在没有制度障碍的情况下，健康的工业化必将引领城市社会的到来。

在工业化中后期，城市化是因，工业化是果，城市化和城市发展成为矛盾的主要方面，掌握先进技术的企业家和投资者十分重视城市空间品质和人力资本，哪个城市创新能力强，企业家就会以脚投票。如果全国城市创新能力普遍提升，国家工业化便会快速发展，为实现“中国制造 2025”提供强有力的经济和社会支撑。

三、工业化对城市化的作用机制

图 6-2 反映工业化促进城市化发展的机制。能够有效促进城市化的工业化进程必须具备四大条件。其中第一个条件和第四个条件属于一般性条件，第二个条件和第三个条件

属于关键性条件，图中粗线条部分属于新型工业化的内容。

在工业化过程中，随着产业结构的升级，存在两次劳动力向非农产业转移的浪潮，继起地将一批批劳动力由农村转向城市，直至实现城市化过程，将一个国家由农村社会转变为城市社会。

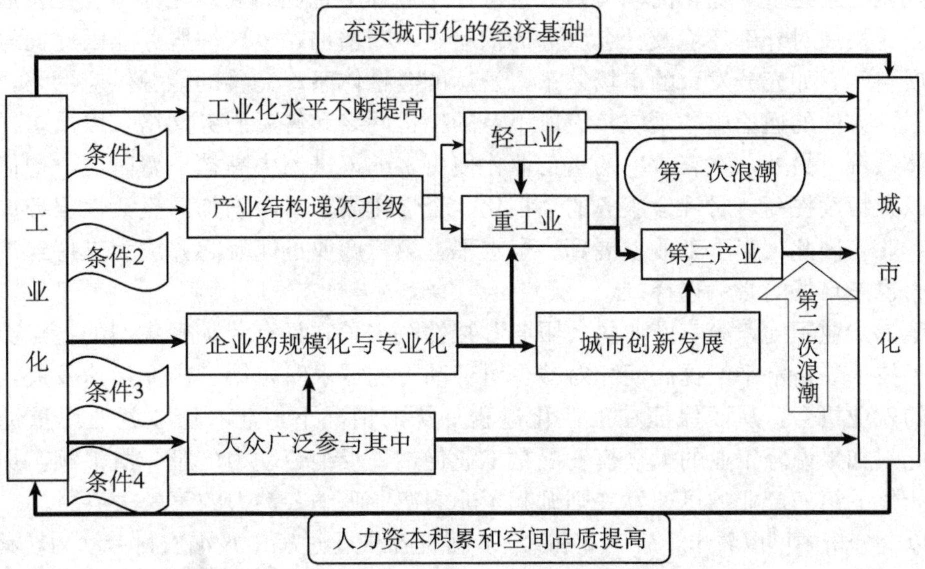

图 6-2　工业化促进城市化发展的基础逻辑

在城市化与工业化的逻辑模型中，城市化与工业化存在良性的互动关系：工业化为城市化提供经济支持，城市化通过完善工业化的发展环境为工业化创造良好的空间依托，促进工业化发展的进程。在这一良性的互动关系之中，产业结构的递次升级和企业的规模化、专业化发展起着决定性作用。

（一）产业结构的递次升级是实现两次劳动力转移浪潮的基础条件

根据工业化规律，产业结构的演进遵循着轻工业—重工业—第三产业的轨迹。由于轻工业具有以农产品为原材料、投资少、见效快、吸纳劳动力多等特征，大部分国家的工业化过程都起步于轻工业。轻工业的大规模发展使得城市的劳动力供不应求，收入的差异吸引着农业劳动力大量向轻工业转移，从而形成工业化过程中劳动力转移的第一次浪潮。

随着轻工业产品供给的增加，竞争压力日益加剧。企业为了提高技术水平，普遍要求重工业为其提供更加先进的技术装备。同时，轻工业的发展使得人们在满足了基本生活需求后，需求结构转向家电等重工业产品，重工业的迅速发展就成为市场的必然选择。重工业的发展超过轻工业标志着一个国家进入工业化中期阶段。重工业具有高投资、高效率、高积累特征，重工业化过程是一个国家财富积累的关键阶段。

另外，重工业具有资金密集型特征及规模化发展的要求，它吸纳劳动力的能力并不十分强大。随着重工业化进程的推进以及整个制造业技术装备水平的不断提高，工业吸纳劳动力的空间有下降的态势，只有当拓展出新的制造业生产领域或新的市场时，才会吸纳新的劳动力。整个制造业对劳动力的需求状况就取决于二者力量的对比。一旦由于技术装备水平的提高造成的对劳动力需求的减少，大于新生产领域或新的市场拓展所增加的对劳动力的需求，那么工业对劳动力的需求就会下降，这就是发达国家第二产业劳动力就业比重达到一定水平之后会表现出下降态势的根本原因。

那么，为什么在第二产业就业的相对量甚至绝对量都下降的情况下，城市化水平依然能够不断提高呢？答案在第三产业。第三产业的大规模发展是重工业化发展的产物。规模化、专业化几乎是重工业化的同义语。重工业化过程中企业的规模化与专业化发展，客观上导致企业发展对外部环境及社会服务的依赖性不断增加，生产性服务业因此而赢得了广泛的发展空间，如充分发育的市场体系，发达的金融体系，完善的能源供应网络，便捷的运输体系，方便的通信服务系统，无所不及的销售网络和售后服务网络，以及多样化的人才培养体系等。另外，富有效率的重工业化使更多的人进入中高档消费阶层，他们的生活质量得以大幅度提高，对社会服务的高档化、个性化需求不断增加，生活性服务成为最富活力的产业。因此，当重工业发展到一定水平，第三产业迅速崛起并成为支持经济发展的主要动力也是市场的必然选择。

与第二产业不同，第三产业的“服务”特性决定了它具有劳动密集型的特点。当第二产业由于技术装备水平的提高而相对减少对劳动力的需求时，第三产业迅速发展，提供了大规模的就业机会，从而保证在工业化过程加深的情况下，非农产业就业比重仍不断提高。因此，如果说轻工业的大规模发展是工业化过程吸纳劳动力的第一次浪潮，那么伴随着重工业化的第三产业的迅速发展则掀起了非农产业吸纳劳动力的第二次浪潮。

从以上分析中可以看出，轻工业和第三产业是工业化过程中吸纳农村劳动力转移的主要空间。那么，是否可以认为重工业在城市化过程中的作用就不重要了呢？完全不是。一方面，重工业自身从无到有、从小到大的发展能够吸纳一定量的劳动力；另一方面，更加重要的是，重工业体系的高质量发展是第三产业迅速发展的基础和前提，只有重工业化才能够造就一大批需要广泛社会服务的现代化企业，以及进入中高档消费阶层的民众。对于一个发展中大国而言，没有高质量的重工业化过程，发展第三产业如同空中楼阁，城市化同样也缺乏根基。

当前，在讨论新型工业化发展与城市化的关系问题时，存在这样两种观点：一种观点认为，中国重工业化过程的继续深化要求提高工业的技术密集度，这将减少工业化过程对劳动力的需求，从而不利于城市化进程；另一种观点认为，现在已经到了知识经济时代，不一定要发展大规模的制造业，可以直接大力发展第三产业，从而促进城市化进程。显然，这两种观点都是肤浅的和欠科学的。

（二）规模化与专业化的充分发展是实现第二次劳动力转移浪潮的关键环节

在城市化的过程中，城市化的阶段主要由现代第三产业大规模发展所决定。现代第三产业充分发展带来的第二次劳动力转移浪潮决定着城市化过程是否能够实现逻辑曲线模型中的高速成长，是否能够实现持续稳定发展。而规模化和专业化则是现代第三产业发展的经济前提，从而构成城市化与产业结构互动关系中的关键环节（在图 6－2 中以粗线条表示）。

工业化过程中的规模化与专业化有两个层面的含义：一是在微观层面上，表现为企业的内部规模化和专业化，追求内部规模经济效益和专业化生产是现代化企业与传统的手工作坊相区别的本质所在。二是在中观层面上，表现为企业在城市的集聚和城市经济发展专业化。集聚是企业追求外部规模经济效益的客观结果，相关产业的集聚必然导致地区和城市生产的专业化。企业集聚的过程就是城市的产生与发展过程，也就是城市化的过程。或者反过来说，没有企业的集聚就没有城市化。不仅如此，企业集聚不仅仅意味着生产过程的集聚，还带来大量人口的集聚，生活服务需求的集聚，第三产业市场的集聚。因此，企业集聚又是第三产业发展的主要动力，第三产业的发展无疑又提高了城市化的速度。

在企业和城市规模化与专业化发展的关系中，企业的规模化和专业化经营又是城市集聚与专业化发展的前提，是城市创新发展的基础性条件。如果企业小，技术装备水平低，就缺乏集聚的要求，分散布局可能更经济。当一个企业放弃内部规模经济时，外部规模经济也就变得不重要了。因此，在发展中国家，要努力促进城市化进程，就必须培养和造就一大批富有效率的企业，它们遵循市场准则，追求规模经济效益，激励员工创新和技术进步。实际上，这也是一个国家实现经济现代化的重要前提。

四、城市化对工业化的作用机制

我们可以把图 6－2 中“人力资本积累和空间品质提高”具体化为图 6－3，形成城市化促进工业化发展的机制。

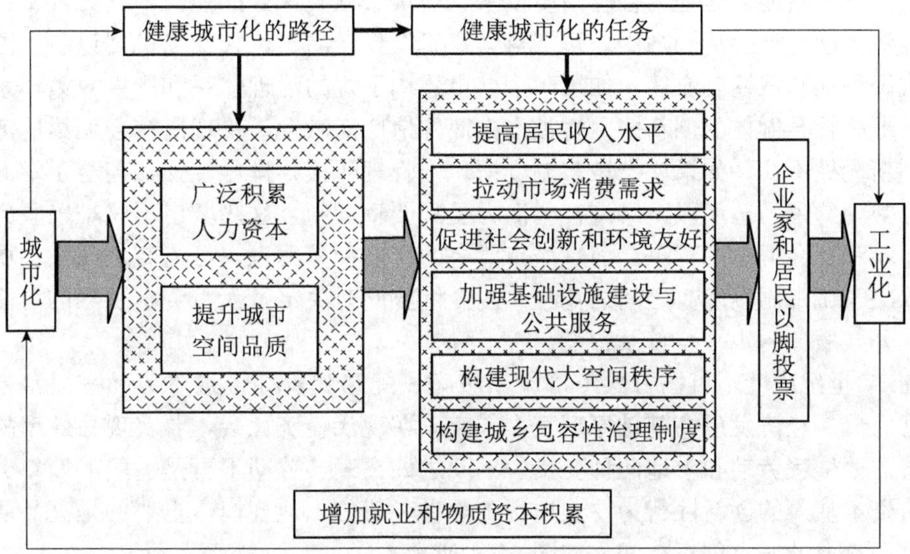

图 6－3　城市化促进工业化发展的基础逻辑

城市化是工业化的空间载体，是促进工业化高质量、高效率发展的基础性要素。这些基础性要素好比阳光雨露，工业化发展中的各类企业好比花花草草，需要阳光雨露。工业化需要的阳光雨露包括人力资本，市场需求，由交通、学校、医院等构成的硬环境，由公正和包容的制度政策构成的软环境，以及更大范围的城市空间结构。所有这些阳光雨露都是通过两个基本路径实现的，即人力资本积累和城市空间品质建构。

（1）人力资本是实现企业技术进步和工业化发展的内部要素，积累人力资本是城市化发展的核心抓手。

产业效率是考察工业化水平的基本标准。产业效率是指每个劳动力在单位时间内创造的价值。产业效率提高的过程，本质上是劳动者素质提高的过程，是就业队伍的创造力和创新能力持续提高的过程。人力资本是指有能力、有意愿从事高效率产业活动的就业者。就业队伍劳动能力的培养和提高就是人力资本积累的过程，需要通过城市化过程中的两个流动促进全社会人口的两个转化来实现。

人力资本积累的过程就是劳动力素质提高的过程，在企业的生产层面表现为产业效率的提高，与之伴随的是广泛的社会创新和环境友好；在个人的消费层面，这表现为工资水平的提高，以及与之相适应的消费能力的提高和市场需求的扩张，进而成为拉动工业化的重要动力。

（2）城市空间品质是决定企业效率和居民生活质量的外部要素，提升城市空间品质是城市化发展的"牛鼻子"。

城市基础设施决定城市空间秩序。面向全体人民和所有经济社会活动提供的全面有效运行的基础设施、公平均等化的基本公共服务和丰富多样化的高水平公共服务，是城市空间质量的基础性保障。随着城市发展水平的提高和国力的增强，中国政府提供基础设施和公共服务的能力日益增强。

城市治理制度决定城市社会秩序。建立公正包容的城市治理制度，促进社会和谐有序发展，是提升城市空间品质的内在力量，是解放和激发社会创新的制度因素。

创造力与创新能力是任何社会与生俱来、潜伏于社会深处的能力，它无处不在，体现在一切经济活动与社会活动之中，包括科学家研发新产品、工人操纵机器设备、园丁打理花园、农民种地和裁缝制衣等。如果一个城市建构了好的治理体系和制度政策体系，公正且包容，那么社会群体的创新能力将被由内而外地广泛激发，呈现出社会无尽的活力和生命力，创新无处不在；如果一个城市制度僵化，管理死板，排斥性强，甚至正常的经济社会活动也受到约束乃至惩戒，经济社会活力受到严重抑制，这些城市不仅难以收到以脚投票的企业家和社会群体的青睐，而且城市已有的企业和居民也有可能弃之而去。城市之间的竞争取决于城市制度优势之间的竞争。制度优势同时决定了人力资本积累的可能性和基础设施、公共服务的水平与普及程度。

早在17世纪中叶，英国古典经济学家威廉·配第就曾经说过：劳动是财富之父，土地是财富之母。经济发展的基础原理亘古未变。在现代经济社会，要实现高效率的创新发展，仍然需要依赖劳动和土地两种要素。不同之处在于，劳动不再是一般的简单劳动，而是由人力资本从事的创新性行为；土地也不再是一般的土地规模，重要的是高品质的、立体的、宜居宜业的城市创新空间（如图6-4所示）。

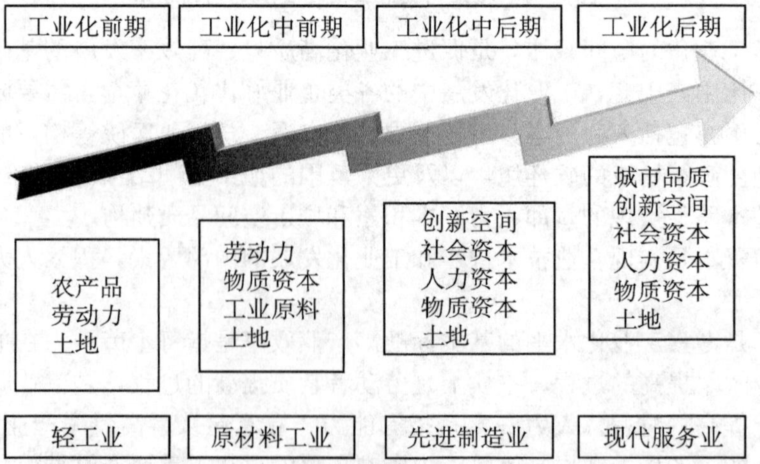

图6-4　工业化不同阶段需要基础要素的转化

可见，工业化中前期到工业化中后期所依赖的要素发生了根本性的变化，由一般性的人、土地和资本等转向了只有健康城市化才能够广泛积累和营造的人力资本和创新空间，城市化与工业化的关系也发生了本质的变化，城市化由被动因素变为主导因素（见图6-5）。在工业化中后期，城市化正是通过广泛的人力资本积累和高品质的城市空间再造，吸引一流企业家和居民以脚投票，促进产业和城市同步创新发展。特别是在城市化不足的国家和地区，在工业化中后期，城市化的主导作用更加明显。

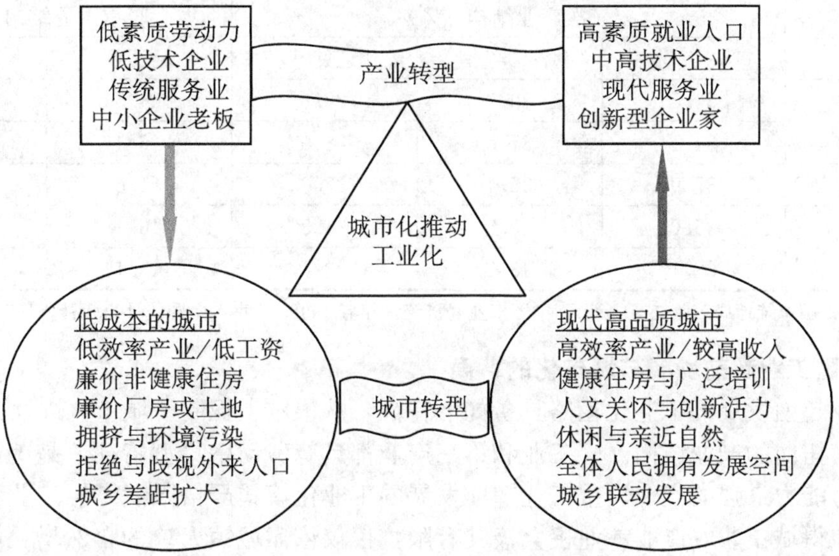

图6-5　工业化与城市化相互关系的转化

工业化和城市化作为现代化的两大主旋律，好比鸟之两翼，必须协同发力，方能展翅高飞。

第二节　中国城市化轨迹的经济背景

20世纪下半叶，中国走了一条特殊的工业化道路。1978年以前重工业超前发展，中国走了一条非城市化的工业化道路；改革开放以后，直至20世纪90年代中期，这段时期是产业结构补足性调整时期，工业化和城市化实现初步结合；90年代下半期，中国又重新进入了新一轮的重工业化过程，城市化开始驶入良性循环轨道。但是，长时期的城市化滞后于工业化为下一轮产业结构调整带来了一系列问题，不利于新型工业化时期实现产业结构的快速转型，需要及时加以关注和解决。当前，我国正在前所未有的转型发展过程之中。

一、改革开放之前30年非城市化的工业化之路

（一）传统体制下重工业超前发展的工业化道路

在中华人民共和国成立初期，中国是一个落后的农业国家。1952年中国人均GDP仅为119元；在GDP中，第一产业比重高达50.5%，第二、三产业比重分别为20.9%和28.6%。根据工业化的一般规律，中华人民共和国成立以后，中国应该首先发展轻工业，

增加就业，进行资本积累，逐步由轻工业发展到重工业，促使工业化进程不断深化。但是，中国选择了优先发展重工业的工业化道路。

从表6-2可以看出，1978年以前三次产业结构演变的过程基本上表现为第二产业比重上升、第一产业和第三产业比重下降的过程。在制造业中，重工业比重持续上升，轻工业比重下降，重工业的增长远远快于国民经济其他各产业的增长。

表6-2　中国1952—1978年重工业超前发展的工业化之路

	三次产业结构（%）			轻重工业结构（%）	
	第一产业	第二产业	第三产业	轻工业	重工业
1952	50.5	20.9	28.6	64.5	35.5
1958	34.1	37.0	28.9	46.4	53.6
1965	37.9	35.1	27.0	51.6	48.4
1970	35.2	40.5	24.3	46.1	53.9
1978	28.1	48.2	23.7	43.1	56.9

资料来源：国家统计局工业交通统计司．中国工业经济统计年鉴1998．北京：中国统计出版社，1998.

（二）重工业超前发展与城市化的背离

重工业超前发展的工业化道路具备如下特征，从根本上扼制了城市化进程：

第一，扭曲的产业结构。轻工业和第三产业都具有劳动密集型特征，是工业化过程中吸纳劳动力能力最强的产业。重工业超前发展的工业化模式严格限制了轻工业和第三产业的发展，使得城镇非农产业就业机会极其有限，仅仅依靠城镇人口的自然增长，一般就能够满足工业化对劳动力增加的需求。在这种情况下，轻工业和第三产业广泛发展所引起的劳动力由农业向非农产业转移的浪潮不可能发生，城市人口比重难以增加，在工业化不断推进的同时城市化却止步不前。

第二，不合理的就业制度和社会福利制度。重工业只有能力为城镇居民提供就业机会。当时的就业制度是统包统分的就业分配制度。所有非农产业的就业岗位全部由政府统一分配，而分配的对象只是城镇居民，这样就拒农村居民于工业化进程之外。同时，为了降低城镇劳动力再生产成本，政府制定了一整套只面向城镇居民的福利政策（涉及粮食等农副产品供应、住房和医疗补贴等方面），以维持低工资城镇居民的基本生活。这样，在消费品市场很不健全的情况下，农村居民即便进入城镇，也没有就业机会和生存条件。

第三，不合理的城乡分割的户籍管理制度。在传统体制下，中国政府将公民划分为“农业户口”和“非农业户口”，实行严格的户籍管理制度，属于“农业户口”的农村居民除了考上大学、当兵提干等少数特殊情况以外，其农业户口不得转为非农业户口。而没有非农业户口的人不得在城镇就业和享受国家的社会福利。户籍管理制度从制度上规定了中国公民对出生地的依附关系，限制了人口的区际流动，乡村人口进入城市工作和生活几乎是不可能的。

可见，重工业超前发展的工业化道路不仅破坏了城市化的经济基础，也决定了限制城市化进程的种种制度框架，从制度上决定了城市化和工业化的失衡，走了一条非城市化的工业化道路。

1952—1978年，中国非农产业增加值的比重由49.5%增加到71.9%，平均每年增长

0.86 个百分点；非农产业就业比重由 16.5%增加到 29.5%，平均每年增长 0.50 个百分点；而城镇人口比重由 12.5%增加到 17.9%，平均每年只增长 0.21 个百分点，城市化与工业化严重分离。

二、改革开放后弱城市化的工业化道路

（一）1978—2016 年中国产业结构演变轨迹

改革开放以来，工业化进程可以分为三个阶段，1978 年到 20 世纪 90 年代中期是产业结构的补足性调整阶段；90 年代中期到 2012 年是重工业化深化阶段；自党的十八大以来，国家发展进入新常态，产业结构进入供给侧结构性改革阶段。

从制造业内部结构看，20 世纪 80 年代的基本生活必需品主要以轻工业品为主，表现为轻工业比重的上升，它在 80 年代保持在较高的水平。进入 90 年代，轻工业的补足性增长基本结束，非生活必需品的增长开始占主体。同时，中国结束了短缺经济时代，经济竞争加剧，各企业更新设备、加速技术进步、提高竞争力的趋势日益明显，装备产业市场开始扩张。高档耐用消费品市场和装备产业市场共同拉动了自 90 年代中期以来新一轮的重工业化过程（见图 6-6）。1981—1997 年中国轻工业比重长期徘徊在 50%左右，1997 年以后轻工业比重迅速持续下降，2002 年该比重仅为 39.1%，2008 年重工业比重高达 80.3%，进入持续上升阶段，标志着中国进入工业化中期的稳定发展阶段。

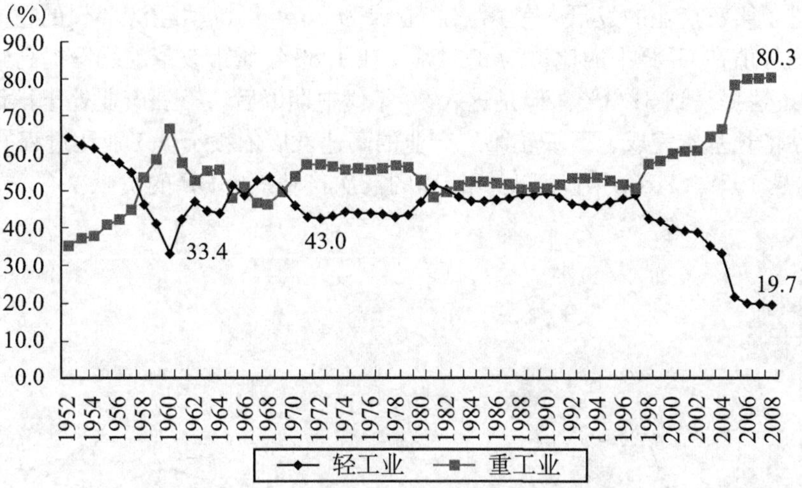

图 6-6 中国 1952—2008 年轻重工业结构的演变

从三次产业结构演进看，从 20 世纪 80 年代初一直到 90 年代中期，中国处于产业结构的补足性调整时期。在传统体制下严格限制发展的产业在市场急速扩张的拉动下得到了充分迅速的发展，包括农业、轻工业和第三产业。在图 6-7 中能够明显地看出产业结构演变的轨迹。

20 世纪 70 年代末 80 年代初，农村改革拉开了中国改革的序幕，农村中解放出来的生产力成为拉动中国经济增长的第一推动力。第一产业比重由 1978 年的 28.1%提高到 1984 年的 33.3%。此后，随着工业化水平的提高，农业比重持续下降。

1984 年开始的城市经济体制改革，首先解决的是城市建设中长期由于“先生产、后生

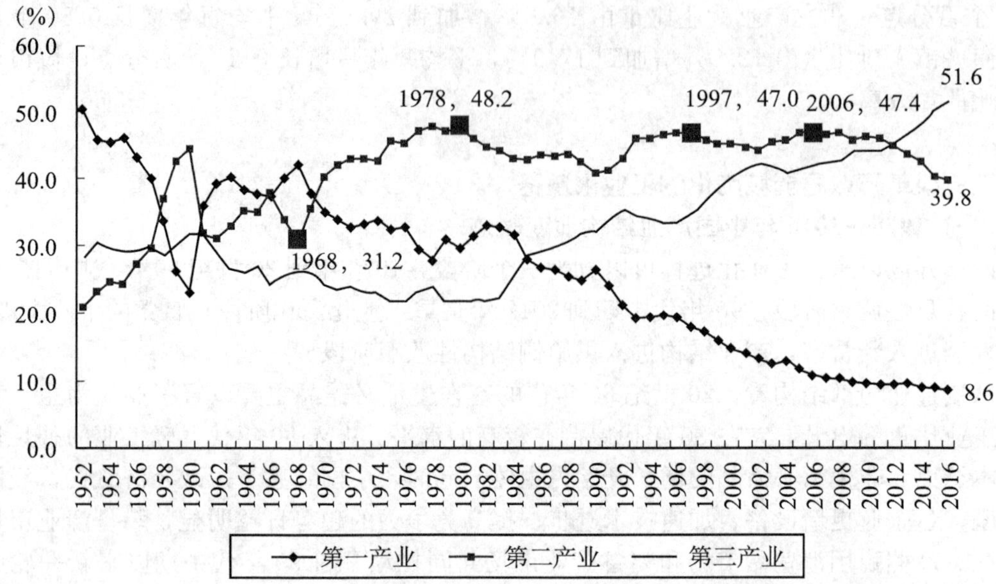

图 6-7　中国 1952—2016 年产业结构演变的轨迹

活”所积累和遗留的住房、交通、通信以及其他服务业严重不足的问题，启动了第三产业庞大而多样化的市场。城市大规模的土建工程吸引了数千万农民进入城市，而庞大的流动人口又进一步促进了第三产业的发展，使第三产业成为 80 年代拉动经济增长的重要力量。1980 年第三产业增加值在 GDP 中的比重为 21.4%，在 1983 年城市改革前缓慢提高到 22.4%，而到 1990 年则迅速提高到 31.3%。但是进入 90 年代中期以后，第三产业处于徘徊状态。第三产业的补足性增长基本完成，下一轮第三产业的高速发展依赖于重工业化过程的推进。

图 6-8 是 1978—2016 年以不变价计算的三次产业对 GDP 的贡献率。

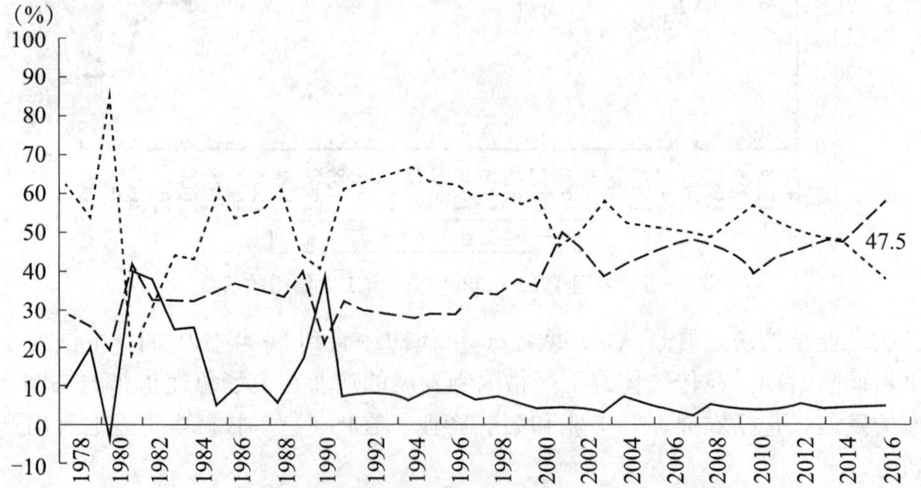

图 6-8　1978—2016 年三次产业对经济增长贡献率的变化

图 6-8 显示：

第一，改革开放以来，第二产业是我国经济增长的第一动力，其对经济增长的贡献率大部分时间都在50%以上。1978—2016年三次产业对经济增长的总贡献率分别为3.0%、67.1%和29.9%。

第二，服务业对经济增长的贡献呈现不断上升的态势，2014年是转折点，第二产业与第三产业对经济增长的贡献基本相当，2015年第三产业开始超过第二业成为创造GDP的第一动力，2015年和2016年第三产业对GDP的贡献率分别为53%和58.2%，超过第二产业的42.4%和37.4%，这说明中国开始迈进工业化后期阶段。

（二）改革开放以来城市化进程在工业化的拉动下迅速推进

图6-9可以清楚地反映改革开放以来中国城市化水平持续提高的态势。1978—2016年中国的城市化水平由17.8%提高到57.3%，38年间我国城镇化水平年平均增长高达1.04个百分点，每年增加城镇人口1 633万人。其中，自1996年以来中国城市化进程加速，从这一年开始，乡村人口由增长转为下降。实际上在1997—2016年，中国城镇人口增长39 849万人，而乡村人口下降25 204万人，城市化水平平均每年增长1.27个百分点，每年增加城镇人口1 961万人，减少乡村人口1 260万人。这是世界发展史上最大规模的城市化进程。

制度创新和经济发展构成中国城市化的基本动力结构。

第一，制度创新提供了一个逐步走向开放的城市化环境。企业管理制度、投融资体制、户籍制度、就业制度、城镇土地制度以及社会保障制度等一系列制度改革打开了城市发展的大门，为生产要素集聚发展提供了逐渐宽松的环境，也为启动和加速城市化进程奠定了基本的制度条件。制度创新成为中国工业化和城市化共同的动力。

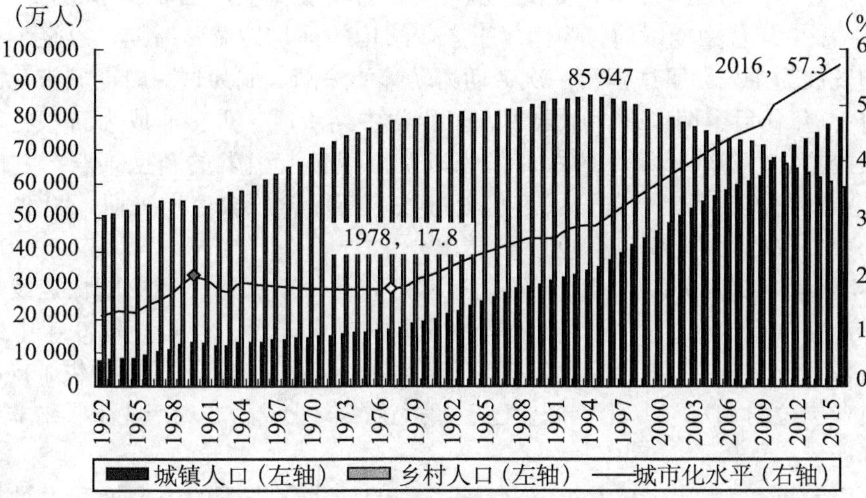

图6-9 中国1952—2016年城乡人口及城市化水平演进轨迹

1996年以来的城市化快速增长还有改变城镇人口统计口径的原因。中国关于城乡标准的划分曾经一度非常混乱。许多统计资料都将市辖区的人口全部统计为城市人口。按照这一口径计算，我国1980年的城市化水平为19.4%，1985年达到36.1%，1990年更是大幅上升到52.3%。[①] 这样，我国的城市化水平被大大高估了。为了解决这一问题，在

① 国家统计局人口和社会科技司．中国人口统计年鉴1999．北京：中国统计出版社，1999：353.

1990年第四次全国人口普查时，国家统计局调整了统计口径，规定市人口是指设区的市所辖的区人口和不设区的市所辖的街道人口；镇人口是指不设区的市所辖镇的居民委员会人口和县辖镇的居民委员会人口；乡村人口是指除市镇人口以外的人口。[①] 根据这一规定，国家统计局调整了1982年以后的各年城乡人口统计数字。

1999年12月，国家统计局印发了《关于统计上划分城乡的规定（试行）》。通知再一次根据统计上存在的问题和客观发展需要，在以下两个方面调整了统计口径：一是关于人口的统计口径，指出有关人口的指标均为在调查地居住半年及半年以上的常住人口。此前该数据只统计具有当地城镇户口的人口。二是对市区和镇区范围作出调整：市人民政府驻地的城区建设已延伸到周边建制镇（乡）的部分地域，其市区还应包括该建制镇（乡）的全部行政区域。镇人民政府驻地的城区建设已延伸到周边村民委员会的驻地，其镇区还应包括该村民委员会的全部区域。该规定澄清了长期以来城市化水平的统计和研究中关于城镇人口统计范围的混乱问题，为下一阶段推进中国城市化进程提供了良好的统计基础。

我国在2000年11月1日进行的第五次全国人口普查显示，2000年城镇人口为45 844万人，比1999年增加了6 952万人。城市化水平为36.2%，比1999年的城市化水平陡升5.3个百分点。而根据2000年的《中国统计年鉴》，1999年中国城镇人口仅比1998年增加950万人，城市化水平提高0.49个百分点。此后，国家统计局又根据第五次全国人口普查的数据，对1996年以来的城乡人口格局进行了调整，将普查新增的城镇人口分摊到1996—2000年5年之中。统计数据表明，1996年中国农村人口规模达到历史最高水平，然后开始下降。因此1996年成为中国城市化水平进入中期阶段的历史转折点。

第二，产业结构演变为城市化提供了强有力的经济支持。从图6-7和图6-8中可以看出，20世纪90年代中期以前，中国属于产业结构的补足性调整时期，以轻工业和传统第三产业的发展为主拉动了中国第一次劳动力转移的浪潮，成为这一时期城市化扩张的经济动力；自90年代后半期以来，中国进入工业化中期阶段，重工业成为新一轮产业结构调整与发展的重心。随着重工业的快速扩张以及由重工业引发的新型第三产业的迅速发展，非农产业就业机会不断增加，城市化也进入了新一轮的快速推进期。20世纪末，中国开始进入第二次劳动力转移的浪潮。

自90年代下半期以来，中国重工业化过程的深化带动了第三产业的快速发展，增加了城市非农产业就业扩张的能力，有效地促进了城市化进程。1996—2016年中国第三产业就业比重由26%上升到51.6%。第三产业增加就业人数8 837万人，提供了同时期新增非农产业就业岗位的61.8%。第三产业已经超过第二产业成为非农产业中吸纳非农产业就业的主要场所。

由此可以看出，中国自20世纪90年代以来的城市化进程的主要推动力量是制度推进，第二动力是经济发展。

三、21世纪上半叶中国城市化与工业化的矛盾与问题

从以上分析可以清楚地看出，虽然自20世纪90年代以来，中国工业化和城市化水平的步伐都在加快，但是，二者之间还没有形成良性循环。实际上，21世纪初，在城市化

① 中华人民共和国国家统计局．中国统计年鉴1991．北京：中国统计出版社，1991：79.

与工业化之间还存在许多新的矛盾与问题。

（一）产业结构调整没有形成对城市化足够的经济支持

自 20 世纪 90 年代中期以来，中国进入工业化中期阶段，新一轮的重工业化促进了产业结构的调整（见图 6－10），但是，产业结构的调整没有相应程度地带动就业结构调整。图 6－10展现了中国 1978—2016 年非农产业增加值比重与非农产业就业比重的变化。

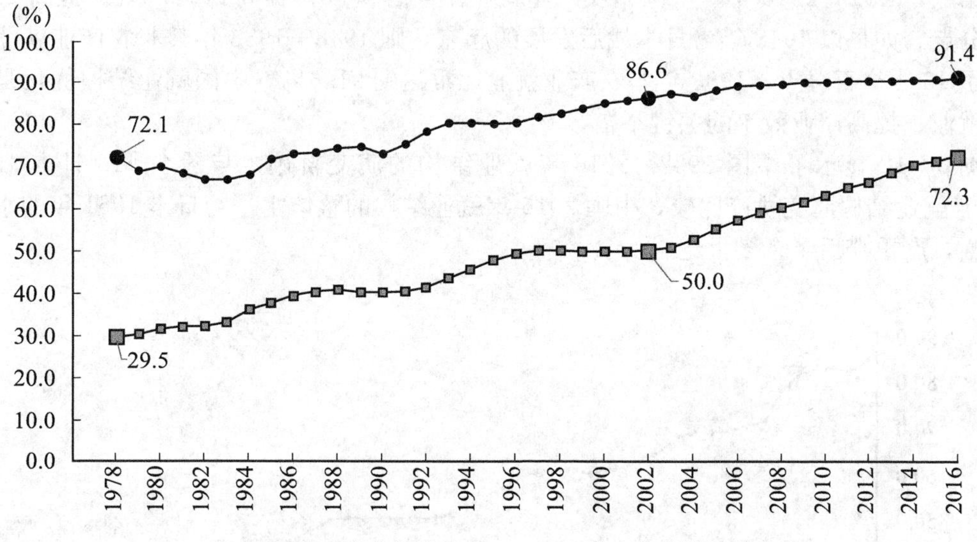

图 6－10　中国 1978—2016 年非农产业增加值比重与非农产业就业比重的变化

比较图 6－11 中日本 1948—1998 年非农产业增加值比重与非农产业就业比重的变化，可以看出中国非农产业增加值比重与非农产业就业比重之间关系的三大特征。

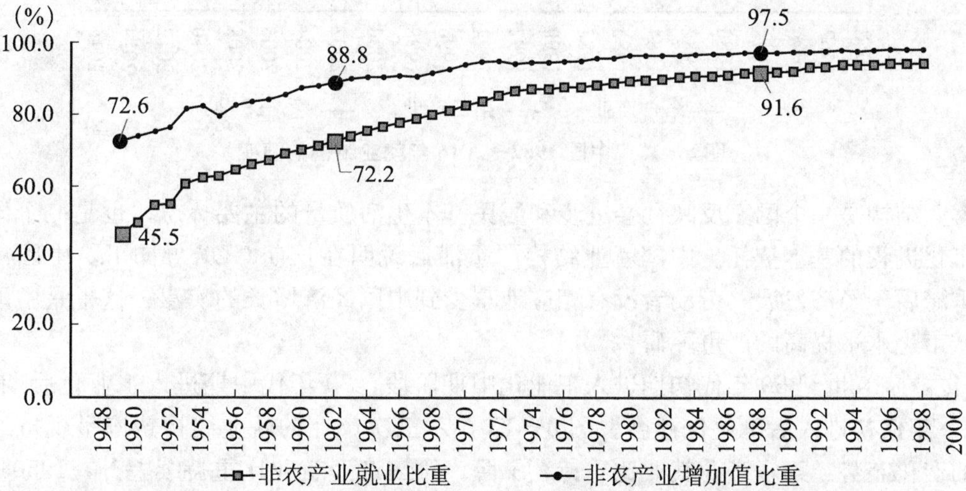

图 6－11　日本 1948—1998 年非农产业增加值比重与非农产业就业比重的变化

第一，1978 年中国非农产业就业比重严重滞后于非农产业增加值比重，起点很低。1978 年中国非农产业就业比重为 29.5%，比 1948 年日本的非农产业就业比重低近 20 个百分点，相当于日本在 19 世纪 90 年代 28%的非农产业就业比重。①

第二，1979—2016 年，中国非农产业增加值比重长期远远高于非农产业就业比重，二者差异缩小速度缓慢。到 2016 年非农产业就业比重仍然只为 72.3%，相当于日本 1962 年的水平。非农产业就业比重与非农产业增加值比重的差距仍然有 19.1 个百分点，相当于日本 1954 年的水平。

第三，1979—2016 年，中国非农产业就业比重由 29.5%提高到 72.3%，提高了 42.8 个百分点。如果以 1948 年为日本战后发展的起点，则 1948—1988 年其非农产业就业比重提高了 46.1 个百分点，1988 年非农产业就业比重达到 91.6%。中国就业结构优化是扩大城镇就业、提高产业效率的关键举措。

图 6-12 显示了中国 1952—2016 年就业结构的演变轨迹，与图 6-13 日本 1949—1999 年就业结构演变轨迹比较，中国 2016 年就业结构的整体水平与日本 1961 年的水平基本相当，严重滞后半个多世纪。

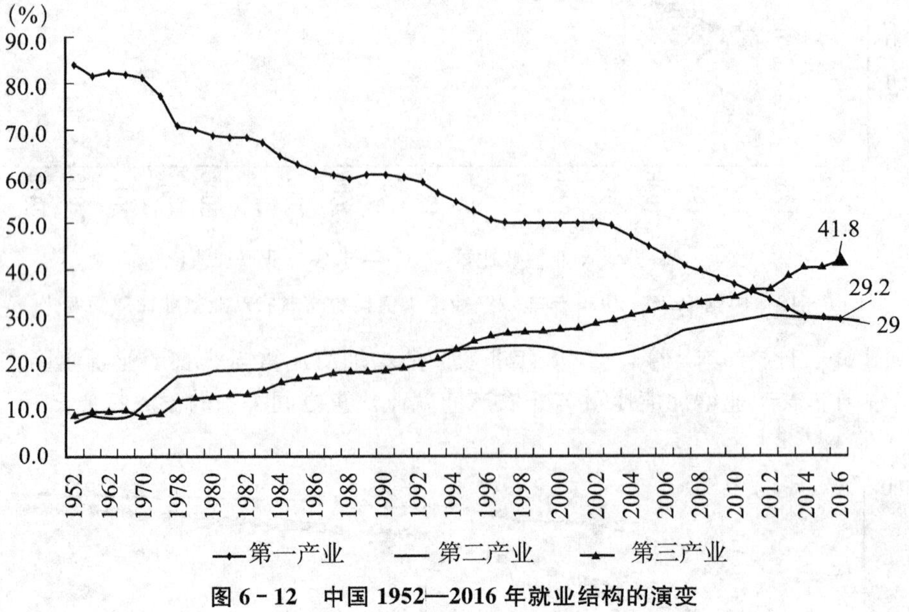

图 6-12　中国 1952—2016 年就业结构的演变

就业结构是一个国家反映社会进步和居民基本生活质量的主要标志，也是一个国家推进城市化进程的基本依托。中国就业结构严重滞后说明在长期 GDP 导向下，中国社会进步严重滞后于经济发展，劳动者没有相应地享受到中国经济增长的实惠，这也是中国未来时期城市化水平提高的严重障碍。

日本在 20 世纪 50 年代初期进入工业化中期阶段，70 年代中期进入工业化后期阶段，直至 90 年代初进入后工业化社会。图 6-13 显示三次产业的就业结构轨迹呈现持续的规律性的变化态势：第一产业就业比重持续下降，第三产业就业比重持续上升，1950—1970 年第三产业就业比重年平均增长 1.04 个百分点，1970—1980 年平均增长 0.73 个百分点。第二产业就业比重在工业化中期持续上升，1973 年达到最高 36.6%，在工业化后期开始

① 杨治．产业经济学导论．北京：中国人民大学出版社，1985.

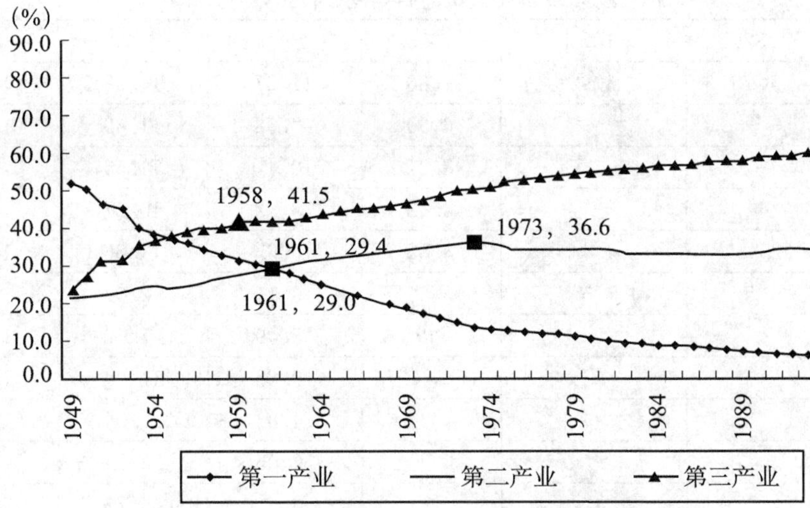

图 6-13　日本 1949—1999 年就业结构的演变

呈现出下降的态势，但仍然长期保持在 30%以上。

图 6-12 显示的中国就业结构也表明中国仍然处于工业化中后期阶段，没有完成工业化过程，在未来很长时间内进一步加速工业化进程，通过制造业规模的扩大与质量的提高，更大规模地发展服务业体系，以劳动密集型的服务业来扩大就业，实现就业结构长期优化调整，是中国新时期城市化所依赖的经济支撑。

（二）新增城镇人口难以成为现代产业发展的有生力量

我国教育水平和职业培训整体上落后于发达国家，对新增城镇人口的培训不充分、不及时，导致新增城镇人口难以成为现代产业发展的有生力量。

图 6-14 显示了 1990—2015 年我国人口的平均受教育年限，2015 年我国人口平均受教育年限仅为 9.13 年，仅相当于美国、法国、德国、英国、日本等发达国家在 20 世纪 50 年代的水平（见表 6-3）。

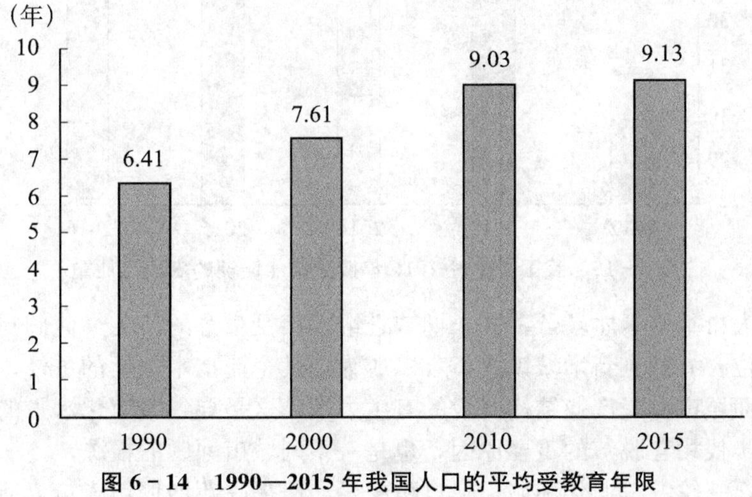

图 6-14　1990—2015 年我国人口的平均受教育年限

表 6-3　　　　部分国家 20 世纪人口的平均受教育年限

	1820	1870	1913	1950	1973	1992
美国	1.75	3.92	7.86	11.27	14.58	18.04
法国			6.99	9.58	11.69	15.96
德国			8.37	10.4	11.55	12.17
荷兰			6.42	8.12	10.27	13.34
英国	2	4.44	8.82	10.6	11.66	14.09
日本	1.5	1.5	5.36	9.11	12.09	14.87
意大利				5.49	7.62	11.2
比利时				9.83	11.99	15.24
阿根廷				4.8	7.04	10.7
巴西				2.05	3.77	6.41
墨西哥				2.6	5.22	8.22
印度				1.35	2.6	5.55
朝鲜				3.36	6.82	13.55

资料来源：（1）麦迪森．世界经济二百年回顾．北京：改革出版社，1996；（2）各国相应年份的统计年鉴。

由于中国流动人口与城市融合的制度架构和政策体系不完善，流动人口人力资本的投资主体缺失，劳动者自身、企业和地方政府都没有进行人力资本投资的激励机制，流动人口长期处于缺乏培训和低素质状态。图 6－15 反映了我国 2012—2016 年接受技能培训的农民工比重。

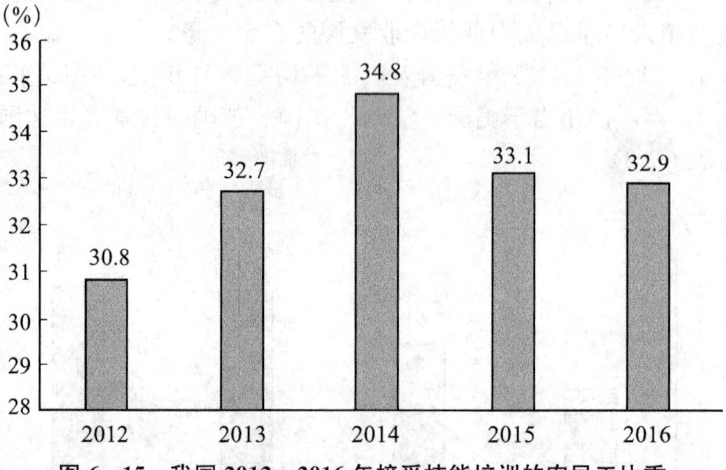

图 6－15　我国 2012—2016 年接受技能培训的农民工比重

外来常住人口基本素质较低，并长期缺乏继续接受教育的机会，他们在城镇就业队伍中处于弱势地位。大部分新增城镇人口难以成为现代企业技术创新的主体，成为企业实现技术进步、从而城市实现产业结构升级的有生力量，这是导致城市化水平的提高与城市现代产业发展的步伐相互脱节的重要原因，也是一系列城市问题的根源。

因此，在新一轮的工业化和城市化过程中，如何提高新增城镇人口素质，使城市化与新型工业化发展的要求相适应，城市化过程是一个重大问题。

(三) 新增城镇人口没有带来相应购买力的扩张

图 6－9 显示中国城市化水平快速提高。根据城市化发展规律，城市化高速成长的过程使一个国家越来越多的居民参与到工业化过程之中，并享受其成果，城市化过程是一个国家居民消费需求快速扩张的过程。

然而，中国改革开放以来长期的经济增长依赖于国际市场，在中国廉价劳动力和廉价土地资源与国际低端市场之间形成不良循环，粗放的经济增长模式一方面导致生态破坏较严重，另一方面导致中国劳动者特别是以农民工为主体的新增劳动力长期低价格、低工资。根据国家统计局发布的农民工监测报告，2010—2016 年全国城镇单位在岗职工月平均工资从 3 045 元增加到 5 631 元，增长了 84.9%。同期，农民工月平均收入从 1 690 元增加到 3 275 元，增长了 93.8%。一方面，农民工收入增长速度略快于城镇职工，农民工与城镇职工收入的相对差距得到改善；另一方面，农民工工资的绝对水平仍只相当于城镇职工的 58.2%。

中国最低工资长期低于国际惯例水平。国际上最低工资一般要相当于社会平均工资水平的 40%～60%，国内大部分城市都没有达到 40%的下限。2016 年度北京市职工月平均工资是 9 994 元，而当年的最低工资标准是 1 720 元，只相当于前者的 17.2%。2016 年上海市职工月平均工资是 9 995 元，而当年的最低工资标准是 2 190 元，是中国所有城市最高水平的最低工资标准，也仅相当于城镇职工工资的 21.9%，仍然远低于国际惯例水平。我国大量企业支付给农民工的工资接近最低工资水平。

农民工是中国新增就业队伍的主要来源，农民工的工资长期处于低工资水平，这是我国居民消费水平长期偏低（见图 6－16），在国民总支出中的比重长期处于较低水平的主要原因。

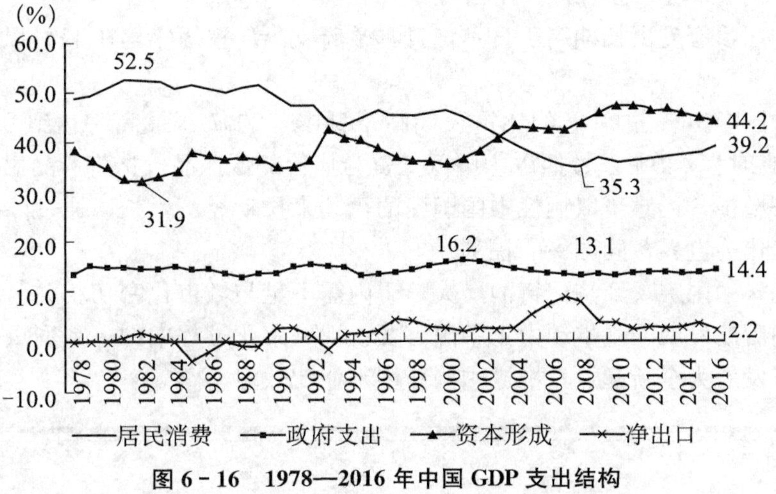

图 6－16 1978—2016 年中国 GDP 支出结构

改革开放以来在我国 GDP 支出结构中，资本形成比重总体上处于上升趋势，居民消费总体上处于下降趋势，政府支出稳居高位，净出口基本稳定。资本形成比重持续上升，直至 2011 年达到历史最高点，为 47.3%，然后转为下降，到 2016 年其比重仍然高达 44.2%，成为对 GDP 贡献最大的要素。居民消费比重持续下降，2008 年降到历史最低点，仅占 GDP 的 35.3%，之后缓慢上升，到 2016 年其比重仍然不到 40%，低于资本形成 5 个百分点，形成明显的生产大于消费的格局，居民消费长期处于较低水平是我国内需战略较难奏效的根本原因。如果比较图 6－17，则可以看出明显的三大差别：

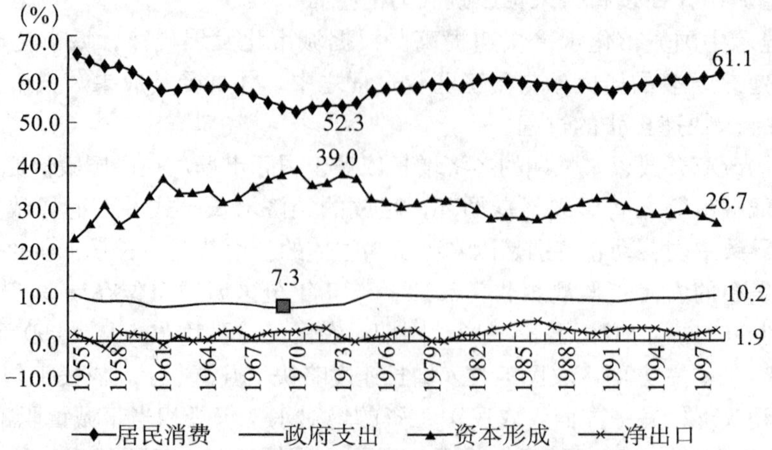

图 6-17　1955—1999 年日本 GDP 支出结构

第一，日本的居民消费长期是国民经济增长的第一动力，中国的投资是增长的第一动力，中国的居民消费比重远低于日本。中国 2016 年居民消费占 GDP 的比重比日本 1999 年的水平低 21.9 个百分点，1970 年日本居民消费占 GDP 的比重最低时为 52.3%，而中国 1981 年居民消费占 GDP 的比重最高时为 52.5%。在国家经济发展中国民享受实惠的差异可见一斑。

第二，中国资本形成比重长期高于日本，中国的比重长期为 30%～45%，而日本则为 20%～40%，绝大部分年份在 30%以下。

第三，中国政府支出长期高于日本，日本政府支出比重历年均在 11%以下，而中国最低为 13.1%。

第四，中国净出口占 GDP 的比重长期高于日本，2007 年最高时达到 8.9%，而日本在 1986 年最高时为 4.0%。按照以中国低工资为代价的低产品价格将产品出口到国际市场从而拉动经济增长，无异于以牺牲中国国民的福利来拉动经济增长，通过国际市场将中国国民的福利转化为世界各国国民的福利。

由此可见，中国宏观经济运行的最大障碍内需不足与城市化密切相关。城市化健康发展是工业化中后期发展的基本动力，中国需要正视城市化过程中的一系列重大问题，以启动城市化健康发展为全新起点，推进中国新型工业化战略。

【专栏】

加快就业结构转型，助推高质量发展

【内容提要】就业结构转型是国家转变发展阶段的必由之路，本文指出了我国就业结构的现状，与世界上其他国家相比，我国就业层次低，初次就业结构转型存在巨大空间，并提出加速就业结构转型的三大对策：(1) 加速我国基于创新的智能装备制造业发展过程，建立高效率就业的需求机制。(2) 最大限度地发展大众教育，建立高质量劳动力的供给机制。(3) 全面推进新型城镇化和非户籍常住人口市民化进程，稳定并持续扩大高质量就业队伍。通过产业发展增加高效率就业需求，通过教育培训提高高质量就业的供给，通过城镇化改革稳定高质量就业队伍，从而建立高质量就业可持续发展的联动机制。

党的十九大报告明确提出："我国经济已由高速增长阶段转向高质量发展阶段"。国家的高质量发展的必由之路是就业结构转型。就业结构转型是指就业主体由从事较低效率的产业转向较高效率产业的过程。在工业化过程中，就业结构转型包括初次转型和二次转型，初次转型是指劳动力由农业转向非农产业，二次转型是指劳动力在三次产业内部由低效率产业转向高效率产业。一个国家就业结构转型的过程，就是高效率产业持续发展，居民收入水平持续提高的过程，就是国家高质量发展的过程。总体上看我国就业结构有待优化，首先是初次就业结构转型存在巨大空间。

我国初次就业结构转型提升拥有巨大空间

一个国家经济发展的过程是劳动力由低效率产业转向高效率产业发展的过程，在工业化过程中，首先表现为由农业产业转向非农产业的过程。2016年我国农业产业和非农产业就业比重分别为27.7%和72.3%，在农村还滞留了2.15亿从事低效率产业的劳动力大军。2016年我国农业产业效率和非农产业效率分别为2.96万元和12.13万元，意味着每一个劳动力由农业产业转向非农产业可以创造增加值9.17万元。当一个国家完成工业化过程后，从事农业的劳动力比重都在10%以下，大部分发达国家不超过5%，农业产业效率与非农产业效率的差距缩小到2以内。图6-18显示我国就业结构不仅远远落后于发达国家，与巴西、马来西亚等发展中国家也有很大差距，我国就业结构转型拥有巨大空间。2016年我国人均GDP排名世界第69位，这表明我国综合就业质量和产业效率还有巨大的提升空间。

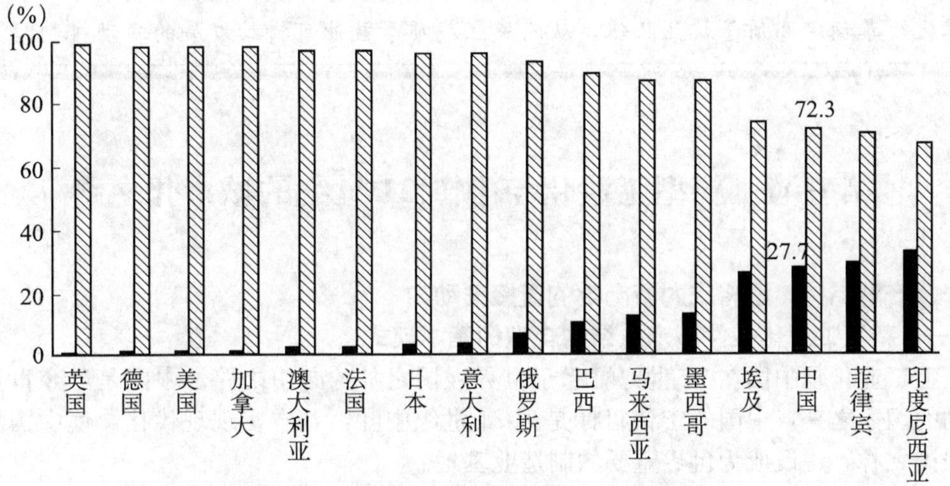

图6-18　我国与世界主要国家就业结构的比较

我国就业结构层次较低有三个关键原因：(1) 由发展阶段所决定。我国总体上处于工业化中后期阶段，发展阶段相当于日本20世纪60年代后期。工业化阶段没有完成，尚有庞大的先进装备制造以及依附于其上的现代服务业发展很不充分，就业结构转型受到严重限制。(2) 长期以来我国就业结构的改善滞后于增加值结构的改善。由于制度改革不协调，我国促进就业结构转型的实体经济长期发展薄弱，职业教育和就业培训严重滞后，就业机会以及就业者创新能力的提升受到严重限制。(3) 人口流动的制度障碍导致城镇就业增长缓慢。2016 年在我国 77 603 万劳动力中，乡村劳动力占到 36 175 万人，占 46.6%。城镇是非农产业聚集的空间载体，城镇就业增长缓慢限制了我国劳动力就业结构转型。

加速就业结构转型的三大对策

(1) 加速我国基于创新的智能装备制造业发展过程，建立高效率就业的需求机制。通过自主创新，自主研发，制造智能装备所需要的软件、工控设备、机器人、自动化系统，这些领域是我国制造业技术进步以后节约劳动力的重要转型发展方向。基于自主创新的制造业系统创造的就业机会不仅在质量上，而且在数量上都会超过传统制造业。这也是我国产业高质量发展的必由之路。

(2) 最大限度地发展大众教育，建立高质量劳动力的供给机制。首先要大力普及和发展高中阶段教育，努力让全体孩子都享有公平和高质量的基础教育，以此广泛提高城乡劳动力职业技能教育水平，并降低教育成本；大规模开展智能制造和现代服务业发展所需要的职业技能培训，学习发达国家多层级、高弹性的职业培训制度，重点解决结构性就业矛盾，缓解高技术劳动力和人才短缺的普遍性难题。排除行业垄断，让市场在要素配置中起决定性作用，为社会资本发展实体经济营造公平的发展环境。

(3) 全面推进新型城镇化和非户籍常住人口市民化进程，稳定并持续扩大高质量就业队伍。破除妨碍劳动力、人才就业流动的制度障碍，政府为所有人提供全方位、公平的公共就业服务，使人人都有通过辛勤劳动实现自身发展的机会。坚持按劳分配原则，完善按要素分配的体制机制，促进收入分配更合理、更有序。

总之，通过产业发展增加高效率就业需求，通过教育培训提高高质量就业的供给，通过城镇化改革稳定高质量就业队伍，从而建立高质量就业可持续发展的联动机制。

第三节 新型工业化与中国 21 世纪的城市化之路

一、产业结构转型将成为城市化的直接推动力

(一) 新型工业化条件下产业结构转型的基本模式

新型工业化是中国在 21 世纪崛起于世界强国之林的必由之路。中国是当今世界发展最强劲的国家之一，中国的宏伟目标是到 21 世纪中叶，基本实现现代化，使中国崛起于世界强国之林，建设成为世界重要的制造业基地。

发展先进制造业是国家经济崛起的基本路径。一个国家要提高国际市场竞争力，首先必须拥有发达的、具有国际竞争力的先进制造业体系。因为在世界贸易格局中，制造业始终是主导。实际上，当今世界发达国家主要就是通过商品贸易来赢得国际贸易利益的。

图 6－19 显示了 2002—2016 年全球国际贸易结构的两大特征：

第一，商品贸易始终是国际贸易的主体，商品贸易是一个国家提高国际市场竞争力的主要载体。

第二，服务贸易比重呈现不断提高的趋势。服务贸易比重的提高是因为伴随着世界先进制造业的发展，依附于制造业贸易的服务贸易比例持续提高。低技术商品贸易不需要伴

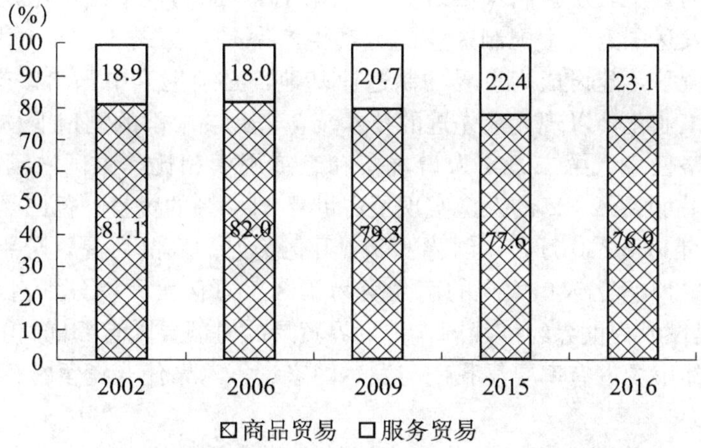

图 6-19　2002—2016 年全球国际贸易结构

随服务贸易，比如服装、食品等；高技术商品贸易需要依赖服务贸易，比如智能设备出口，必然伴随着软件贸易、人员培训、设备运行维护与维修、设备回购等，因此例如德国西门子被提供智能设备以及相关服务的活动被称为为企业提供系统解决方案。

表 6-4 反映了 2016 年世界主要国家商品贸易和服务贸易的格局。在 2016 年 41.9 万亿美元的国际贸易总额中，商品贸易占 76.9%，服务贸易仅占 23.1%。这种贸易格局在进口和出口中同时存在。

表 6-4　2016 年世界主要国家商品贸易和服务贸易结构

	贸易额（亿美元）	进出口贸易总额（亿美元）		各国贸易结构（%）		各国占世界比重（%）	
		商品贸易	服务贸易	商品贸易	服务贸易	商品贸易	服务贸易
世界	419 781.4	322 938.3	96 843.0	76.9	23.1	100.0	100.0
中国	43 465.3	36 855.6	6 609.7	84.8	15.2	11.4	6.8
美国	49 581.8	37 011.6	12 570.2	74.6	25.4	11.5	13.0
德国	29 793.7	23 933.4	5 860.3	80.3	19.7	7.4	6.1
日本	16 110.3	12 525.0	3 585.3	77.7	22.3	3.9	3.7
印度	8 819.2	6 241.8	2 577.4	70.8	29.2	1.9	2.7
新加坡	9 352.1	6 299.9	3 052.2	67.4	32.6	2.0	3.2
法国	15 451.1	10 741.8	4 709.3	69.5	30.5	3.3	4.9
英国	15 842.1	10 462.4	5 379.7	66.0	34.0	3.2	5.6

资料来源：世界银行.2016 年世界发展报告.北京：清华大学出版社，2017.

在商品贸易占主体的国际贸易格局中，中国要增加国际市场份额，只能通过提高制造业产品的国际市场竞争力。中国要崛起于世界，必须发展现代化的、具有国际竞争力的制造业产品，参与发达国家的分工，在不断增长的国际贸易份额中越来越多地赢得国际贸易利益。

21 世纪中国要建设成为世界制造业基地，实施“中国制造 2025”战略，就是以此为基本经济背景提出的。

表 6-4 显示，中国当前的国际贸易结构也是以商品贸易为主，似乎与发达国家没有

多少差别。中国的差距表现在两点：第一，中国出口产品的技术结构比较低，而且技术结构升级远远慢于发达国家。中国制造业的劳动生产率是美国的 1/25，德国的 1/20。中国要参与国际经济竞争，建设成为世界的制造业基地，必须提升中国出口产品的技术档次，要以信息化带动工业化，以现代最先进的技术装备来武装中国的制造业体系，这正是中国新型工业化的战略任务。第二，与人口规模和经济规模相比，中国占国际贸易的份额较低。2016 年美国占世界 4.3%的人口实现了占世界 11.8%的贸易；德国是世界上最具竞争力的国家，2016 年以 8 260 万人口创造了 2.4 万亿美元的商品贸易，分别占世界的 1.1%和 6.1%；中国以 13.8 亿人口实现的商品贸易为 3.7 万亿美元，分别占世界的 15.1%和 6.8%。中国要建设成为世界经济强国，占世界贸易的份额要随着 GDP 份额的上升而大幅上升。更高的国际市场占有率要靠我们与发达国家竞争。靠什么竞争？只能靠提高制造业的国际市场竞争力。

未来 10～20 年，新型工业化将成为中国经济社会发展的主旋律。中国新型工业化道路要真正具备“科技含量高、经济效益好、资源消耗低、环境污染少、人力资源优势得到充分发挥”[①] 的特征，必须通过一系列战略性的结构转型来实现，主要包括：

第一，建立以现代技术为主体的技术结构，包括高新技术产业的发展和传统产业的信息化和高技术化，以信息化带动工业化，以工业化促进信息化。中国新型工业化道路是以新增长经济学为基本理论依据，结合中国经济增长的现实提出的，确实适合中国国情。

第二，建立以高档耐用消费品和现代装备机械为主导的产业结构。

第三，建立以具有国际竞争力的大型企业集团为核心的企业组织结构。

第四，建立国际国内两个市场一体化的市场结构。中国商品在国际市场上的地位要由以低端市场为主体向中高端市场转化。

第五，建立以大都市群和城市化地区为主要发展依托的空间结构。

新型工业化是一个包括技术结构、产业结构、企业组织结构、市场结构乃至于空间结构发生重大转型与变化的过程。其中，产业结构转型是贯穿始终并对城市化以及实现可持续发展具有直接重大影响的脉络之一。

（二）产业结构转型促进城市化的基本路径

中国新一轮产业结构转型将成为新时期促进城市化进程的主要力量，其作用的基本路径是：

第一，现代装备产业作为主导产业优先得到大力支持和发展。现代装备产业是新型工业化的先导产业，是用信息化带动工业化的关键。所谓用信息化带动工业化、用先进技术武装传统产业，主要是指用信息化技术、智能化设备来武装传统工业，智能化设备生产的过程就是现代装备产业发展的过程。现代装备产业的发展既是产业结构升级的过程，也是中国整个国民经济技术装备实现信息化的物质前提，是实现新型工业化“科技含量高”的产业依托，是实现新型产业体系“经济效益好、资源消耗低、环境污染少”的技术基础和物质基础。

第二，现代装备产业先行快速扩张，为农业、轻工业、服务业以及重工业本身提供大量先进的技术装备，为企业低成本实现技术进步提供广泛的条件。企业普遍地实现技术进步有利于提升企业市场竞争力，扩大产品市场，逐渐提高中国产品在中高端国际市场上的

---

① 中国共产党第十六次全国代表大会文件汇编．北京：人民出版社，2002：21.

贸易份额。这是中国以新型工业化提升国际经济地位的过程。

第三，在新型工业化的过程中，装备产业和高档耐用消费品工业作为主导，主要起着引领着整个产业结构转型的作用。但是，即便在重工业内部，装备产业和高档耐用消费品工业也完全不是全部发展的空间，深加工工业化过程会对原材料工业产生更大规模的拉动效应，几乎所有的原材料工业都需要在新的技术层面上大规模发展。

第四，企业广泛地实现技术进步和规模化发展，有力促进第三产业的快速发展，包括直接为教育、研发、金融、房地产、物流等现代生产性服务业提供充分的市场，以及通过提高劳动者收入水平，为生活服务业市场提供广泛而持久的需求拉力。生活服务业和生产服务业一起支撑起第三产业的快速发展，最终促进中国向工业化后期过渡。

第五，现代第三产业快速发展将铺成新型工业化与城市化的协调发展之路。现代第三产业快速发展将引致第二次劳动力转移浪潮的持续推进，从而为非农产业扩大就业提供广大的市场前提，真正做到“人力资源优势得到充分发挥”。随着非农产业就业机会的快速扩张，农村人口大量而相对稳定地进入城市，由农村居民转化为城市居民，逐渐促进中国由传统的农村社会向现代城市社会转化，完成中国的城市化过程。

综上所述，一个国家深加工化的过程实际上是整个产业体系在更高技术层次上广泛扩张的过程，从而是一个国家经济社会结构实现根本性转型的过程。中国的新型工业化之路实际上是一条新时期工业化和城市化的协调发展之路。

（三）关于发展现代制造业与扩大就业的关系

在研究新型工业化与城市化的关系时，许多文章都认为要处理好现代制造业与就业的矛盾，认为只有发展传统产业、劳动密集型产业才能扩大就业，解决城市化过程中就业扩张的问题。我们认为这是一个需要讨论的观点。根据我们的逻辑模型，只有充分发展深加工工业和技术密集型产业，才能够为第三产业提供广大的市场。现代化服务业作为劳动密集型产业的广泛扩张，是解决就业的根本出路。

我们必须科学认识技术进步与就业之间的关系，绝对不能迁就制造业的低技术所带来的短期的表面上的就业扩张，而放弃制造业技术进步引致第三产业快速发展所带来的真正意义上的就业扩张。这是理解新型工业化对城市化促进机制的关键。

二、城市化对产业结构转型的促进机制

2017 年中国的城市化水平为 58.52%，全国已经进入城市化社会。2035 年前后，我国城市化基本进入成熟期，城市化水平达到 70%左右。如果中国城市化有足够的产业支撑和制度支持，未来时期城市化水平仍然保持在每年提高 0.64 个百分点的速度是完全可能的。中国城市化将由高速增长阶段转向高质量发展阶段，市民化是城市化的第一任务。

中国高质量城市化进程将有利于促进工业化进程，促进产业结构的转型和升级，主要表现为如下方面：

（一）城市化通过需求扩张拉动经济增长与产业结构升级

第一，城市化是扩张市场需求的重要力量。

城市化对市场需求的拉动表现为直接拉动和间接拉动。

直接拉动是指城市人口增加所带来的消费品市场需求扩张。中国市场分为城市高消费和农村低消费两大群体，城市化的过程就是变农村低消费群体为城市高消费群体的过程。

2016年中国城镇居民人均可支配收入为33 616.2元，农村居民人均可支配收入仅为12 363.4元；城镇居民人均消费性支出为23 079元，农村居民仅为10 130元，相当于城市平均水平的43.9%。城镇居民人均可支配收入是农村居民的2.72倍，人均消费性支出是农村居民的2.28倍，意味着城市化的过程就是居民消费性支出翻一番的过程，城市化人口规模越大，对消费性市场的拉动规模也越大，直至城市化结束，达到城乡发展一体化。

间接拉动是指由于城市人口增加，对城市和区域公共基础设施物品的需求增加。农村人口从进入城市的一刻起，就不断地消耗交通、能源、房地产、绿化、学校、广场、警察、城市安全系统等城市基础设施。城市化过程中的基础设施建设是一个庞大的产业，又是一个影响力系数大的产业，城市化将直接或者间接地为基础设施产业的发展提供市场。2016年每增加一个城镇人口，需增加基础设施投资8.1万元（包括国家投资、企业投资和个人投资），新增城市人口2 184万人，则拉动基础设施投资1.77万亿元。城市化的持续推进将为基础设施产业提供持续扩张的市场，将成为中国经济增长强有力的助推器。

第二，城市化拉动的新增市场是一个不断升级的商品和服务市场，将为新型工业化时期产业结构升级提供相应的市场基础。

表6-5反映了2016年中国城乡居民消费水平及消费结构的差异。

表6-5　　2016年城乡居民消费水平和消费结构的差异

	消费性支出（元/人年）		消费结构（%）		消费性支出城市居民与农村居民的差异
	城市居民	农村居民	城市居民	农村居民	（元/人年）
总计	23 079	10 130	100.0	100.0	12 949
食品	6 762	3 266	29.3	32.2	3 496
衣着	1 739	575	7.5	5.7	1 164
居住	5 114	2 147	22.2	21.2	2 967
生活用品及服务	1 427	596	6.2	5.9	831
医疗保健	1 631	929	7.1	9.2	702
交通通信	3 174	1 360	13.8	13.4	1 814
文教娱乐	2 638	1 070	11.4	10.6	1 568

资料来源：中华人民共和国国家统计局．中国统计年鉴2017．北京：中国统计出版社，2017．

从表6-5中可以看出城市化对市场结构变化的影响：

（1）城市化将形成对工业商品和服务市场的有效需求。2016年农村居民消费的恩格尔系数为32.2%，处于刚刚解决温饱向小康过渡的阶段。城市居民的恩格尔系数已经降到29.3%，非食品消费支出的比重为70.7%。农村人口进入城市在市场上首先表现为非食品消费需求比重的增加，即对工业商品和服务的需求比重的增加，包括居住需求。

这里需要特别指出的是：就食品和居住需求看，农村和城市也是不同的。农村居民对食品和居住的需求只有少部分形成有效市场需求，大部分都属于自给自足领域；而城市居民对食品和居住的需求则全部通过市场得到满足，分别形成农产品、工业品和房地产的有效市场需求。因此，同样是食品和居住需求，在城市可以拉动市场扩张，在农村则与市场大循环相脱节。

（2）城市化将促进第三产业市场快速扩张。如果以衣着、生活用品及服务代表对第二产业商品的需求，以居住、医疗保健、交通通信和文教娱乐代表对第三产业的需求，则2016年城市居民人均对第三产业需求为12 557元，而农村居民则为5 505元，城市居民人均对第三产业产品的需求比农村居民高7 052元。城市化过程中第三产业的市场扩张是一个国家促进第三产业快速发展的重要动力。

（3）城市化将促进制造业产品市场结构的升级。

表6-6反映了2013—2016年中国城乡居民消费弹性系数的变化，反映出城乡居民对主要消费品需求的市场结构及扩张趋势。如果以粮食、肉类和摩托车代表生活必需品，以冰箱、彩电、移动电话和空调代表一般性耐用消费品，以家用汽车代表高档耐用消费品，那么中国城乡居民生活消费品的结构表现出如下特征：城市居民生活必需品已经得到满足，其消费结构正在由一般性耐用消费品向高档耐用消费品过渡；农村居民则还处在由生活必需品向一般性耐用消费品过渡的阶段。

表6-6　　2013—2016年中国城乡居民消费弹性系数

		城镇居民		农村居民		收入弹性系数	
		消费实物量		消费实物量			
		2013	2016	2013	2016	城镇	农村
粮食	公斤/人年	121.3	111.9	178.5	157.2	−0.31	−0.31
肉类	公斤/人年	28.5	29	22.4	22.5	0.07	0.01
摩托车	辆/百户	20.8	20.9	61.1	65.1	0.02	0.17
冰箱	台/百户	89.2	96.4	72.9	77.6	0.33	0.17
彩电	台/百户	118.6	122.3	112.9	118.8	0.13	0.13
移动电话	个/百户	206.1	231.4	199.5	240.7	0.50	0.53
空调	台/百户	102.2	123.7	29.8	47.6	0.85	1.53
家用汽车	辆/百户	22.3	35.5	9.9	17.4	2.39	1.94

资料来源：中华人民共和国国家统计局．中国统计年鉴2017．北京：中国统计出版社，2017．

城市化过程一方面将加速进入城市的农村居民对一般性耐用消费品的购买，为中国的彩电、冰箱、洗衣机、照相机及同类商品层次的制造业创造出巨大的市场。如果以每年进入城市人口1 746万人及平均每户3人计算，每年中国从农村进入城市的家庭将增加582万户，如果按照城乡一般性耐用消费品拥有量的差异，每年新增城市住户将产生新的市场需求：冰箱109万台、彩电346万台、空调859万台以及家用汽车105万辆，等等。这些新增城市人口在城市奋斗若干年后，其消费结构与城市居民差异缩小，其中一部分也开始由一般性耐用消费品向高档耐用消费品过渡，这时中国汽车、空调、计算机以及众多高档耐用消费品的市场持续扩张，直至高档耐用消费品进入千家万户，国家进入后工业化社会。①

（二）城市化是加速积累人力资本的主要路径

新型工业化与传统工业化最大的差别在于资源结构，传统工业化是一条主要依赖要素

① 这里所有的计算都是以现有消费水平为尺度的，应该说是低估了市场扩张能力，或者说是比较保守的估计。没有考虑到收入提高、城市发展质量提高所带来的各种市场的扩大。

投入的外延粗放型发展之路；新型工业化则主要依赖技术进步，走内生集约型发展之路。技术进步表现在一切方面，最为关键的是研发人员、管理人员以及所有的一线劳动大军基本的技术素质要大幅度提高。因此，要实现产业结构转型就必须准备最重要的生产要素：高素质的就业队伍。加快人力资本积累是中国新型工业化的重要任务。

城市化是低成本实现人力资本积累的主要路径。根据舒尔茨的人力资本学说，人力资本积累主要通过人力资本投资来实现。与任何投资一样，人力资本投资也要追求高效率。城市与农村相比，具有更高的人力资本投资效率。对于基础教育来说，由于中国村庄聚落的高度分散，规模小，要为相同数量的儿童提供基础教育所需要的成本比城市高。这正是至今中国许多农村地区不能完成基础教育的基本原因。城市化可以使大量适龄儿童集中到城市接受低成本、高质量的基础教育；城市化还可以促使农村人口大幅度下降，从而调整村落的空间结构，小村并大村，提高农村地区基础教育的规模效益，这样有利于实现农村地区的人力资本积累。

对于成人继续教育而言，成人高考、电大、函授学习以及各种形式的职业培训都需要发达的通信网络才能够实现，要在农村地区普及继续教育在当前几乎是不可能的。在城市中，一方面因为基础设施发达，另一方面由于城市劳动力市场竞争激烈，几乎所有的城市居民都存在接受继续教育的需求，成人继续教育有巨大的市场，以至可以发展成为庞大的教育产业，具有较高的投资效益。可见，城市化是实现人力资本高效投资的关键措施。

此外，提高人的素质还有赖于很多因素：接近进步的人群，良好的公共秩序，享受先进的社会服务，等等。与教育相比，在农村地区营造良好的社会环境更加困难，医疗保健、卫生事业、图书馆、博物馆、展览馆、音乐厅、动物园、现代体育设施等，有些可以在大村庄或集镇小规模、低水平发展，更多的公共设施由于其起码的经济技术要求，不可能在农村地区发展。大部分农村地区居民远离现代化生产生活方式，没有机会切身感受现代社会的文明气息，要成长为现代化的合格就业人员几乎是不可能的。

因此，只有推进城市化，将大部分国民集中于城市，才能够快速实现人力资本积累，为产业结构转型提供高素质的劳动大军。

（三）城市化和城市现代化是提高产业效率的重要前提

新型工业化主要依靠科技含量高、经济效益好的现代企业来完成。只有现代化的城市才能够为现代企业提供良好的外部环境和空间依托。

城市经济学认为，当考虑产业发展的外部环境时，产业效率模型可以表述为：

$$q=f(k, e, Q, N)$$

其中，q 为某产业的劳动生产率；

k 为每个工人所操纵的资本设备；

e 为工人的教育水平；

Q 为该产业的总产量；

N 为城市地区的人口总量。

产业的劳动生产率随着工人的技术装备水平和受教育程度的提高而提高。如果是专业化发展，那么该产业效率还随着专业化部门积聚规模（产业产量 Q）的提高而提高，以及随着城市规模（城市人口总量 N）的扩大而提高。这种城市规模的扩大带来企业和产业经济效率提高的现象被称为城市化经济。

城市化经济之所以存在，是因为企业的集聚带来一系列服务市场需求的集聚，使提供商务服务的供应商（房地产、现代物流、银行、保险、建筑物维修、通信、印刷以及各种现代商业业态）和提供公共服务的供应商（公共交通部门、学校、消防部门、公共医疗部门、警察系统等）在城市发展中可以实现规模经济效应。服务业的集中规模化大大降低企业外部成本，提高其经济效益。同时，城市中人才济济，不同的思想经常出现碰撞、交流，知识外溢经常发生，从而刺激创新。创新成为城市企业和产业提高效率的重要源泉。

一般而言，城市化经济随着城市规模的扩大而提高。从世界范围看，巴黎、东京、纽约、伦敦等一批超大城市集聚了最先进的世界级企业集团，引领着世界技术进步和产业发展的潮流；从中国看，上海、北京、深圳、广州等最发达的城市也是中国一流企业最集中的地方。笔者曾经对中国城市现代化水平进行过分析，得出的基本结论是城市现代化水平随着城市规模的扩大而提高，中国的大部分超大城市已经进入现代化的中期阶段，特大城市和大城市基本上处于现代化的初期阶段，大量的中小城市还处于现代化的前期阶段，近2万个建制镇距离现代化更加遥远。① 因此，中国的城市化不能够满足于建制镇数量的增加所带来的低水平扩张，必须重视城市发展质量。只有加速城市发展，提高城市现代化水平，才能真正为产业结构转型提供条件。

中国当前城市体系的规模结构太小，以建制镇的扩张为主，不利于城市现代化水平的提高。日本1995年人口为12 557万人，拥有10万人以上的城市有221个；中国2016年有138 272万人，是日本的10倍多，而拥有10万人以上的城市只有657个，不到日本的3倍。日本有221个10万人以上的城市，2 800多个10万人以下的市町村，二者的比值为1∶13；中国有660个10万人以上的城市和约4万个乡镇，市与乡镇的比值约为1∶60。

如果按照日本城市发展的比例，中国需要约3 100个10万人以上的城市，需要新增约2 400个城市；建制镇数量则无须增加，主要提高其发展质量。中国的城市严重短缺，当务之急是要简化、降低城市设置标准，为中国具备条件的小城镇发展为城市设置科学的门槛，以此为基础大幅度提高城市发展质量，这是新型工业化时期推进城市化、建立城市化、有效促进产业结构转型的首要任务。

（四）城市是建立中国现代经济运行秩序的空间依托

城市化过程是越来越多的人口进入城市，从事着先进的产业活动，有着较高的生活质量的过程。进入城市，人们的生活方式、价值观念将会发生重大变化，告别自给自足，摆脱小富即安，追求文明进步，崇尚开拓进取。社会将建立起根本区别于农业社会的城市社会新秩序，社会化、商品化、规范化、法制化将是城市社会秩序的基本特征。人们按照既定的游戏规则自由地进行丰富多彩的社会活动，自律、自尊、自强成为社会风尚。这是现代文明的灵魂，是城市社会的真正魅力之所在，也是现代产业体系所赖以发展的基础。

---

① 叶裕民．大连现代化国际性城市发展研究．财经问题研究，2001（10）：57－60.

【本章小结】

现代化是指一个国家由传统的农业和农村社会向现代工业和城市社会转变的自然历史过程，是一个国家实现工业化和城市化的过程。工业化通过产业结构升级和整体效率提高实现国强；城市化通过人口的空间流动和社会流动实现农村人口城市化和城乡人口中等收入化，培育以中产阶层为主的现代社会结构，实现民富。工业化和城市化犹如鸟之两翼，车之两轮，共同推进国家实现国强与民富。

在国家现代化的过程中，工业化和城市化的关系是相互转化的，在工业化中前期，工业化是因，城市化是果，工业化决定城市化的水平和质量；在工业化的中后期和后工业化时期，城市化是因，工业化是果，城市的空间品质、人力资本和制度环境决定了企业家以脚投票的结果，决定了产业结构升级和演进的进程。

特殊的国情决定了在改革开放以前的30年，中国走了一条非城市化的工业化道路，在改革开放以来的40年，中国走了一条弱城市化的工业化道路。当前中国进入发展的新时代，正在实施工业化和城市化协调发展战略，通过解决人民日益增长的美好生活需要和不平衡不充分的发展之间的矛盾，实现高质量的现代化。

【关键术语】

工业化与城市化的互动机制	新型工业化	城市化	第一次劳动力转移浪潮
第二次劳动力转移浪潮	产业效率模型	居民消费	政府支出
资本形成	消费弹性系数		

【复习题】

1. 简述工业化与城市化的互动机制及其产生原因。
2. 论述中国城市化阶段性轨迹、特征及政策效应。
3. 论述新型工业化的基本特征及其对城市化的促进路径。
4. 论述城市化对新型工业化的支撑作用。
5. 比较分析中日城市化对经济增长的影响。

第七章

城市的经济增长

城市的经济增长是城市发展的基础，经济增长的速度固然重要，经济增长的质量更加重要。本章将介绍城市经济增长的基本原理，包括城市经济增长的内涵，影响城市经济增长的要素及其作用机制，计算城市经济增长动力的基本方法以及城市经济增长模型。

重点问题

- 经济增长速度与质量的关系。
- 城市经济增长四大要素。
- 人力资本理论。
- 影响城市经济增长的区位因素。
- 城市经济增长模型。

第一节　经济增长的内涵

经济增长是一个国家综合实力的客观反映，经济增长速度影响着一个国家的繁荣和发展，保持经济的高速增长是各个国家在激烈的国际竞争中立于不败之地的关键。

一、经济增长的内涵

经济增长是一个国家或地区经济总量和人均量的年平均增长状况，一般用 GDP 及人均 GDP 的年平均增长率表示。

GDP 反映一个国家的综合国力，是决定国家在世界经济体系中政治、经济地位的重要因素。

人均 GDP 是一个国家国民生活水平的综合反映。人均 GDP 高不仅意味着国民有着更高的收入水平，而且意味着国民能够得到更好的教育、医疗以及政府提供更多的公共服务。

人均 GDP 决定着一个国家的经济面貌。人均 GDP 的绝对水平是一个国家经济繁荣状况的客观反映，人均 GDP 的增长则是测度一个国家技术进步的最好指标。

二、保持经济增长至关重要

增长率的差别在短期内看起来无关紧要，但是长时期增长的差别将给两个不同的国家带来巨大的差距。

（一）个人的案例

假定李军和王涛 1965 年分别在两个国家找到年薪为 5 万美元的工作，此后，李军工作的国家所有人的年薪年平均增长 1%，王涛所在的国家所有人的年薪年平均增长 3%，35 年后，到 2000 年两人即将退休时，李军的年薪是 70 830 美元，而王涛的年薪则为 140 693 美元，大约是李军的两倍（见表 7-1）。

表 7-1　　1965—2000 年李军和王涛的年薪变化

	李军	王涛
1965 年年薪（美元）	50 000	50 000
年薪的年平均增长率（%）	1	3
2000 年退休时的年薪（美元）	70 830	140 693

显然，王涛拥有一个比李军舒适得多的晚年生活。

（二）70 规则

如果某个变量每年按照 x%增长，那么，在接近 $70/x$ 年以后，该变量翻一番。

例如：如果一个国家的 GDP 年平均增长率为 7%，那么该国家大约在 10 年以后就能够实现 GDP 翻一番。这就是著名的 70 规则。

有一个更加精确的计算，我们暂且称之为 72 法则：如果 $a\times b=72$，那么当某个变量年平均增长 a%（或者 b%）时，该变量将在第 b 年（第 a 年）实现翻一番。

例如：一个国家的 GDP 年平均增长率为 9%，则在第 8 年该国家的 GDP 可以实现翻一番。或者一个国家的 GDP 年平均增长率为 8%，则在第 9 年该国家的 GDP 可以实现翻一番。因为 $8\times9=72$。

如果一个城市的人均 GDP 年平均增长率为 7.2%，那么该城市在第 10 年时可以实现人均 GDP 翻一番。

（三）国际增长率的比较

表 7-2 给出了一些国家一个世纪左右的经济增长率及其在世界经济体系中地位变化的比较。

表 7-2　　世界若干国家不同的经济增长经历

	时期	期初人均实际 GDP（美元）	期末人均实际 GDP（美元）	年平均增长率（%）
日本	1890—1990 年	842	16 144	3.00
巴西	1900—1987 年	436	3 417	2.39
加拿大	1870—1991 年	1 330	17 070	2.15

续前表

	时期	期初人均实际 GDP（美元）	期末人均实际 GDP（美元）	年平均增长率（%）
联邦德国	1870—1990 年	1 223	14 288	2.07
美国	1870—1990 年	2 244	18 258	1.76
墨西哥	1900—1987 年	649	2 667	1.64
英国	1870—1990 年	2 693	13 589	1.36
阿根廷	1900—1987 年	1 284	3 302	1.09
印度	1900—1987 年	378	662	0.65
孟加拉国	1900—1987 年	349	375	0.08

注：实际 GDP 按 1985 年美元计算。

资料来源：N. 格里高利·曼昆．经济学原理：下册．北京：生活·读书·新知三联书店，北京大学出版社，1999：144.

从表 7-2 中可以看出经济增长率的差异，各国在世界经济舞台上的地位也发生了变化：日本由于长期高速的经济增长，从 100 年前相对落后的国家发展成为世界第二经济大国，日本大部分国民拥有的普通消费品在印度是极少数上流社会人士才能拥有的奢侈品；英国由于相对较低的经济增长率，在 100 年的时间内由一个世界上最富有的国家逐渐下降为福利相对较差的发达国家，其人均 GDP 由加拿大的 2 倍下降到低于加拿大 20%。孟加拉国的长期超低增长致使该国在长达一个世纪的时期内经济状况没有得到基本改善，人们仍然经历着他们的曾祖父曾经经历的饥饿、贫穷和磨难。

不同的增长率是导致各个国家在世界经济体系中盛衰的基本原因。

（四）中美经济实力的对比与增长率

改革开放以来，我国保持了很高的经济增长速度。1978 年，我国国内生产总值（GDP）只有 3 624 亿元①，经过平均每年 9.5%的高速增长，2000 年 GDP 达到 89 404 亿元。在长达 22 年的时间里保持如此高的速度，这被国际社会称为“中国奇迹”。这一奇迹在世界大国的经济发展史上是很罕见的。

英国经济增长最高的速度出现在 1881—1890 年，国民收入年平均增长 2.7%；美国经济增长最高的速度出现在 1901—1910 年，国民收入年平均增长 5.7%②；日本经济增长最高的速度出现在 1955—1973 年，GDP 年平均增长 9.4%。③“中国奇迹”比曾经令世界为之瞠目结舌的“日本奇迹”持续时间更长，增长速度更高（见表 7-3）。

表 7-3　中国与发达国家高速增长期经济增长的比较

	高速经济增长时期	持续时间（年）	GDP 年平均增长率（%）
中国	1978—2000	22	9.5%
英国	1881—1890	9	2.7%
美国	1901—1910	9	5.7%
日本	1955—1973	18	9.4%

① 除特殊注明外，我国的统计数据均来源于：中华人民共和国国家统计局．中国统计年鉴 2001. 北京：中国统计出版社，2001，或者根据该书的资料计算得出。

② 胡兆量．中国区域发展导论．北京：北京大学出版社，1999：10.

③ 根据日本总务厅统计局编辑出版的《日本统计年鉴 1991》的资料计算得出。

“低速度就等于停步，甚至等于后退。”① 邓小平同志在南方谈话中一针见血地提出中国必须要保持高速增长。通过中美经济增长前景的比较，我们可以更清楚地看出这一点。

2000年，我国的GDP为89 404亿元人民币，而美国的GDP却高达98 729亿美元②，按汇率计算，相当于我国的9.14倍。也就是说，美国经济增长1个百分点，相当于我国经济增长9.14个百分点。2000年美国经济增长4.1%，其增量达6 043亿美元，相当于我国GDP总量的56%。

如果我国的经济增长速度与美国大体相同，与美国的相对差距就保持不变（永远是它的九分之一左右），但绝对差距越来越大。

假定我国经济每年增长7%，美国每年增长3%，人民币对美元的汇率保持不变，在2000年后36年内，每年我国GDP的增量一直都低于美国，两国之间的绝对差距仍然呈扩大趋势；2037年，我国GDP的增量才与美国相当③；在此之后，我国每年GDP的增量才超过美国；直到2058年，我国GDP的总量才与美国大体相当。④ 如果我国的经济增长速度再低一些，人民币对美元的汇率下降，缩小我国与美国经济总量的差距，更加任重道远。由此可以看出，在激烈的综合国力较量和国际经济竞争中，经济增长速度不仅是一个突出的经济问题，而且是一个重大的政治问题。中美经济实力与经济增长率的比较见表7-4。

表7-4 中美经济实力与经济增长率的比较

年份	中国GDP（亿美元）	美国GDP（亿美元）	中美年增长差额（亿美元）	中国GDP相当于美国的百分比（%）	年份	中国GDP（亿美元）	美国GDP（亿美元）	中美年增长差额（亿美元）	中国GDP相当于美国的百分比（%）
2000	10 798	98 729	—	10.9	2014	27 843	149 336	−2 528	18.6
2001	11 554	101 691	−2 206	11.4	2015	29 792	153 817	−2 531	19.4
2002	12 363	104 742	−2 242	11.8	2016	31 877	158 431	−2 529	20.1
2003	13 228	107 884	−2 277	12.3	2017	34 109	163 184	−2 522	20.9
2004	14 154	111 120	−2 311	12.7	2018	36 497	168 080	−2 508	21.7
2005	15 145	114 454	−2 343	13.2	2019	39 051	173 122	−2 488	22.6
2006	16 205	117 888	−2 373	13.7	2020	41 785	178 316	−2 460	23.4
2007	17 339	121 424	−2 402	14.3	2021	44 710	183 665	−2 425	24.3
2008	18 553	125 067	−2 429	14.8	2022	47 839	189 175	−2 380	25.3
2009	19 852	128 819	−2 453	15.4	2023	51 188	194 850	−2 326	26.3
2010	21 241	132 684	−2 475	16.0	2024	54 771	200 696	−2 262	27.3
2011	22 728	136 664	−2 494	16.6	2025	58 605	206 717	−2 187	28.4
2012	24 319	140 764	−2 509	17.3	2026	62 708	212 918	−2 099	29.5
2013	26 022	144 987	−2 521	17.9	2027	67 097	219 306	−1 998	30.6

① 邓小平．邓小平文选：第3卷．北京：人民出版社，1993：375.

② 2000年美国GDP及其增长率的资料来源于美国经济分析局2001年12月21日更新的网页。

③ 由 $89\,404\times1.07^{n}-89\,404\times1.07^{(n-1)}=98\,729\times8.28\times1.03^{n}-98\,729\times8.28\times1.03^{(n-1)}$，得 $n=37$。

④ 由 $89\,404\times1.07^{n}=98\,729\times8.28\times1.03^{n}$，得 $n=58$。

续前表

年份	中国 GDP（亿美元）	美国 GDP（亿美元）	中美年增长差额（亿美元）	中国 GDP 相当于美国的百分比（%）	年份	中国 GDP（亿美元）	美国 GDP（亿美元）	中美年增长差额（亿美元）	中国 GDP 相当于美国的百分比（%）
2028	71 794	225 885	−1 882	31.8	2045	226 784	373 353	3 962	60.7
2029	76 820	232 661	−1 751	33.0	2046	242 659	384 554	4 674	63.1
2030	82 197	239 641	−1 602	34.3	2047	259 646	396 090	5 450	65.6
2031	87 951	246 830	−1 435	35.6	2048	277 821	407 973	6 292	68.1
2032	94 107	254 235	−1 248	37.0	2049	297 268	420 212	7 208	70.7
2033	100 695	261 862	−1 040	38.5	2050	318 077	432 819	8 202	73.5
2034	107 744	269 718	−807	39.9	2051	340 342	445 803	9 281	76.3
2035	115 286	277 810	−549	41.5	2052	364 166	459 177	10 450	79.3
2036	123 356	286 144	−264	43.1	2053	389 658	472 953	11 716	82.4
2037	131 991	294 728	51	44.8	2054	416 934	487 141	13 087	85.6
2038	141 230	303 570	397	46.5	2055	446 119	501 755	14 571	88.9
2039	151 116	312 677	779	48.3	2056	477 348	516 808	16 176	92.4
2040	161 694	322 058	1 198	50.2	2057	510 762	532 312	17 910	96.0
2041	173 013	331 719	1 657	52.2	2058	546 515	548 282	19 784	99.7
2042	185 124	341 671	2 159	54.2	2059	584 772	564 730	21 808	103.5
2043	198 082	351 921	2 709	56.3	2060	625 706	581 672	23 992	107.6
2044	211 948	362 479	3 308	58.5					

那么，一个国家 GDP 的增长取决于什么呢？是什么因素决定了一国人均 GDP 的多寡以及其增长速度呢？是劳动生产率！

三、生产率是决定经济增长快慢的主要因素

经济学的基本原理告诉我们：一个国家的生活水平取决于其生产商品和服务的能力。

劳动生产率是决定一个国家生产商品和服务能力的基本因素。生产率是指一个劳动者每一个工作小时所能够生产的商品和服务的数量。

经济学家经常用的通俗易懂的例子是鲁滨逊。《鲁滨逊漂流记》是大家所熟悉的小说。当鲁滨逊流落在荒岛上时，是什么使他得以生存下去的呢？是他的劳动能力：捕鱼、种地、缝制衣服等的能力。鲁滨逊如果有能力制作更多的商品，他就能够生存，如果他不会做这些事情，或者能力太低，那么在流浪期间他的生活就会很糟糕，甚至会改变故事结局。当然我们的主人翁是完全具备在孤岛上生存的能力和意志的。

鲁滨逊的生产能力不仅决定他的生存状态，还决定他在流浪期间的生活水平。他如果每小时能够捕很多鱼，那么他的午餐就会比较丰富，还可能有富余，下午可以多一点儿时间休息或者制作衣物。

推而广之，一个国家也是一样。只有国民普遍大幅度提高劳动生产率，国家才会拥有强大的创造财富的能力，人民才可能享受高的生活水平。日本的生活水平提高得快，是因

为日本的劳动生产率提高得快。发达国家拥有富有的生活，是因为它们富有效率！城市比乡村富有，是因为城市居民从事的产业经济效率高于乡村。

那么，又是什么因素决定了生产率呢？

第二节　城市经济增长的要素分析

城市经济增长的要素包括两大类：一类是与一般经济增长具有共性的要素；一类是城市经济增长独特的要素。其中，一般要素对于城市经济增长起着基础性的作用。

一般的经济增长又是如何被决定的呢？综观近代世界经济发展的历史可以发现，在经济上曾经获得良好发展的国家和地区都具有一些共性，是一些共同的要素促进了经济的快速发展。这些要素的共同作用曾经造就了发达的英国、美国和日本，当前又正在促进像中国、印度这样的发展中国家经济起飞。萨缪尔森经典地概括到："经济增长的发动机必定安装在相同的四个轮子上，无论是穷国还是富国，这四个轮子，或者说增长的要素就是：人力资源、自然资源、资本和技术。"①

一、自然资源

自然资源是指由于自然力的作用而形成的、能够用于生产各种商品和服务的各种自然物，主要包括土地资源、气候资源、森林资源、矿产资源、水资源和动物资源等。

自然资源是人类社会生存和发展不可缺少的条件，任何地区的经济发展都直接或者间接地依赖于自然资源。由于是自然力长期作用的结果，绝大部分自然资源具有很强的地区性和不可再生性，要求人类在充分利用自然资源创造财富的同时保护好自然资源。

自然资源的多寡是影响一个国家经济生活水平的重要因素之一。美国的富有在很大意义上得益于辽阔的平原可以满足农业土地的供给；沙特阿拉伯的富有得益于它正好位于世界石油最丰富的地区。

虽然如此，自然资源并不是决定生产率的最重要因素，日本自然资源贫乏，但是它发展成了发达国家。国际贸易解决了日本经济发展中自然资源稀缺的问题，为日本的发达奠定了基础。

实际上，随着科学技术的进步，自然资源在社会经济发展中作用的重要性存在下降趋势。这主要是由于以下几个原因：第一，随着区域经济的发展，产业结构不断升级，高加工层次的产业比低加工层次的产业更少地依赖自然资源。比如汽车产业比钢铁产业对煤铁资源的依赖少得多。第二，由于技术进步，人类能够发现或生产出各种新资源来替代原有的资源，从而减少经济发展对自然资源的依赖，比如以化学纤维替代生物纤维，以合成橡胶替代天然橡胶，以核电替代火电，以聚氯乙烯替代钢材、木材作建筑材料等，每一次替代都为人类活动摆脱自然资源的限制提供了新的条件。第三，现代交通运输业的发展大大降低了运输费用，并缩短了地区之间来往的时间，人们可以在远离自然资源的地区发展加工工业，特别是深加工工业。这就是世界上很多自然资源非常丰富的地区，经济发展反而

---

①　保罗·萨缪尔森，威廉·诺德豪斯．经济学．北京：华夏出版社，1999：419.

落后，而许多资源匮乏的地区，经济发展却达到很高的程度的原因。

自然环境是一个与自然资源既相互联系、又相互区别的概念。自然环境是指存在于人类活动周围、几乎对人类所有经济社会活动都发生影响的生态环境系统。一个国家可以在缺乏自然资源的条件下达到很高的经济发展水平。但是，一个国家，特别是国土面积辽阔的大国，如果缺乏良好的自然生态环境，甚至于生态环境趋于恶化，各种恶性自然灾害频发，就很难保持经济的持续稳定发展，更难以达到较高的经济社会发展水平。

二、物质资本

物质资本，又称资本，是指用于生产商品和服务的设备与建筑物的存量。其特点是它是一种被生产出来的生产要素。它既是过去生产过程的产品，又是未来生产过程的再投入。锅炉既是锅炉企业的生产成果，又是钢铁工业企业必备的生产设备。在任何企业，人均资本装备水平的高低直接决定着其劳动生产率的高低。

资本还包括间接用于生产过程的投资品，比如公路、灌溉设施、公共医疗保健设施等。一般而言，这些为经济发展提供公共基础设施的投资被称为社会基础资本，由政府承担投资职能。

资本品的不断增加被称为资本积累过程。人均资本量随着时间而增长的进程则被经济学家称为资本深化。实现足够的资本品的积累，不断促进资本深化是任何一个国家由欠发达走向发达的必要条件。那些不能够保持人均资本装备现有水平的国家，生产率不可避免地会下降。对于人口增长较快，从而劳动力队伍不断扩大的地区，国家必须保证有大量的固定资本投资，以便使不断扩大的劳动力队伍人均装备水平保持增长的态势，为提高生产率提供物质条件。

因此，所有促进投资的政策都有利于实现经济的快速增长，这些政策包括：改善投资环境，减少种种限制投资的规章制度，降低投资障碍与投资风险；改革政府职能，减少企业与政府的交易成本；对进行投资的企业减免税收；为中小企业贷款提供公平的环境；降低储蓄利率，鼓励投资等。

三、人力资本

（一）劳动力、分工与经济增长

早在17世纪，西方经济学先驱威廉·配第就在他著名的经济学著作《赋税论》中阐明了人力资源在经济增长中的基本作用：“劳动是财富之父，土地是财富之母。”①

亚当·斯密在他著名的《国富论》中，将劳动看作是增加国民财富的重要因素，认为为了增加国民财富，必须增加工人总量，并提高产业工人的劳动生产率，为此又必须增加雇用工人的资本，加强劳动分工。

斯密将增加劳动力和通过劳动分工提高劳动生产率作为发展经济的重要路径，“分工会产生普遍的富裕”②，是经济增长的主要源泉。可以认为，分工理论是最早的关于人力资源开发的理论。通过劳动分工，人的潜能得到充分挖掘，单位时间中每个劳动力的平均

---

① 马克思恩格斯文集：第5卷．北京：人民出版社，2009：56.

② 亚当·斯密．国民财富的性质和原因的研究：上卷．北京：商务印书馆，1988：12.

生产量得到大幅度提高，生产效率的普遍提高有力地促进了国民财富的增长。

分工促进经济增长的理论不仅适用于企业内部劳动者之间，也适用于企业与企业之间、地区与地区之间、城市与城市之间乃至国家与国家之间，它是国际贸易的理论基础。

（二）人力资本与经济增长

在经济学中，虽然劳动力一直是最重要的生产要素之一，但是到 20 世纪上半期的经济学研究都是以劳动力同性质的假设为前提的。虽然劳动力质量在经济研究中越来越受到重视，但总是被抽象掉，劳动力被作为无差异的生产要素来对待。以舒尔茨为代表的人力资本理论则认为，劳动力实质上是一种不同质的生产要素，当人们通过对劳动力进行投资，使一定量的资本与劳动力相结合，就会使劳动力的质量升华，从而产生一种新的生产要素，即人力资本。人力资本是指通过教育、培训和经验而获取大量知识与技能的高素质的劳动力。

人力资本也是一种被生产出来的生产要素，人力资本积累越丰富，人们生产商品和服务的能力也就越强。

在一个国家，人力资本的多寡主要取决于对劳动力投资的强度。这种投资包括两大方面：一是教育投资，包括基础教育、职业培训及自我教育。教育的作用是提高劳动力的知识素养、基本技能、专业技术水平以及追求进步、敢于创新、善于自律的品格。教育投资将转化为劳动力的智力资本。如果说教育投资是人力资本投资的主要形式，那么学校就是造就现代化人才的工厂。二是卫生保健投资，包括衣食住行、医疗服务、体育锻炼等支出。卫生保健投资可以转化为劳动力的健康资本，健康资本的多少决定了劳动力能够在多长时间、多大程度上以积极的状态投入高效率的劳动。

人力资本是劳动力的智力资本与健康资本的结合。人力资本学说认为现代经济发展的速度与质量主要取决于人力资本的丰裕程度。与此相比，自然资源的丰瘠及资本的多寡显得不太重要了。

在发达国家，国民收入增长要远远快于生产要素投入量（土地、劳动力及资本）的增长，其秘诀就在于人力资本的迅速增长。

人力资本学说认为，在经济欠发达国家，经济之所以落后，根本原因在于人力资本的匮乏而非物质资本的短缺。因此在这些国家和地区，即使输入大量的物质资本，也难以在短期内实现经济的快速增长，根本问题就在于没有实现人的能力与物质资本的等速度发展，人力资本变成了经济发展的限制性因素。①

因此，在发展中国家，人力资本的投资比物质资本的投资更为重要。为了积累人力资本，必须大规模投资于教育、职业培训和卫生保健，从而逐步形成新的要素禀赋优势，并取得良好的投资效益。

为了加强人力资本的积累，政府需要采取的政策是对教育注入更多的资本，特别是不断提高基础教育质量和延长基础教育年限，为广大边缘地区农村和山区的孩子免费提供基础教育，为这些地区摆脱贫困提供初始的人力资本的积累。

美国的统计资料表明，每增加一年的正规教育可以使人的平均收入增加 10%。

---

① 西奥多·W. 舒尔茨．人力资本投资//郭熙保．发展经济学经典论著选．北京：中国经济出版社，1998：291－307.

接受过良好基础教育的群体更加愿意进行人力资本的自我投资。

四、技术进步

新增长经济理论的重大成就之一在于阐明技术进步对经济增长的贡献。

所谓新经济增长理论，又称内生增长理论，其核心思想是经济可以实现内生的增长。也就是说，经济增长不是外生因素作用的结果，而是由经济系统的内生变量决定的，经济不依赖外部力量就能够实现持续增长。

内生的技术进步是经济实现持续增长的决定因素。

技术进步是指社会对生产商品与服务最好方法的了解、掌握和运用的程度。技术进步不仅仅在工农业生产过程中存在，而且广泛存在于经济社会发展的方方面面。

新增长经济理论认为，技术进步是实现现代经济增长的最主要因素。美国之所以用3%的人口生产了全国所需要的农产品，并且还有大量剩余用于出口，就是因为美国的农民掌握并广泛运用最现代的农业技术和机械设备，从而进行着最高效率的农业生产。而发展中国家的许多农民自己生产的粮食还不足以养活自己。

技术进步作为促进经济增长的要素，具有特殊的性质：技术创新和发明的成本高，而一旦被发明出来以后，学习和复制运用技术的成本则很低。为此，需要建立知识产权保护制度，使技术的发明者从中获得足够的利益。

从技术产品特性的角度看，技术分为私有技术和公共技术。私有技术是指受法律保护的私人拥有并使用的技术。它又分为永久性私人技术和暂时性私人技术。永久性私人技术，比如同仁堂的中药配方，只有同仁堂公司知道并使用；著名饮料可口可乐，其生产技术属于可口可乐公司所有。暂时性私人技术是指某项技术被发明出来以后申请了专利，专利制度保护发明者享有利用该技术生产产品的权利，直至专利期满，其他公司和个人才可以无偿使用这种技术。公共技术是指那些被社会广泛运用的技术，包括专利期满的技术。各种技术形式的经济增长都十分重要。

虽然那些划时代的技术革命对经济增长作出了巨大的贡献，但是，技术进步更重要的是成千上万细微之处的革新，它发生在无数个工作岗位的每时每刻。因此，从业人员的素质以及对从业人员技术革新的激励极其重要。正是他们在日常工作中那些无声的、不为人察觉的、微小的革新不断地提高着产品的质量和生产效率。

熊彼特认为经济增长与经济发展的不同在于：经济增长只是年复一年的人口与财富的增加，其主要动力是从外部追加各种生产要素，纯粹的经济增长不能在质上产生新的现象。但是，经济发展则包含结构变迁、技术进步等提高经济质量内涵的经济运行过程，这一过程“并非经济生活从外部强加于它的，而是其内部自行发生的变化”①，这种产生于经济生活内部，并推动经济发展的力量就是创新。

熊彼特认为，创新是推动技术进步和经济发展的根本动力，它应该作为一种崭新的生产要素被引入生产函数。

那么什么是创新呢？熊彼特把创新定义为“企业家实行对生产要素的新的结合”②，

① 熊彼特．经济发展理论．北京：商务印书馆，1990：70.

② 同①.

包括以下五种情况：（1）引入一种新的产品或提供一种产品的新质量；（2）采用一种新的生产方法；（3）开辟一个新的市场；（4）获得一种原材料或半成品的新的供给来源；（5）实行一种新的企业组织形式。

可见，创新不同于技术发明，它是将发明应用到经济活动中，并为当事人带来利润的过程。因此，技术发明者不是创新者，只有那种敢于冒险，把新发明引入经济之中的企业家才是创新者。企业家是创新的灵魂。熊彼特还将企业家同普通的企业经营管理者区别开来，认为只有倡导和实行创新活动的企业经营管理者才是企业家，否则只是老板。因此，要推动社会进步，促进创新，必须不断培养一支强大的、作为一个社会阶层存在的企业家群体。

可见，把创新作为一种生产要素，等同于把企业家作为一种独立的最活跃的生产要素来看待。企业家是富有流动性的，将企业家作为一种新的生产要素，其流动性赋予了区域经济合作一系列的内涵。

以上介绍了促进经济增长的主要因素及其作用，那么，这些要素各自对经济增长的贡献有多大呢？这就需要通过生产函数来进行定性分析。

第三节　生产函数与全要素生产率的计算

投资和技术进步对经济增长的贡献是可以通过模型来表述的。其中，总生产函数能够表征经济发展与各个要素之间的关系，哈罗德-多马模型明显地反映出投资要素对经济增长的贡献。索洛归纳了经济增长的三个要素，包括劳动力数量的增长、固定资本存量的增长和广义的技术进步。索洛经济增长模型的假定是，在希克斯中性技术进步的条件下，规模报酬不变。另外，索洛余值法是学者们普遍采用的计算全要素生产率的方法。

一、总生产函数

经济学家通常用总生产函数表示经济发展与各要素之间的关系，其表达式为：

$$Q = aF(K, L, R)$$

其中，Q 为产出；F 为生产函数；K 为资本投入；L 为劳动力投入；R 为自然资源投入；a 为技术水平。

公式表明：经济产出是资本、劳动力和自然资源投入的函数，在技术水平一定的情况下，产出随着要素投入的增加而增加。技术水平的高低决定着要素产出效率。新技术的发明和引进运用，技术水平的提高，可以在要素投入水平相同的条件下增加产出。

在影响经济增长的各个要素中，资本和技术是最为重要的因素，哈罗德-多马模型主要研究的就是资本的增加是如何作用于经济增长的；索洛模型则主要界定技术进步对经济增长的贡献。

二、哈罗德-多马模型

投资在经济增长中起着决定性的作用，是经济增长的原动力，投资既创造需求，又创造生产力。

哈罗德-多马模型明显地反映出投资对经济增长的不可替代的贡献：

$$G=s/K$$

其中，G 为经济增长率；s 为储蓄率；K 为资本产出比率。

当储蓄全部转化为投资时，经济增长率就取决于投资和资本产出比率。哈罗德-多马模型是西方经济增长理论产生的标志。

三、索洛模型

哈佛大学教授罗伯特·索洛是经济增长模型的倡导者，其主要贡献之一是建立了衡量技术进步对经济增长的贡献的模型。

索洛认为，经济增长的因素可以分为三项：劳动力数量的增长，固定资本存量的增长，以及广义的技术进步。其中广义的技术进步（即索洛意义上的技术进步）对经济增长的贡献，既包括生产中使用的硬技术对经济增长的贡献，也包括生产中使用的软技术如要素配置效率、规模经济、组织管理及经济机制等因素对经济增长的贡献。技术进步绝大部分体现在劳动力质量的提高和投资中。在考虑劳动力数量的增长和固定资本存量的增长对经济增长的贡献之后，体现在劳动力和投资中的技术进步因素就被包含在索洛余值中了。

在考虑技术进步作用的条件下，索洛的经济增长模型可以表述如下：

$$GY=\alpha GL+\beta GK+TFP \qquad (\alpha+\beta=1)$$

其中，GY 为经济增长率，GL 为劳动力（从业人员）增长率，GK 为固定资本存量增长率，TFP 为全要素生产率，α 和 β 分别为劳动和资本的产出弹性。

索洛经济增长模型的假定是，在希克斯中性技术进步的条件下，规模报酬不变，即在假定没有技术进步的情况下，劳动力和资本存量（加权）平均每增长 1%，经济产出（GDP）也应当相应增长 1%。但在现实经济生活中，技术进步是广泛存在的。因为有技术进步，经济增长率一般要大于劳动力增长率和资本存量增长率的加权平均数。经济增长率减去劳动力增长率和资本存量增长率的加权平均数后的余值，就是全要素生产率，即索洛余值。

索洛经济增长模型在当代西方经济学界被广泛认同，美国著名经济学家保罗·萨缪尔森和威廉·诺德豪斯也是直接以索洛经济增长模型来计算美国全要素生产率的。①

这里结合中国国情介绍索洛经济增长模型的运用，并进一步对我国经济增长中技术进步的作用进行计算。

索洛余值法是学者们普遍采用的计算全要素生产率的方法，但计算结果大相径庭，一个十分重要的原因是对资料的选用方法和处理办法不同。在许多情况下，资料的选用和处理方法对于计算结果的影响甚至是决定性的。这里主要利用政府统计部门国民经济核算的新成果，给出新的计算结果。

（一）指标口径和资料来源

1. GDP 增长率和劳动力增长率

这两个指标是容易得到和易于处理的。根据资料一②、资料二③和资料三④的有关资

---

① 保罗·萨缪尔森，威廉·诺德豪斯．经济学：下册．北京：华夏出版社，1999：429.

② 国家统计局国民经济核算司．中国国内生产总值核算历史资料．大连：东北财经大学出版社，1997：110-1089.

③ 国家统计局国民经济综合统计司．新中国五十年统计资料汇编．北京：中国统计出版社，1999：141-870.

④ 中华人民共和国国家统计局．中国统计年鉴 1999. 北京：中国统计出版社，1999：62-135.

料，可以直接计算出全国和各省的 GDP 年平均增长率和全社会从业人员年平均增长率。需要说明的是：第一，从业人员数据用的是年平均人数，即以年初和年末从业人员的算术平均数计算。年平均增长率用几何平均法计算。第二，受资料的限制，只能选择 26 个省进行计算和分析。26 个省（东部 8 省、中部 9 省、西部 9 省）的各种增长率指标是按照加权算术平均法计算的；全要素生产率是按照索洛余值法计算的。全国的 *TFP* 是按照全社会从业人员年平均增长率和全国的固定资本存量年平均增长率计算的。

2. 资本增长率

根据前面的分析，这里使用的资本指标是存量而不是流量，是物质资本而不包括货币资本。现行统计中没有全社会口径的物质资本存量指标。近年来，我国国民经济核算工作的迅速进步为我们解决这一难题提供了途径。资料一和资料三中载有全国及各省区市自 1952 年以来的历年固定资本形成总额及其指数的资料。用固定资本形成总额指数及 1998 年当年价的固定资本形成总额，可以计算出以 1998 年价格表示的历年固定资本形成总额。以 C_n 表示 n 年的以 1998 年价格表示的固定资本形成总额。考虑到固定资本年折旧率平均约为 5%，固定资产投资项目的平均建设周期约为 3 年，第 20 年的固定资本存量 K_{i+20} 则由下式确定：

$$K_{i+20}=0.05C_{i+1}+0.10C_{i+2}+0.15C_{i+3}+\cdots+0.90C_{i+18}+0.95C_{i+19}\times 0.67+C_{i+20}\times 0.33$$
$$(i=1958,\ 1959,\ 1960,\ \cdots,\ 1978) \qquad (7.1)$$

根据资料一和资料三中有关资料和（7.1）式，可以计算出 1978—1998 年全国及东部 8 省、中部 9 省、西部 9 省的固定资本存量和增长率资料。由于该资料的新颖性，对各方面可能具有一定的参考价值，特以表 7－5 给出。

3. 劳动和资本的产出弹性

这里用收入份额法计算劳动和资本的产出弹性 α 和 β。由于资本的产出弹性 β 可由 $1-\alpha$ 直接计算出来，故只需讨论劳动的产出弹性 α 的计算方法。资料一和资料三列出了若干年份的各地区国内生产总值构成项目资料。[①] 从收入法的角度看，GDP 由劳动者报酬、固定资产折旧、生产税净额和营业盈余四个部分组成。劳动者报酬即劳动的收入，固定资产折旧和营业盈余即资本的收入，而生产税净额则为劳动和资本共同创造的收入。假定生产税净额中劳动和资本的贡献份额分别为 α 和 β，劳动的产出弹性 α 即由（7.2）式确定。

表 7－5　全国及各省区市固定资本存量和增长率

	固定资本存量（1998 年价格，亿元）			年平均增长率（%）		
	1978 年	1988 年	1998 年	1979—1988 年	1989—1998 年	1979—1998 年
全　国	20 864.4	50 400.1	137 525.0	9.2	10.6	9.9
北　京	174.2	1 001.8	4 864.7	19.1	17.1	18.1
河　北	728.7	1 695.9	6 295.1	8.8	14.0	11.4
山　西	325.6	793.1	2 189.5	9.3	10.7	10.0
内蒙古	194.5	597.7	1 875.7	11.9	12.1	12.0

① 保罗·萨缪尔森，威廉·诺德豪斯．经济学：下册．北京：华夏出版社，1999：76－79；国家统计局国民经济综合统计司．新中国五十年统计资料汇编．北京：中国统计出版社，1999：66.

续前表

	固定资本存量（1998年价格，亿元）			年平均增长率（%）		
	1978年	1988年	1998年	1979—1988年	1989—1998年	1979—1998年
辽　宁	1 113.9	2 310.4	6 319.3	7.6	10.6	9.1
吉　林	344.6	933.4	2 548.4	10.5	10.6	10.5
黑龙江	630.7	2 298.4	4 465.3	13.8	6.9	10.3
上　海	549.5	2 213.5	8 225.0	15.0	14.0	14.5
江　苏	444.4	2 386.7	11 271.2	18.3	16.8	17.5
浙　江	477.7	1 567.3	7 553.5	12.6	17.0	14.8
安　徽	499.3	1 623.1	4 007.1	12.5	9.5	11.0
福　建	356.9	1 239.9	4 282.0	13.3	13.2	13.2
江　西	282.7	703.9	2 336.3	9.5	12.7	11.1
山　东	869.0	2 977.0	10 332.9	13.1	13.3	13.2
河　南	766.4	2 062.0	6 132.3	10.4	11.5	11.0
湖　北	724.8	1 477.7	4 682.7	7.4	12.2	9.8
湖　南	788.8	1 857.2	4 086.1	8.9	8.2	8.6
广　西	945.1	1 562.6	2 995.1	5.2	6.7	5.9
四　川	1 195.1	2 529.5	5 331.5	7.8	7.7	7.8
贵　州	443.9	902.6	1 654.9	7.4	6.2	6.8
云　南	705.2	905.2	2 758.9	2.5	11.8	7.1
陕　西	582.2	1 464.8	3 058.6	9.7	7.6	8.6
甘　肃	361.7	585.7	1 290.2	4.9	8.2	6.6
青　海	111.6	239.6	498.8	7.9	7.6	7.8
宁　夏	180.6	327.1	597.6	6.1	6.2	6.2
新　疆	228.5	767.5	2 713.7	12.9	13.5	13.2
26省合计	14 025.6	37 023.6	112 366.4	10.9	12.3	11.9
东部8省	5 659.4	16 955.1	62 138.8	12.5	14.2	13.8
中部9省	4 557.4	12 346.5	32 323.4	10.7	10.3	10.4
西部9省	3 808.8	7 722.0	17 904.2	7.7	9.0	8.4

$$\alpha=\frac{\text{劳动者报酬}}{\text{劳动者报酬}+\text{固定资产折旧}+\text{营业盈余}} \tag{7.2}$$

我们计算劳动的产出弹性有以下两点考虑：

第一，选择1990年、1995年和1998年三个年份的资料计算劳动的产出弹性。在计划经济时代，我国实行低工资政策，劳动者报酬占GDP的份额偏低，不能真实反映劳动在创造GDP中的贡献。20世纪80年代，以市场为取向的改革取得重大进展，市场在调节收入分配中的作用越来越大，到1990年，α值达到0.614。此后，α值虽有所变化，但比较稳定：1995年为0.606，1998年为0.614。我们以1990年、1995年和1998年三个年份α

值的平均数 0.611 作为我国劳动的产出弹性。

第二，统一采用全国的劳动产出弹性 0.611 作为各省的劳动产出弹性。通过计算我们发现，各省的 α_i（$i=1$，2，3，…，26）值不够稳定，而且相互之间差异很大。从时序上看，北京 1990 年的 α 值为 0.442，1998 年上升到 0.564；内蒙古 1990 年的 α 值为 0.619，1998 年上升到 0.718；安徽 1990 年的 α 值为 0.760，1995 年下降到 0.588，1998 年又上升到 0.618；广西 1990 年的 α 值为 0.674，1995 年上升到 0.842，1998 年又下降到 0.758；西藏 1990 年的 α 值为 0.913，1995 年下降到 0.782，1998 年又继续下降到 0.650。从地区差异上看，1990 年 α_i 值最高的西藏为 0.913，最低的上海只有 0.402；1995 年，α_i 值最高的广西为 0.842，最低的仍然是上海，只有 0.433；1998 年，α_i 值最高的贵州为 0.793，最低的还是上海，只有 0.443。由于 α_i 值存在如此明显的差异，我们不能简单地把它们看作各相应省的劳动产出弹性。这主要是由于各省的收入分配政策在很大程度上是由中央统一制定的，这与索洛余值法的劳动者报酬应由完全竞争的市场来决定的假定条件不符。在这种情况下，比较合适的选择就是用全国的劳动产出弹性统一作为各省的劳动产出弹性。

（二）主要计算结果

根据上述的数据处理方法和确定的 α 值，可以计算出全国以及东部、中部和西部各省的全要素生产率，以表 7－6 列出。

表 7－6　全国及各省的全要素生产率　单位：%

	1979—1988 年					1989—1998 年					1979—1998 年
	GY	*GL*	*EL*	*EK*	*TFP*	*GY*	*GL*	*EL*	*EK*	*TFP*	*TFP*
全　国	10.1	3.1	18.6	35.4	46.0	9.4	1.3	8.8	43.9	47.3	46.4
北　京	9.9	3.0	18.4	75.3	6.3	9.7	1.0	6.3	68.6	25.2	15.8
河　北	9.0	2.8	19.3	38.2	42.5	12.1	2.1	10.5	45.0	44.5	43.6
山　西	8.9	2.7	18.9	40.9	40.3	9.1	1.6	10.9	45.7	43.4	41.9
内蒙古	10.7	3.2	18.3	43.0	38.7	9.0	1.5	10.3	52.3	37.4	38.1
辽　宁	9.4	4.3	27.7	31.3	41.0	8.1	0.5	3.7	51.0	45.2	42.9
吉　林	10.7	5.3	30.2	38.1	31.7	8.7	1.1	7.7	47.5	44.9	37.8
黑龙江	7.0	3.3	29.1	77.2	−6.3	8.0	2.4	18.0	33.4	48.6	23.3
上　海	8.3	1.2	8.5	70.2	21.3	10.7	−0.7	−3.9	51.1	52.9	39.0
江　苏	12.6	2.3	11.3	56.7	32.0	12.6	0.6	3.0	51.7	45.3	38.8
浙　江	13.8	3.4	15.2	35.4	49.4	13.1	0.8	3.7	50.6	45.7	47.7
安　徽	10.4	3.5	20.6	46.9	32.5	11.3	2.4	13.0	32.7	54.3	43.9
福　建	12.3	3.3	16.4	42.1	41.5	15.2	2.5	10.1	33.7	56.1	49.7
江　西	9.7	3.1	19.6	37.9	42.5	11.2	1.8	9.8	44.1	46.1	44.4
山　东	11.1	2.6	14.5	46.1	39.4	12.6	2.0	9.9	41.0	49.1	44.6
河　南	11.2	3.4	18.6	36.2	45.2	10.6	2.7	15.4	42.1	42.5	43.7
湖　北	10.4	2.3	13.6	27.6	58.8	11.0	1.1	6.3	43.1	50.6	54.6
湖　南	8.5	2.8	19.8	40.6	39.7	9.4	1.9	12.0	33.8	54.3	47.1

续前表

	1979—1988 年					1989—1998 年					1979—1998 年
	GY	*GL*	*EL*	*EK*	*TFP*	*GY*	*GL*	*EL*	*EK*	*TFP*	*TFP*
广西	7.5	3.4	27.5	27.0	45.5	11.8	2.2	11.2	22.0	66.8	58.7
四川	9.5	2.8	18.1	31.9	50.1	9.2	1.3	8.4	32.5	59.1	54.3
贵州	10.2	3.4	20.6	28.2	51.2	7.8	2.8	21.9	30.8	47.3	49.5
云南	10.3	3.4	20.1	9.5	70.4	9.3	2.3	15.0	49.4	35.6	54.1
陕西	10.9	3.3	18.5	34.8	46.8	8.2	2.1	15.5	36.3	48.2	47.5
甘肃	8.4	5.4	39.4	22.7	38.0	9.2	0.2	1.2	34.8	64.0	51.6
青海	7.3	3.2	26.8	42.0	31.2	6.9	1.7	15.2	42.8	42.0	36.2
宁夏	10.0	3.8	23.4	23.8	52.8	8.6	3.0	21.2	28.1	50.7	51.6
新疆	11.3	1.9	10.4	44.6	45.1	10.0	1.5	9.2	52.7	38.1	41.8
合计	10.2	3.1	18.6	41.6	39.8	10.9	1.7	9.6	43.7	46.8	42.8
东部	10.7	2.9	16.8	45.6	37.6	12.0	1.4	7.4	46.1	46.5	41.7
中部	9.7	3.2	20.1	42.9	37.0	10.0	2.0	12.2	40.0	47.8	43.2
西部	9.8	3.2	20.2	30.5	49.4	9.0	1.7	11.5	39.1	49.4	49.7

注：E_L 为劳动对经济增长的贡献率，E_K 为资本对经济增长的贡献率，其他符号的意义同前。

对于表 7-6，需要进行一些说明。可以看出，26 个省平均的全要素生产率与全国的全要素生产率之间存在差异。这种差异不仅是由于两者包括的范围不同，更重要的是由于全国的核算数据与地方核算数据的汇总数存在一定的差异。GDP 和固定资本形成总额是由国家统计局和各省统计局分别核算的，全国的数据不是各省数据的直接汇总，而是分别根据有关资料核算出来的，全国的核算数据与地方核算数据的汇总数存在合理的误差。如 1998 年的经济增长率，全国为 7.8%，而各省经济增长率的加权平均数为 9.7%，二者相差 1.9 个百分点。①

从表 7-6 可以看出，我国各地区、各省全要素生产率的变化差异很大。从总体上看，中部地区是以全要素生产率来衡量的技术进步最快的地区，1989—1998 年的全要素生产率比 1979—1988 年的全要素生产率增长了 10.8 个百分点，而同期沿海地区增长 8.9 个百分点，西部地区基本无增长。我们将 1979—1988 年及 1989—1998 年全要素生产率变化的地区差异列在表 7-7 中：

表 7-7　1989—1998 年全要素生产率相对 1979—1988 年全要素生产率增长的百分点

	全要素生产率下降	全要素生产率增长 1～15 个百分点	全要素生产率增长 15 个百分点以上
东部	浙江	河北、辽宁、山东、江苏、福建	北京、上海
中部	湖北、河南、内蒙古	山西、江西、吉林、湖南	安徽、黑龙江
西部	新疆、云南、贵州、宁夏	陕西、青海、四川	甘肃、广西

从表 7-7 可以看出，中部地区大部分省的全要素生产率增长了，其中安徽、黑龙江

① 根据资料三第 62 页表 3-8 各地区国内生产总值和指数的数据计算。

增长15个百分点以上，山西、江西、吉林和湖南增长1～15个百分点，但是，湖北、河南和内蒙古的全要素生产率下降了。

从绝对值看，1989—1998年，中部地区的大部分省技术进步对经济增长的贡献都在40%以上，最低的内蒙古为37.4%，最高的安徽和湖南都为54.3%，全要素生产率在50%以上的还有湖北，其余省份都在40%～50%。

【专栏】

技术创新对经济增长的影响是否存在区域差异?①

【内容提要】本文采用微观计量经济学综列数据研究方法，构建了2000—2003年连续四年与区域经济水平及技术创新能力相关的综列数据指标集，并在此基础上研究了我国八大经济区区域技术创新水平对区域经济增长的影响差异。结论表明，技术创新能力对经济发展水平有较高的解释水平，而我国欠发达地区的技术创新水平及其对经济增长的贡献度均低于发达地区，由此造成二者经济发展差距越来越大。因此，本文认为欠发达地区要促进地区经济发展，缩小地区间的发展差距，就必须制定积极的、超常规的技术创新赶超战略，努力提高本区域技术创新水平。

正确评估技术创新对促进区域经济发展和社会进步有着重要作用

技术创新是使国家经济获得持续、稳定、协调发展的关键，对促进社会进步与增强综合国力有着巨大的作用。尽管我们已经认识到技术创新对发展经济、提高企业竞争力和整个地区乃至国家综合竞争力的重要性，但对如何有效促进中、西部地区的技术创新，以加快地区经济增长，实现中、西部经济发展的赶超战略仍处于探索之中，究其原因在于：一是对地区间发展的平衡性和差异性认识不够深入，对技术创新影响地区经济发展程度缺乏深入分析，没有从时空维度进行研究以找出技术创新对经济增长影响的时空特性；二是我国的技术创新政策过于宏观，对如何基于不同地区的差异，制定具有针对性和具体的技术创新产业政策、发展计划、资金支持，仍然需进一步深化研究。因此，正确评估技术创新对区域经济发展的影响显得尤为重要。

我国欠发达地区的技术创新水平及其对经济增长的贡献度均低于发达地区

造成地区间经济发展水平差异化的原因有很多，主要从地区技术创新能力方面对此进行分析与实证研究，模型拟合结果表明地区经济发展水平的80%都可由技术创新能力来解释，但是各区域技术创新能力的差异也导致了区域经济发展水平存在差异。西南、西北这些传统地区由于技术创新水平较弱，因而还不能对当地的经济发展起到有力的促进作用。从实证分析结果可以看出，西北地区与东部沿海地区的差距非常明显，在获得相同技术创新资源的情况下，西北地区对GDP、人均GDP、工业增加值等经济指标的贡献度分别比东部沿海地区低22.2%、38.9%、34.7%，但是，西北地区也并非没有潜力可挖，其在相同技术创新资源的投入下可以使全员劳动生产率比东部高出35.6个百分点，因此，通过提高欠发达地区的全员劳动生产率来促进经济发展应该是一条较好的发展途径，但这需要

---

① 朱勇，张宗益．技术创新对经济增长影响的地区差异研究．中国软科学，2005 (11)：92－98.

欠发达地区重视制定积极的技术创新与赶超战略，否则将难以实现经济高速发展和缩小与东部地区发展差距的目标。

第四节　城市经济增长的特殊要素——区位因素和聚集经济

城市经济增长的要素除了一般要素还有特殊要素。特殊要素主要包括区位因素与聚集经济，其中区位因素主要是指城市所处的经济地理位置，包含自然和经济要素。区位优势对城市的发展非常重要，尤其当国家制定对特定区域的区域政策时，区位优势就能充分发挥。除了区位因素，聚集经济也是城市经济增长的特殊动力，其中，增长极理论能够揭示城市如何通过聚集效应和扩散效应谋求自身发展并带动地区经济发展。

一、区位因素与城市经济增长

区位资源即经济地理位置，它是自然与经济要素在空间上的组合，其中自然地理位置是基础。很多城市的形成和发展都得益于其区位优势。

上海是依赖于区位优势发展起来的城市之一。上海的发展主要是在鸦片战争之后，西方各国要在中国实行殖民统治，必然要选择地理位置优越的控制据点。上海地处中国第一大江长江的入海口，在铁路和公路运输还不发达的时代，水运是最主要的交通工具。控制了上海，逆江而上，可以深入中国内陆腹地；通过南北海运，可以抵达下至广州、香港，深入华南广大地区；上至北京、大连，深入华北、东北广大地区；同时，上海所在的江浙一带又是中国自唐代以来最繁荣的地区之一。正因如此，上海成为近代西方列强控制中国的主要据点，这使上海从一个小县城发展成为中国甚至远东最大的城市。中华人民共和国成立以后，受均衡发展指导思想的影响，上海一度发展较慢。但是自改革开放以来，特别是 20 世纪 90 年代浦东的开发和开放，又一次使上海的区位优势得以充分发挥，上海是中国 90 年代吸引外资最多、发展最快的城市。经过仅仅几年的时间，上海已经吸引了世界排名前 100 位的跨国公司中的 57 个来沪投资，1991—1997 年实际利用外资 250 亿美元，有 11 家跨国公司的地区总部或代理总部职能的办事处迁入浦东。上海成为中国发展经济、走向世界的先锋。得益于区位优势兴起和发展的城市有很多，比如北京、天津、广州、深圳等。

总的来看，区位优势主要形成于如下地区：靠近河海港湾及交通干线、边境线的地区（如上海、天津、大连、郑州等）；基础设施发达、靠近大城市的地区（如长江三角洲地区、珠江三角洲、京津之间的廊坊地区等）；资源地域组合良好的地区（如黄河中上游、红水河流域等）以及在全国或大区中位置适中的地区（如武汉、沈阳、贵港等）。

与自然资源、经济资源和社会资源不同的是，区位资源不是任何时候都能促进区域经济发展的，只有当国际国内形势有利于该区域开发时，它才成为资源，否则，区位资源就不能起作用，甚至可能会转化为发展的不利因素。比如在改革开放以前，沿边地区特殊的地理位置在一定程度上限制了其发展，改革开放以后，沿边地区的区位优势才得以充分发挥，成为与周围国家经济交流的前沿地带。

【专栏】

技术效率、全要素增长率是否影响地区间经济增长差异？内蒙古的案例①

【内容提要】本文以内蒙古为例，使用随机前沿模型，估算了不同地区的技术效率，并对全要素生产率增长率进行分解。研究结果表明：(1) 技术效率和全要素生产率与一个地区的经济增长呈正向变动关系。(2) 城市化率、第二产业占GDP的比重、教育、人力资本存量、物质资本存量等的提高会提高技术效率，国有工业产值比重、财政支出占GDP的比重和少数民族人口比重的提高会降低技术效率。(3) 整体而言，各地区全要素生产率增长主要依靠技术进步，技术效率和规模经济效率都显著不足。

全要素生产率是衡量要素投入效率对经济增长贡献的一个重要变量

经济增长的源泉一直是经济学家研究的核心问题之一，全要素生产率是衡量要素投入效率对经济增长贡献的一个重要变量，也是体现经济能否实现可持续发展的重要指标。缩小地区经济增长差距、实现协调增长是中国新时期的战略任务，这需要分析地区间经济增长的质量差异以及决定因素。

内蒙古的技术效率影响了经济增长与收入差距

内蒙古经济的迅速崛起引起了国内外学者的广泛关注，经济高速增长提高了内蒙古的经济水平和人们的生活质量，同时也带来了许多问题。

内蒙古地区收入差距的扩大为研究地区间经济增长差距以及决定因素提供了基础。

已有研究发现内蒙古地区间收入差距在扩大，而且经济增长是城乡收入差距扩大的单向原因。内蒙古地跨“三北”，近年来，伴随着快速的经济增长，地区间经济差距持续扩大，这一事实为研究地区间经济增长差距以及决定因素提供了基础。

技术效率和全要素生产率与一个地区的经济增长率呈正向变动关系。

技术效率和全要素生产率与一个地区的经济增长率呈正向变动关系，这一结果可以部分解释地区间经济增长差距的扩大。

提高和降低技术效率的决定因素有所差别。

技术效率方程的分析结果表明，城市化率、第二产业占GDP的比重、教育、初始人力资本存量、物质资本存量等的提高会提高技术效率，而各地区国有工业产值比重、财政收入占GDP的比重、少数民族人口的比重与技术效率呈负相关关系。在技术效率提高中，人力资本所起的作用最大，其次是城市化和工业化；而在降低技术效率的因素中，财政收入占GDP的比重的作用最大，其次是国有工业产值比重。

技术进步有效地促进了各地区全要素生产率的增长。

全要素生产率增长的分解结果表明，各地区全要素生产率增长主要依靠技术进步，而技术效率和规模经济效益都显著不足，这说明我们重视技术进步而忽略了技术效率和规模效益。

---

① 杜凤莲，董竞泽，高国鹏．技术效率、全要素增长率与地区间经济增长差异——以内蒙古为例．经济理论与经济管理，2011 (05)：90-97.

二、聚集经济与城市经济增长

（一）聚集经济是城市经济增长的特殊动力

现代经济发展有两条主旋律：工业化和城市化，工业经济和城市经济几乎涵盖了所有的经济内容。但是，工业经济与城市经济相互联系、相互交叉，又有着本质的区别。工业经济是以第二产业为主体的非农产业的发展，一个个工厂、企业的建立是工业经济发展的基本象征。

城市经济是工业在空间上聚集所产生的经济形态。在市场经济条件下，经济社会主体为了各自的利益，都倾向于在城市聚集发展。要素聚集是城市诞生和发展的前提，聚集经济是城市经济的基本特征。

那么，为什么需要聚集呢？聚集效应如何表现呢？

生产性企业聚集可以获得外部规模经济效益，使交通、通信等各种基础设施建设所需要的投资由企业发展的内部成本变为外部成本（政府投资，或者专业化投资公司投资），大量节约发展成本；同时能够获得广告、人才培训、医疗、信息等多方面的外部专业化协作，降低获得相关服务所需的成本。

生产性企业的聚集提供了大量的就业机会，在这里可以更加方便地找到满意的工作，从而吸引大批劳动力和人口聚集。

生产性企业和人口的聚集促进了服务性行业市场的聚集，服务性企业跟进聚集。

企业和人口的大量聚集使城市成为人口和经济社会发展的中心地区，成为政府管理的主要空间场所。政府为了接近服务者，降低管理成本，也都将城市作为最好的区位选择。

可以说，没有聚集，就没有城市，聚集经济是一种公共经济，它如同贸易一样，可以为所有参与的主体带来经济社会利益。聚集经济是城市经济有别于其他经济的独特内涵。城市正是通过聚集与扩散来谋求不断发展的。

（二）聚集效应与扩散效应

增长极理论揭示了城市如何通过聚集效应和扩散效应谋求自身发展并带动地区经济发展。

增长极理论是由法国经济学家弗朗索瓦·佩鲁提出的。佩鲁在赫尔希曼、威廉姆逊、米尔达尔等经济学家关于不平衡增长理论研究的基础上，提出增长极的概念，并系统论述了增长极的作用机制，从而形成增长极理论。

增长极理论的出发点是区域经济增长的不平衡，包括产业发展不平衡和空间分布不平衡。产业发展不平衡表现为一些具有较高生产效率和资金收益的产业会快于其他产业的发展，从而形成地区主导产业。地区主导产业发展的主体是具有创新能力的企业。空间分布不平衡表现为主导产业和创新企业首先在某些中心城镇聚集和发展起来，然后向外围扩散。这些集中了主导产业和创新企业的中心城市就是区域增长极。在区域经济运行中，增长极通过极化效应和扩散效应带动区域经济的发展。

极化效应是指区域经济能量在增长极积累和聚集的过程。在增长极上，主导产业和创新企业的建设和发展，对周围地区的劳动力、资源、原材料及资金、技术和建设项目产生强大的吸引力，从而使增长极的经济实力和人口规模迅速扩大，这个过程就是极化效应。增长极的极化效应直接产生于聚集经济效益，由于主导产业和创新企业的集中产生了巨大的内部和外部规模经济效益，能用较少的投资创造相对好的投资环境和发展环境，因此对外部区域的吸引力大。另外，乘数效应强化了极化效应，主导产业和创新企业在增长极的布局必然促使一系列为它们服务的生产性和非生产性行业的发展，从而引起人口增长；而人口增长又将引起为居民服务的行业的发展，最终促使增长极的迅速发展。极化效应是增长极产生的标志，极化效应作用的结果是扩大区域差异，特别是扩大增长极与广大区域之间的差异。

增长极的极化效应不是无限的，在极化的过程中同时受两方面因素的制约：第一，从企业内部看，存在适度的经济规模。在增长极上，企业的边际效益在达到最高点后开始下降，投资者对企业再投入的兴趣减少，必然在增长极以外的地区寻求新的扩张点。第二，从增长极自身的发展看，也存在适度规模。增长极规模的过度扩大必然引起经济和人口的高度集中，一旦超过城市的环境容量和资源承载力，则会导致外部规模不经济，企业发展的成本增加，并产生一系列城市问题和“城市病”。这两方面因素的共同作用将随着增长极的发展而削弱其极化效应，增加其扩散效应。

增长极的扩散效应是指企业、人口、资金、技术等经济要素由增长极向外围地区扩散并由此带动周围区域经济发展的过程。增长极扩散效应产生的原因是：（1）增长极自身的发展要求周围广大地区供应能源、原材料和初级加工品，从而促进周围地区相关产业的发展。增长极规模越大，经济越发达，对周围地区的这种需求就越多，带动作用也越强大。（2）增长极外部规模经济的限制以及增长极产业结构更替和演化的需要会产生外溢作用，不断向周围区域扩散产业层次和技术层次相对较低的企业和产品，从而在客观上能够促进周围地区的经济发展。（3）政府为了促进区域经济的均衡布局，经常通过多种政策和措施，限制极化效应，强化扩散效应。扩散效应作用的结果是大范围带动区域经济增长，缩小地区内发展的差距，促进区域均衡协调发展。

增长极的极化效应和扩散效应是带动区域经济发展的不同形式，在区域经济发展的不同阶段其作用强度不同。在经济发展处于较低阶段时，产业，特别是创新企业，主要集中布局于增长极，增长极的作用以极化效应为主；当增长极发展到一定程度后，企业及产业布局开始扩散，极化效应减弱，扩散效应增强；再进一步发展，扩散效应开始占主导地位，最终实现城乡一体化。

增长极发展理论用于区域经济开发与发展过程中，就形成了增长极开发模式。

增长极开发模式适用于经济发展水平处于前工业化阶段以及工业化前期阶段的地区。这些地区经济以传统农业或较低发展水平的初级产品的生产为主，资源丰富，但开发程度低，中心城市少，还不能带动区域经济发展。在这些地区，可选择适当的城镇作为产业生长点，培育和建设若干个规模较大、发展快、波及效果强的主导产业和创新企业，形成区域增长极，逐步带动周围地区的资源开发和经济发展。

当增长极理论运用于大范围的区域发展时，便是区域经济由不平衡到平衡的倒 U 形区域经济增长理论。

（三）政府在增强城市聚集效应中的作用

众所周知，中国地方政府职能转变是体制改革的重要环节，其核心问题是政府要逐步减少和退出直接投资、经营竞争性企业的行为，为市场调节腾出空间；同时，更好地担负起发展公益事业、提供公共物品的职能，为经济发展创造良好的投资环境。在提供公共物品方面，中央政府主要提供国防、法律、宏观经济政策、跨区性基础设施等全国性的公共物品，地方政府则主要提供基础教育、公共医疗卫生、地方性基础设施及地方经济政策等地方性公共物品。

未来时期中国地方政府职能及其与区域经济发展的关系可表示为图 7-1：

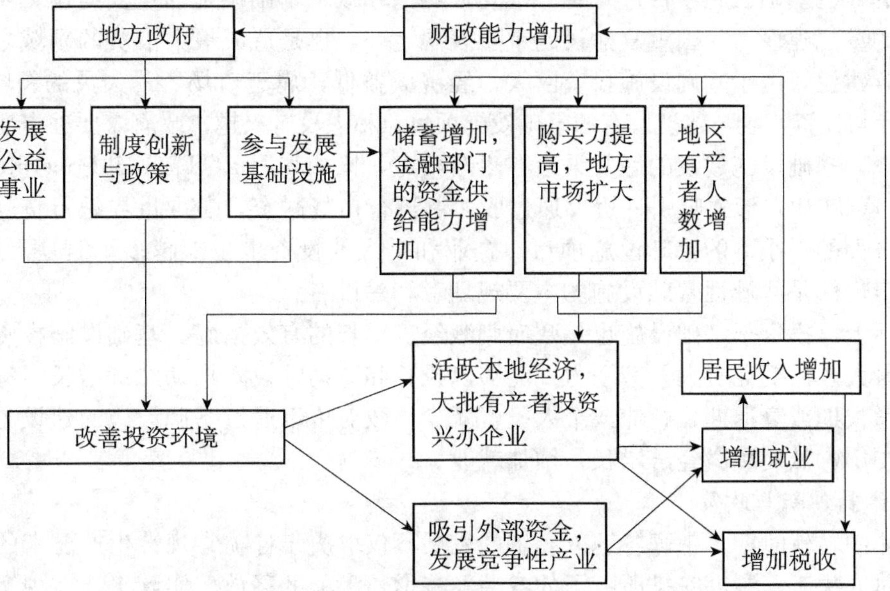

图 7-1　未来时期中国地方政府职能及其与区域经济发展的关系图

1. 发展公益事业

公益事业是指为广大居民提供公共服务、经济效益小、社会效益大的事业，主要包括教育（特别是基础教育）、公共医疗卫生保健、公共环境建设等。在各项公益事业中，基础教育是核心。基础教育是提高公民素质的第一步，《中华人民共和国教育法》规定，政府有对所有公民进行九年义务教育的责任，每个公民都有接受九年义务教育的权利。而在现实生活中，九年义务教育的质量没有得到较好的保证，主要表现在两个方面：第一，个别地方辍学率高；第二，一些学校，特别是一些农村地区师资力量较差，教学质量较低，接受完九年义务教育的孩子并没有真正达到初中毕业应有的文化水平和素养。这样，国民的基本素质就难以满足地区经济和社会发展的基本要求。从投资环境的角度看，劳动力素质低，企业难以实现技术进步和技术创新，不仅已有的企业发展缺乏活力，对新的投资者更是缺乏吸引力，区外投资吸引不过来，本区投资者则会把眼光投向其他投资环境良好的地区。因此，如何高质量地保证九年义务教育是市场经济条件下地方政府营造投资环境的第一重要内容。

2. 规划和建设基础设施

基础设施是地区投资硬环境的主体，它是指用于保证区域社会经济活动正常进行的公共服务系统，主要包括区域交通系统、公用事业系统、公共工程系统及社会性基础设施。

基础设施几乎被用于每一个生产过程和生活过程，是区域经济社会活动正常进行的必要条件；基础设施建设工程规模巨大，需耗费巨额投资，是一般企业和个人的力量所不能及的；而基础设施的经营又具有低盈利性及公益性，这些因素决定了政府在基础设施建设中要居主导地位。另外，由于基础设施项目规模巨大，其工程建设一旦开始，便构成区域经济活动的重点，它的建成又将在很大程度上甚至是根本上改变区域经济发展的条件，促进区域经济的发展，这也是政府关注基础设施的重要原因。

在地方性基础设施发展方面，地方政府职能表现为两个方面：一是规划管理，即对所在地区的大型基础设施项目进行统一规划，避免和减少基础设施的重复建设。实际上，基础设施的重复建设是我国重复建设的重要表现之一，也是造成最大浪费的领域之一。二是参与投资建设，由于基础设施投资巨大，经济效益低，属于市场容易失灵的领域，因此需要政府参与投资，参与建设。有的基础设施项目，私人没有兴趣，政府需要独资建设。最近十几年来，基础设施建设的融资渠道在逐渐拓宽，比如利用 BOT（build-operate-transfer，建设-经营-转让）形式吸引外资，通过股份制进行市场融资，争取世界银行贷款等。对于一些地方性的、小型的基础设施项目，企业和个人的投资也越来越多。但是，总的来看，地方政府仍然是区域性基础设施的主要规划者和建设者。

实际上，投资于基础设施也是政府刺激经济增长的有效措施。基础设施投资巨大，并且工程量大，需要耗费大量劳动力，能够以投资和劳动的投入拉动经济增长。特别是在经济低速增长期或衰退期，企业或个人投资减少，政府可以通过基础设施的建设与维修，增加公共支出，从而刺激经济增长，增加就业。

3. 体制创新与政策

在体制转轨时期，中国各地方经济的发展不仅取决于各项常规性生产要素的积累和投入，同时取决于新制度安排所赋予的各种经济增长潜能的释放。实际上，在现实的区域经济发展中，那些体制改革走得快的地区，经济发展也必然走在前列。在全国各省区的发展中是如此，在一省内部各地市县的发展中也是如此。

所谓制度创新，其实质是着力培育市场机制，充分发挥市场在资源配置中的基础性作用，早日实现由传统的计划经济向新的市场经济过渡。因此，一方面需要加快国有企业的公司制改革，使之早日成为真正具备市场竞争力的经济主体和法人实体；另一方面要放开、培育、扶持非公有制经济，特别是私人企业和个体经济的发展，促进私人财富的积累。由于国有企业是公共财富，归国家所有，虽然目前国有企业的产品已经市场化了，但是国有企业的整体市场化客观上还需要一个过程，特别是国有资产的市场化经营还要一些时日。因此，在未来几年中，一个地区的市场化程度主要取决于私人财富的积累程度，以及私人企业发展的规模和水平。个体经济和私人经济是在市场的大风大浪中成长的，完全接受市场的调节。个体经济和私人经济的规模越大，比重越高，市场作用的空间也就越广阔。不断成熟的市场机制将赋予地区经济发展以巨大的活力和创造力。因此，加速国有企业改革，培育个体经济和私人经济是未来时期地方政府职能的另一个重要内容。

第五节　经济基础模型

经济基础理论基于城市规模取决于其向区外提供的商品和服务的数量这一假设，城市随着外部需求的增长而增长。

该理论将城市经济活动分为基础活动和非基础活动。前者主要为区外提供商品和服务，后者则主要为本地居民的消费提供商品和服务。

经济基础理论认为，城市的增长取决于基础活动的增长，基础活动的增长能增加对劳动力的需求，将新的劳动力吸引到城市，基础活动收入的增长能刺激非基础部分的增长，也可能引起进口增长，于是总就业就会增长。

一、经济基础模型

经济基础模型通常表述为就业增长等于就业乘数与基础部门就业增长的乘积。模型如下：

$$\Delta T = \text{就业乘数} \times \Delta P = \frac{T}{P} \times \Delta P$$

其中，ΔT 为城市经济增长；

ΔP 为出口行业（主导产业）就业的变化；

T/P 为就业乘数，是总就业人数/主导产业就业人数。

研究中国城市经济，由于各城市劳动生产率的巨大差别，需要以产业增加值替代就业人数。

$$\Delta \mathrm{GDP} = (\mathrm{GDP}/P_i) \times \Delta P$$

其中，$(\mathrm{GDP})/P_i$ 为主导产业发展乘数；

P_i 为主导产业输出部分的增加值；

ΔP 为主导产业输出部分增加值的增长。

二、利用区位商估算乘数

（一）估算主导产业输出部分的增加值

$$S_{ij} = \left(\frac{e_{ij}}{e_i} - \frac{E_j}{E}\right) \times e_i = e_i \times \frac{e_{ij}}{e_i}\left(1 - \frac{\frac{E_j}{E}}{\frac{e_{ij}}{e_i}}\right) = e_{ij}\left(1 - \frac{1}{q_{ij}}\right)$$

$$P_i = \sum_{j=1}^{n} S_{ij}$$

其中，e_{ij} 为第 i 城市 j 主导产业的增加值；

e_i 为第 i 城市主导产业的增加值；

E_j 为全国 j 主导产业的增加值；

E 为全国产业增加值总和；

q_{ij} 为第 i 城市 j 主导产业的区位商；

S_{ij} 为第 i 城市 j 主导产业的输出增加值；

P_i 为第 i 城市主导产业输出部分的增加值的总和。

（二）计算乘数

主导产业发展乘数 $= \mathrm{GDP}/P_i$

三、主导产业输出的变化（ΔP）

（1）预测全国该产业的发展速度。

（2）预测本城市对该产业厂商相对吸引力的变化，如果本城市该产业竞争力提高，则城市主导产业的市场份额会随之提高，如从5%提高到10%，反之则下降。这样就可以预测主导产业的发展速度。

（3）预测主导产业输出部分的增加值。

四、城市发展目标与政府政策

基础理论模型十分强调基础部门的作用，城市政府制定产业政策都紧密结合基础部门发展的需要，根据基础部门发展的乘数效应来预测城市经济增长，或者，将城市经济增长的目标具体落实到基础部门。

比如，假定H城市2010年GDP为1 000亿元，政府希望在未来10年实现翻一番，达到2 000亿元，那么需要在未来10年增加GDP1 000亿元。如何将产业政策和招商引资与城市发展目标相结合呢？

假定H城市的基础部门的发展乘数为5，则H城市在未来时期使主导产业年增加值增长200亿元，就可以达到目标。

如果H城市以汽车为主导产业，假定车的平均价格为20万元/辆，增加值率为40%，那么为了实现200亿元的汽车增加值，H城市需要在2020年将汽车年产量提高25万辆，因为25万辆×20万元/辆×0.4＝200亿元。

因此，在未来时期，城市政府需要围绕汽车产业来制定相应的产业政策和招商引资目标。汽车和汽车关联产业是城市政策的支持重点，将有限的政策资源集中用于基础部门的发展；与此相适应，城市招商引资也不是盲目进行，什么投资都要，而是要针对世界最好的汽车投资商进行招商引资。

该案例分析给我们以启示，城市主导产业发展质量从三个角度影响城市经济的发展：

第一，主导产业发展乘数。主导产业发展乘数与产业的规模、质量成正比。

第二，主导产业增量。主导产业增量取决于其竞争力。

第三，在城市经济中，乘数效应随着城市规模的增加而增加。

当然，一个城市可能会有两三个甚至四五个主导产业，基本原理是一样的。但是，在市场经济条件下，一个富有竞争力的城市不可能有太多的主导产业，任何城市都没有能力将许多产业都做到一流。

【本章小结】

城市的经济增长对城市的发展至关重要。本章介绍了城市经济增长的基本原理，包括城市经济增长的内涵，影响经济增长的要素及其作用机制，生产函数和全要素生产率的计算方法以及经济基础模型。

本章回顾了世界若干国家不同的经济增长历程，认为不同的增长率是导致各个国家在世界经济体系中盛衰的基本原因。重点比较了中美两国的经济实力与增长率，研究发现劳动生产率是影响一个国家经济增长的主要因素。

本章进一步分析了城市经济增长的两大要素：一类是与一般经济增长具有共性的要

素；一类是城市经济增长独特的要素。一般的经济增长要素包括人力资源、自然资源、资本和技术。在影响经济增长的各个要素中，资本和技术是最为重要的因素，哈罗德-多马模型主要研究的就是资本的增加是如何作用于经济增长的；索洛模型则主要界定技术进步对经济增长的贡献。结合中国国情，本章分析了索洛模型对我国经济增长中技术进步的作用，得出了中部地区技术进步的改善状况弱于沿海地区，好于西部地区的结论。另外，影响城市经济增长的特殊要素主要是区位因素和聚集经济。

最后，本章介绍了经济基础理论及其模型，并举例说明了其对城市制定经济发展政策的影响。

【关键术语】

经济增长	人力资本	物质资本	技术进步
全要素生产率	经济基础模型	基础部门	非基础部门
乘数效应			

【复习题】

1. 以中美、中日经济增长的比较为案例说明经济增长质量的重要性。
2. 分析城市经济增长的四个轮子。
3. 论述人力资本理论对发展中国家的重要性。
4. 简述全要素生产率及其计算模型。
5. 举例说明区位因素对城市经济增长的影响。
6. 分析经济基础模型的基本内容。

第八章

城市产业发展

城市产业结构是指特定区域内各经济要素之间的比例关系。研究城市产业结构可以从不同的角度进行，常见的有两大部类（消费资料的生产与生产资料的生产）结构，农轻重结构，三次产业结构，劳动密集型、资本密集型、技术密集型和知识密集型产业之间的结构，城市主导产业与辅助产业之间的结构等。本章主要研究三次产业结构、制造业内部结构和城市主导产业与辅助产业之间的结构，这是城市产业结构中最重要的结构。三次产业结构是城市经济发展的基本结构，三次产业结构的演进以及制造业内部结构的升级是城市经济发展的主要标志。主导产业是体现城市特色、代表城市利益的产业，合理选择和发展主导产业是实现劳动地域分工的基本途径。

重点问题

- 三次产业结构及其划分。
- 三次产业结构演进规律。
- 制造业内部结构演进规律。
- 城市主导产业选择与发展。
- 产业转型与城市转型的关系。

第一节　三次产业结构的演变及其动因

一、三次产业的划分

1. 克拉克对三次产业的划分

三次产业的划分是英国著名经济学家科林·克拉克首先提出的。克拉克在 1940 年出版了他的著名经济学著作《经济进步的条件》，书中他在前人研究的基础上对三次产业进行了详细的划分，并总结了伴随经济发展的产业结构演变规律，从而开创了产业结构理论。克拉克关于三次产业的理论被经济学界普遍接受，并成为分析国家和城市产业发展的有力工具。

克拉克把区域的全部社会经济活动划分为第一次产业、第二次产业和第三次产业，其中，第一次产业包括一切直接取自自然界的经济活动，主要有广义的农业和矿业；第二次产业是指一切对自然物进行加工的经济活动，主要是广义的工业和建筑业；第三次产业是指除第一、二次产业以外的所有的社会经济活动，提供服务是其主要特性。习惯上，将第一次产业、第二次产业和第三次产业分别简称为第一产业、第二产业和第三产业。

如果说第一、二产业是有形物质财富的生产，那么第三产业则主要是服务并繁衍于有形物质财富生产之上的无形财富的生产。

克拉克将所有的社会经济活动形象地比作一棵大树，那么，第一产业如同庞大的树根，深入土地吸取最原始的和最基本的营养；第二产业如同粗壮的树干，支撑着整棵大树，代表着树的规模与水平；第三产业则如同茂密的枝叶，使大树显得繁荣、富有活力和吸引力。

克拉克对三次产业的划分得到了全世界经济学界的普遍认同。但是，对有些产业的归属各国认识不一致，主要是一些过渡性的和边缘性的产业，如矿业、电力的生产与供应、供排水等。特别是矿业，理论上被划分为第一产业，操作时通常把它划为第二产业，中国即是如此。

2. 中国对三次产业的划分

1985 年，国务院办公厅批转的国家统计局《关于建立第三产业统计的报告》规定了中国三次产业的划分标准：

第一产业：农业（包括种植业、林业、牧业和渔业）。

第二产业：工业（包括采掘业、制造业、自来水、电力、蒸汽、热水、煤气）和建筑业。

第三产业：除第一、二产业外的其他各业，它又可分为两个部门：流通部门和服务部门。具体又分为四个层次：

第一层次：流通部门，包括交通运输业、邮电通信业、商业、饮食业、物资供销和仓储业；

第二层次：为生产和生活服务的部门，包括金融、保险业、房地产业、公用事业、地质勘探业、咨询服务业和综合技术服务业、居民服务业、农业服务业、水利业、公路及内河（湖）航道养护业等；

第三层次：为提高科学文化水平和居民素质服务的部门，包括文化、教育、广播电视、科学研究、卫生、体育及社会福利事业等。

第四层次：为社会公共需要服务的部门，包括国家机关、政党机关、社会团体及军队、警察等。

二、三次产业的演化规律

1. 配第-克拉克定律

克拉克主要研究劳动力在三次产业之间的转换规律。他通过对主要发达国家劳动力转移的实证研究得出结论：随着经济的发展，随着人均国民收入水平的提高，劳动力首先由第一产业向第二产业转移，进而向第三产业转移；从劳动力在三次产业之间的分布状况看，第一产业的劳动力比重逐渐下降，第二产业特别是第三产业劳动力的比重则呈现出增加的趋势。这就是配第-克拉克定律。

这是克拉克总结出来的定律，之所以称为“配第-克拉克定律”，是因为早在17世纪英国经济学家威廉·配第就曾经揭示过关于劳动力转移的这种现象。配第认为，制造业比农业进而商业比制造业能够得到更多的收入，这种收入的差异会促使劳动力由低收入部门向高收入部门转移。克拉克认为自己发现的规律只是印证了配第的观点，在理论上将其总结出来罢了，因而称其为“配第定律”。后来人们就称该定律为“配第-克拉克定律”。

2. 库兹涅茨等人对产业结构演变规律研究的深化

克拉克主要总结了劳动力在产业间分布变化的规律，并进一步总结其变化的主要动因是不同产业收入的差异。

而研究产业结构演进规律，不仅需要知道各产业吸收劳动力的状况，更重要的是要揭示三次产业结构演变与国民经济发展的关系，在国民经济发展中三次产业各自的贡献及其变化规律。

美国著名经济学家西蒙·库兹涅茨对这个问题进行了深入的研究。库兹涅茨在他的著作《各国的经济增长》一书中，从国民收入和劳动力两个方面，对伴随经济发展而出现的产业结构演变规律进行了分析研究，并得出结论①：

第一，随着国民经济的发展，区域内第一产业实现的国民收入在整个国民收入中的比重与第一产业劳动力在全部劳动力中的比重一样，处于不断下降之中。

第二，在工业化阶段，第二产业创造国民收入的比重及占用劳动力的比重都会提高，其中前者上升的速度会快于后者。在工业化后期特别是后工业化时期，第二产业的国民收入比重和劳动力比重会不同程度地下降。

第三，第三产业创造国民收入的比重及占用劳动力的比重会持续地处于上升状态，其中在工业化中前期阶段，其占用劳动力的比重的上升速度会快于创造国民收入的比重。

这样，在整个工业化时期，产业结构的转换就表现为第一产业创造财富和吸收就业的份额逐渐转移到第二产业和第三产业，其中，在工业化中前期阶段，第二产业逐渐成为财富的主要创造者，而第三产业则是吸收劳动力的主要场所；到工业化后期以后，第二产业创造财富的比重也开始下降，第三产业则成为经济发展的主体，既是财富的主要创造者，也是吸收劳动力的主要场所。

因此，在工业化过程中，三次产业的发展是相辅相成的。如果第二产业总量增长很快，而第三产业发展滞后，那么，必然表现为第二产业在GDP总额中的比重很快增加，但是劳动力转移过程受阻，大量劳动力滞留于低效率的第一产业，城市化水平难以提高。在中国和很多发展中国家都存在类似的矛盾。

库兹涅茨所揭示的产业结构演化规律可以从日本、美国的发展历程中得到验证（见表8-1）。

---

① 西蒙·库兹涅茨．各国的经济增长．北京：商务印书馆，1985：151，265.

表 8-1 日美工业化过程中三次产业结构的演变

		日本			美国		
		第一产业	第二产业	第三产业	第一产业	第二产业	第三产业
19 世纪 90 年代	GDP 比重（%）	42.7	21	36.3	17.9	44.1	38
	就业比重（%）	72	13	15	42	28	30
20 世纪 20 年代	GDP 比重（%）	28.1	37.7	34.2	11.2	41.3	47.5
	就业比重（%）	55	22	23	27	34	39
1960—1965 年	GDP 比重（%）	9.7	47.9	42.4	3.3	43.5	53.2
	就业比重（%）	29	31	40	7	34	59
20 世纪 80 年代中期	GDP 比重（%）	3	54.8	42.3	2	34.0	64.0
	就业比重（%）	10.3	34.8	54.9	3.6	30.2	66.2
1995 年	GDP 比重（%）	2	38	60	2	26	72
	就业比重（%）	5.8	32.8	61.4	3.5	22.5	74

注：日本、美国第一产业包括矿业。

资料来源：①杨治．产业经济学导论．北京：中国人民大学出版社，1985；②日本总务厅统计局编的《世界的统计 1997》；③世界银行．1997 年世界发展报告．北京：中国财政经济出版社，1997.

日本用近 100 年的时间完成了整个工业化过程，比世界上其他经济大国工业化过程所用的时间要短得多。在日本产业结构的演化过程中，可以明显地看出上述规律：日本 19 世纪 90 年代还基本上处于农业社会，农业创造了近一半国民生产总值，占用了绝大部分劳动力资源。20 世纪前二三十年日本的资本积累过程和工业化过程十分迅速，到 20 世纪 20 年代，工业已经成为国民财富的主要创造者。战后，日本的工业化过程更是日新月异，80 年代已经完成了一般的重工业和深加工工业过程，进入工业化后期阶段。20 世纪 20 年代到 80 年代是日本工业化不断深化的过程，从这一过程中日本产业结构的演化来看，第一产业创造的 GDP 比重和就业比重均处于直线下降之中，第二产业的 GDP 比重和就业比重则处于上升状态，但是，二者上升的态势不同，其 GDP 比重由 37.7%上升到 54.8%，上升了 17.1 个百分点，就业比重由 22%上升到 34.8%，上升了 12.8 个百分点，GDP 比重上升的幅度大于就业比重上升的幅度。第三产业的状况正好相反，其就业比重上升的幅度（上升了 31.9 个百分点）大于 GDP 比重上升的幅度（上升了 8.1 个百分点）。到 90 年代，日本已经结束了工业化阶段，进入后工业化时期，第二产业在国民经济发展中的地位开始下降，其 GDP 比重和就业比重也都处于下降态势；第三产业成为国民经济发展的主体，其 GDP 比重和就业比重均呈现出上升态势。

美国的工业化过程起步于 18 世纪末 19 世纪初，分别渐进式地经历了纺织、食品、服装阶段（19 世纪上半叶）、钢铁和机器制造业阶段（19 世纪中叶）、铁路车辆制造阶段（19 世纪 60 年代到 20 世纪 20 年代）、汽车制造阶段（20 世纪上半叶）以及第二次世界大战后以电子、信息为代表的现代化产业发展阶段。美国 1839 年三次产业创造国民收入的比重分别为 42.6%、25.8%和 31.6%，劳动力就业比重为 64.3%、16.2%和 19.5%，第一产业是国民经济中最重要的产业；到 19 世纪末，第一产业 GDP 比重已经下降到 17.9%，就业比重也已降到 42%，基本上实现了工业化，第二产业已经成为国民财富的主要创造者。自 20 世纪以来，美国经济的发展主要表现为对传统工业进行新技术改造及现代产业的发展，并且以后者为主，体现了后工业化阶段及现代社会发展的基本特征。第三产业的 GDP 比重和劳动力比重持续上升，支撑着国民经济的发展。

三、三次产业结构演变的动因

三次产业结构的演变规律是客观的，是由各产业产品需求的收入弹性以及各产业技术进步和技术结构特征所决定的。

1. 各产业产品需求收入弹性的差异是产业结构演变的基本动因

弹性在数学意义上是两个变量变化率的极限的比值，即 $(\mathrm{d}y/y)/(\mathrm{d}x/x)$，该比值叫作 y 对 x 的弹性系数。如果弹性系数大于 1，则认为是富有弹性的，否则被认为是缺乏弹性的，即 x 的变化对 y 的变化影响不大。

收入弹性是指在价格不变的前提下，某产业产品需求的增加率与人均收入的增加率之间的比值。

$$\text{某产业的收入弹性}=\frac{\text{该产业产品需求的增加率}}{\text{人均收入的增加率}}$$

一般来说，如果某产业产品的收入弹性小于 1，则意味着在人们增加的收入中，用于购买该产业产品的比重在下降，随着经济的发展和收入的增加，该产业产品的市场处于相对萎缩状态，那么，该产业在经济发展总量中的比重也会下降。反之，如果某产业产品的收入弹性大于 1，则说明人们将新增加收入的较大比例用于购买该产业产品。随着人们收入的增加，该产业具有不断扩大的市场潜力和发展空间，产业在国民经济总量中的比重会逐步增加。产业产品的收入弹性越高，产业在国民经济发展中的比重提高的速度也越快。

在经济发展过程中，各产业产品的收入弹性是不断变化的。各产业产品收入弹性的较大差异及其变化导致了国民经济发展中产业结构的变化。农业是生产基本消费品的产业，当人们基本消费品得到满足以后，随着收入水平的提高，用于购买基本消费品的支出比重就会下降。即当人们基本解决温饱问题之后，第一产业产品的收入弹性处于不断下降之中。这时，人们的需求开始转向对制造业产品的追求，例如服装、各种日用品、家电、汽车等耐用消费品，于是第二产业产品的收入弹性不断上升，拉动了第二产业的迅速增长。当人们的生活水平进一步提高，有限的物质享受得到较好的满足后，人们便将消费欲望转向各种形式的服务，第三产业以其服务的多样性和无限性对消费者产生强大的吸引力，并赋予第三产业持续提高的收入弹性，第三产业便成为继第二产业之后支持城市经济发展的主要力量。

可见，第一产业、第二产业和第三产业的收入弹性是此消彼长的关系，第一产业收入弹性的下降必然带来第二、三产业收入弹性的上升。那么，如何判断一个城市由第一产业产品需求的高收入弹性转向第二、三产业产品的高收入弹性呢？一般认为，当人们进入温饱型生活以后，第二产业及第三产业的收入弹性开始大幅度上升。

德国著名的社会统计学家恩格尔曾经研究了以食物支出为代表的农业产品需求与人们收入水平之间的关系，并得出结论：随着人们收入水平的不断提高，食物支出在消费品总支出中的比重不断下降。

人们将食物支出与消费品总支出的比值称为恩格尔系数，并以此来判断生活水平的高低。一般的判断标准是：

恩格尔系数≤25%，为富裕型生活；

恩格尔系数为25%～45%，为小康型生活；

恩格尔系数为45%～55%，为温饱型生活；

恩格尔系数>55%，为贫困型生活。

在世界发达国家，恩格尔系数都比较低，发展中国家则相对比较高。1993年美国为11.4%，日本为19.9%，韩国为29.7%，法国为18.3%，英国为20.7%，菲律宾为57.3%，印度为53.0%。

中国1997年的恩格尔系数为52.5%，其中，城镇居民为46%，乡村居民为55.1%。因而从总体上看，当时中国居民的生活水平处于温饱型阶段，其中城镇居民的生活水平相对较高，正在由温饱向小康过渡。

与发达国家相比，中国的恩格尔系数还比较高，说明中国居民的生活水平还比较低，不得不将较多的收入用于满足基本消费品，用于非食物支出的比重还比较低，特别是中西部地区的数亿乡村居民对非食物支出的需要极其有限。非食物支出主要用于购买工业品和服务，恩格尔系数高正是中国以人口计算的巨大市场潜力难以形成现实购买力的主要原因。另外，这也说明了随着中国居民生活水平的提高，中国工业品和服务市场空间极其广大，对第二产业和第三产业有着巨大的潜在需求。

第二产业具有高收入弹性，不仅取决于人民生活水平的提高需要更多的工业品，也取决于经济自身发展的需要。在工业化时期，轻工业、矿业、原材料工业以及各种加工工业都增长得很快，它们的发展都需要第二产业提供机器设备，制造业为各行业提供装备的状况在一定程度上决定了工业化时期各产业发展的规模和水平。因此，在工业化时期，特别是工业化中期，制造业内部各产业的迅速增长为第二产业提供了广阔的市场，第二产业的收入弹性也因此得到很快增长。到工业化后期阶段以后，人们的消费主体转向服务领域，消费需求的多样化和多元化为服务业的发展提供了广阔的空间，同时生产已经达到高度的社会化、知识化、信息化，第二产业的发展更多地依赖于第三产业提供服务的数量和质量，因此，第三产业的收入弹性开始大幅度上升，第三产业也开始成为国民经济的主导产业。

可见，消费结构和市场结构的变化是国民生产总值在产业间比重分配发生变化的基本原因。

2. 各产业技术进步及技术结构特征是决定产业结构变动的第二因素

技术进步是经济发展的基本动力。三次产业由于各自特性的不同，在生产过程中对技术进步的感应也完全不同，主要表现为技术进步在促使各产业降低成本、实现规模经营、提高劳动效率方面有完全不同的特点，从而决定着各产业在国民经济发展中功能和地位的变化。

农业经济是一个半自然的再生产过程，生产周期长，受自然力的作用大，生产效率提高缓慢，农业技术进步比工业要难得多，事实上在农业领域的投资存在规模报酬递减规律，因此农产品成本要大幅度下降十分困难。同时，由于农产品的低收入弹性使农产品价格始终处于相对较低的水平（相对于工业品和服务来说），成本高，价格低，创造财富的规模和能力提高缓慢，与快速发展的第二产业和第三产业相比，农业占GDP的比重趋于下降。另外，技术进步对农业发展的促进作用始终存在，并为提高农业劳动生产率创造条件，农业劳动生产率的提高使等量规模的农业活动对劳动力的需求减少，加上农业发展基本生产资料土地的有限性，致使劳动力不断地从农业中分离出来，农业占用劳动力的比重不断减少。

大规模集约化生产是第二产业的基本特征。大机器生产能够最大限度地利用最先进的技术，最直接地实现创新和技术进步，并且具有显著的规模经济效益。因此，技术进步对第二产业影响巨大，并导致工业产品成本不断下降，生产效率不断提高，使第二产业成为工业化过程中对 GDP 增长贡献最大的部门。

在发展中国家，工业化之所以是必须的，就是因为工业是技术进步和成本节约的产业，工业增长与国民经济总增长之间，以及工业增长与人均收入之间具有密切的正相关关系，制造业是实现经济增长的发动机。

从第二产业吸收劳动力的状况看，在工业化初期和中期，工业行业不断增加，各行业发展规模也不断扩大，因而其吸收劳动力比重趋于上升；但是由于工业技术进步快，工业资本有机构成不断提高，等量工业资本吸收劳动力减少，这两者力量的对比决定工业部门对劳动力的吸收情况。工业内部结构由劳动密集型向资本密集型进而向技术密集型转换，工业增长的主要动力也由劳动力的增加转向资本投入的增长及技术水平的提高。这样，当工业发展到一定阶段后，工业所需劳动力的相对量和绝对量都增长极慢，甚至会出现下降的现象。

工业化时期，工业创造国内生产总值比重的不断增加与吸收劳动力由相对缓慢地增加到相对减少并行不悖。

第三产业提供的商品是服务，决定了第三产业不能够像第二产业那样实现大机器生产，它始终具有劳动密集型的特性，技术进步对降低成本的作用不如第二产业明显，因此，第三产业对 GDP 增长的贡献不如第二产业大。但是，它能够解决工业化过程中第二产业难以解决的大规模就业问题。到工业化的中后期，第三产业的发展以新兴服务业为主。新兴的第三产业既保留了劳动密集型特性，又具备技术密集型特性，从而既是吸收劳动力的主要场所，又是创造国民财富的主要力量。

可见，三次产业技术进步及技术结构特征的不同决定了它们在技术进步过程中创造财富能力的增长状况不同，以及它们对劳动力需求的不同，从而决定了三次产业在经济发展中对比关系的变化。只要技术进步过程不断进行，那么三次产业之间的演变规律就会客观地起作用。

【专栏】

产业结构、城市规模是否对中国城市生产率有协同影响？
286 个地级及以上城市的案例①

【内容提要】本文分析产业结构和城市规模对我国城市经济效益的协同影响机制，估计与产业结构相适应的最优城市规模以及在城市规模约束下产业结构转变的边际效益。使用地级及以上城市面板数据的计量估计显示生产性服务业-制造业结构对生产率的影响取决于城市规模，城市达到一定的门槛规模，方能从上下游产业关联中获得效益。随着城市规模的增大，城市经济效益发生先增长后下降的倒 U 形变化，而城市规模增大的边际收

① 柯善咨，赵曜．产业结构、城市规模与中国城市生产率．经济研究，2014（04）：76－88.

益则随产业结构向服务业转变而增加。我国大部分地级市的实际规模仍小于最优规模，因此在经济发达的大城市向服务型经济转型的同时，中小规模的地级市应该推动当地制造业的发展和人口集聚。

产业结构和城市规模对城市生产效率是否有协同影响还有待考究

产业发展与城市发展密不可分，城市是第二和第三两大产业集聚的载体，产业结构的调整和升级对于城市经济效益的影响至关重要。而国内外大量理论和实证研究早已反复证实城市规模对城市经济效率也有深刻的影响，城市规模的大小对于聚集经济的产生和发展有着重要作用。将二者割裂开来的独立研究必然忽略某些重要的协同影响机制，无助于解决我国城市经济结构调整和城市化面临的突出问题。将产业结构与城市规模的作用纳入一个统一的框架之后，是否对城市生产效率有协同影响还有待进一步考察。

产业结构和城市规模对经济效率有协同影响

本文构建一个生产性服务业-制造业关联的城市聚集效益模型，利用与城市聚集经济地域范围相符的全国城市数据分析产业结构和城市规模对经济效率的协同影响，估计我国地级及以上城市从产业结构效应中获得经济效益的门槛规模和最优规模，以及产业升级对城市最优规模的影响。

城市规模决定着生产性服务业-制造业结构对城市的人均产出的影响。

使用地级及以上城市的面板数据进行回归，结果显示，生产性服务业-制造业结构对城市人均产出的影响取决于城市规模，我国城市从产业结构转变中获得产出效率增长的门槛规模以市区总人口测度大约为43.5万人，以市区非农人口测度是13万人，低于门槛规模的城市无法使上下游关联的诸多产业同时实现聚集经济，服务业比例的增长不利于提高经济效率。跨越了门槛规模的城市可以从制造业向生产性服务业转型中提高效率，平均规模的城市生产性服务业-制造业结构比例提高0.1带来的人均产出增长在0.34%～0.65%，并且城市规模越大，从中间产品的本地市场效应中获得的集聚收益越高。随着城市规模的增长，人均产出率呈现倒U形变化，先逐渐增加，达到最优值后开始下降。城市规模增大的边际收益（即倒U形曲线）随产业结构向服务业转变而提高。若以我国所有城市的生产性服务业-制造业比例均值为基准，城市非农业人口最优规模约为2 455万人。本文的理论分析和检验结果为我国城市化道路的讨论提供了一些重要的统计依据和启示。

形成以地级城市为核心的地方性城市群，扩大城市规模有利于提高经济效率。

我国地级及以上城市集中了我国非农业经济总量的近三分之二，且在各地区发挥着经济中心的作用，这些城市的经济效率基本上决定了中国经济的效率。由于这些城市的规模普遍偏小，扩大城市规模有利于提高聚集经济效益。同时值得强调的是，这些城市是我国城市体系的中枢和骨干，在城市化进程中，如果分布于各地的地级及以上城市在当前产业结构比例上达到最优规模，仅市辖区即可容纳7亿非农业人口，因此，这些城市的发展主导着各地城市化的道路。国家层面的政策应考虑利用城市化的历史机遇，设计倾斜政策，引导非农产业和剩余农业人口向规模偏小的地级城市及其周边城镇集聚，形成以地级城市为核心的地方性城市群，使其成为我国城市体系的基层结构，取代在自然经济基础上形成的大量小城镇。其结果不仅能提高经济效率，而且将使更多的人口参与现代经济活动，分享大城市所提供的各类保障和发展机会。

第二节　制造业内部结构的演变规律

上述三次产业演变规律描述了随着社会经济发展，区域经济中产业结构演变的大轮廓。三次产业演变规律告诉我们：在整个工业化时期，第二产业处于决定性的地位，它始终是创造国民财富的主导部门，正因如此，人们又往往把近代经济的发展过程称为工业化过程。

工业化以18世纪60年代英国产业革命为起点，在发达国家经历了200多年的发展历程，到20世纪七八十年代，工业无论是创造国民收入的比重，还是吸收劳动力的相对比重都处于下降状态，这说明发达国家工业化过程已经完结，进入了后工业化阶段。

但是工业化过程仍然在包括中国在内的世界上绝大部分发展中国家继续着，总结工业化过程中第二产业内部结构的演变规律依然具有十分重要的作用。

第二产业包括制造业、建筑业和矿业，其中建筑业和矿业性质单一，这里主要阐述制造业内部的演化规律。在整个工业化过程中，制造业内部结构的演化可分为三个过程：

1. 重工业化过程，即工业结构由以轻工业为主逐步向以重工业为主转换

与重工业相比，轻工业投资少，建设周期短，见效快，吸收劳动力多，原材料可以从传统产业农业中以较低的价格取得，因此通常成为区域工业化起步的首选产业。随着工业化水平的不断提高，重工业的比重逐步增加。这是因为轻工业的进一步发展需要重工业提供更加先进的技术装备；人民生活水平不断提高，对工业品的需求也由一般日用消费品转向耐用消费品，为制造业创造了广阔的市场。制造业是一个产业链长、前后向关联度高的产业，特别是任何机械设备制造业的发展都需要矿业、原材料工业作基础，庞大的重工业体系一旦建立起来，就替代轻工业成为工业化的主导力量。

重工业化过程贯穿于工业化始终。发达国家已经进入后工业化社会，但是在其制造业内部，重工业化过程仍然在继续。

德国经济学家霍夫曼对重工业化的研究非常深入。他用消费资料工业净产值与资本品工业的净产值之比来反映重工业化程度，后来人们称此为霍夫曼比例或霍夫曼系数，即：

霍夫曼系数＝消费资料工业的净产值/生产资料工业的净产值

霍夫曼认为，在工业化进程中，霍夫曼系数是不断下降的。这就是著名的霍夫曼定理。

霍夫曼当时使用的消费资料工业与生产资料工业的概念是指轻工业和重工业概念，而实际上二者的划分不完全相同。轻工业是指以农产品为原材料的加工工业，主要生产消费资料；重工业是指以非农产品为原材料的加工工业，既生产生产资料，也生产消费资料（如耐用消费品工业）。随着人们消费水平的提高，越来越多的消费品都属于重工业生产领域。霍夫曼系数中的消费资料工业既包括轻工业，也包括部分重工业。并且，随着工业化程度的加深，重工业部分的比重不断提高。美国经济学家库兹涅茨和日本经济学家盐野谷佑一在进行了大量的实证研究后提出，当工业化发展到一定阶段后，霍夫曼系数基本保持不变，而重工业的比重持续上升。①

① 刘伟．工业化进程中的产业结构研究．北京：中国人民大学出版社，1995：196－198.

霍夫曼系数基本不变与重工业比重持续上升二者并行不悖。因为轻工业比例的下降不意味着消费资料生产的下降，实际上随着人们消费水平的提高，耐用消费品成为消费支出中的主体，而耐用消费品的生产是在重工业内部进行的。

在重工业发展的初期阶段，主导产业是冶金、建材、化工等原材料工业，但到重工业发展的后期阶段，其主要支持力量就是机械工业，其中耐用消费品工业（含汽车工业和家电工业）又是一大支柱。以耐用消费品为支柱是重工业化的最高阶段，一旦最先进的耐用消费品在大众中得到广泛普及，重工业化过程也就基本走到尽头，经济增长变得缓慢，整个社会进入更高的发展阶段——后工业化阶段。

2. 深加工化过程，即在工业结构中的深加工工业比重不断提高

在重工业化过程中，制造业结构又表现为由以原材料工业为主逐步转向以深加工工业和组装工业为主，这就是工业结构中的深加工化进程。制造业结构的深加工化反映了工业增长对能源、原材料依赖程度逐步下降的趋势，工业的发展越来越多地依赖于资本和技术投入。

日本经济学家佐贯利雄提出，战后日本的工业化过程依次依赖于三组产业的支撑，第一组是电力工业，第二组是石油冶炼、石油化工、钢铁和造船，第三组是汽车和家电。这三组工业接替领先，互相带动，共同促进了日本战后经济的高速发展，使日本工业结构在实现重工业化的同时走向深加工化。①

3. 技术集约化，即在深加工化的过程中进一步表现出高技术化的趋势

技术集约化不仅表现为所有制造业部门都采用越来越高的技术、越来越先进的工艺，并实现自动化，而且表现为大批以技术密集为特征的高技术产业得以兴起和发展，并逐步成为工业的主体。在技术集约化过程中，科学技术将日益成为工业发展中最重要的资源。

在上述制造业内部结构转换的三个过程中，制造业发展所依赖资源的转化表现得十分明显：在工业化初期，以轻工业特别是食品、纺织业的发展为主，劳动力是最重要的工业资源；随着重工业化过程的加深，钢铁、化工、机械等产业迅速发展，在工业资源结构中资本因素居于突出地位；随着制造业深加工化的发展，工业对原材料、资本资源的依赖程度逐步下降，取而代之的是技术资源。从这个角度来说，工业化过程是一个由劳动密集型向资本密集型再向技术密集型转化的过程，这就是工业结构中的技术集约化趋势。

制造业内部技术集约化过程的普遍实现，标志着工业社会将向后工业社会和现代社会过渡，整个社会将发展到更高的层次。

工业化过程当中制造业内部结构的演化规律可以在日本 20 世纪 50 年代到 90 年代销售额最高的十大企业的行业分布变化中明显地反映出来（见表 8-2）：

表 8-2　日本高速工业化过程中销售额居前十位的制造业企业一览

1950 年			1972 年			1990 年		
企业	产业	销售额（亿日元）	企业	产业	销售额（亿日元）	企业	产业	销售额（亿日元）
东洋纺织	纺织	414	新日铁	钢铁	12 378	丰田汽车	汽车	79 980
六幡制铁	钢铁	363	丰田汽车	汽车	11 261	松下电器	电机	42 488

① 杨治．产业经济学导论．北京：中国人民大学出版社，1985：66-68.

续前表

1950年			1972年			1990年		
企业	产业	销售额（亿日元）	企业	产业	销售额（亿日元）	企业	产业	销售额（亿日元）
富士制铁	钢铁	277	日产汽车	汽车	10 920	日产汽车	汽车	40 056
钟渊纺织	纺织	239	松下电器	电机	8 543	日立	电机	35 253
三井矿山	矿业	229	日立	电机	8 169	东芝	电机	30 609
日本钢管	钢铁	229	三菱重工	造船	7 315	日本电气	电机	27 607
大日本纺织	纺织	214	日本钢管	钢铁	6 435	本田技研	汽车	27 489
三菱矿业	矿业	214	东芝	电机	6 092	新日铁	钢铁	25 731
吴羽纺织	纺织	159	日本石油	石油	5 381	三菱电机	电机	23 878
川崎制铁	钢铁	155	住友金属	钢铁	4 469	马自达	汽车	20 456

资料来源：三桥规宏，等．日本经济入门．东京：日本经济新闻社，1993：380－381.

日本销售额居前十位的企业，1950 年是纺织 4 家，钢铁 4 家，矿业 2 家；1972 年是钢铁 3 家，石油 1 家，造船 1 家，汽车 2 家，电机 3 家；1990 年则是钢铁 1 家，汽车 4 家，电机 5 家。日本大企业的行业构成反映了其制造业结构的深化过程：1950 年日本还处于由轻工业向重工业转化的时期，重工业化过程刚刚起步；1972 年日本已经处于深加工工业化阶段，并开始发展技术密集型产业；到 1990 年日本已经处于成熟的技术密集型阶段。钢铁是传统工业社会的粮食，电子是现代信息社会的粮食，1990 年日本电气的销售额超过新日铁，标志着日本结束了传统的工业化社会，进入现代信息社会。

中国 2005 年销售额最大的十家制造业企业的行业构成是原材料企业 2 家，深加工企业 8 家，在深加工企业中高档耐用消费品企业 7 家，装备制造企业 1 家（详见表 8－3）。可以认为，中国制造业的发展处于深加工化阶段，在深加工工业中，装备制造业发展严重滞后。快速发展以先进制造技术为主的装备制造业是中国产业转型的核心任务。

表 8－3　　中国 2005 年销售额最大的十家企业一览

排名	企业	营业收入（亿元）
1	上海宝钢集团公司	1 618
2	中国第一汽车集团公司	1 252
3	海尔集团公司	1 009
4	上海汽车工业（集团）总公司	1 001
5	东风汽车公司	981
6	飞利浦（中国）投资有限公司	778
7	摩托罗拉（中国）电子有限公司	658
8	中国兵器装备集团公司	644
9	中国兵器工业集团公司	641
10	鞍山钢铁集团公司	627

表 8－4 则显示 2016 年中国销售额最大的十家企业为 5 家原材料企业和 5 家深加工企业。在深加工企业中，有 3 家汽车企业，1 家航空企业，1 家 IT 企业。一方面，这反映了我国产业结构 10 年来转型缓慢，道路艰辛，另一方面，这又显示出时代特色，IT 行业跻

身前十大制造业行列。这些企业大部分都是国有企业，说明我国民营经济发展竞争力较弱，发展环境亟须改善。

表 8-4　　2016 年中国营业额最大的十家企业

排名	企业	营业额（亿元）
1	中国石油化工集团公司	20 189
2	上海汽车集团股份有限公司	17 254
3	中国第一汽车集团公司	6 704
4	东风汽车集团股份有限公司	6 241
5	中国航空工业集团公司	6 005
6	宝山钢铁股份有限公司	3 098
7	联想集团有限公司	2 770
8	河北钢铁股份有限公司	2 419
9	中国化工集团公司	2 271
10	中国建材股份有限公司	2 173

资料来源：中国制造企业协会。

第三节　城市主导产业的选择与发展

城市主导产业是指以城市资源优势为基础，能够代表城市经济发展方向，并且在一定程度上能够支撑、主宰城市经济发展的产业。城市主导产业的选择以城市生产专业化为基本前提。

一、城市生产专业化

1. 城市生产专业化

城市生产专业化是生产在空间上高度集中的表现形式，它是指按照劳动地域分工规律，利用特定城市某类产业或产品生产的特殊有利条件，大规模集中地发展某个行业或某类产品，然后向区外输出，以求最大经济效益。

城市生产专业化是工业化过程中大机器发展的必然产物。大机器工业的出现为扩大生产规模，实现规模经济效益提供了可能；工业化和技术进步创造了现代化的交通和通信系统，大大降低了城市之间经济联系的成本，使全国甚至于全世界各地区之间可以互为原材料地、互为市场，共同构成一个不可分割的经济体系。工业化不仅为城市生产专业化提供了可能，也使专业化生产成为必要。在大机器生产的条件下，要在市场竞争中取胜，就必须充分利用城市资源优势，利用最先进的技术设备，扩大生产规模，降低生产成本，提高生产率，从而求得最大经济效益。

2. 城市生产专业化部门

城市生产专业化部门是指一个城市内那些直接或间接为外区提供商品或服务的部门。

城市生产专业化部门具有特定的区域属性，一个县的专业化商品对于一个省来说就不一定是专业化商品，甚至还需要输入，对于一个省、一个大区来说也是一样。

3. 城市生产专业化部门的判定

在区域经济学中，通常用区位商来判断一个产业是否构成城市生产专业化部门。区位商是指一个城市特定部门的产值在城市工业总产值中所占的比重与全国该部门产值在全国工业总产值中所占比重之间的比值，其计算公式是：

$$q_{ij}=\frac{e_{ij}/e_i}{E_j/E} \tag{8.1}$$

其中，q_{ij} 为 i 城市 j 部门的区位商；

e_{ij} 为 i 城市 j 部门的产值；

e_i 为 i 城市工业总产值；

E_j 为全国 j 部门的总产值；

E 为全国工业总产值。

当 $q_{ij}>1$ 时，可以认为 j 部门是 i 城市的专业化部门，q_{ij} 值越大，专业化水平越高；当 $q_{ij}\leqslant 1$ 时，则认为 j 部门是 i 城市的自给性部门。

可见，利用区位商判断产业的生产专业化状况，实际上是以全国产业结构的平均值作为参照系，假定全国各地区对商品的消费水平基本一致。那么，当一个城市某产业产值占总产值比重高于全国平均比重时，则认为该产业提供的商品或服务在满足了本市消费需求之后还有剩余，可用于输出，因而成为城市生产专业化部门。其比重比全国平均值高出越多，则可用于输出的商品也越多，专业化水平越高。

4. 城市生产专业化部门专业化水平的判断

一个城市某部门生产专业化水平的具体计算是以该部门可以用于输出部分的产值与该部门总产值之比来衡量的。如果以 x_{ij} 表示 i 城市 j 部门的专业化系数，则有：

$$x_{ij}=\left(\frac{e_{ij}}{e_i}-\frac{E_j}{E}\right)\times e_i/e_{ij} \tag{8.2}$$

（8.2）式中各符号代表的经济含义与（8.1）式相同。

（8.2）式可以变换为：

$$\begin{aligned}x_{ij}&=1-\frac{E_j}{E}\times e_i/e_{ij}=1-1/\left(\frac{e_{ij}/e_i}{E_j/E}\right)\\&=1-1/q_{ij}\end{aligned} \tag{8.3}$$

从（8.3）式可以看出，当 $q_{ij}\leqslant 1$ 时，$x_{ij}\leqslant 0$，表示 i 城市 j 部门的专业化水平低；当 $q_{ij}>1$ 时，$0<x_{ij}<1$，表示 i 城市 j 部门的专业化水平高。

二、城市主导产业的选择与发展

所有的生产专业化部门在城市经济中都起重要作用，但只有主导专业化部门也即主导产业才能在城市经济中起主宰作用，带动整个城市经济的发展。

1. 城市主导产业的选择

一个生产专业化部门要成为城市经济发展的主导产业，必须同时具备如下 4 个条件：

（1）有较高的区位商或专业化水平，一般 q 值在 2 以上或专业化系数在 0.5 以上，该产业的生产主要为区外服务。

（2）在城市生产中占有较大比重，能在一定程度上主宰城市经济发展。

一般而言，在选择主导产业时，城市范围大，对区位商和产值比重的要求相对较低，城市范围越小，要求越高。一个城市选择主导产业要求的区位商和产值比重比大经济区要求高，因为城市具有更高的外向性，而大经济区具有更强的综合性。

（3）与区内其他主要产业关联度高，二者之间的联系越广泛、越深刻，越能通过乘数效应带动整个城市经济的发展。

下面来看一个历史资料。红水河流域水力资源十分丰富，可开发的水力资源达1 281.68万千瓦，可能达到的年发电量为605.74亿千瓦时。根据红水河流域的开发规划，当时红水河将在干流分10个梯级开发，可能年发电量为595.8亿千瓦时。① 红水河流域水资源开发主要用于解决两广地区，特别是桂东南地区和珠江三角洲地区经济发展中的能源问题。从城市主导产业的选择来看，如果红水河流域大规模开发水电，主要用于输出，虽然电力产业的区位商高，在地区总产值中所占比重大，但是，由于它与区内其他产业关联度小，不能够带动其他产业的发展，仍然不能成为城市主导产业。

事实上，红水河流域不仅水力资源丰富，也是我国有色金属、贵金属、稀有金属以及建材等矿产资源高度密集的地区，特别是锡、铅、锌、锑等有色金属资源十分丰富。广西的锡矿累计探明储量占全国的1/3，保有储量已超过云南居全国第一位；锑矿探明保有储量占全国的1/4，仅次于湖南居全国第二位。② 这些有色金属资源主要集中分布在红水河流域。自20世纪80年代以来，广西充分利用红水河的水电资源，大规模开发有色金属，并发展有色金属的冶炼和加工。流域内的南丹成为我国重要的有色金属生产基地，来宾成为我国重要的有色金属冶炼和加工基地，有色金属采运、冶炼及加工的发展还可以带动一系列相关产业的发展，这样，水电与有色金属工业作为主导产业群，共同促进红水河流域经济的发展。

那么如何判断一个产业与其他产业技术经济联系的密切程度呢？通常用产业的影响力系数和感应度系数来表示。影响力系数和感应度系数是投入产出表的重要系数，都是反映产业间经济技术联系的指标。影响力系数是指某一部门增加一个单位最终使用时，对国民经济各部门所产生的生产需求波及程度③，其计算公式 F_j 为：

$$F_j=\frac{\sum_{i}^{n}\bar{b}_{ij}}{\frac{1}{n}\sum_{j=1}^{n}\sum_{i=1}^{n}\bar{b}_{ij}}\qquad j=1,\ 2,\ \cdots,\ n$$

式中，b_{ij} 为完全消耗系数；$\sum_{i=1}^{n}\bar{b}_{ij}$ 为列昂惕夫逆矩阵的第 j 列之和；$\frac{1}{n}\sum_{j=1}^{n}\sum_{i=1}^{n}\bar{b}_{ij}$ 为列昂惕夫逆矩阵的列和的平均值。

当影响力系数 $F_j>1$ 时，表示第 j 部门的生产对其他部门产生的波及影响程度超过各部门影响力的平均水平，反之亦然。影响力系数越大，该部门发展对其他部门的拉动作用也越大。

感应度系数是指国民经济各部门每增加一个单位最终使用时，某一部门由此而受到的需求感应程度，也就是需要该部门为其他部门生产提供的产出量。感应度系数 E_i 的计算

① 中国科学院西南资源开发考察队．红水河流域资源开发研究．北京：中国科学出版社，1991：17.

② 同①64－66.

③ 影响力系数和感应度系数的概念及计算方法都引自：国家统计局国民经济核算司．中国投入产出表（延长表）编制方法．北京：中国统计出版社，1997：7－9.

公式为：

$$E_i=\frac{\sum_{j=1}^{n}\bar{b}_{ij}}{\frac{1}{n}\sum_{i=1}^{n}\sum_{j=1}^{n}\bar{b}_{ij}}\qquad i=1,\ 2,\ \cdots,\ n$$

式中，b_{ij} 为完全消耗系数；$\sum_{j=1}^{n}\bar{b}_{ij}$ 为列昂惕夫逆矩阵的第 i 行之和；$\frac{1}{n}\sum_{i=1}^{n}\sum_{j=1}^{n}\bar{b}_{ij}$ 为列昂惕夫逆矩阵的行和的平均值。

感应度系数 $E_i>1$ 表示 i 部门所受到的感应程度高于各部门感应程度的平均水平，反之亦然。

（4）能够代表区域产业发展方向，富有生命力的产业。

主导产业是在较长时间内支撑、带动城市经济发展的产业，因而必须是有发展前途的，代表区域发展方向的产业。为此，应该考虑如下因素：

第一，根据本区域所处经济发展阶段选择主导产业。处于工业化前期阶段的城市，主导产业一般具有劳动、资本密集型特性，可以在轻工业领域和基础性的重工业领域选择；处于工业化中期阶段的城市，主导产业一般具有资本、技术密集型特性，可以在重工业中的深加工工业领域选择；处于工业化后期的城市，主导产业具有技术密集型及服务型特性，可以在技术密集型产业、高技术产业及新兴服务业中选择。

第二，根据产业发展的阶段来选择主导产业。根据产业生命循环理论，任何产业在某一城市的发展中都规律性地经过科研创新期、发展期、成熟期和衰退期，主导产业要在科研创新期和发展期的产业中选择，其中处于科研创新期的产业可以作为潜在主导产业来加以培育。

第三，根据产业的收入弹性来衡量。主导产业应该是具有高收入弹性的产业，从而随着区域经济的发展，该主导产业能够拥有不断扩大的市场。

如上所述，主导产业应该是能够充分发挥城市优势，具有较高专业化水平，在区域经济中占有较大比重、能够代表区域产业发展方向的产业。

2. 主导产业的发展

在区域经济格局和区际关系中，主导产业是代表城市经济形象、获取城市经济利益的产业。主导产业发展的规模和水平在一定程度上决定着整个城市经济发展的规模与水平，因此，正确选择并努力发展主导产业是每个城市经济发展中的重大问题。一个城市的主导产业要得到良好的发展，至少应该注意解决如下问题：

第一，选择先进的技术武装主导产业。一个城市主导产业的发展是否成功，关键在于其技术水平和产品竞争力。作为主导产业的产品至少在全国应该是一流的，不论经济效益指标还是技术指标都应该属于最好的，只有用最先进的技术来武装的主导产业才能够在市场竞争中立于不败之地。很难想象技术水平低、成本高、质量差、需要依赖政府保护才能得以生存的产业能够很好地支撑城市经济发展。比如中国中西部城市选择的主导产业，由于其整体发展水平所限，其主导产业所处层次可以是比较低的，但其产品仍然应该是一流的。新疆的布匹、毛线如果竞争不过沿海城市，新疆的纺织业就很难成为其主导产业。

第二，培育大型企业集团作为城市主导产业发展的载体。城市主导产业必须是在市场中富有竞争力的产业，主导产业要得到良好的发展，需要及时获得国内外同行业的最新信息，需要不断地实现创新和产品换代，需要多方面跨区域的经济技术合作。所有这一切，一般的中小企业难以胜任，只有资金雄厚、技术先进的大型企业集团才能够及时掌握国际国内技术动态，投入足够的资金进行研究与开发，从而为主导产业发展提供条件。

第三，选择具有发展潜力的幼小产业进行扶持，为未来时期主导产业的升级和更替做准备。主导产业既然是代表区域发展方向的产业，那么区域经济的发展必然要求主导产业逐步升级，要求扩散、压缩已有的技术层次较低的主导产业，扶持发展新的较高技术层次的主导产业。当新兴主导产业还不成熟，还缺乏市场竞争力时，需要政府予以大力扶持，以免下一轮产业结构升级受阻。

这样城市主导产业总是由三部分构成：一是已经具有强大生命力并代表区域发展方向的产业，这是城市主导产业的主体部分；二是目前还有较强的生命力，但技术层次较低的产业，这是上一轮主导产业发展的延续，对于城市经济发展而言，它是强弩之末，将在下一轮产业结构调整中逐步被淘汰；三是目前还比较幼小但技术水平高，发展潜力大并且反映区域发展趋势的产业，这是新兴的、将主宰未来时期城市经济发展的产业，地方政府应该因势利导，积极支持该类产业的发展。城市主导产业三个部分的每一次更替，表明城市产业结构实现了一次升级，从而城市经济发展在工业化的道路上又前进了一步。

在上述主导产业的三个部分中，前两个部分便构成城市支柱产业。可见，支柱产业是指在区域经济中占有较大比重、对支持城市经济增长具有重大作用的产业，但是它不一定能够反映城市经济发展方向，甚至其中的一部分可能在下一轮的发展中被压缩和淘汰，这就是主导产业和支柱产业的区别所在。

三、主导产业与城市经济发展

1. *主导产业升级是城市经济发展的主要动力*

城市经济发展是通过产业结构升级来实现的，主导产业是区域产业的核心，主导产业的升级是实现区域整体产业结构升级的主要动力。

主导产业的升级可以通过两个途经来实现：

第一，以全新的、更高技术层次的产业来替代原有产业成为新的主导产业。一般而言，新主导产业是根据工业化进程中产业结构演进的基本框架逐步形成的，比如以工业替代农业，以重工业替代轻工业，以深加工工业替代原材料工业，以技术密集型产业替代资本密集型产业，以第三产业替代第二产业等。这些新的主导产业一旦形成，必然通过产业间的经济技术联系带动一批更先进的、技术水平更高的相关产业的发展，从而促进区域整体产业结构的升级。

第二，在同一产业内部，通过技术进步实现产品结构的升级，或通过制度创新实现生产组织方式的重大进步，使原有主导产业大大提高劳动生产率，重新焕发出巨大的生命力和活力。比如说吉林省的汽车产业，20 世纪 90 年代初，在传统体制下形成了以载重车为主的产品结构。随着国内轿车需求量迅速扩张，载重车的需求量相对萎缩，以一汽为主体的吉林省汽车产业开始大规模发展轿车，逐步形成以轿车为主的产品结构。1990 年吉林省共生产汽车7.33万辆，其中载重车6万辆，占81.9%；到1997年吉林省共生产汽车22.19万辆，其中载重车仅8.82万辆，占汽车总产量的比重下降到39.7%。以轿车为主的汽车产业逐步替代了以载重车为主的汽车产业，形成了吉林省新的产业发展优势。汽车产业仍然是吉林省的主导产业，但是其内涵已经发生了巨大的变化。

另外，同一产业内的制度创新、技术进步以及生产组织方式的重大进步也可以实现产业结构的升级。比如说，煤炭产业是山西省传统的主导产业，由其资源禀赋优势及我国的能源结构特征所决定，在未来很长时间内山西省仍要把煤炭产业作为主导产业来发展。产业的选择难以更新，但是其生产方式、技术水平都有着巨大的调整空间。未来时期山西省需要大力调整煤炭产业的生产方式和技术水平，建立以现代化大型企业集团为龙头，以大规模机械化、电气化操作为手段的现代化煤炭产业体系，大幅度提高劳动生产率，从而获得比较利益。

2. 建立以主导产业为主体的产业结构，促进城市经济协调发展

正确处理主导产业与非主导产业之间的关系是任何城市都面临的问题。一个城市，除了发展主导产业以外，还应该发展如下性质的产业，以求城市经济协调发展：

第一，与主导产业直接产生生产性和非生产性联系的产业，包括为主导产业直接提供原材料及其他发展条件的产业，利用主导产业产品进行深加工的产业，为主导产业技术进步进行研究与开发的产业，为主导产业发展提供人才培训的教育产业以及金融、广告等产业，这些产业与主导产业一起构成城市主导产业群，主导产业群在区域经济中所占份额不低于50%。

第二，基础设施产业。基础设施是区域内一切经济社会活动赖以进行的基本条件，是衡量区域投资环境硬件的主要指标。任何城市都需要努力发展基础设施产业，尽可能提高基础设施的技术水平和服务质量，使城市基础设施与全国甚至与世界基础设施的发展水平接轨。

第三，为地方生产和生活提供服务的产业，包括商业、饮食、卫生、教育等传统的服务业以及旅游、娱乐、保健、保险等新兴服务业，这些产业为中小企业提供广大的发展空间，对于扩大就业、丰富生活、活跃地方经济具有重要的作用。

这样，城市产业结构如图8-1所示：

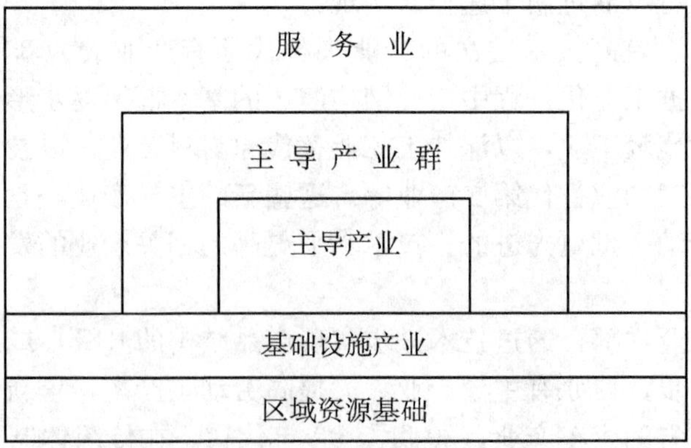

图8-1 城市产业结构示意图

【专栏】

基于钻石理论的主导产业选择——内蒙古自治区翁牛特旗的案例①

【内容提要】 学术界和产业界关于主导产业选择的理论和实证研究层出不穷，研究思路、方法、指标选择等主要沿袭比较优势理论、产业关联理论、经济增长理论和筱原三代平准则的相关内容，而上述研究方法的应用需要有大量的产业发展数据作支撑，因而在我国西部经济欠发达地区的应用上存在局限。这一案例以比较优势和竞争优势理论为基础，建立主导产业选择模型，提出主导产业选择的评价指标体系及模型计算方法，并以内蒙古自治区翁牛特旗为例进行实证研究。

主导产业选择方法应用于我国西部经济欠发达地区存在诸多局限性

主导产业选择方法一般是从区内外比较优势、产业关联、市场潜力三方面来衡量，但这些方法的应用需要大量的历史数据，而西部经济欠发达地区往往主要依靠农业产业，工业生产门类不全，各种数据缺乏，造成该方法的应用存在一定的局限性。另外，西部经济欠发达地区主导产业选择既应遵循一般原则，又要充分考虑资源、环境对区域和产业发展的约束作用。地区主导产业必须以经济社会发展同人口、资源与环境的可持续发展为先导，在区域资源环境承载力允许的范围内，将可持续发展指标引入区域经济发展和调控程序；与此同时，由于西部经济欠发达地区受财力、物力和人力等多方面资源限制，市场经济发展不完善，主导产业的发展不能够仅仅依赖市场的作用，更要充分发挥地方政府的作用。

应用钻石模型，翁牛特旗可以建立更加完善的主导产业选择模型

在比较优势理论、竞争优势理论和钻石理论的基础上，突出考虑政府的作用，进一步考虑可持续发展的问题，内蒙古自治区翁牛特旗可以建立一个更加全面和完整的主导产业选择的指标体系。

“钻石理论”是一个动态的、双向强化的系统，有利于各要素的相辅相成。

比较优势理论主张利用本国或本地区的比较优势发展传统产业，有利于提高资本积累速度，改变要素的禀赋结构，提高技术和产业的竞争力。竞争优势理论主张通过政府的产业政策扶持发展高科技产业，培育新的更高层次的比较优势来发展本国经济。波特教授及其研究小组提出的钻石理论是一个动态的、双向强化的系统，在国家经济中，钻石体系会形成产业集群。钻石模型主要由生产要素、需求条件、企业战略结构与竞争和相关与支持性产业四个基本要素以及机会、政府两个辅助要素组成。

内蒙古自治区翁牛特旗经济发展较为落后，地方财政入不敷出。

翁牛特旗位于内蒙古自治区的赤峰市腹部，行政隶属于赤峰市，旗政府驻地乌丹镇距赤峰仅 89 公里。2003 年三次产业比例为 46.6∶28.5∶24.9，从经济角度看，翁牛特旗是一个以农牧业为主的草原畜牧业经济类型区，是自治区重要的商品粮基地之一。其主要经济指标在赤峰地区排 6～7 名，在全国县域经济指标看，属中下游水平。长期以来，翁牛特旗位于全国贫困旗县行列，经济发展落后，地方财政入不敷出。

突出考虑政府的作用、进一步考虑可持续发展问题，有利于建立更加完善的主导产业选择的指标体系。

---

① 刘颖琦，李学伟，李雪梅．基于钻石理论的主导产业选择模型的研究．中国软科学，2006（01）：145－152.

我们依据翁牛特旗实际状况，建立了如下指标体系，见表8-5。

表8-5　翁牛特旗主导产业选择的指标体系

一级指标	二级指标	解释说明
生产要素	气候条件	不同的产业对气候条件的需求是不同的，气候条件对不同农作物的影响也不同
	针对某产业的天然资源充沛与否	翁牛特旗的天然资源不仅包括草场资源、风力资源，而且包括褐煤、铅锌矿、陶土等矿产资源
	产业对天然资源的消耗量	在主导产业选择过程中，应该注意选择一些对天然资源消耗较少的产业
	某产业在翁牛特旗所处的地理位置	一个比较受关注的地理位置不仅可以带动资金、人才向该地区流动，同时可以使该地区的资金、人才不外流
	交通运输状况对产业的影响	如果没有好的交通设施，只能处于自产自销的状态，无法与外界进行大规模的生产交换
需求条件	外部市场规模	市场规模是翁牛特旗产业的需求成长性指标
	产业发展所需外部投资数量	翁牛特旗政府的经济状况不佳，在主导产业的选择上，必须对所需要的投资大小进行考虑
相关与支持性产业	金融业发展状况	针对翁牛特旗现有的产业特点，如果政府或金融机构可以为一些产业提供金融贷款支持，必然对产业获得竞争优势提供强大的支持
	某产业的上、下游产业是否有竞争力	如果产业链上、下游有一些有竞争力的产业，那么这些产业的发展必然带动上、下游的产业一起发展，并有利于通过相互协作，促进上、下游产业获得竞争优势
同业竞争	相同产业之间合作竞争状况	考虑同业竞争必须要考虑翁牛特旗内部和翁牛特旗外部的竞争对手状况，以及这些竞争对手与本地企业的合作情况
可持续发展指标	产业对环境污染的程度	翁牛特旗的农业未来发展定位在无污染、绿色和天然上
政府	旗政府对产业的支持程度	政府对不同产业的支持程度对一些产业的竞争优势的获得有一定的影响，有些产业如交通运输业的发展，可以通过政府成立公司进行项目融资来实现
	旗政府考虑产业对环境的影响	翁牛特旗的生态系统比较脆弱，同时翁牛特旗的有机农业的发展是建立在绿色环境基础上的
	旗外部政府对产业发展的支持力度	如果某个产业是赤峰市或内蒙古大力发展的产业，那么这样的产业获得竞争优势的机会就会很大
机会	产业发展的机会	

主导产业可以有效地带动其他产业的持续、健康、快速发展。

应用主导产业选择模型和指标体系对内蒙古翁牛特旗的主导产业进行选择，得到的结果为水稻、畜产品加工、生物化工、褐煤和铅锌矿。将这些产业作为主导产业不仅可以充分体现当地的比较优势和竞争优势，而且可以有效地带动其他产业的持续、健康、快速发展，比较符合当地经济发展的实际情况。

第四节 产业结构升级发展与城市转型

从不同的视角可以将转型划分为多种类型，转型的空间载体包括国家、区域和城市，产业转型是城市转型发展的主旋律。

一、转型

转型是指一个国家或区域的经济结构、社会结构、文化形态、价值观念等发生根本性转变的过程。转型研究是国内外经济学界的热点领域，研究视角广泛，观点不一。综合各类研究发现，一般意义上的转型大致可以分为以下三类：

第一，制度转型，将转型理解为从计划经济体制向市场经济体制的转变。大部分国外经济学家和中国学者所说的转型就是指这种变化。在这个意义上可将中国及东欧各国称为转型国家。

第二，增长转型，即增长方式的转型，主要是指由粗放增长转向集约增长，增长的主要动力由劳动力、土地、资本等要素驱动转向创新驱动，并在增长中谋求人与自然的和谐。

第三，发展转型，融合工业化与现代化理论，将转型理解为发展阶段的转化和升级。根据钱纳里的工业化发展阶段论，一个国家的经济发展必然依次经过农业社会、工业化前期阶段、工业化中期阶段、工业化后期阶段、后工业化阶段以及现代社会六个阶段，每个阶段的升级跃迁都必然伴随着产业结构的转化与升级，前后两个阶段的递进过程又称为发展阶段的转型。同时，社会形态的转型也始终与这一过程相伴随：从农业社会向工业化社会、继而实现向后工业化社会的转型。由于工业化中期阶段结构快速转化等特征，钱纳里又将工业化中期阶段称为经济与社会的转型期以及社会矛盾的凸显期。可见，发展转型又包含了经济转型和社会转型。

三类转型概念虽然表现出不同的外延，但又存在相同的主题：效率、公平与和谐。

在中国现实的经济生活中，三大转型往往互相交织。中国属于典型的制度转型国家，同时又处于工业化中期阶段，向工业化后期攀升和转型是中国未来时期发展的主旋律，在此期间的经济增长方式必然由要素推动转向创新推动，这正是中国新型工业化的主旨与内涵。另外，作为幅员辽阔的大国，不同区域和城市所处的发展阶段差异很大，然而，城市转型乃是中国所有区域都关注的重大课题。

二、产业转型

产业转型的核心内容是指随着经济发展阶段的攀升，区域或城市的主导产业结构沿着传统农业、轻工业、重工业以及先进制造和现代服务业的轨迹不断攀升的过程。其中，重工业化又包括以采掘业和原材料工业为主阶段向深加工工业和组装工业转化两个阶段。主导产业每一次质的提升都是一个产业转型发展的过程。

在充分市场竞争中，产业转型发展内容丰富，可以包括如下三个路径：第一，产业结构转型，用全新的产业替代原有产业，比如用汽车替代钢铁等；第二，产品结构转型，区域和城市发展的产业不变，但是用全新的产品替代原有的产品，比如用高档轿车替代低档轿车；第三，技术结构转型，技术结构升级几乎贯穿于所有的产业转型过程，以技术转型支撑产业转型主要是指区域和城市的主导产业和产品都不变，但是用全新的先进技术（设备）来替代原有的技术，比如在煤炭采掘业中用现代化大型机械替代人工作业和传统采掘技术设备。

产业结构升级和产业结构转型是量的积累和质的提升的关系。产业结构升级伴随经济发展的全过程，内涵和表现方式也更加丰富，产业、产品和技术的每一次小的更新都意味着产业结构的升级，但是只有当这种更新发生质变时，才意味着转型的出现。

产业转型的重要标志是产业整体效率大幅度提升。效率是经济发展水平的核心体现，是区域和城市在就业规模不变的条件下创造财富能力的标志。产业转型意味着工业化推进到更高阶段，用更高效率的产业来替代较低效率的产业，在工业化中期阶段，一定意味着先进制造业和现代服务业的大规模扩张，以及传统轻工业和原材料工业所占比重的相对下降，意味着国民创造财富能力的大幅度提升，以及国民收入水平的相应提高。

产业转型发展的基础条件是区域和城市生产要素结构的不断调整。不同的产业需要的基础条件差异很大（见图 8－2），产业发展所需要的基础条件逐渐由对自然资源的依赖转化为对技术条件和社会条件的依赖，由对物质资本的依赖转向对人力资本的依赖。产业转型是否健康顺利，在很大程度上取决于区域和城市的新型产业基础是否具备。

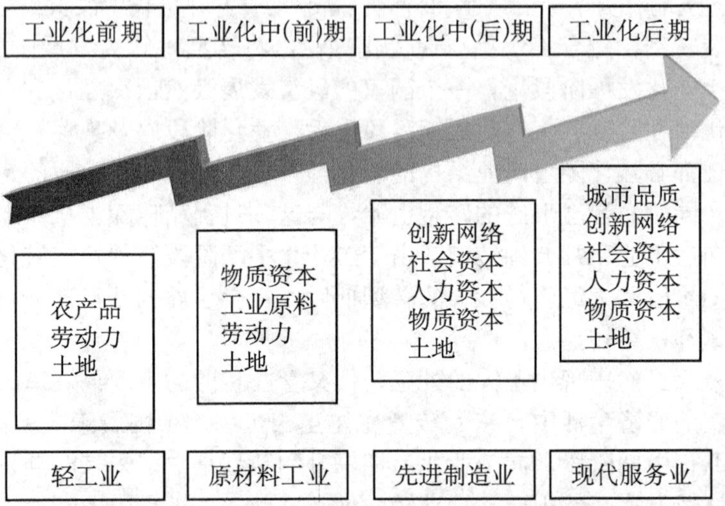

图 8－2　不同发展阶段主导产业所需要的要素条件

产业的每一次成功转型都同时是社会结构演进和进步的过程。由图 8－2 可知，产业结构转型同时是对劳动力要求不断提高的过程，是社会人力资本不断积累的过程，是中间者阶层乃至中产阶级阶层逐渐形成的过程，也是高素质国民比例不断提高的过程，是现代社会结构形成的过程，是社会进步的过程。正因如此，产业转型是更加综合的城市转型的基础和前提。

三、城市转型

城市转型是一种综合意义的转型，制度转型、发展转型与增长转型同时展开，并以主导产业的演进与更替为主线呈现出明显的阶段性。城市转型通常依托主导产业更替来进行。在一轮主导产业发展的上升期，城市经济快速增长，就业扩张，居民收入增加，城市发展欣欣向荣。当主导产业进入成熟期乃至衰退期，城市发展开始放缓，各类矛盾开始显现，如果没有新一轮主导产业及时替代，城市则陷入停滞、萧条甚至衰落；如果新一轮主导产业及时兴起并得到快速扩张，城市则通过产业结构的转型拉起一轮新的增长，开始一个新的生命周期。可见，任何具体城市的转型都是以主导产业的升级与更替为主体，包含制度转型、发展转型和增长转型乃至更加复杂意义的全方位转型。

四、产业转型主导城市发展转型

城市生命周期是指伴随着一轮主导产业上升期、成熟期和衰退期而呈现出同样的发展轨迹，每一轮主导产业的兴起与更替都主导着城市的一个生命周期，城市的生命力和竞争力伴随着主导产业的上升而勃兴，伴随着主导产业的衰退而衰落，直至新一轮主导产业再一次兴起。如果新一轮主导产业崛起的时点正好是前一轮主导产业即将衰退的时点，这时城市得以持续发展，不着痕迹地实现了发展转型，进入新一轮生命周期。

因此，为了避免城市发展过程中的停滞和衰退，城市必须在前一轮主导产业处于上升期时，就及时培育新一轮主导产业，在前一轮主导产业进入成熟期后，新一轮主导产业进入上升期，及时形成新一轮 S 形增长曲线。

城市伴随着主导产业的不断升级得以持续发展。城市在每一轮主导产业处于成熟期的同时也面临着转型的严峻课题。面对转型，各城市政府采取的战略不同，所形成的转型类型也不同。根据城市转型战略的主动性程度及其后果可以将城市发展转型分为三类，即先导转型、竞争转型和危机转型。

先导转型即城市政府主动遵循城市产业演进规律，居安思危，在前一轮主导产业的上升期，积极培育新一轮主导产业，当前一轮主导产业发展到成熟期，新的主导产业已经处于上升期，接续了前一轮主导产业释放的就业空间和创造财富的空间，支撑城市持续增长，有效地避免城市发展停滞和衰退。上海、新加坡是这类典型的案例。

竞争转型即城市尚未及时孕育出新一轮主导产业，前一轮主导产业已经呈现成熟期特征，城市增长趋缓，企业业绩开始下滑，城市竞争力相对下降。这时城市居危思危，及时采取措施，大力创造条件，构建新兴产业发展基础，努力培育新一轮主导产业，防止城市继续被边缘化。芝加哥、成都是这类典型的案例。

危机转型即城市在前一轮主导产业已经处于明显衰退期，城市企业破产、倒闭、迁移不断出现，城市竞争力明显下降，失业严重，乃至危及相关产业，整个城市经济出现严重下滑，城市各类矛盾不断激化的情况下，面对危机，出台转型战略，梳理危机时期各类矛盾与冲突，针对危机根源，制定应对危机的基本对策，增加培训，扩大就业，开拓市场，鼓励投资，选择新兴主导产业着力培育和发展，推动城市逐步复苏。鲁尔、沈阳、底特律是这类典型的案例。危机转型潜伏着失败的可能，比如匹兹堡、曼彻斯特。

可见，城市转型是以产业结构转型为核心、以发展转型为主线的综合转型，是任何城市发展都必须面对的课题。由于各城市转型战略与策略的差异，一个国家在宏观层面工业化的发展转型表现为持续推进，而在中观层面的城市转型却可能此起彼伏，一些城市衰落了，另一些城市可能正呈现出勃勃生机，城市的生命周期曲线互相交织。同时，由于城市主导产业升级比国家层面的工业化阶段攀升来得更为密集和激烈，所以城市转型的步骤比国家发展转型更快捷。当城市主导产业发展转型与国家工业化发展阶段的转型同步时，这样的转型将进行得更为激烈，更为艰难，因为宏观层面的转型矛盾与冲突和中观层面的矛盾与冲突相互交织，制度创新与结构升级、增长方式转变同时推进，城市需要为此付出巨大的转型成本。

【本章小结】

产业结构演进是城市发展的核心和主线。克拉克第一次科学划分了三次产业并揭示其演进规律，各产业产品的收入弹性以及其生产的技术特性差异是决定三次产业演变规律的基本原因。

城市主导产业是指能够主宰并带动城市经济发展的产业，城市主导产业的发展与升级是城市经济发展的主旋律。城市主导产业必须具备高收入弹性、技术进步、创新能力强、乘数效应高等特点。

转型是未来时期中国发展的主要特征，产业转型是城市发展转型的核心。产业结构升级和产业结构转型是量的积累和质的提升的关系，其标志是产业整体效率大幅度提升。产业转型从根本上取决于该城市发展产业基本条件的转型。在产业发展大转型时期，城市要为下一个时期高速发展的产业夯实产业基础。

【关键术语】

产业结构	第一次产业	第二次产业	第三次产业
制造业	主导产业	支柱产业	区位商
转型	产业转型	城市转型	先导转型
竞争转型	危机转型		

【复习题】

1. 简述三次产业划分的标准。
2. 简述三次产业演进的基本规律及其原因。
3. 简述城市主导产业的选择标准。
4. 简述城市主导产业发展的基本原则。
5. 简述产业转型如何主导城市发展转型。

第九章

城市土地经济

城市的土地资源是城市社会经济发展的基本条件和载体，随着工业化与城市化的迅猛发展，人口与资源环境的矛盾日益突出。城市土地利用的空间配置反映着城市人口活动的空间布局，它直接决定着土地利用的效率及空间环境的质量。土地利用的效率取决于生产要素的投入和组合。生产要素，又称生产资源，一般包括生产过程中的各种投入商品和服务，通常归纳为土地、劳动、资本、管理四种资源。土地利用者通过金融推进土地开发和利用，与土地相关的金融活动成为城市土地金融，它是房地产业与金融业相结合的产物，是利用货币、信用等经济杠杆的重要经济手段，是城市金融体系的重要组成部分。城市政府通过规划影响土地利用的空间配置，通过土地市场制度建设完善土地金融环境，是城市的重要行为主体，与城市居民、企业、社团一样是城市活动的重要参与者，在城市活动中发挥着积极的作用。同时，城市政府是国家行政机关的重要组成部分，是国家政权的分解和传递，属于上层建筑的范畴，具有公共职能性。①

本章详细分析了城市土地价格、生产效率差异与金融市场产生的原因和机制，涵盖土地市场运作原理、政府的职能与市场制度。不同土地利用阶段下的经济问题不同，本章研究了土地利用的空间配置中关于空间布局、竞租、地价等问题，讨论了土地利用效率的含义与促进方式，以及土地金融特性的运作，最后分析政府的角色及当前的土地市场制度现况，从市场与政府管理两个角度对土地利用的经济原理进行理论阐释。

重点问题

- 城市土地空间配置的规律性。
- 土地规模报酬递减与土地生产效率的关系。
- 土地生产效率与土地利用效益的内涵差异。
- 城市土地金融的概念及其市场分类。

① 孙久文．城市经济学．北京：中国人民大学出版社，2016：260.

第一节　城市土地空间配置与定价

土地在城市空间中以单元的形式分散布局，依循城市自身发展历程，形成特殊的土地利用结构模式，而由于土地的生产报酬差异性，地租差异影响了土地的空间配置，进一步形成了土地价格，受到周围各项环境影响而发展出价格的空间规律性，通过合理的方法可评估价格。

本节着重探讨土地价格与配置的原理，共分五个部分，分别是城市土地空间配置的形成、城市土地利用结构模式、竞租理论与竞租函数、城市土地价格的影响因素和城市土地价格评估方法。

一、城市土地空间配置的形成

土地在空间的布局是土地所在的区位条件、人们的经济活动以及城市规划的综合结果，受到以下三个因素的影响①：

（一）土地的区位功能

土地的区位功能由人类行为活动决定，反映出城市居民在生产和生活上对该区位的需要，因此，经济活动与人口流向能创造高劳动报酬的土地区位，企业聚集在能保证低生产成本的土地区位，商业贸易活动集聚在人流、物流和信息流流量大、市场发达的区位，科技和管理机构朝向信息资源丰富、消息灵通的区位迁移。

（二）经济活动对地价的承受能力

由于区位条件差异会造成土地价格空间差异，因此相对来说经济活动对地价的承受能力决定其使用的土地，土地在空间中也因而形成不同的用途。商贸、商务办公、高档住所能够承受较高的地价，因此会占据地理位置优越、周边环境好的地段，仓储、工业承受地价的能力较低，在地价变动的过程中逐渐被迫迁移，最终形成不同的土地用途布局。

（三）政府规划

政府规划对城市土地利用的空间配置也会有一定的影响。规划形成的土地空间配置反映了政府干预，它既强调社会利益第一的原则，使外部经济效益得以有效地提高，又反映城市土地市场空间的发展趋势，使地价合理分布。

二、城市土地利用结构模式

城市土地利用在区位、经济活动的地价承受能力以及城市规划影响下，形成了几种结构模式，分别是美国社会学者伯吉斯于20世纪20年代首先创立的同心圆布局理论、霍伊特于1939年提出的扇形布局理论，以及美国地理学者哈里斯和乌尔曼于1945年在《城市的本性》中提出的多核心布局理论②，它们从不同的视角解释了土地利用结构的形成。

---

① 吴启焰，等．城市经济学．北京：中国建筑工业出版社，2009：175.

② 董利民．城市经济学：2版．北京：清华大学出版社，2016：180.

（一）同心圆布局理论

美国社会学者伯吉斯基于社会生态学里的入侵和继承的概念，以美国芝加哥为研究对象来解释土地利用在空间上的排列形态。他认为都市空间的扩展是竞争的结果，都市的发展呈放射状，由中心到边缘一环一环扩展，不断地入侵和转移，形成同心圆（见图 9-1）。同心圆布局理论的基本模式由五个同心圆用地结构组成。从城市中心向边缘的顺序特征见表 9-1。

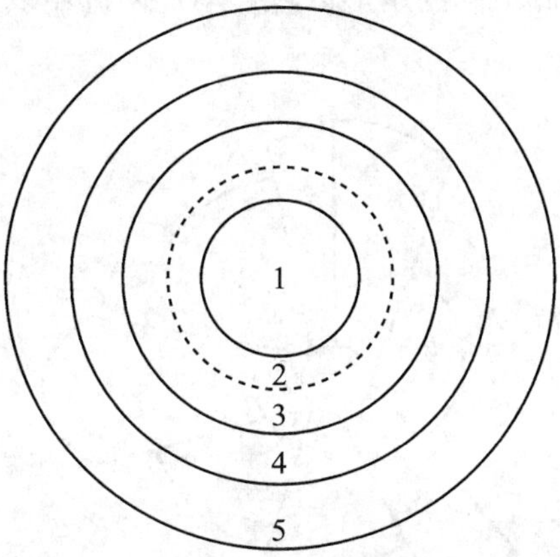

图 9-1　同心圆都市土地使用模式

注：1. 中央商业事务区，即中心商业区；2. 海外移民和贫民居住带，即过渡区；3. 低收入工人居住带，即工人住宅区；4. 中产阶级居住带，即高级住宅区；5. 通勤区，即通勤住宅区。

表 9-1　　同心圆布局理论圈层特征

圈层	分区	特色	聚集活动类型	聚集人口特征
1	中心商业区	经济、文化、政治活动中心	中心商业街、百货商店、银行、剧院	高级白领
2	过渡区	房屋破旧、居民贫困	老式住宅、出租房屋、工厂、商店	少数民族、新移民、流浪汉、社会下层贫民
3	工人住宅区	接近工作地点、住宅租金低	中等独栋住宅、联排、2～3 层住宅	蓝领阶级、移民
4	高级住宅区	居住密度低，生活环境好	高级公寓、独栋住宅、花园洋房	白领职员、商人
5	通勤住宅区	沿高速交通线路发展的近郊区或卫星城镇，距中心商业区 30～60 分钟车程	中高级住宅	在城市中心工作的中上层通勤人员

城市人口增长使得内环带向外延伸移动，土地用途发生改变。当中心商业区扩张，入侵过渡区的住宅时，低收入居民便会向外扩张，这时蓝领阶级就可将其旧住房转给低收入居民，他们再搬到更外围的高级住宅。伯吉斯的同心圆布局理论是针对特定城市所观察总结的理论模型，分析中忽略了自然因素、交通因素、社会因素、政策因素等，实际上，工人住宅区与中心商业区的空间布局还要考虑到污染程度。然而，伯吉斯从动态的角度分析

一元结构城市的土地空间配置，仍有其重要价值。巴布扎克于 1932 年将同心圆布局理论纳入交通轴线辐射线，提出星状圈层模式，也使得同心圆布局理论能应用于更多形态的土地空间配置。

（二）扇形布局理论

霍伊特于 1939 年通过对美国 64 个中小城市及纽约、芝加哥、底特律、华盛顿、费城等城市住宅区的土地空间配置分析，提出扇形模式。他认为地价会沿交通线从中心向外扇形扩张，形成一片片地价高低不同的扇形区域，扇形内部全区的地价不随距市中心的距离而改变[①]，如图 9-2 所示。

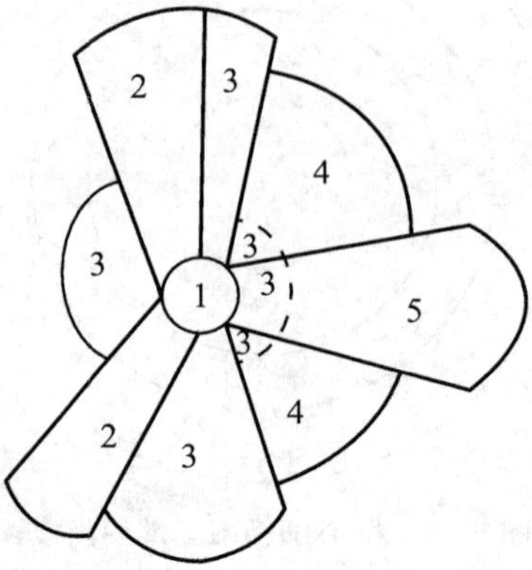

图 9-2 扇形都市土地使用模式

注：1. 中心商业区；2. 批发业和轻工业区；3. 低级住宅区；4. 中级住宅区；5. 高级住宅区。

霍伊特的扇形布局理论以同心圆为基础，加上了放射状运输线路、线性易达性和定向惯性，使城市从中心商业区呈不规则方向向外扩展。[②] 住宅区沿着交通线发展，其中，高级住宅区位于一个或多个扇形中，沿着交通主干道、河岸、湖滨、公园、高地等独立发展[③]；中级住宅区朝向高级住宅区内侧发展；低级住宅区再邻接中级住宅区发展，其间夹有批发业和轻工业区，呈楔状延伸。因此在地域空间上，中心为中心商业区，批发业和轻工业区沿交通线从市中心向外扇形延伸，低级住宅区邻接批发业和轻工业区发展，并向外发展中级住宅区，高级住宅区再沿着交通干道从中级住宅区发展出来。扇形布局理论以同心圆为核心，解释城区结构形态，与同心圆布局理论互为补充的关系。[④]

（三）多核心布局理论

美国地理学者哈里斯和乌尔曼于 1945 年在《城市的本性》中提出多核心模式。他们通过研究不同类型城市地域结构发现，城市中除了中心商业区外，还包括了多个核心，而此一中心多元化结构是由四个过程作用形成：（1）各行业基于自身利益寻找优势区位；（2）产生集聚效应；（3）各行业因比较劣势而分离；（4）地价和房租差异对行业区位选择产生影响。而随着城市化的推进，新的核心又会产生。以美国部分大城市为例，大城市一

① 吴启焰，等．城市经济学．北京：中国建筑工业出版社，2009：163.

② 董利民．城市经济学：2 版．北京：清华大学出版社，2016：182.

③ 王雅莉．城市经济学．北京：首都经济贸易大学出版社，2008：162.

④ 同①.

般有 6 大片、9 个区，其分区特征见表 9－2，空间布局如图 9－3 所示。①

表 9－2 多核心布局理论分区特征

片区/分区		区位条件
1. 中心商业区		交通设施中心，易达性高；通常位于城市几何中心偏向一方；地价最高
2. 批发业和轻工业区		对外交通发达；批发业多沿铁路集聚；轻工业围绕基础设施集聚
居住区	3. 低级住宅区	低级住宅区靠近中心商业区、批发业和轻工业区；中级住宅区和高级住宅区远离中心商业区、批发业和轻工业区，靠近低级住宅区
	4. 中级住宅区	
	5. 高级住宅区	
6. 重工业区		位于城市的边缘地区，需要广阔的空间和便利的铁路、水运交通
郊区与卫星城镇	7. 通勤带	依赖私人汽车和郊区通勤铁路
	8. 郊区住宅	
	9. 郊区工业	

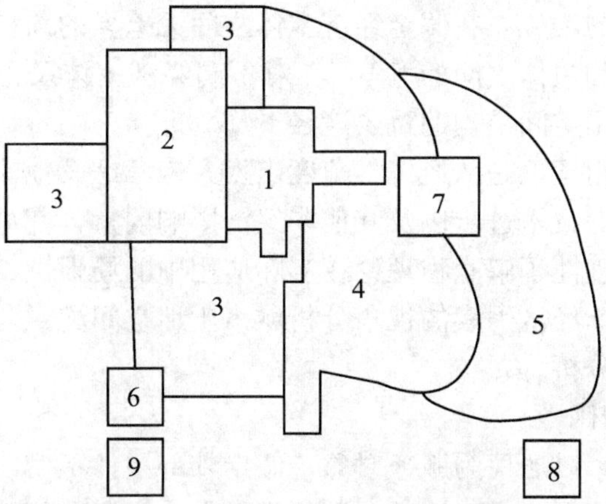

图 9－3 多核心城市土地利用模式

注：1. 中心商业区；2. 批发业和轻工业区；3. 低级住宅区；4. 中级住宅区；5. 高级住宅区；6. 重工业区；7. 通勤带；8. 郊区住宅；9. 郊区工业。

相较于同心圆模式，多核心模式更能解释实际情况，考虑到了地租差异与城市的多元结构，尤其能够解释由几个小市镇扩展合并而成的城市。也由于未假设城市内土地的匀质性，土地功能区配置无一定顺序、面积，布局弹性较大，地价呈片区分布，非从中心到外围呈同心圆递减。②

上述三种模式描述了城市空间结构的典型模式。即使现代城市在基础产业、收入结构、文化特征、自然环境等因素交错影响下，已经很难被上述三种模式所解释，但这些模式仍然提供给我们一个分析城市土地使用模式的范式，同时，三个模式也同时强调了合理布局土地利用才能实现土地价值的基本原则，强调了土地利用合理组织和安排的重

① 董利民．城市经济学：2 版．北京：清华大学出版社，2016：183.

② 同①184.

要性。

三、竞租理论与竞租函数

城市的基础投资建设需要大量的建设用地，城市化也提高住、商、工业用地的需求，因此城市土地的稀缺性极为明显，需求与稀缺引发了城市土地利用在空间与区位的竞争，形成土地的地租在空间上的差异，城市空间也呈现出市区与郊区，而土地利用就是经济活动在市区及郊区的空间配置，以竞租理论为核心概念，以价高者得为原则，支配城市土地在空间中的合理配置及演变。以下说明竞租理论的概念，以及零售业、居住和制造业的竞租函数。

（一）竞租理论

竞租理论是分析城市土地使用空间配置的重要原理，能够分析静态以及动态的城市空间结构。在动态分析中，进一步强调了外部因素变化，如经济部门盈利能力、城市规模、经济部门规模、居民偏好等变化。针对不同经济主体能通过竞租函数分析其竞租行为，基于经济主体在不同区位上获利能力的差异性，及其对该区位地租的支付能力，讨论经济主体、区位、地租三者的关系，从而联系起经济主体的区位选址与地租支付能力。经济主体会选址在其利润最大化的区位，在假定经济主体之间无差异的前提下，区位选址的影响因素可简化为区位、地租和主体之间的竞争。[①] 对不同经济主体及土地用途的竞租函数的了解，是理解城市土地使用空间结构的重要途径。

需要指出的是，竞租理论是从经济学角度出发，未考虑其他非经济因素，而在实际环境中，城市的历史背景、技术进步以及其他非经济影响因素，都可能影响经济主体的竞租行为，因此在分析上应理性了解竞租理论在实际应用中的局限性，但也不应忽视其仍具有的应用性，只需要加入非经济因素的视角分析城市土地空间配置与经济成本的关系，也同样可以运用该理论进行分析。[②]

（二）零售业的竞租函数

零售业作为服务业，以居民为服务对象，假定外部条件不变，影响零售业利润的主要因素是销售规模和居民交通成本，因此，销售规模就会受到居民综合考虑购物交通成本的影响。包括企业利润、区位距离（转化为服务覆盖范围）和地租间关系的零售业企业利润函数构造如下：

$$\Pi = P \times N(k-u)/k - C \times N \times u - R \times A$$

其中，Π 为零售企业利润，P 为固定的产品售价，N 为最大可能销售量，k 为企业最大的服务覆盖范围常数，u 代表企业的区位偏离距离，C 为单位产品的非土地成本常数，R 为单位面积用地的租金，A 为用地规模。

对于 u 需要说明的是，假设存在一个会为企业带来全服务覆盖范围的区位点，且该范围同时也是城市总体范围，一旦企业偏离该点，部分居民将因为超出服务范围而无法享有该企业的服务。企业偏离越多，丧失客户越多，用偏离的距离能够衡量服务覆盖范围的变化，进而计算产品的销售量。

---

① 冯云廷．城市经济学：4 版．大连：东北财经大学出版社，2015：130.

② 栾峰．城市经济学．北京：中国建筑工业出版社，2011：192.

在完全竞争市场下，企业经济利润（扣除了正常平均利润）为零，从而竞租函数可写为：

$$R=(P\times N-P\times N\times u/k-C\times N\times u)/A$$

上述函数探讨了 R 和 u 两个变量的关系，在以区位偏离距离 u 为横轴变量，单位面积用地的租金 R 为纵轴的二维坐标系中，上述竞租函数表现为图 9－4 中的 BOA 地租三角形，代表零售业使用的地租，在没有其他土地使用的竞争下，零售业土地利用距离市中心的距离可以达到 A。

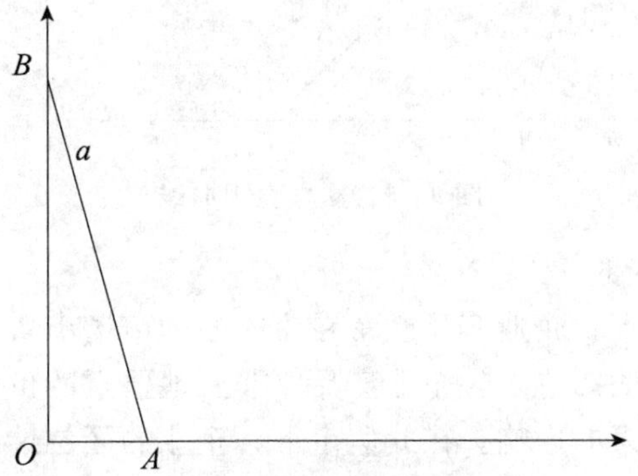

图 9－4　零售业竞租曲线

（三）居住的竞租函数

居住的竞租函数与零售业的基本假设条件一样，其差异在于企业的目标是追求实现利润最大化，而对居住来说，则是通过住宅区位的选择，实现家庭效用最大化。[①] 阿朗索从消费者预算约束出发，构建了与区位及其他消费的关系函数。为了与上述有关的函数有着近似的可比较表达，对阿朗索的有关表达适当调整如下：

$$Y=P\times N+t\times N\times u+R\times A$$

其中，Y 代表消费者固定的预算约束，P 和 N 分别代表常数的消费品价格和消费数量，t 代表消费者到位于城市中心的市场购买产品的每单位重量和距离所产生的固定运输成本，而 u 代表的就是居住选址所产生的距离，R 和 A 与在其他函数一样，代表的是租金和居住面积。上式同样可以转化为竞租函数：

$$R=(Y-P\times N-t\times N\times u)/A$$

或

$$R=\frac{Y-P\times N}{A}-(t\times\frac{N}{A})\times u$$

这样一来，在同样考虑了地租与区位偏离距离的情况下，在以区位偏离距离 u 为横轴变量，单位面积用地的租金 R 为纵轴的二维坐标系中，可以发现上述竞租函数表现为图 9－5中的 DOC 地租三角形，代表居住使用的地租。在没有其他土地使用的竞争下，居住土地利用与市中心的距离可以达到 C。然而，由于零售业在 d 之前能支付高于居住的地租，因此在土地最高、最佳使用下，零售业的地租图形为 $BOEd$，同时，居住的地租三角形也缩小为 dEC。

---

① 周伟林，严冀．城市经济学．上海：复旦大学出版社，2004：158.

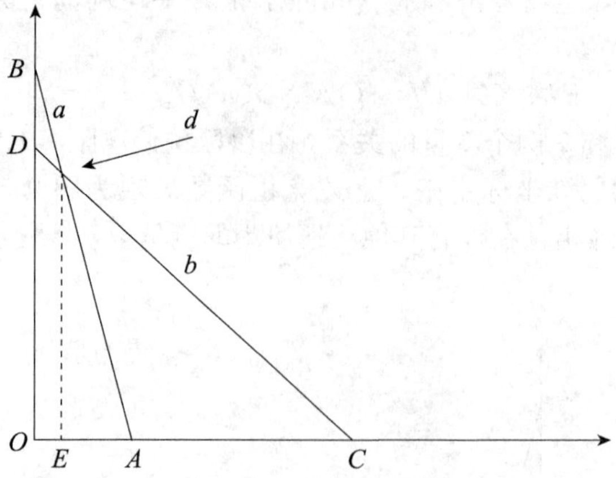

图 9-5 居住竞租曲线

（四）制造业的竞租函数

假定在完全竞争条件下，企业产品通常在市中心的市场出售，企业与市场之间的距离只受到产品运输成本变化的影响，且企业产品等非土地要素的价格都是既定的，同时忽略企业生产原材料输入等因素的影响。在此假定下，企业的区位选择是市场导向的，只探讨企业区位与地租之间的关系，函数构造如下：

假定每单位产品的每单位距离的运输成本为常数 t，生产常量为 N，单位产品的市场价格为常数 P，而非直接的单位产品生产成本为常数 C，单位面积用地的地租为 R，而用地面积为 A，企业距离市场的距离为 u，则首先可以构建企业利润函数为：

$$\Pi = P\times N - N\times t\times u - C\times N - R\times A$$

同样假设在完全竞争条件下，企业利润为零，则企业的竞租函数可以表达为：

$$R = N(P - C - t\times u)/A$$

或

$$R = \frac{N(P-C)}{A} - (N\times t/A)\times u$$

与零售业竞租函数类似，在只是探讨 R 和 u 两个变量的情况下，只要运用最为简单的代数知识就可以发现，如果以区位偏移距离 u 为横轴变量，以单位面积用地的地租 R 为纵轴变量，上述竞租函数表现为图 9-6 中的 FOE 地租三角形，代表制造业的地租。在没有其他土地使用的竞争下，制造业土地利用距离市中心的距离可以达到 E。然而，由于居住使用在 e 之前能支付高于制造业的地租，因此在土地最高、最佳使用下，居住的地租图形为 $dGHe$，同时，制造业的地租三角形缩小为 eHE。

四、城市土地价格的影响因素

除了前述竞租理论所讨论的距离与产品成本外，影响土地价格的因素相当多元。从经济学的角度看，土地是人类劳动加工的一种对象或人类生产与生活活动的空间场所，土地本身并不包含成本，土地价格是土地经济价值的反映，而土地的经济价值是由土地的使用价值及人们的生产能力、土地的稀缺程度等多种要素决定的。在现实城市经济发展的过程中，存在众多影响地价的因素，总体来讲，可以分为自然因素、区位因素、经济因素和行政因素等。

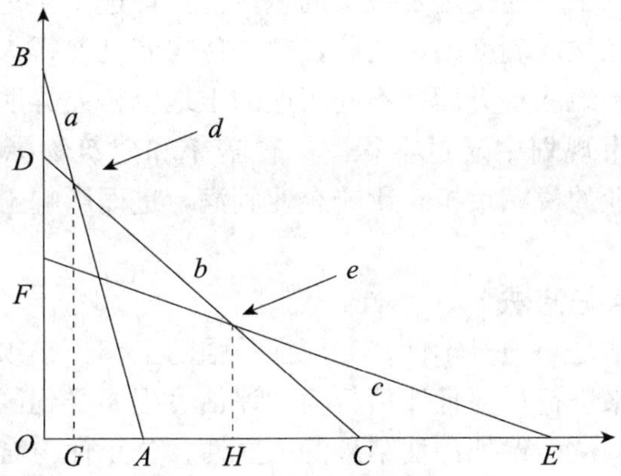

图 9-6　制造业竞租曲线

（一）自然因素

自然条件是影响城市土地价格的基本要素，自然条件的优劣会直接影响土地开发的难易程度，恶劣的自然条件会加大土地开发的难度，需要追加更多投资抵消可能产生的负外部效应。相反的，优越的自然条件则不仅可以减少土地开发的难度，降低投资成本，也会对城市景观产生正面影响，提升土地开发的质量和效果，有效地提升土地开发的回报。

（二）区位因素

区位因素主要包括土地的交通区位、集聚区位和设施区位三个方面。交通区位是指土地的空间距离和时间长度，包括距离经济活动中心地的距离和道路交通时间，良好的交通区位说明该土地距离经济活动中心地的空间距离近、交通时间短，有利于土地使用者进行相应的经济活动。土地集聚区位是指土地所在区位的经济活动集聚程度，良好的土地集聚区位说明该土地处于目标市场集聚区，能与配套产业或同类产业产生互动效应，从而对该块土地使用者的经济活动存在促进作用。土地设施区位是指土地所在区位的基础设施和综合服务设施的完备程度，良好的土地设施区位是指该土地处于较为完善的基础设施和综合服务设施周边的区位。土地在具备优越的交通、集聚和设施区位时，开发成本小，未来收益高，土地价格必然会高于其他区位水平的土地。①

（三）经济因素

经济因素包含产业发展状况、财政金融状况、工资和就业状况、物价变动情况等。产业发展能够促进用地规模扩张，扩大用地需求。财政和金融直接影响房地产价格，财政收支影响公共建设支出，金融则会影响房地产杠杆融资。工资水平上涨与就业人口增加能提升人均可支配收入，提高房地产的有效需求。物价变动会引发通货膨胀，降低货币价值，从而提高房地产的保值能力，增加对房地产的投资需求。

（四）行政因素

行政因素主要包括土地制度、住房制度、土地法规、税收政策。土地制度对土地价格的影响相对较大，我国在土地制度改革前禁止以任何形式转让土地，因此地租与地价无从

① 孙久文．城市经济学．北京：中国人民大学出版社，2016：42.

体现。土地制度改革提高了土地使用者投资的积极性，促进了土地价格的上涨。住房制度则直接影响住宅价格。在住房制度改革之前，福利住房制度使得大量的住宅价格较低，也连带影响土地价值。在土地法规方面，不同用途的土地价格差异明显，工业、商业和住宅用地的价格差异大。城市规划中通过容积率、覆盖率和建筑物标准等对土地价格产生影响。税收政策会影响企业的税赋负担，影响企业利润，进而影响土地需求。

五、城市土地价格评估方法

城市土地价格的评估是一项科学性、专门性很强的工作，必须由国家予以资质认定的专业估价师和估价机构来进行；并且评估行为和评估过程要受到国家的法律、法规和行业制度的严格限制与监督，从而保证评估结果的独立性、公正性与合理性。现行的土地估价方法以成本法、收益法、市场比较法为主。在通常情况下，为了使评估结果更加准确，常将三种评估结果进行综合。不动产估价学已成为重要的土地专业技术领域之一。

（一）收益还原法

收益还原法又称收入资本化法。[①] 收入资本化法是由土地的年生产净收益推算价格，通过合适的还原利率，将未来的纯收益折算为现值，其基本计算公式为：

$$P=\frac{a}{r}[1-1/(1+r)^n]$$

其中，P 为地价；a 为土地年净收益；r 为还原利率；n 为土地的使用年限或有收益的年限。此处的土地净收益 a 固定不变，是地租的概念；若 a 每年发生变动，则需分别计算各年的净收益，再折算为现值。还原利率可以通过安全利率加上风险调整值的方法求取，而安全利率即为无风险的资本投资收益率，通常采用银行一年期的定期存款利率。[②③]

（二）市场比较法

市场比较法又称交易案例比较法，是将估价标的物与估价期间内已经发生交易的可比标的物加以比较，从可比标的物的既知价格，根据估价标的物的实际情况加以修正后得到该标的物价格的一种估价方法。运用市场比较法必须满足以下条件：

（1）地产市场发育比较充分和成熟，搜集到的交易案例比较丰富和全面。

（2）选取的参照条件应尽量与评估标的物相同或类似，这些条件包括土地用途、建筑性质、土地区位、交易日期、价格类型、土地使用权年限等。

在参照可比标的物修正估价标的物时，重要的是交易日期与区位因素，这需要根据市场变动和实际情况予以调整，其幅度和精度有赖于估价师的职业素质与从业经验。[②③]

（三）成本估价法

成本估价法是以土地开发成本来确定地价的方法，其基本理论依据是生产费用论。[④] 未开发的自然土地因为成本估算不易，因此必须利用成本法以外的地价评估方法。成本法一般适用于建筑物或新开发土地的估价，尤其适用于土地市场狭小、成交案例不多、无法

① 曹振良，等．土地经济学概论．天津：南开大学出版社，1989：203－204.

② 谢文蕙，邓卫．城市经济学．北京：清华大学出版社，2008：179.

③ 项英辉．城市经济学．大连：大连理工大学出版社，2011：161.

④ 同①258.

利用市场比较法的地区或城市。①

其计算公式为：

$$P=G+T+I+S$$

其中，P 为地价；G 为土地的购置费，是房地产开发企业为取得土地使用权而支付的费用；T 为土地开发费，即生地变成熟地所需要的总费用；I 为利润；S 为应纳税费。②

举例说明，某征用土地承建商品住宅的项目，其土地价格等于下列各项费用之和：征地费、拆迁补偿费、前期工程费、基础设施费、管理费（按上述各项之和 2%～3%计）、贷款利息（自有资金也视为贷款计息）、利润（按上述各项的 8%计）及有关税费。其中，前面两项为 G，中间四项为 T，后边两项为 I 和 S。③

第二节　土地生产效率

高土地生产效率是土地利用的目标之一，能够实现土地节约集约利用。土地生产效率代表生产力的一个方面，又与容受力存在关系。生产效率的提升来自规模化与技术，因此土地报酬递减规律也是解释土地生产效率的重要概念。对土地报酬递减规律的分析能为城市土地的集约经营和规模经营提供重要的理论和决策依据④，进而提高土地生产效率，推进土地利用效益。

一、土地生产力、容受力与效率

土地的生产力，可以从土地使用的容受力与效率来解释。土地使用的容受力是指一块土地产生最大报酬时所投入的生产因素的量⑤，是单位土地资源产生的剩余报酬超出利用成本多寡的相对能力⑥，容受生产因素的多寡会因土地使用形态的不同而有差异。效率则是指每一单位生产因素在土地使用上所得到的报酬，也就是产出与投入之比，其公式如下⑦：

$$效率=产出/投入\times 100\%$$

土地投入的生产因素又可归结为生产要素，包括生产过程中投入的各种商品和服务，包括劳动、资本、管理，而土地本身也是生产要素之一。

容受力与效率不是成恒正或恒负的关系，若土地可以容受极小单位的生产因素投入，但是能够产生很高的报酬，则土地生产效率高；反之则效率低。⑧ 效率的提升来自规模化与技术⑨，它们使得投入的资源可以被更有效率地使用，因而获得更高的产出。Charnes

① 周京奎．城市土地经济学．北京：北京大学出版社，2007：124.

② 项英辉．城市经济学．大连：大连理工大学出版社，2011：162.

③ 谢文蕙，邓卫．城市经济学．北京：清华大学出版社，2008：180.

④ 曲福田．土地经济学：3 版．北京：中国农业出版社，2011：153.

⑤ 韩乾．土地资源经济学．台中：沧海书局，2001：13.

⑥ Raleigh Barlowe. *Land Resource Economics*. 4th ed. Printice-Hall，1986：12.

⑦ 同⑤.

⑧ 同⑤14.

⑨ 吴济华，何柏正．组织效率与生产力评估：数据包络分析法．台北：前程文化，2008：28－29.

(1978) 与 Banker (1984) 延续规模化与技术的概念①②，进一步将生产效率区分为总体效率、技术效率、配置效率与规模效率，并发展出数据包络分析法（DEA），它也是典型的分析生产效率的方法。

【专栏】

产业关联是否能够提升土地生产效率？北京市海淀区的案例③

【内容提要】 本文主要探讨产业的主导性、土地要素依赖性、生产要素需求特征及其对自身生产效率的影响，研究方法采用投入产出分析、聚类分析、数据包络分析法。研究结果发现，产业集群依赖于主导产业的发展，发展主导产业需要占用较大面积的土地；主导产业以资本密集型产业为主，总营业收入高，能提供的就业总量多；资本密集型产业的生产效率较其他产业高，因此，产业的生产效率表现与其生产要素的依赖特征有关，但主导产业生产效率并非资本密集型产业最高。研究结论是，主导产业土地生产效率并非产业最高，现行以土地节约集约利用评价产业发展忽略了产业集群、产业差异与技术进步对产业的重要性。

产业关联、土地生产要素需求与土地生产效率之间的关系还缺乏定论

产业集群是由多个集聚产业基于产业间的关联协作所组成，其发展高度依赖于能够同时推动与拉动关联产业共同发展的主导产业，因此从产业发展的角度，主导产业具备不可取代的地位，支撑了产业集群的发展。从主导产业的特性来说，其特征包括企业数量众多、占用大量土地，以及前后高度关联，当大量的土地被主导产业占用，土地生产效率将受到主导产业的更多影响。由于主导产业又是高关联产业，则高关联产业是否也是高土地生产效率？这关系主导产业的土地生产效率表现，也关系地区整体的土地生产效率。

海淀区已是全国重要的高产业关联地区

北京市海淀区分布多个开发区，2010 年，海淀区被确定为北京市唯一的全国首批国家创新型试点城区，是全国各城区中支撑产业创新发展的关键地区。区内的中关村科技园海淀园，根据《北京市人民政府关于同意加快建设中关村国家自主创新示范区核心区的批复》，同意作为中关村国家自主创新示范区核心区，虽然中关村科技园海淀园规划占地面积 133.06 平方公里，但根据中共海淀区委十一届九次全会提出的“海淀区就是核心区、核心区就是海淀区”的理念，海淀全区均应纳入核心区统筹建设的范围之中。核心区将规划建成全国科技创新中心核心区。海淀区不仅是核心区发展的重要载体，区内的开发区与外围产业也已形成产业集群。

海淀区的产业关联发展能推升土地生产效率

主导产业是高区位商的高关联产业，北京市的主导产业也是各个产业集群的核心，与各个产业存在高度产业关联。

---

① Charnes, A., Cooper, W. W., Rhodes, E. Measuring the Efficiency of Decision Making Units. *European Journal of Operational Research*, 1978, 2 (6): 429-444.

② Banker, R. D., Charnes, A. & Cooper, W. W. Some Models for Estimating Technical and Scale Inefficiencies in Data Envelopment Analysis. *Management Science*, 1984, 30 (9): 1078-1092.

③ 施昱年．产业关联与土地生产效率关系研究——以北京市海淀区为例．中国土地科学，2016，30 (4)：59-67.

土地要素对产业集群有明显的支撑作用。

在占用土地总量在全海淀区行业排名前25%的8个行业中，有6个在海淀区高度集聚，有5个是北京市的主导产业，其中有3个主导产业在海淀区高度集聚。这一结果说明，关联性好且集聚的产业，发展能力也较好，需占用较多土地；同时，在海淀区集聚的北京市主导产业，均能在海淀区创造较高的营业收入与就业总量。从海淀区的现况也可发现，占用土地总量大的产业完全没有低关联产业，高关联产业在海淀区所占用土地合计达到37.31%，与中间投入供应产业合计占用达到86.23%的土地，因此，土地要素对产业集群有明显的支撑作用，土地供应不足，主导产业发展将难以为继。

主导产业基本上都是资本密集型或资本需求导向型。

从海淀区的案例可以发现，各产业对生产要素的依赖程度均不同，其中，集聚在海淀区的北京市主导产业在生产上均为资本密集型或资本需求导向型，因此，资本密集型或是资本需求导向型产业的总营业收入高，提供的就业总量多，能拉动总体营业收入与就业机会的增长，带动产业集群发展。

资本密集型产业的生产效率高于资本与土地密集型产业，总的来说，对生产要素依赖程度越低，生产效率越高。但海淀区当前情况也显示，集聚在海淀区的北京市主导产业与高生产效率没有直接关系，在三个主导产业中，仅通信设备、计算机及其他电子设备制造业的效率达到1，专用设备制造业以及通用设备制造业的效率仅各为0.61以及0.58，这表明资本密集型产业以技术为基础的发展模式，对土地生产要素的依赖程度低，能够创造更高的生产效率，但其生产效率不是所有产业中最高的。

二、土地报酬递减规律

土地报酬递减规律是18世纪法国重农学派后期代表人物杜尔阁和英国农场主安德森分别提出的。杜尔阁用边际主义思维方式清楚表述了土地报酬递减规律的基本内容。① 安德森首先注意到技术因素的影响作用，因此在其表述土地肥力递减时，考虑到“一定的科学技术条件”②。之后威廉·配第、亚当·斯密、马尔萨斯以及大卫·李嘉图等人对土地报酬递减规律进行了修正和发展，马克思、恩格斯和列宁等人也对土地报酬递减规律进行了细致的理论分析。③

（一）土地报酬递减规律的内涵

报酬的一般含义是指因使用或投入一定的物质或精神而得到的物质或精神回报。土地报酬的含义指的是对土地进行一定的劳动、肥料、资本、技术等的投入所得到的回报、收益。在一定时期内，土地利用的科学技术水平相对稳定，当对一定面积的土地持续投入劳动和资金时，起初，持续投入部分所得的报酬逐渐增多，在投入的劳动和资本超过一定的界限时，持续投入部分所得的报酬逐渐减小，从而使土地总报酬转而递减，这就是土地报酬递减规律。④

---

① 杜尔阁．对于佩瑞韦先生关于间接税的评论//杜尔阁著作集：第4卷．巴黎，1808：318.

② 毕宝德．土地经济学．北京：中国人民大学出版社，2001：210.

③ 王克强，等．土地经济学．上海：上海财经大学出版社，2014：44-48.

④ 黄贤金，张安录．土地经济学．北京：中国农业大学出版社，2008：198.

（二）土地报酬递减规律的定量分析

土地报酬可区分为总报酬、平均报酬和边际报酬三种形式。总报酬（TPP）是指一定数量的生产资源，如肥料、劳动、资本等，投入土地后，所得到的总产量或总效益。平均报酬（APP）是指所获得产量与生产资源投入量的比值，它表示每单位生产资源平均所能生产出来的产量，用公式表示为：

$$APP = Y/X$$

其中，Y 为总产量；X 为生产资源投入量。

边际报酬（MPP）是指每增加一单位生产资源投入量所产生的产量变化的数量，用公式表示为：

$$MPP = \Delta Y/\Delta X$$

其中，ΔY 为总产量的增量；ΔX 为生产资源投入量的增量。

生产强性（EPP）表示报酬的变化强弱及变化方向[①]，用公式表示为：

$$EPP = \frac{MPP}{APP} = \frac{\Delta Y}{\Delta X} \times \frac{X}{Y} \text{ 或 } EPP = \frac{\mathrm{d}Y}{\mathrm{d}X} \times \frac{X}{Y}$$

总报酬（总产量）、平均报酬（平均产量）和边际报酬（边际产量）的变化见图 9－7。

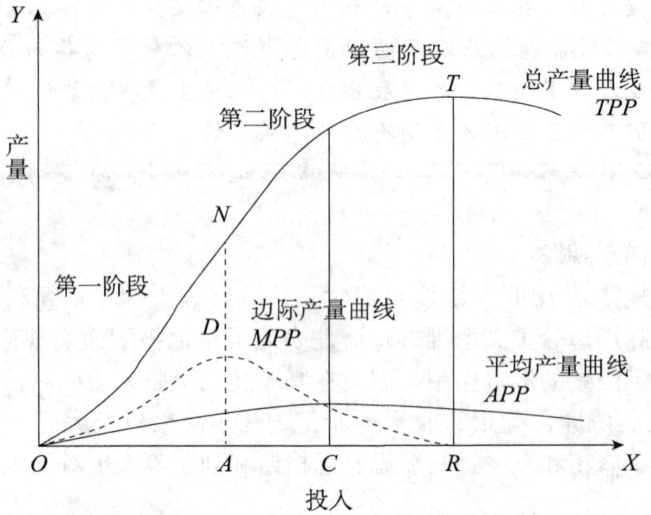

图 9－7　土地投入产出阶段分析

总报酬（总产量）、平均报酬（平均产量）和边际报酬（边际产量）之间的关系见表 9－3。

表 9－3　总报酬、平均报酬和边际报酬之间的关系

类型	关系
总报酬和边际报酬的关系	$MPP>0$，TPP 增加
	$MPP=0$，TPP 最大
	$MPP<0$，TPP 减少

① 黄贤金，张安录．土地经济学．北京：中国农业大学出版社，2008：199.

续前表

类型	关系
平均报酬和边际报酬的关系	$MPP>APP$，APP 增加
	$MPP=APP$，APP 最大
	$MPP<APP$，APP 减少

资料来源：黄贤金，张安录．土地经济学．北京：中国农业大学出版社，2008：200.

图 9－7 中各阶段总报酬（总产量）、平均报酬（平均产量）和边际报酬（边际产量）之间的关系如下：

第一阶段，在生产要素 X 从 O 增加到 A 的这段区域内，边际产量递增，直至达到最高点 D，总产量也递增，直至达到该曲线拐点 N，并且这两条曲线都是向上凹的；平均产量虽也平缓增加，但未达到最高点。[①] 如果可变要素的投入量停留在此阶段，土地资源就没有得到充分利用，所以在这一阶段应当继续增加要素投入。[②]

第二阶段，当生产要素 X 的投入量从 A 增加到 C 时，边际产量开始递减，但是随着资源投入的不断增加，平均产量仍在上升，总产量也在继续上升。在投入量为 C 时，边际产量曲线和平均产量曲线相交于平均产量曲线的最高点。

第三阶段，当生产要素 X 的投入量从 C 增加到 R 时，边际产量和平均产量同时递减，但平均产量大于边际产量，当投入量增加至 R 时，边际产量减为零，总产量达到最高点 T。[③]

在一定时期的科学技术水平之下，生产要素的投入量超过 R 之后，再追加要素投入，边际产量可能为零，也可能为负数；总产量的绝对数可能不变，也可能递减，但二者都不可能增加。平均产量将不断递减。因此，在一定时期的科学技术水平之下，生产要素的投入量不应该超过 R。[④]

三、城市土地利用效益

效益反映资源优化配置的程度，可以表明资源、劳动价值以及资本等投入的实现程度。毕宝德在《土地经济学》中指出，要了解土地利用目标实现的程度，就必须对土地利用的效益进行全面评价。土地利用效益与土地生产效率不同，土地生产效率是用投入与产出或成果与消耗的比较来衡量，但城市土地产出不仅仅是土地出让金、税收等政府财政收入以及开发商的利润，还包括社会效益与环境效益的实现；社会效益以人为本，对城市土地的利用以可持续地满足城市人口发展对物质与精神消费的需求为目的，而环境效益则要求城市土地的利用要建立在保护与改善自然环境、维护生态平衡的基础之上，要充分认识到自然资源，尤其是非生产资料的价值。董利民在《城市经济学》中认为，城市土地利用效益是指城市用地数量安排对整个城市范围内的经济、社会、文化的投入与产出之比的影响和对城市环境的影响而产生的作用和结果。基于此定义，城市土地利用效益有以下几个内涵：

---

① 毕宝德．土地经济学：6 版．北京：中国人民大学出版社，2011：93.

② 王克强，等．土地经济学．上海：上海财经大学出版社，2014：51.

③ 同①94.

④ 黄贤金，张安录．土地经济学．北京：中国农业大学出版社，2008：201.

体现经济效益、社会效益和环境效益三者的统一性。城市是区域经济发展的中心，其物流、人流、资金流、信息流交换频繁，第二、三产业高度集中，但城市生态环境承载力有限，因此，城市土地利用一定要考虑土地利用效益的内涵：除了体现经济效益、社会效益，还应注重环境效益。

体现土地可持续利用的思想。城市土地的高效利用不仅要求结构优化、生产效率最大，同时也要求在土地利用的过程中以不损害未来土地的开发潜能为前提，例如对城市历史文化风貌的保护。从长远目标来看，可持续利用既要保证目前城市内各行业有地用、用好地，又要保证城市有足够预留空间与发展空间。

体现城市用地结构的优化与单一地块利用集约化的统一。按照系统论的观点，整体功能应大于部分功能之和，但其前提是各部分之间要有合理的组织结构，部分合理是整体优化的基础，局部功能最终要通过整体加以体现，整体优化又为部分功能的正常发挥提供了环境保障。因此，度量城市土地利用的结构合理性是宏观城市土地利用效益评价的重要内容之一。

（一）区位理论与城市土地利用效益

城市土地依城市规划有不同的功能分区，区位决定了土地的空间位置和经济规律。区位理论的发展为土地资源合理利用提供了理论基础，在很大程度上影响着城市各项用地的空间安排，合宜的区位吸引人口和企业向大城市、城市的中心地区集聚，推进城市化，但也加剧城市区位所带来的土地利用效益的差距，引发一系列“城市病”，这时通过政策调节区位的土地利用效益差异便显得十分重要。对政府来说，在符合城市产业政策、经济发展目标及土地资源可持续利用等多重目标的前提下，通过征收土地使用费，能有效地调节各类土地的区位利用效益，使城市土地的利用和配置取得最佳级差效益，实现城市土地资源的优化配置、高效利用以及土地利用综合效益最大化。

（二）城市土地可持续利用理论与城市土地利用效益

城市土地可持续利用是在城市用地优化配置的基础上追求土地经济效益、社会效益和环境效益的最优化。土地资源具有不可再生的特性，在城市成长边界的制约下，城市土地稀缺性更加明显，尤其我国人多地少，城市化速度快，城市土地利用更应充分重视技术投入，在追求土地利用效益最大化的目标下充分利用城市存量土地，是城市可持续发展的关键。因此，土地资源的分配和利用必须突破传统经济学上的经济地租范畴，从时间的维度来说，既要考虑眼前利益，更要考虑长远利益；从空间的维度来说，要兼顾局部利益，更要考虑全局利益，追求城市用地利用的经济效益、社会效益和生态效益的最佳结构，以实现土地利用综合效益最大化。

（三）地租理论与城市土地利用效益

地租是使用土地从事生产所产生或所应产生的经济报酬，又称经济租，现代经济地租观念的演变，出于马歇尔的准租观念，准租被视为短期之内生产因素所能产生的经济剩余，这种剩余产生于短期之内供需之间的不均衡。经济租与契约租的概念存在差异，契约租是给不动产所有人的实际支付，经济租则是理论上所应获得的报酬。李嘉图所提出的差别地租可以引用到区位的差别上，威廉·配第所著的《赋税论》与屠能的《孤立国》都注意到区位所产生的地租差异，屠能以运输成本解释了不同区位下的地租差异性。① 该观念

---

① 韩乾．土地资源经济学．台中：沧海书局，2001：13.

更趋近于契约租产生的原因。使用土地支付契约租，能够促使土地使用者减少租用土地的数量，并增加在已租用土地上的投入，以提高土地生产效率。因此，契约租有利于土地节约集约利用，提高差别地租，而由于区位会影响级差地租，在行业竞租能力差异下，在完全竞争的条件下，将会促使商业用地向市中心集聚，此过程即为城市土地利用结构的优化。因此，合理化市场的契约租，强化区位与地租的联系，能够促进城市土地利用空间结构优化，实现城市土地利用综合效益的最大化。

第三节 城市土地金融

城市土地平整、开发离不开金融，与土地相关的金融活动称为城市土地金融，它是房地产业与金融业相结合的产物。城市土地金融是利用货币、信用等经济杠杆，推进土地开发和利用的重要经济手段，是城市金融体系的重要组成部分。

一、城市土地金融及相关概念

"金融通常被理解为货币或者货币资金余缺的融通、调剂活动等总体。作为一个经济范畴，其内涵可以表述为：经济生活中所有货币资产借贷、买卖活动以及在信用基础上组织起来的货币流通这两个不可分割部分的集合。"[①] 在城市经济发展过程中，土地金融的内涵也在不断地发展着。概括地讲，目前的土地金融泛指与土地有关的金融活动，具体是指利用各种可能的方法和工具为土地开发利用筹集、融通、清算资金提供相应服务的所有金融活动。土地金融的主要业务有融通资金业务、债券业务和土地投资业务等，其中债券业务包括土地所有权债券、土地金融债券和土地抵押债券等。

城市土地金融是指围绕城市土地的开发、建设、经营所展开的资金融通活动，包括市地取得金融、市地开发金融、市地经营金融与市地的企业或消费者金融。[②] 市地取得金融用于市地的取得，即市地的购买与租赁；市地开发金融用于市地的开发、整理和改造等；市地经营金融用于商品住房建设，交通、工业、商业及文化设施建设等；市地的企业或消费者金融以市地所有权或使用权取得企业经营或个人消费所需的资金。城市土地金融的基本任务就是以最有效的方法，为城市土地开发、经营与消费提供资金支持，促进房地产业健康快速发展。

二、城市土地金融的特性

（1）自偿性。自偿性是指城市土地金融能够在开发、经营中获取收益以抵偿资金投入。土地金融通常并不影响债务人对土地的使用，可继续发挥其生产和利用的功能。在债务人无法偿还债务的情况下，债权人可以通过司法机关拍卖土地抵押物，从而获得补偿。[③]

---

① 中国大百科全书．北京：中国大百科全书出版社，2009.

② 毕宝德．土地经济学：7版．北京：中国人民大学出版社，2016：336.

③ 同②335.

（2）政策性。土地金融具有较强的政策性。这是因为土地金融是国家推行土地政策的重要经济杠杆。国家土地信贷要在不同地区、不同项目之间进行分配，以投向不同地区、不同项目信贷的金额、期限、利率等作为政策工具。①

（3）高收益性。由于土地资源数量的有限性和位置的固定性，其使用价值具有相对的恒久性。从长远来看，土地增值潜能大，土地金融收益保障性高。此外，土地金融的派生业务也能产生庞大的经济效益。②

三、城市土地金融市场

城市土地金融市场是指从事与地产活动有关的各类资金交易的市场，包括各类住房储蓄存款、住房贷款、房地产抵押贷款、房地产公司（企业）与房地产金融机构的票据贴现和承兑以及有价证券的买卖活动，甚至包括与房地产有关的外汇交易等。

（一）城市土地金融市场的构成要素

城市土地金融市场由三个基本要素构成，分别是资金供求者、市场中介和市场金融工具。

（1）资金供求者，即城市土地金融市场上资金商品的买卖双方。由于土地涉及社会经济的各个方面，土地资金的供求主体也就随之来源于多个方面。具体包括政府部门、企事业单位、中央银行、房地产金融机构、家庭等。

（2）市场中介。城市土地金融市场中介包括交易商和经纪人。交易商与经纪人的主要区别在于经纪人单纯代理买卖，收取一定的佣金或手续费；而交易商除了代理客户买卖外，还为自己买卖各种金融工具。城市土地金融机构是土地金融市场的主要参与者，扮演着特殊的中介角色。

（3）市场金融工具，即可以在城市土地金融市场上通过货币交易的各种金融契约。金融市场资金交易与一般商品买卖不同，它必须借助金融契约的形式，包括商业票据、土地金融债券、土地抵押债券、房地产股票、未到期的住房存款单等。证券化是城市土地金融市场工具的发展趋势。

（二）城市土地金融市场的分类

城市土地金融市场按照市场交易方式划分为协议信用市场和公开市场两大类：

（1）协议信用市场。协议信用市场的交易价格是特定的，即由交易双方在借贷协议中规定，所有交易都是由供需双方按照自愿互利的原则进行，交易客户的范围也相对固定。协议信用市场包括住房专项储蓄存款市场、个别货币存款市场、住房专项贷款市场、房地产抵押贷款市场。

（2）公开市场。公开市场包括货币市场和资本市场。货币市场就是短期资金市场，根据借贷与买卖的不同方式，货币市场分为短期证券市场、贴现市场和拆借市场，短期证券市场上所交易的金融工具主要有国库券、公债、定期存单、商业票据、银行承兑汇票等；贴现市场交易包括房地产金融机构和房地产企业发行的票据，由票据持有者向贴现银行贴现，以及中央银行对房地产金融机构的再贴现。拆借市场是指金融机构之间拆借交易的市

---

① 周诚．土地经济学原理．北京：商务印书馆，2003：392.

② 黄贤金，张安录．土地经济学．北京：中国农业大学出版社，2008：368.

场，通常非金融机构被排斥在外。一般情况下，拆借双方不必提供抵押担保，只凭信用即可进行。资本市场在我国又称长期资金市场，根据资本市场上有价证券的性质，资本市场又可分为股票市场、债券市场和住房抵押市场，根据资本市场上有价证券的发行与流通，可分为一级市场和二级市场。

城市土地金融市场按照资金用途可以分为城市土地获取融资、城市土地改良融资、城市土地开发融资。

城市土地获取融资。对城市土地利用之前必须取得土地所有权或使用权，为获得这些权利，必须对土地进行购买或租赁。城市土地金融用于土地购买或租赁，可以称为城市土地获取融资。

城市土地改良融资。在获取生地后，对其通水、通电、通路以及平整土地，这些经济活动所涉及的资金融通，称为城市土地改良融资。

城市土地开发融资。在改良后的土地上进行开发建设，如住宅、工业厂房、基础设施等建设，需要大量的投资，开发商或建设单位一般要借助信用杠杆获取开发所需要的资金。这些用于开发建设的资金融通，可以称为城市土地开发融资。

四、我国城市土地金融制度的发展现状以及问题

中华人民共和国成立以来，我国的土地金融伴随房地产金融的成长而不断发展。改革开放以来，“经营城市”成为一种新的城市建设理念，土地经营成为“经营城市”的必要手段，城市土地经营需要大量资金，为突破城市建设资金瓶颈，加快城市土地开发的速度，各级政府及房地产开发企业在解决资金缺口上进行了大胆探索，土地金融已经在城市开发建设当中发挥着不可替代的作用。

（一）发展现状

我国城市土地金融的参与主体包括土地收购储备机构、银行及房地产开发企业，参与方式主要是一级市场和二级市场的土地开发。土地一级开发是按照城市规划、城市功能定位和经济发展的要求，由政府统一组织征地补偿、拆迁安置、土地平整、市政基础设施和社会公共配套设施建设，使生地达到土地出让标准的土地开发行为。目前我国土地一级开发主要由政府垄断，由各地方政府成立土地储备整理中心负责统一运作。土地一级开发中的征地补偿、拆迁安置、土地整理环节等需要大量的资金支持，资金来源高度依赖银行的土地储备贷款。土地储备贷款的借款人为经同级人民政府批准成立、受政府委托并依法从事土地收购、整理及储备工作的独立法人机构；贷款采取抵押方式，贷款额度一般不超过土地收购、整理和储备总成本的70%，贷款期限一般不超过两年，以土地出让收入作为偿还贷款的来源和保证。①

（二）存在的问题

我国的土地金融发展仍存在诸多问题，分述如下：

（1）资金渠道不畅，过于依赖银行间接融资。土地金融制度的运行及其作用功能的发挥基础就在于能否拥有雄厚的资金支撑。在我国的城市土地金融体系中，资金来源相对单一，其中银行间接融资支持占据了绝对比重，这既是由于我国金融机构长期以来就

---

① 曲福田．土地经济学：3版．北京：中国农业出版社，2011：293.

是以银行为主，也是因为资本市场发展一直落后于经济社会需求，这无疑使得土地金融的资金实力大打折扣，难以满足土地市场交易和相关金融业务的需求。土地金融结构的失衡造成了金融效率低下，金融风险过度积累。不仅如此，由于对政策性资金的依赖性较强，土地金融的资金汇入渠道也受到限制和阻碍。以土地储备为例，仅靠银行贷款的筹资方式，带来贷款期限与储备土地的运营周期期限结构不合理、土地收购资金来源不稳定等诸多问题。尤其是收益较低但急需资金的公益性土地储备项目难以获得支持。

（2）业务运作模式单一，金融创新不足。土地抵押贷款是我国最主要的土地金融业务，主要集中在土地和不动产开发领域。对于城市土地金融来说，无论是在银行间接金融还是其他直接金融活动中，土地金融业务的深度和广度都有待加强。由于土地的内在特性，土地在各国都是金融创新的基础依托，诸如土地信托基金、土地证券化等业务开始新兴，另外围绕土地的开发、流转、占有，各国往往都设计出多样化的金融产品，服务于土地市场的顺利运转。但在我国，由于制度约束和种种障碍，土地金融的业务运作模式单一，范围比较窄，金融创新严重不足。

（3）土地储备中存在隐性金融风险。一是银行贷款的集中度和投向趋同现象日益严重，盲目跟进政府公共建设项目。一旦宏观经济进入下行周期，部分银行将面临巨大风险。二是虽然各地土地储备机构均是由政府全额拨款组建的，但部分地区存在政府投入的注册资本金过少、注册资金不到位的情况。一旦土地储备机构的运行出现困难，将使银行贷款风险加大。三是许多地方政府的融资平台提供抵押和担保，其银行贷款链接比较复杂，这些都增加了信贷风险。

（4）缺乏多元的机构主体。在城市土地金融体系中，应该具有多元化的机构主体，通过分工协作来共同促进土地金融运作的顺利进行。按照国际经验，应该包括土地专业银行、商业银行、政策性银行以及各类基金、信托、投资公司、保险机构等。但在我国，土地金融机构相对来说还比较单一，这也不符合当前的现实需要。

（5）没有建立起多层次的土地金融市场。为了促进土地运行效率的提高及房地产市场的健康运行，各国都需要建立一个多层次的土地金融市场，包括土地金融的一级市场和二级市场，从而使得依托于土地的各类金融资产、金融产品都能够顺利交易。其中，抵押贷款二级市场、住房抵押贷款证券化市场等都属于不可或缺的市场类别。我国的土地金融市场发育不足。

（6）土地金融的保障性职能缺位。城市土地金融体系的建设，不仅是为了提高土地市场的运行效率，也是为了保证土地运行的公平性。各国土地政策的重要内容之一，都是运用部分土地来保障公民的基本住房需要。因此，对应土地政策的公平性要求，也需要土地金融体现出这一职能。我国土地金融的保障性职能始终处于缺位状态，更多的是依靠政府财政来完成相应的保障职责。

第四节　中国城市土地市场制度

市场的形成是与商品经济的发展联系在一起的。从本质上讲，市场是物品买卖双方相互作用并得以决定其交易价格和交易数量的一种组织形式或制度安排。① 在市场经济条件下，土地作为一种重要的生产要素进入市场，与其他生产要素相结合，形成生产力。没有土地要素，就没有生产活动，而市场是土地的基础配置方式，也是实现土地合理利用的基本途径。②

一、中国城市土地市场的含义③

政府和许多学者都对土地市场的含义进行了界定。《中国改革全书（1978—1991）——土地制度改革卷》中认为："中国的土地市场内涵包括两个方面：一是集体土地所有权和使用权的转移；二是国有土地使用权的转移。集体土地所有权的转移反映的就是国家的征地行为，若国家按市场价格（理论上的合理价格）支付给集体征地费，那这也可以被认为是土地市场的一部分。但通常意义上所说的土地市场多数是指土地使用权的转移，即承租人向土地所有者（国家或集体）缴纳地租即买得承租期内的土地使用权的关系。"④⑤ 周诚教授认为："土地市场是人们进行土地商品交易所形成的相互关系，它由主体和客体构成，主体是从事土地资产交易的各种相关人员或单位，客体是指交易的对象，包括土地或土地权利。"⑥ 还有学者基于广义和狭义两个方面理解土地市场，他们认为广义的土地市场是土地在流通过程中发生的经济关系的总和，包括土地市场的主体、客体、运行机制、土地市场模式等要素⑦；狭义的土地市场则是指土地资源或资产交易的场所，如土地交易所、不动产交易所等。我国的城市土地市场主要是城市土地商品流通中经济关系的总和，即广义的土地市场概念。

二、我国的城市土地市场结构分析

由于我国的城市土地为国家所有，因此城市土地分为二级市场。

（一）城市土地一级市场

城市土地一级市场是指国家以城镇土地所有者的身份将国有土地使用权在一定年限内让渡给土地使用者，城市土地一级市场又称土地出让市场或批租市场，它体现的是国家与国有土地使用者之间的责、权、利关系。⑧ 让渡的方式有有偿出让和划拨出让两类。划拨出让为无偿出让，而有偿出让包括协议出让和招标、拍卖、挂牌出让。

（1）划拨出让。依照《中华人民共和国城市房地产管理法》的规定，土地使用权划拨是指县级以上人民政府依法批准，在土地使用者缴纳补偿、安置等费用后将该土地交付其使用，或者将土地使用权无偿地交付给土地使用者使用的行为。采用这种土地使用权转让方式有明确的使用范围，这个范围包括国家机关和军事用地，城市基础设施用地和公益事业用地，国家重点扶持的能源、交通、水利等项目用地或法律、行政法规规定的其他

---

① 高鸿业．西方经济学：4版．北京：中国人民大学出版社，2007.
② 董藩，等．土地经济学．北京：北京师范大学出版社，2010：50.
③ 周京奎．城市土地经济学．北京：北京大学出版社，2007：97.
④ 马洪，马克伟．中国改革全书（1978—1991）——土地制度改革卷．大连：大连出版社，1992：88.
⑤ 黄贤金，张安录．土地经济学：2版．北京：中国农业大学出版社，2016.
⑥ 周诚．土地经济学原理．北京：商务印书馆，2003.
⑦ 同②51.
⑧ 同②64.

用地。

（2）协议出让。协议出让国有土地使用权是指国家以协议方式将国有土地使用权在一定年限内出让给土地使用者，由土地使用者向国家支付土地使用权出让金的行为。协议出让国有土地使用权应当遵循公开、公平、公正和诚实信用的原则。以协议方式出让国有土地使用权的出让金不得低于按国家规定所确定的最低价。协议出让最低价不得低于新增建设用地的土地有偿使用费、征地（拆迁）补偿费用以及按照国家规定应当缴纳的有关税费之和；有基准地价的地区，协议出让最低价不得低于出让地块所在级别基准地价的70%。低于最低价时国有土地使用权不得出让。市、县人民政府国土资源行政主管部门应当根据经济社会发展计划、国家产业政策、土地利用总体规划、土地利用年度计划、城市规划和土地市场状况，编制国有土地使用权出让计划，报同级人民政府批准后组织实施。国有土地使用权计划经批准后，市、县人民政府国土资源行政主管部门应当在土地有形市场等指定场所或者通过报纸、互联网等媒介向社会公布。因特殊原因，需要对国有土地使用权出让计划进行调整的，应当报原批准机关批准，并按照前项规定及时向社会公布。国有土地使用权出让计划应当包括年度土地供应总量、不同用途土地供应面积、地段以及供地时间等内容。

（3）招标、拍卖、挂牌出让。招标出让国有土地使用权是指市、县人民政府土地行政主管部门（以下简称出让人）发布招标公告，邀请特定或者不特定的公民、法人和其他组织参加国有土地使用权投标，根据投标结果确定土地使用者的行为。拍卖出让国有土地使用权是指出让人发布拍卖公告，由竞买人在指定时间、地点进行公开竞价，根据出价结果确定土地使用者的行为。挂牌出让国有土地使用权是指出让人发布挂牌公告，按公告规定的期限将拟出让宗地的交易条件在指定的土地交易场所挂牌公布，接受竞买人的报价申请并更新挂牌价格，根据挂牌期限截止时的出价结果确定土地使用者的行为。

【专栏】

如何实现两个转变，建立一级土地市场？深圳市宝安区的案例①

【内容提要】本文主要探讨深圳市宝安区土地利用存在的难题，以及如何建立宝安区土地一级市场。研究结果发现宝安区在土地供应方面存在多头供应、多头受益的格局；建立土地一级市场的关键在于实现宝安区农村居民向新市民的转变和集体所有制土地向国有土地的转变。研究结论表明只有农民、集体经济组织和政府三方都可以从中谋取各自的利益，才能有效解决土地利用存在的问题。

深圳市宝安区建立土地一级市场面临多头供应、多头受益的难题

改革开放以来，由于外资外商的大量进入，宝安区“三来一补”企业迅速增多，对土地的需求不断增长，受经济利益驱动，加上政府管理不够到位，深圳市宝安区的土地供应呈现出一种多头供应、多头受益的格局。农村集体经济组织绕过政府，成为宝安区土地市场的主要供应主体，集体所有制土地和国有土地同时进入土地一级市场，导致政府对土地

---

① 叶裕民，戴小平，陈红春．实现两个转变　建立一级土地市场——以深圳市宝安区为例．城市规划，2002(11)：41－45.

一级市场管控不力，使得城市发展受到影响，城市土地利用不合理。建立规范的土地一级市场的难点在于将分散的集体土地征归国有，对其进行统一规划和开发。宝安区集体土地问题之所以积重难返，是因为它与农民的诸多利益紧密相连。只有一层层剥离农民和集体经济组织从土地上获得的利益，使土地与农民、与集体的利益关系逐渐淡化，才能够顺利地实现对集体土地的征用、规划和开发。

要建立土地一级市场，关键在于突破“农民身份转变”和“土地身份转变”的障碍

如何有效地实现农村居民向新市民的转变和土地性质的转变，是宝安区建立土地一级市场亟须攻克的难点。

在农民转变为新市民过程中，身份、保障体系和教育的实现是建立土地一级市场的主要障碍。

对于农民而言，如何实现身份的认同、如何融入完善的社会保障体系、如何接受更完整的教育，是从农村居民向新市民转变的难点。解决这些难题的主要做法有以下三点：第一是变更城区（镇区）的农村居民身份，建立一体化的管理体制。这主要是指给农民以真正的城市居民身份，撤销村民委员会，建立城镇居民委员会。第二是建立新市民的社会保障体系，基本思路是要为所有的新市民提供三项基本保障，基本原则是能够实现与社会保障制度相对接的全部纳入社会保障渠道，确实不具备参加社会保障条件的人参加商业保险。第三是提供多种社会教育机会，赋予新市民在城市就业的能力。

土地储备是突破土地身份转变障碍的重要手段。

建立土地收购储备制度，控制一级土地市场，成立宝安区土地发展委员会，成立宝安区土地储备管理中心，建立宝安区土地一揽子供应制度。凡是需要盘活的存量土地和新征用集体土地都必须进入政府的土地储备库，除了少量可以划拨的土地外，原则上都采取招标或者拍卖的方式出让土地使用权，从而形成国有土地先储备、开发，后出让、出租的土地供应机制，政府作为唯一的土地供应者，在市场上实现“一口子”供应土地。这样，政府不仅严格控制着土地一级市场，也通过控制土地进一步控制着城市发展和建设的规模和质量。

在土地转制过程中应平衡农民、集体经济组织和政府三方的利益

解决土地利用问题的思路是建立一个多赢模式，使得农民、农村集体经济组织和城市政府都可以从中谋取各自的利益。

对于农民而言，农民从集体经济组织中获取的经济收入可以被长期享受，他们将享受更好的人居环境，提高生活质量，得到更多的社会保障；农民通过政府提供的职业教育，大大提高自身素质和技能，提高他们在城市社会生存和发展的能力。

对于集体经济组织而言，村集体经济组织将从一个集体所有制企业转换成为一个某种意义上的股份公司；经过几年的过渡期以后，也不再承担巨大的社会公共事业发展的压力，发展的包袱大为减轻。

对于政府而言，建立了可控制的土地一级市场，土地一级市场建立以后能够改善投资环境，促进产业结构的提升；政府通过经营土地能够获得长期稳定的经济收入；能够很好地解决农民问题，促进社会转型；有利于改善政府形象和提高办事效率。

（二）城市土地次级市场

城市土地次级市场是指由在城市土地一级市场上取得的土地使用权的转让与再转让组成的市场，包括土地使用权的转让、出租和抵押等。① 它体现的是作为平等主体的土地使用者之间的责、权、利关系。

1. 土地使用权转让市场

土地使用权转让是指土地使用者将依法取得的土地使用权再转移的行为，包括出售、交换、赠与、拍卖等。未按土地使用权出让合同规定的期限和条件投资开发、利用土地的，土地使用权不得转让。土地使用权转让的，原土地使用权的出让合同和登记文件中所载明的权利、义务亦随之转移给新的受让者。国有土地使用权转让市场是一个竞争性很强的市场，土地供给者和需求者众多。转让的价格和方式均由市场决定，市场机制的作用较强。

土地使用者通过转让方式取得的土地使用权，其使用年限为土地使用权规定的使用年限减去原土地使用者已使用年限后的剩余年限。当土地使用权转让时，应当签订转让合同，转让合同的内容由双方当事人约定，但是，当土地使用权转让价格明显低于市场价格时，市、县人民政府具有优先购买权。当土地使用权转让时，土地使用权出让合同和登记文件中所载明的权利、义务随之转移。② 地上建筑物、其他附着物的所有人或者共有人，享有该建筑物、附着物使用范围内的土地使用权。土地使用者转让地上建筑物、其他附着物所有权时，其使用范围内的土地使用权随之转让，但地上建筑物、其他附着物作为动产转让的除外。土地使用权和地上建筑物、其他附着物所有权转让，应当依照规定办理过户登记。土地使用权和地上建筑物、其他附着物所有权分割转让的，应当经市、县人民政府土地管理部门和房地产管理部门批准，并依照规定办理过户登记。

2. 土地使用权租赁市场

国有土地使用权租赁是指国家将国有土地使用权出租给使用者使用，由使用者与县级以上人民政府土地行政主管部门签订一定年期的土地租赁合同，并支付租金的行为。③ 国有土地租赁可以采用招标、拍卖或者双方协议的方式，有条件的，必须采取招标、拍卖方式。采用双方协议方式出租国有土地的租金，不得低于出租底价和按照国家规定的最低地价折算的最低租金标准，协议出租结果要报上级土地行政主管部门备案，并向社会公开披露，接受上级土地行政主管部门和社会监督。

国有土地租赁的租金标准应与地价标准相对应。承租人取得土地使用权时未支付其他土地费用的，租金标准应按全额地价折算；承租人取得土地使用权时支付了征地、拆迁等土地费用的，租金标准应按扣除有关费用后的地价余额折算。采用短期租赁的，一般按年度和季度支付租金；采用长期租赁的，应在国有土地租赁合同中明确约定土地租金支付时间、租金调整的时间间隔和调整方式。

国有土地租赁可以根据具体情况实行短期租赁和长期租赁。对短期使用或用于修建临时建筑物的土地，应实行短期租赁，短期租赁年限一般不超过 5 年；对需要进行地上建筑

① 曹振良，等．房地产经济学通论．北京：北京大学出版社，2003：221.

② 董藩，等．土地经济学．北京：北京师范大学出版社，2010：72.

③ 同②69.

物、构筑物建设后长期使用的土地，应实行长期租赁，具体租赁期限由租赁合同约定，但最长租赁期限不得超过法律规定的同类用途出让的最高年限。租赁期限6个月以上的国有土地租赁，应当由市、县土地行政主管部门与土地使用者签订租赁合同。租赁合同内容应当包括出租方、承租方、出租宗地的位置、范围、面积、用途、租赁期限、土地使用条件、土地租金标准、支付时间和支付方式、土地租金标准调整的时间和调整幅度、出租方和承租方的权利和义务等。

在取得承租土地使用权之后，承租人在按规定支付土地租金并完成开发建设后，经土地行政主管部门同意或根据租赁合同约定，可将承租土地使用权转租、转让或抵押。承租土地使用权转租、转让或抵押，必须依法登记。当然，允许国有土地使用权直接租赁使得城市土地使用权租赁市场具有了一级市场的特征。

3. 土地使用权抵押市场

土地使用权抵押是指土地使用权人以土地使用权作为履行债务担保，当使用权人到期不能履行还债义务或者破产时，抵押人有从处分抵押财产中优先受偿的权利。在土地使用权抵押时，其地上建筑物、其他附着物抵押时，其使用范围内的土地使用权随之抵押。土地使用权有以下几个特征：

（1）抵押人对土地使用权享有处分权。在被抵押的土地使用权没有争议的情况下，抵押人是土地使用权的享有者，抵押人对土地所有权享有处分权。

（2）抵押权人不直接占有土地使用权。土地使用权在抵押期间不转移占有，也就是说土地使用权设定抵押后，抵押人保留对土地使用权的占有权和使用权，抵押权人不对设定抵押权的土地使用权直接占有和使用。抵押人的这些权利只有在债务人不能履行债务时才丧失。

（3）抵押人享有优先受偿权。当债务人不履行债务时，抵押人有权依法拍卖抵押的土地使用权，并对收益享有优先受偿权。

（4）受押土地上的新增房屋不属于抵押财产。土地使用权在抵押时，只有抵押合同签订时的地上建筑物和其他附着物才进入抵押财产，抵押合同签订后，土地上新增的房屋不属于抵押财产。

与政府垄断的土地使用权一级市场不同，次级市场是竞争性的，存在许多使用权交易者。从资源配置的效率角度来看，次级市场应是我国城市土地市场体系中的主体，它不但接受一级市场的土地流量，而且将存量市场上的土地与房产资源配置到较适宜的用途上。①

三、城市土地市场管理

城市土地制度是指在一定社会条件下，城市土地经济运行中的各种经济规则和经济关系。城市土地制度主要包括城市土地产权制度和城市土地管理制度两个方面。其中城市土地管理主要包括两个基本内容，即城市土地配置管理和城市土地使用管理。城市土地配置管理的目标是使有限的城市土地资源得到最有效的利用，以满足城市对土地日益增长的需求。一般来说，土地配置管理可分为计划配置管理和市场配置管理两个层次。周京奎（2007）认为土地市场配置管理是在土地资源合理配置的基础上，对城市土地的开发、经

① 周京奎．城市土地经济学．北京：北京大学出版社，2007：106.

营和整治等活动进行管理和监督，主要内容包括根据城市土地利用规划和功能分区，对每一块城市土地的用途、建筑物高度、容积率、建筑密度等指标进行限制和管理。① 毕宝德（2011）认为土地市场管理是政府运用经济、法律和行政等手段，影响土地的供给与需求，在宏观上对土地市场进行调控与管理，以促进土地市场正常运行，更有效地配置土地资源。②

（一）我国城市土地市场管理的原则

（1）市场调节为主，政府干预为辅的原则。土地资源具有商品属性，由于具有不可再生性和稀缺性，在进行土地资源配置时要遵循供求规律，发挥市场配置土地资源的基础性作用。在此基础上，政府对土地市场的运行进行宏观调控。政府的职责是，在规范市场运行机制的同时，完善市场运行的外部环境。③

（2）土地资源的优化配置的原则。随着经济社会的发展，土地资源的需求量在不断增加。要最大限度地满足这种要求，就必须实现土地资源的优化配置。要注重土地资源的综合开发利用，发挥土地多种效能，同时抑制不必要的需求。对一些高耗能、高污染、产能过剩的产业进行产业重组和产业升级，同时充分利用低效利用和闲置的土地，优化土地利用结构，保证各个产业对土地的需求。

（3）统一管理和平稳发展的原则。我国的土地市场应当借鉴国外的一些国家的统一管理原则，对我国的土地统一规划、计划用地，统一土地价格评估，统一土地立法执法。而且，鉴于我国土地在发展历程中曾出现过由于房地产业的非正常快速发展，土地市场过热的情况，在进行土地市场管理时，不要使土地市场盲目快速发展，而应保持平稳健康发展。④

（二）城市土地市场管理的手段

土地市场的管理需要一定的方法或手段来实现。政府对土地市场的管理通常是综合运用行政、法律和经济三种手段。

（1）行政手段。我国原来的土地管理是单一的行政管理，也就是国家管理，主要是通过行政法规等措施来实现的，但是实践证明，单一的行政管理并不合适。行政手段需要从多角度实现。第一，制定土地规划和土地利用计划；第二，提出土地利用导向；第三，建立交易许可制度和交易预报制度；第四，建立土地储备制度；第五，建立产权、交易等信息公开查询制度。多个角度同时进行，才能全面地实施行政手段。⑤

（2）法律手段。法律手段就是通过制定土地法律、法规来管理土地。自 1979 年后，我国开始加强立法，颁布了一系列法规和条例，如 1980 年国务院公布的《关于中外合营企业建设用地的暂行规定》；1982 年的《国家建设征用土地条例》；1986 年 6 月的《中华人民共和国土地管理法》，这是一部自中华人民共和国成立以来最重要、最全面、最基本的土地法。⑥ 此外，还有《中华人民共和国城市房地产管理法》《城镇国有土地使用权出

---

① 周京奎．城市土地经济学．北京：北京大学出版社，2007：106.

② 毕宝德．土地经济学：6 版．北京：中国人民大学出版社，2011：351.

③ 同②352.

④ 王克强，等．土地经济学．上海：上海财经大学出版社，2014：135.

⑤ 同②354 - 355.

⑥ 同①108.

让和转让暂行条例》等。各省、市还制定了许多地方性的土地管理法规，用法律手段管理土地在不断完善着。①

（3）经济手段。针对市场不同时期出现的土地问题，政府运用各种经济手段调控市场，主要措施有以下几种。第一，税收措施，税收是政府常用的一种调节市场的手段，当土地供应较紧而需求较旺的时候，政府会提高税费来减少土地需求，反之亦然。目前与土地相关的税种主要有城镇土地使用税、土地增值税，以及和土地交易过程相关的营业税、契税等。第二，财政金融措施，政府通过实行积极的财政政策和紧缩的财政政策，能够控制对土地市场的资金投入量，从而调节土地的供给与需求，另外，还可以调整银行存贷款利率和市场投放货币量来进行调控。第三，建立和完善土地有形市场，发挥土地市场的功能，提供交易场所，办理交易事务，提供交易信息，代理土地交易等。②

【本章小结】

城市土地空间配置的形成是土地所在的区位条件、人们的经济活动以及城市规划的综合结果，受到土地的区位功能、经济活动对地价的承受能力、政府规划的影响。三大经典城市土地利用结构模式包括同心圆布局理论、扇形布局理论、多核心布局理论，描述了城市空间结构的典型模式。即使上述三种模式很难完全解释现实情况，但仍然提供了一个分析的范式，也强调合理布局土地利用并实现土地价值的基本原则与重要性。

竞租理论与竞租函数，以价高者得为原则，是支配城市土地在空间中的合理配置及演变的重要理论，也是分析城市土地使用空间配置的重要原理，虽然未考虑其他非经济因素，仍不应忽视其具有的应用性。零售业、居住以及制造业的竞租函数也说明了不同行业及土地用途因支付地租能力的不同而决定其土地利用的区位与布局。而土地价格的决定，从更全面的角度，是由众多因素所决定的，包括自然因素、区位因素、经济因素、行政因素，以这些因素为基础，形成了收益还原法、市场比较法、成本估价法三种土地估价法，为了使评估结果更加准确，常将三种评估结果进行综合。

土地生产效率是土地使用后的重要议题。高土地生产效率是土地利用的目标之一，以追求土地节约集约利用。效率是指每一单位生产因素在土地使用上所得到的报酬，也就是产出与投入的比。但土地存在报酬递减规律，当对一定面积的土地持续投入劳动和资金时，边际报酬上升，在投入的劳动和资金超过一定的界限时，边际报酬下降，土地总报酬递减。与土地生产效率相近的概念是土地利用效益，效益反映资源优化配置的程度，可以表明资源、劳动价值以及资本等投入的实现程度，体现经济效益、社会效益和环境效益三者的统一性，体现土地可持续利用的思想，体现城市用地结构的优化与单一地块利用集约化的统一；可由区位理论、城市土地可持续利用理论、地租理论加以诠释。

围绕城市土地的开发、建设、经营，城市土地金融开始发展。城市土地金融具有自偿性、政策性和高收益性等特性，由资金供求者、市场中介和市场金融工具组成，按照市场

---

① 毕宝德．土地经济学：6 版．北京：中国人民大学出版社，2011：354－355.

② 王克强，等．土地经济学．上海：上海财经大学出版社，2014：137.

交易方式划分，可以分为协议信用市场、公开市场，按照资金用途可以分为城市土地获取融资、城市土地改良融资和城市土地开发融资。我国的城市土地金融发展仍存在诸多问题，包括资金渠道不畅，过于依赖银行间接融资；业务运作模式单一，金融创新不足；土地储备中存在隐性金融风险；缺乏多元的机构主体；没有建立起多层次的土地金融市场；土地金融的保障性职能缺位。

最后，我国当前的土地市场制度在一定程序上限制了以上各个理论在中国的落地发展。由于我国的城市土地为国家所有，因此城市土地分为二级市场。城市土地一级市场是指国家以城镇土地所有者的身份将国有土地使用权在一定年限内让渡给土地使用者。城市土地次级市场是指由在城市土地一级市场上取得的土地使用权的转让与再转让组成的市场，包括土地使用权的转让、租赁和抵押等。我国城市土地市场管理的原则是市场调节为主、政府干预为辅的原则，土地资源优化配置的原则、统一管理和平稳发展的原则。政府通过从制定土地规划和土地利用计划到建立产权、交易等信息公开查询制度等行政手段、颁布一系列法规和条例法律手段以及从税收措施到建立和完善土地有形市场等经济手段，管理我国的城市土地市场。

【关键术语】

土地空间配置	区位	同心圆布局理论	扇形布局理论
多核心布局理论	竞租曲线	土地价格	收益还原法
市场比较法	成本估价法	土地生产效率	土地生产力
容受力	土地报酬递减规律	土地利用效益	地租
城市土地金融	城市土地一级市场	城市土地次级市场	

【复习题】

1. 阐述并分析三大经典城市土地利用结构模式。
2. 说明零售业、居住以及制造业的竞租理论。
3. 土地价格的影响因素有哪些?
4. 说明土地价格的三大评估方法。
5. 比较土地生产效率与利用效益的内容差异。
6. 说明城市土地金融市场的类型。
7. 解释中国城市土地一级市场与城市土地次级市场的差异。

第十章

城市住宅经济

住宅是人类赖以生存的基本物质条件，它集生存资料、享受资料与发展资料于一体，和食物、衣服、交通工具合称“衣食住行”，是人们必需的基本消费品①，具备供人类居住的物质功能，也具备建立和维持家庭关系的文化功能。住宅的出现，源于人们对安全、定居以及区分尊卑高下的管治需求，逐渐发展出依托自然、经济以及福利的属性与特征。研究住宅经济的科学是住宅经济学，运用经济学的基本理论与方法，对住宅市场中的供给、需求及供求平衡关系进行研究。从经济的视角来看，住宅具有需求的不可代替性、产品的空间性和固定性、价值的双重性和成本的双源性、投资成本大且投资周期长、强烈依赖并支持金融业的发展、产业关联度高等基本特点。

城市住宅市场机制以需求为核心，需求是指在各种可能的价格水平下，在一定时期内人们愿意并有能力购买或承租住宅的数量，它具备多样性、渐变性、层次性、消费和投资的双重性、可替代性、多重属性等特性，而从经济规模、需求时效、资金来源、需求层次的视角也可划分为不同需求取向，并受到价格、收入、人口、预期、利率及竞争产品的影响；供给是指住宅开发企业在一定时期内，在每一个价格水平上愿意生产而且能够租售的住宅商品的数量②，它缺乏弹性，具备多样性、层次性、滞后性等特性，并受到价格、土地使用政策、税收政策和利率政策、住宅开发商的投资预期的影响。

供求均衡是住宅市场发展的重点。住宅市场是住宅作为消费品用于交换的场所及由于交易发生的经济关系的统称，它具备地区性、异质性、多元性、寿命长且保值增值的反复性等特点，能够传递信息、发现价格、配置优化住宅资源和引导生产消费、实现交易等功能，因此，住宅市场涵盖面广，包括住宅交易、租赁、互换、抵押、典卖等市场。

房地产市场是更广义的市场，涵盖住宅市场，美国学者丹尼斯·迪帕斯奎尔和威廉·C. 惠顿提出的四象限模型是追踪宏观经济对房地产市场影响、分析房地产市场长期均衡、

---

① 谢文蕙，邓卫．城市经济学．北京：清华大学出版社，2008：183.

② 周伟林，严冀．城市经济学．上海：复旦大学出版社，2004：206.

研究房地产运行机制的基本模型。从时间维度来看，蛛网理论、预期心理、宣告效果、房地产业活动的时间落差现象、房地产景气循环则是解释房地产市场随时间波动的宏观经济理论，为住宅价格周期与泡沫提供理论支撑。

正因为房价存在周期与泡沫，房价波动往往超出市场上所能购买的水平，城市政府从两个方面解决这一问题。第一是城市住房保障政策，从制度及政策面上解决应被保障人口的住房需求问题。我国从福利房开始，到经济适用房、廉租房、公共租赁房以及定向安置房，已发展出多元的保障性住房。第二是城市住宅调控政策，以达到总量供求均衡、结构优化、抑制投机的目标，以经济手段、政策手段及法律手段调控房价。

本章详细分析了城市住宅及住宅经济、城市住宅市场机制、房地产市场的基本模型、房地产市场的宏观模型、城市住宅价格周期与泡沫、城市住房保障以及城市住宅的调控政策等几个方面，从住宅的本质、房地产的特质及理论、周期与泡沫的形成以及政府的政策手段，完整地介绍住宅市场的运作。

重点问题

- 住宅的基本概念及其从经济视角分析的特点。
- 住宅市场需求与供给的特点、分类、影响因素及市场均衡。
- 住宅市场四象限模型、宏观影响、蛛网理论以及景气循环的理论内容。
- 我国保障性住房分类、演进及国外对我国的借鉴。
- 宏观调控政策的内涵、目标及手段。

第一节　城市住宅及住宅经济

现代中文里的“住宅”一词，在古代汉语中最早出现的相应用语大概要算“宫”和“室”，它们都是指人的房屋建筑。① 随着社会的不断发展，住宅也从基本的物质与文化功能，满足安全、定居、管治的需求，进展到具备自然、经济、福利等经济、社会特征，具有不可替代性、区位特征、投资功能、产业关联等经济特点。

一、住宅及其相关概念

住宅是不可替代的，其建筑、经济、社会属性均不相同，既具有居住的物质功能，也具备维持关系的文化功能。

（一）住宅的定义

住宅是以向居民提供居住条件为目的，同时又满足居民身心庇护、家庭生活、社会交往和财务储备等基本功能的各类建筑物的统称。住宅单元是指可以独立承担上述功能的某一建筑物空间或其组合，包括卧室、起居室、厨房、卫生间、储藏室，以及室内的过道和室外的活动空间，如阳台、庭院等，这些住宅单元组成一栋栋的住宅，以供一户或多户家庭使用。住宅是人类生存所必需的物质资料，从物质形态考察，住宅不是纯粹的自然空

① 李允鉌．华夏意匠．北京：中国建筑工业出版社，1985：83.

间，它是人类利用自然物质对自然空间进行再创造而形成的人工空间；从价值形态考察，住宅是建筑行为的产出物，它固化了人类的体力和脑力，是人类勤劳和智慧的结晶。①

我们可以按照不同的角度，从建筑、社会经济、社会属性等对住宅进行划分。从建筑角度划分，可以分别按照建筑体形、建筑层数、建筑材料、建筑平面、建筑形式、建筑性质、建筑文化、结构特征、交通组织等方面予以进一步细分。② 从社会经济角度划分，可以按照产权性质、供应方式、经济关系来划分，根据产权性质分为私有住宅、共有住宅、社团住宅；根据供应方式划分，可以分为配给住宅、出租住宅、业主自用住宅；根据经济关系划分，可以分为福利住宅和商品住宅。从社会属性角度划分，可以分为商品住宅和社会保障住宅。③

（二）住宅的起源

基于人类的需求，住宅主要起源于以下三个需求：第一，安全的需求。“有圣人作，构木为巢，以避群害”（《易经》），从住宅的功能可以很好地理解这一点，住宅不仅为人们提供居住的场所及具有居住功能，更具有庇护的功能，保护人们的身心安全。第二，定居的需求。在远古时代，人们主要靠采摘集获、狝狩渔猎生存，是一种居无定所的流浪生存状态。而随着生存技术的提高，人们逐渐有意识地从事耕耘播种、圈养牲畜等农业活动，慢慢定居下来，住宅也就随之出现。④ 第三，管治的需求。社会阶层的分化、等级制度的创立和国家的出现使得住宅成为区分尊卑高下的恰当工具，是人的地位和权力的外在象征，住宅甚至在我国古代社会成了一种礼制，因此对其进行统一规划和管治就十分必要。⑤

（三）住宅的基本功能

住宅的基本功能可以大致归类为以下两个方面：

（1）物质功能。① 居住功能⑥。顾名思义，住宅首先应该具备供人类居住的功能，这是住宅最基本的功能，满足人的基本物质需求。⑦ ② 庇护功能。住宅通过有形的土木砖瓦等建筑材料给人提供身体保障，同时也给人以安全感，提供了心理保护。⑧ ③ 财富储备功能。住宅是世界上最大的个人财富储备库，它是家庭或个人的资产，同时也是投资增值的资产。⑨ ④ 经营辅助功能。一些城镇、乡村的居民会利用住宅开展小型的经营活动，如小作坊、客栈、小卖部等，而随着科技和互联网的迅猛发展，越来越多的人选择在家办公，住宅也成了人们在家从事工作、科研等活动的辅助场所。⑩

（2）文化功能。① 家庭生活功能。住宅是家庭生活的主要场所，也是建立和维持家庭关系的重要纽带，是家庭赖以建立和维持的物质载体。⑪ ② 社会交往功能。人具有社会性，人不是孤立和封闭存在的，需要一定的场所来进行社会交往，住宅就提供了这样的场

---

① 董利民．城市经济学：2版．北京：清华大学出版社，2016：198－206.
② 邓卫，宋扬．住宅经济学．北京：清华大学出版社，2008：1－25.
③ 张敦富．城市经济学原理．北京：中国轻工业出版社，2005：230－232.
④ 同②.
⑤⑥⑦ 同①.
⑧ 同②1－25.
⑨ 徐光远，陈松群．城市经济学．北京：中国经济出版社，2009：250.
⑩ 同②.
⑪ 同①.

所和环境。③ 文化艺术功能。住宅是社会、经济、文化综合的艺术结晶，也是一种文化艺术的象征，反映了不同国家、民族、地区的不同历史阶段的建筑文化、人民生活方式、居住习惯和居住文化的特点。[①]

（四）住宅的基本属性

我国处于城市化快速发展阶段，城市中第二产业、第三产业的发展吸引了大量农村劳动力转移到城市，城市规模不断扩大，城市人口密度、建筑物密度也越来越高。进城务工人员在为城市经济发展建设创造无限价值的同时，也带来了一系列城市问题，住宅问题就是其中最为尖锐和突出的难题。如何更好地解决住宅问题，发展住宅经济，适应城市化进程已是当务之急，而研究住宅经济必须从研究住宅的基本属性开始[②]，我们倾向于把住宅的基本属性分为三个方面。

（1）住宅的自然属性。住宅是一种建筑物，具有耐久性、固定性和附着性的特点。[③]住宅的耐久性并不是指住宅是一次性的消费过程，住宅在使用过程中会产生折旧，需要不断地维修和维护，在整个使用年限里为人们提供服务，直至寿命终止；住宅的固定性是由土地的固定性所决定的，是指住宅一经开工建设，就在空间上固定且不可任意移动。[④] 住宅的附着性是指住宅与土地密不可分。

（2）住宅的经济属性。住宅的所有权或使用权主要通过市场交易获得，因此住宅也是一种商品。它满足人们居住需要的使用价值，同时又包含修建房屋所花费的社会劳动凝结而成的价值，是价值和使用价值的统一体。住宅又是一种资产，具有投资性和升值性，购房者可以通过住宅获益。[⑤]

（3）住宅的福利属性。“安居”是“乐业”的前提，住宅对于维护社会稳定有着重要作用。住宅是人们最基本的生存单元，享有适当的住宅权利是人们基本的人权。一方面，城市住宅的外部性强，涉及多方面的社会问题，如医疗、教育等公共配套设施的使用，同时也涉及多方面、多角度的利益，安全、舒适的住宅是人们的基本需要，也是社会的维稳器；另一方面，住宅物贵价高，对于低收入阶层而言，政府的补贴和福利住房必不可少。各国政府为了“居者有其房”、维护社会稳定等目标，制定了不同的社会住房保障政策。[⑥]我国正处于快速城市化阶段，必须解决住宅这一重大社会问题[⑦]，才能在维护社会稳定的同时，促进城市更全面、健康地发展。

（五）住宅的特征

从自然、经济、社会三个方面了解住宅，更能透过现象观察住宅的本质：

（1）住宅的自然特征。住宅的自然特征表现在其耐久性、固定性和附着性上。耐久性指的是现代住宅主要是钢筋混凝土结构或是砖木混合结构，寿命有 50～70 年，使用年限长，是典型的耐用消费品。[⑧] 正如恩格斯所说：“各种商品的使用价值互相差异的地方，

---

① 徐光远，陈松群．城市经济学．北京：中国经济出版社，2009：249－251.

② 王雅莉．城市经济学．北京：首都经济贸易大学出版社，2008：213－215.

③ 董利民．城市经济学：2 版．北京：清华大学出版社，2016：198－206.

④ 蔡孝箴．城市经济学．天津：南开大学出版社，1998.

⑤ 谢文蕙，邓卫．城市经济学．北京：清华大学出版社，2008：188－189.

⑥ 同①252.

⑦ 同③.

⑧ 邓卫，宋扬．住宅经济学．北京：清华大学出版社，2008：1－25.

就中还在于消费它们所需要的时间的不同。一个大面包一天就吃完了，一条裤子一年就穿破了，一所房屋比方说要一百年才住得坏。因此，对消耗期限很长的商品，就有可能把使用价值零星出卖，每次有一定的期限，即将使用价值出租。”① 固定性是指，除了个别可移动的特殊类型外，如房车，住宅一旦建成便不可随便移动，表现出不可移动性与空间固定性。② 附着性是指与周边的自然环境、土地组成一个特定的居住环境，不可与环境、土地分离而独立存在。

（2）住宅的经济特征。住宅作为一种特殊的商品，具有不同于一般商品的经济特性，包括昂贵性、投资性、异质性、区位性、外部性等特征。所谓昂贵性是指建设一所普通的住宅需要昂贵的人力、物力、财力。所谓投资性是指昂贵的住宅成本需要大量的资本带动，同时也具有保值升值的特点，人们可以通过出租或出售房屋获利，也可将其抵押融资获得收益。所谓异质性是指每一户住宅都是独一无二的，房价不具有通用性，很难找到完全可以互相替代的两栋一样的住宅。所谓区位性是指地理位置与物业费、房价的关系。所谓外部性是指一幢住宅状况的好坏会影响周边住宅的价格高低，一损俱损，一荣俱荣。③

（3）住宅的社会特征。住宅是人类生存的基本条件，是人权的重要组成部分。它可以维系家庭关系，也关乎社会福祉，体现着社会的公平和进步，维系着社区和社会的稳定，传承着文化民俗。④

二、住宅经济及其基本特点

住宅经济学利用经济学的基本理论与方法研究住宅，结合了商品经济理论。

（一）住宅经济

住宅经济学主要是运用经济学的基本理论与方法，对住宅市场中的供给、需求及供求平衡关系进行研究，也包括住宅的生产、分配、交换、经营、消费及消费使用过程中所追加的维修、管理的经济活动。⑤ 它主要是从住宅的生产和分配模式出发，研究各环节所遇到的问题，特别是在住宅的社会性方面有许多独特的见解。而从根本上来说，住宅经济学属于福利经济学范畴的部门经济学。由于住宅经济学的这一特点，以满足居民消费需求为目标的住宅经济学更多地关注住宅生产中的舒适性问题和住宅分配的公平性问题。⑥ 住宅经济学的实用性极强，其主要研究目的有为政府住宅政策提供决策依据，为住宅建设和房地产开发提供理论指导，为人们的住宅消费和住宅投资提供评估手段等。

（二）住宅经济的基本特点

（1）需求的不可代替性。住宅是人们必要的生活空间，提供了居住、庇护之处，也保护身体健康，提供心理上的安全感，难以被其他产品代替。

（2）产品的空间性和固定性。住宅本身的特性之一就是空间位置的固定性，住宅必须固定在一定的土地上，不同于汽车、火车、轮船等的空间移动性，住宅最主要的价值就体

---

① 马克思恩格斯全集：第18卷．中文1版．北京：人民出版社，1964：302.

② 谢文蕙，邓卫．城市经济学．北京：清华大学出版社，2008：188-189.

③ 同②184-185.

④ 邓卫，宋扬．住宅经济学．北京：清华大学出版社，2008：1-28.

⑤ 同④33.

⑥ 董利民．城市经济学：2版．北京：清华大学出版社，2016：198-200.

现在固定性的空间区位价值。①

(3) 价值的双重性和成本的双源性。住宅既具有物质的使用价值，也具有劳动交换价值，其在建设过程中凝结了大量的人力、物力、财力。住宅与土地密不可分，土地是住宅建设的基础，土地的级差地租成本和房屋建设成本是房地产的主要构成成本，前者是区位成本，后者是空间成本。②

(4) 投资成本大且投资周期长。住宅具有耐久性，其建设需要大量的人力、物力和财力，而为了避免住宅的快速折旧，就需要不断地对其进行修护。无论是住宅的建设还是住宅的维护都需要大量的投资成本以及较长的投资周期，因此，住宅建设需要特别注意质量和资金流转的问题，以促进城市经济和住宅市场的良性互动。

(5) 强烈依赖并支持金融业的发展。住宅投资金额大，生产周期长，投资回收期长③，无论是开发商或是购房者都需要金融机构的支持。开发商向银行借贷筹集开发资金，而购房者向银行申请住房消费贷款，结合住房的升值性，借贷业务转而也成为银行丰厚的利润来源。因此，一方面住宅的生产、交换、分配和消费需要金融行业的资金支持，另一方面，借贷业务也是金融行业发展的利润来源和发展力量。④

(6) 产业关联度高。住宅作为最终的产品，在其生存、交换、分配和消费的过程中与诸多产业产生关联。住宅在生产、开发、建设的过程中，涉及大量的砖、瓦、水泥、钢材等建设材料，住宅行业的快速发展又可拉动对装饰材料、家具等商品的大量需求。因此，随着我国城市化进程的不断加快，对城市住宅的需求也日益增多，住宅经济已然成为促进我国国民经济增长的重要支柱产业和新的经济增长点。⑤

第二节　城市住宅市场机制

住宅市场是交换、交易作为消费品的住宅的场所，涵盖住宅存量、服务流量以及生产要素。需求与供给则是住宅市场运作的两股力量，供求均衡是市场所追求的目标。

一、住宅市场的需求分析

住宅需求是指在各种可能的价格水平下，在一定时期内人们愿意并有能力购买或承租住宅的数量，它包括消费需求和投资需求两个部分。通常提到的住宅需求主要是指消费需求。延续经济学的供需理论，住宅需求有两个条件：一是消费者的购买意愿；二是消费者的购买能力。⑥ 它是消费者对住宅的消费欲望与其财产资源共同作用的结果。基于财产能力的不同，部分购买者具备经济能力购买住宅，部分购买者无法负担价格，需要依靠外部

① 吴启焰，等．城市经济学．北京：中国建筑工业出版社，2009：175.
② 董利民．城市经济学：2版．北京：清华大学出版社，2016：201.
③ 王雅莉．城市经济学．北京：首都经济贸易大学出版社，2008：214－215.
④ 同②201－202.
⑤ 同③215.
⑥ 栾峰．城市经济学．北京：中国建筑工业出版社，2011：294.

力量，如政府的资助或是政府的保障性住房政策。①

（一）住宅需求的特点

（1）多样性。住宅本质上是一种异质性商品，又属于特征商品，其特征包括如区位、楼层、朝向、户型、功能等的差异，因此住宅需求的多样性受到住宅本身多样性的影响。② 消费者收入水平、个人偏好不同，形成了多样性的住宅需求。住宅市场研究者必须重视住宅需求的多样性，在研究住宅市场时进行市场细分。③

（2）渐变性。住宅需求的渐变性是指与消费者生命历程的关系的渐变。④ 消费者在不同时期对于住宅类型的需求也不同，以人的生命周期为例，婴儿时期的主要需求是睡眠和游戏场所，少年时期的主要需求是学习和成长场所。伴随着年龄的增长，会增加对工作、娱乐、社交等场所的需求，结婚生子后则有学区、大面积住宅的需求等，也逐渐进入“满巢”阶段，步入老年后随着子女离家，则进入“空巢”阶段。因此，家庭生命周期与住宅需求的关系反映出个人单身、新婚、满巢Ⅰ、满巢Ⅱ、空巢和丧偶独居的六个阶段。⑤

（3）层次性。可以从两个方面来解读住宅需求的层次性。一是从社会需求总量的宏观需求角度来看，分为住宅的现实需求和潜在需求两个层次，住宅的现实需求即住宅有效需求，能直接参与当前住宅市场的交易活动；住宅的潜在需求是一定时期内该地区住宅需求的最大可能值，也称住宅的边界需求，会随社会经济发展水平的变动而变动。⑥ 二是从消费者偏好或者从消费者经济水平的角度来看，中低收入者、小康水平的消费者以及富裕的消费者对住宅的偏好也必然不同。⑦

（4）消费和投资的双重性。住宅需求的双重性是指住宅既可作为消费品也可作为投资品，由此可将需求分为消费需求和投资需求。前者是指以自住为住宅消费目的的需求，满足自己的居住和生活需求⑧；后者则是以投资为主，包括租赁或买卖，通过出租获得未来连续租金收入，或是在未来住宅价格上升后通过出售获得增值收益。⑨

（5）一定的可替代性。首先，在一定区域的相同供需圈内，尽管没有完全相同的两个住宅，不同的住宅在一定程度上也是可以相互替代的，但该替代程度比起其他普通商品来说是有限的。其次，从住宅消费的角度来看，购房与租房之间也存在一定的替代关系，当购买能力不足或者购买意愿小时，如短期暂时居住，可以考虑以租代购。在成熟的市场经济中，住宅的买卖价格和租赁价格之间存在合理的替代比例。最后，从住宅投资的角度来看，如果住宅投资的收益下降，投资者可以转向投资股票、债券、期货等其他投资品，因此，住宅投资与其他投资品之间也存在替代性。⑩

（6）复合性。复合性是指人们对于住宅的需求既可以通过存量住宅满足，也可以通过

---

① 谢文蕙，邓卫．城市经济学．北京：清华大学出版社，2008：188－189.

② 邓卫，宋扬．住宅经济学．北京：清华大学出版社，2008：49.

③ 丰雷，林增杰，吕萍．房地产经济学．北京：中国建筑工业出版社，2008：195.

④ 同②.

⑤ 董利民．城市经济学：2版．北京：清华大学出版社，2016：209.

⑥ 同③195－196.

⑦ 同⑤.

⑧ 同①190－191.

⑨ 同③195－197.

⑩ 同③195－197.

流量住宅满足，具有存量和流量的复合性。前者可以通过住宅投资、业主自用或租赁实现，后者可以通过住宅投资、业主自用或住宅消费实现。① 换种说法就是，对住宅的需求可以是对负担得起的住宅的需求，也可以是对更适合自己的住宅的需求。②

（二）住宅需求的分类

（1）按不同经济规模分类，可以划分为个人（家庭）住宅需求和社会住宅需求。从微观角度进行考察，个人（家庭）住宅需求是个人（家庭）有支付能力的住宅购买力。③社会住宅需求则是从宏观角度分析的全社会的有支付能力的住宅购买力，它表明全社会的住宅需求水平、需求结构、需求方向，在宏观经济的影响下存在住宅需求发展规律。

（2）按住宅需求的时效分类，可以划分为现实的住宅需求和潜在的住宅需求。现实的住宅需求是指有效需求，也就是已经表现出来的需求，这种需求以居民实际的购买力为基础，表现为住宅需求的实际数量。④ 潜在的住宅需求是指过去和现在未转变为实际的住宅购买的支付能力，而在未来可能转变为住宅购买力的需求。⑤

（3）按形成住宅需求的资金来源分类，可以划分为自有资金和外来资金的住宅需求。由个人和家庭自己拥有的货币收入和储蓄等形成的住宅需求是自有资金的住宅需求。由国家、企业、金融机构或他人提供的货币补贴、住宅信贷、捐助等形成的个人住宅需求是外来资金的住宅需求。

（4）按住宅的需求层次分类，可以划分为最低住宅需求，也就是生存需求；基本住宅需求，也就是享受需求；高层次住宅需求，也就是投资需求。⑥ 最低住宅需求是满足个人和家庭最低限度的居住需要所具有的住宅购买力，这仅仅满足了人们生存所必需的居住需求。基本住宅需求是满足个人和家庭基本居住需要所具有的住宅购买力，人们的目标转向面积、设备、环境、质量都更高层次的住宅。高层次住宅需求是满足个人和家庭智力和体力发展及享受需要所具有的住宅购买力，主要是指投资和发展需求，收入高的家庭住宅需求强，往往愿意支付较多的货币取得高质量的高级住宅。⑦

（三）住宅需求的影响因素

（1）价格。住宅价格是影响住宅需求数量和结构的主要因素，对住宅需求是逆向调节因素⑧，根据需求法则，在其他非价格因素不变的条件下，住宅价格和需求量之间呈负相关关系，即价格越低，住宅需求量越多，价格越高，住宅需求量越少，因此，住宅需求曲线是向右下方倾斜的曲线。⑨ 住宅价格影响住宅需求的程度可以用住宅需求价格弹性 E_p 来表示，住宅需求价格弹性是指价格的变化（$\Delta P/P$）引起住宅需求变化（$\Delta Q/Q$）的幅度，即 $E_p=(\Delta Q/Q)/(\Delta P/P)$。⑩若 $E_p=1$，为单位价格弹性，说明需求与价格等比例变动；若

---

① 丹尼斯·迪帕斯奎尔，威廉·C. 惠顿．城市经济学与房地产市场．北京：经济科学出版社，2002.
② 董利民．城市经济学：2版．北京：清华大学出版社，2016：209.
③ 关柯．现代住宅经济学．北京：中国建筑工业出版社：2002：194－197.
④ 邓卫，宋扬．住宅经济学．北京：清华大学出版社，2008：45.
⑤ 同③.
⑥ 同④46－47.
⑦ 同③.
⑧ 周伟林，严冀．城市经济学．上海：复旦大学出版社，2004：201－208.
⑨ 同②210－213.
⑩ 徐光远，陈松群．城市经济学．北京：中国经济出版社，2009：256－258.

$E_p>1$，为富有弹性，说明一个单位的价格变动会引起大于一个单位的需求变动；若$E_p<1$，为缺乏弹性，说明一个单位的价格变动会引起小于一个单位的需求变动。[①] 理论上来说，住宅需求的价格弹性小于1，这说明住宅属于生活必需品，无论弹性大小，仍有一定的基本住宅需求；随着家庭收入水平的提高，住宅需求弹性逐渐增加。[②]

（2）收入。城市居民收入增加会带动需求增加。[③] 个人、家庭对住宅的需求会受到其收入水平的影响，家庭收入水平提高，对住宅的需求会相应增加，家庭收入水平下降，对住宅的需求则会相应减少。[④]研究表明，住宅需求收入弹性的变化比较复杂，所谓住宅需求收入弹性是指收入的变化（$\Delta Y/Y$）引起的住宅需求变化（$\Delta Q/Q$）的幅度，通常用E_m来表示，即$E_m=(\Delta Q/Q)/(\Delta Y/Y)$。住宅需求收入弹性的大小与家庭收入的高低有关。若$E_m=1$，为单位收入弹性，说明需求与收入等比例变动；若$E_m>1$，为富有弹性，说明一个单位的收入变动会引起大于一个单位的需求变动，这表明当家庭收入较高时，住宅除了满足正常的生存需求之外，还逐渐成为提升生活质量与社会地位的产品；若$E_m<1$，为缺乏弹性，说明一个单位的收入变动会引起小于一个单位的需求变动，这表明当家庭收入较低时，住宅主要是满足正常的生存需求，需维持基本的生存空间。[⑤] 对所有消费者来说，住宅需求收入弹性小于1，这说明住宅属于生活必需品；随着收入的增加，住宅需求的收入弹性逐渐增加。[⑥]

（3）人口。人口增加导致住宅潜在需求增加。人口的数量、家庭结构、年龄和流动都对住宅造成不同的影响。[⑦] 人口数量是影响住宅需求的基本因素，在其他条件不变的情况下，二者呈正相关关系[⑧]；在同等规模的人口数量下，一个老龄型社会要比一个年轻型社会或成年型社会对住宅的需求更大；家庭结构中家庭平均人口减少，家庭户数增加，对居住、生活空间的需求也就增多，对住宅的需求也相应变多。[⑨] 人口流动频繁会活络住宅市场，增加住宅需求的总量。

（4）投资预期。住宅需求不仅取决于当前的房价水平，还取决于对未来价格的预期，购房行为也是一种投资行为。[⑩] 对收益性物业的投资需求主要取决于对未来宏观经济发展形势以及对该行业未来发展的预测，乐观的预期会拉动住宅需求增加，反之则会降低需求。对非收益性物业，如住宅，其消费性需求或投资性需求主要取决于对未来住宅价格走势的预测。[⑪]

（5）利率。利率调降会刺激消费者将储蓄转向消费或投资，从而扩大住宅的消费或投资。在利率降低的同时，住宅抵押贷款利率也会降低，因而减少消费者进行住宅消费或投

---

① 周伟林，严冀．城市经济学．上海：复旦大学出版社，2004：201－208.

② 徐光远，陈松群．城市经济学．北京：中国经济出版社，2009：256－258.

③ 张敦富．城市经济学原理．北京：中国轻工业出版社，2005：230－232.

④ 同②.

⑤ 董利民．城市经济学：2版．北京：清华大学出版社，2016：210－213.

⑥ Follain J. R. A Study of the Demand for Housing by Low Versus High Income Households. *Journal of Financial and Quantitative Analysis*，1979，14（4）：769－782.

⑦⑧ 同⑤.

⑨ 同①.

⑩ 同①.

⑪ 冯云廷．城市经济学：4版．大连：东北财经大学出版社，2015：230－231.

资的成本，扩大居民的住宅需求。[①]

（6）其他商品价格。与住宅存在替代性或互补性的商品的价格变化会影响住宅需求。在实际作用中主要是对住宅子市场的影响，如小轿车的普及影响消费者更偏好郊区住宅、经济适用房会影响中档商品住宅市场、二手房影响低端住宅市场。[②]

二、住宅市场的供给分析

住宅供给是指住宅开发企业在一定时期、一定价格水平上愿意生产而且能够租售的住宅商品数量[③]，是由市场向住宅投资者和住宅消费者提供其所需的住宅存量与住宅服务流量的过程。从将有形住宅视为存量、无形服务视为流量的视角，存量供给会增加住宅存量的数量，与住宅开发相关，是一种显性的供给方式；流量供给是令住宅服务流量在质量上或数量上得到提高，与住宅改进和住宅维护相关，不易为人察觉、隐性的供给方式。[④] 住宅供给的行为主体主要是指房地产开发商或者建筑承包商，相对而言，自建和改造住宅的业主只是暂时的住宅供给者，不具有稳定和持久的产出能力。[⑤]

（一）住宅供给特点

（1）缺乏弹性。首先，土地的自然供给有限、没有弹性，土地的经济供给则是在自然供给的基础上，经过开发后成为可直接用于生产、生活的土地供给，其虽具有一定的弹性，但会受到自然供给的制约，因此仍缺乏弹性。其次，由于住宅的开发建设周期长，短期内难以生产，已建成使用的住宅也不易直接转换用途。因此，住宅供给在短期内是既定的、不变的，而在长期，住宅的开发生产则会受到土地有限性的制约，供给缺乏弹性。[⑥]

（2）多样性。住宅需求多样，为了满足不同需求，住宅的供给也是多样的，如自建自用、个人或单位集资共建、私人业主出租、企业投资开发、政府资助开发等，表现出供给市场的多样性。[⑦]

（3）层次性。由于住宅开发、建设的周期性长，住宅的供给存在层次性，主要分为三个层次，一是已经进入流通领域的供给层次，这部分住宅是可以随时出售或出租的，是住宅的存量，包括现房与期房，也是住宅市场主要和基本的供给层次；二是处于暂时储备的储备供给层次，住宅生产者基于市场营销手段和策略，暂时储备不上市的住宅；三是正在建造或已竣工而未交付使用的潜在供给层次，以及一部分过去属于划拨或福利分配的但在未来可能进入市场的住宅。这三个层次的住宅供给不断流动与转换，是一个动态过程。

（4）滞后性。住宅建设与开发投入高、周期长，其滞后性表现在两个方面：一是住宅供给的数量短时期内不会大幅上涨，因此与住宅需求相比缺乏弹性[⑧]；二是住宅从开工、

---

① 周伟林，严冀．城市经济学．上海：复旦大学出版社，2004：201－208.

② 张敦富．城市经济学原理．北京：中国轻工业出版社，2005：236.

③ 同①206.

④ 邓卫，宋扬．住宅经济学．北京：清华大学出版社，2008：198.

⑤ 谢文蕙，邓卫．城市经济学．北京：清华大学出版社，2008：193.

⑥ 丰雷，林增杰，吕萍．房地产经济学．北京：中国建筑工业出版社，2008：193.

⑦ 同④103.

⑧ 同⑥194－197.

建设、竣工审核到市场销售的周期长，与其他商品相比，其滞后性明显。[①]

（二）住宅供给方式

住宅供给有三种途径，包括住宅生产、住宅改进和住宅维护。住宅生产是指通过新建、改建或扩建等手段，令住宅存量得以增加的过程；住宅改进是指通过对住宅进行结构和平面的改造、场地的整治、环境的美化、设备的添置以及室内外装饰装修标准的提高等，令住宅服务流量得以增加的过程；住宅维护是指通过对住宅进行不涉及平面与结构改变的简单修缮、设备更换和环境清理等方法，令住宅服务流量得以持续的过程。[②]

从住宅供给市场的角度来看，城市住宅供给的方式取决于不同的土地制度与住房政策，目前世界上城市的住宅供给方式可分为市场调节型、国家分配型、政府干预下的市场调节补充型、市场调节与国家分配并行的混合型。[③]

（三）住宅供给的影响因素

从长期供给趋势来看，影响住宅供给的主要因素是住宅产业政策以及与产业政策相关的货币金融政策和投资体制。具体来说，住宅供给的影响因素包括以下几个方面：

（1）住宅价格。在成本既定的情况下，市场价格的高低决定住宅开发企业的盈利。[④]住宅供给与住宅价格呈正相关关系，在其他条件不变的情况下，供给量随着价格的上升而增加，随着价格的下降而减少。因此，住宅供给曲线是一条向右上方倾斜的曲线。[⑤]

（2）土地使用政策。房产与地产密不可分，土地是兴建房产的投入要素。然而，由于土地资源的稀缺性，以及政府对城市土地使用的限制，城市住宅的供给能力在很大程度上取决于政府的土地使用政策。政府的土地使用政策直接影响城市住宅供给量。[⑥]

（3）税收政策和利率政策。税收是调节收益的杠杆，对住宅投资回报率和经营的安全性有重要影响，具有规范住宅市场交易程序、创造平等竞争的市场环境功能，税率调整以及税收优惠政策的出台会直接影响投资者的收益，从而影响投资者对住宅市场的投入，限制或者扩大市场供给。[⑦] 银行利率则直接影响住宅市场的供给量，这基于住宅开发所需资金量大、投资回报周期长的特点[⑧]，因此，当采取宽松货币政策，调低市场利率，银行会扩大放款，从而降低住宅开发成本，刺激开发商增加住宅供给。另外，利率调低也会降低储蓄意愿，促进住宅消费，推动住宅价格上涨，进而引发住宅供给量增加。[⑨]

（4）住宅开发商的投资预期。住宅商品主要是由开发商提供，住宅开发商对未来的预期会影响住宅市场供给。[⑩] 由于住宅建设周期长，住宅商品的供应短期内不易因为市场需求变化而调整，而更多是因市场预期变动而调整，如奥运会、亚运会、世博会等，或是因

---

① 邓卫，宋扬．住宅经济学．北京：清华大学出版社，2008：103.

② 谢文蕙，邓卫．城市经济学．北京：清华大学出版社，2008：194.

③ 张敦富．城市经济学原理．北京：中国轻工业出版社，2005：234.

④ 董利民．城市经济学．北京：清华大学出版社，2011：206－207.

⑤ 同②.

⑥ 周伟林，严冀．城市经济学．上海：复旦大学出版社，2004：207.

⑦ 徐光远，陈松群．城市经济学．北京：中国经济出版社，2009：260.

⑧ 同④207.

⑨ 同⑥.

⑩ 同④207－208.

对未来土地政策的预期而产生提前或延后开发住宅的行为。①

三、住宅市场的供求均衡

住宅市场是住宅作为消费品用于交换的场所及由于交易发生的经济关系的统称。广义的住宅市场是指以住宅存量和服务流量以及与住宅相关的生产要素为流通对象，在住宅需求者与供给者之间提供沟通机会和便利服务，以促成住宅商品完成交易的场所或机制；是住宅所有权和使用权等因转让、交易等活动而产生的经济关系和社会关系的综合。② 狭义的住宅市场是指进行住宅买卖和租赁行为的经济组织，是为住宅提供租赁、抵押、买卖等交易的场所或者空间。③

（一）住宅市场的特点

（1）地区性。由于住宅的不可移动性，它只能为其周边一定半径的空间范围内的消费者提供服务，在特殊情况下，开发商固然可以将某类住宅商品推至异地、境外销售，但是消费者仍然必须到住宅所在地消费和使用，并且按照当地价格交易结算。④

（2）分散性。住宅是异质性商品，每一套住宅都有其独有的特征、不同的价值构成基础，因此，任何一户住宅的成交价都是个案，只可作为其他住宅的参考标的，而无法成为单一价格标准。⑤ 此外，住宅的不可移动性使得住宅交易分散在各个住宅所在地，而无法形成集中市场，信息传递也因此具有天然的缺损、失范和不透明性。⑥

（3）多元性。第一，商品属性多重。一方面，因为住宅是家庭的最大宗消费品，住宅市场具有消费品市场的属性；另一方面，因为住宅可作为投资项目，有保值增值的能力，住宅市场具有投资品市场的属性，而在政府干预能力较弱的时期以及住宅短缺的地区，住宅市场也具有投机的属性。第二，交易形式多样。住宅交易有买卖、租赁、典当、抵押、信托等不同方式，体现的经济关系也不同。⑦

（4）反复性。一般商品在完成从生产者到经营者再到消费者的过程后，其流通过程即结束，但住宅具有使用寿命长、使用中能实现保值增值的特点，因此能在整个寿命期内反复多次地进入市场流通，更换业主和用户，且每一次交易价格均不确定。⑧

（二）住宅市场的功能与分类

住宅市场具有以下四个功能：（1）信息传递功能。住宅的供给和需求信息会通过住宅市场快速全面地反映出来，从而为投资者和消费者提供多种讯息，减少信息不对称。⑨（2）价格发现功能。住宅价格围绕价值波动，其规律变动主要是通过市场实现，通过公开、公平、公正的竞价，实现住宅的合理价格。（3）住宅的资源优化配置和生产消费引导功能通过价格杠杆使得消费者选择适用的住宅，也使得生产者得到供应市场所需要的土地和房

---

① 张敦富．城市经济学原理．北京：中国轻工业出版社，2005：239.
② 谢文蕙，邓卫．城市经济学．北京：清华大学出版社，2008：199.
③ 邓卫，宋扬．住宅经济学．北京：清华大学出版社，2008：145－146.
④ 同③.
⑤ 同②200.
⑥ 同③147.
⑦ 同②200.
⑧ 同③147.
⑨ 董利民．城市经济学．北京：清华大学出版社，2011：213.

屋，使房地产资源得到合理的配置。(4) 交易实现功能。由于土地和房屋都是大宗物品，价值大、产权关系复杂，所以需要住宅市场通过权威的机构和公开的市场办理交易手续。

住宅市场可以分为以下五大分类：(1) 住宅交易市场。市场主体由城市房管部门、企业房产共有人、私人组成，交易范围限于居民住宅、工商业用房、办公用房等，公开性、集中性、控制性、竞争性为其特点。① (2) 住宅租赁市场。市场主体由城市房管部门、企事业单位、个人组成，经营普遍性、垄断性为其主要特征。(3) 住宅互换市场。市场主体由住宅所有者、使用者（集体或个人）组成，其市场范围为房管部门直管公房、单位自管公房、私房，集中性、控制性、间接性为其主要特征。② (4) 住宅抵押市场。住宅所有人（法人、自然人）以住宅作为抵押从金融机构取得贷款。(5) 住宅典卖市场。该市场是指住宅所有人（法人、自然人）将住宅卖给典当商行的市场。在以上五类市场中，住宅交易市场与住宅互换市场是有形的，有市有场；而住宅租赁市场、住宅抵押市场以及住宅典卖市场是无形的，有市无形，其市场分散性强。③

（三）住宅市场均衡

住宅市场供给量与住宅市场需求量相等的均衡点的价格就称为住宅市场的均衡价格。④ 住宅市场供求均衡是理想状态，利用住宅需求函数和供给函数建立以下静态供求均衡模型⑤：

$$D = a + bP \tag{10.1}$$

$$S = a_1 + b_1 P \tag{10.2}$$

$$D = S \tag{10.3}$$

(10.1) 式和 (10.2) 式分别表示住宅的需求函数和供给函数，D、S 为住宅的需求量和供给量，P 为住宅价格；$b<0$，表示住宅价格上升，住宅需求下降；$b_1>0$，表示住宅价格上升，住宅供给增加。(10.3) 式表示在市场均衡的条件下，住宅供求相等。将 (10.1) 式、(10.2) 式代入 (10.3) 式，可求出住宅静态均衡价格，记为 P_e。

$$P_e = (a - a_1)/(b_1 - b) \tag{10.4}$$

住宅静态均衡供给量记为 Q_e，表达式为

$$Q_e = a + bP_e = a_1 + b_1 P_e \tag{10.5}$$

在图 10-1 中，需求曲线 D 与供给曲线 S 相交于点 E，对应的是静态均衡价格 P_e 和静态均衡供给量 Q_e。影响住宅供求的非价格因素会使供求曲线移动。在短期内，设住宅存量为 Q_e，由于短期内住宅供给无弹性，因此供给曲线为垂直的 S'，它与需求曲线 D 共同决定短期内住宅的均衡价格和均衡数量。

假设消费者收入提高，短期内的住宅总需求增加，需求曲线从 D 向右上方移动到 D'，则短期内住宅价格会提高到 P''。住宅价格的提高会引致住宅投资。假设住宅的长期供给具有无限弹性，即供给曲线为 S''，则长期内住宅存量供给将增加至 Q''，价格恢复到原来的 P_e。假设长期供给曲线有一定的弹性，如供给曲线 S，则住宅供给量只会增加至 Q'，均衡价格为 P'，高于原来的静态均衡价格，因此，住宅价格的变动性与需求曲线、供给

① 邓卫，宋扬．住宅经济学．北京：清华大学出版社，2008：149.

②③ 李润发．中国房改与房地产实务全书．北京：中国经济出版社，1998.

④ 孙久文．城市经济学．北京：中国人民大学出版社，2016：130-134.

⑤ 栾峰．城市经济学．北京：中国建筑工业出版社，2011：295.

曲线的弹性有关。

由于住宅需求包括住宅的投资需求和消费需求，所以住宅市场兼具资本市场和商品市场的特点，相比于无子市场的商品，住宅的投资和消费子市场之间存在较多摩擦因素。[①] 另外，较高的交易成本、迟缓的供给响应、信贷和抵押等金融市场的不完善、市场信息不对称等，都会阻碍住宅市场的住宅销售速度，影响市场均衡。[②]

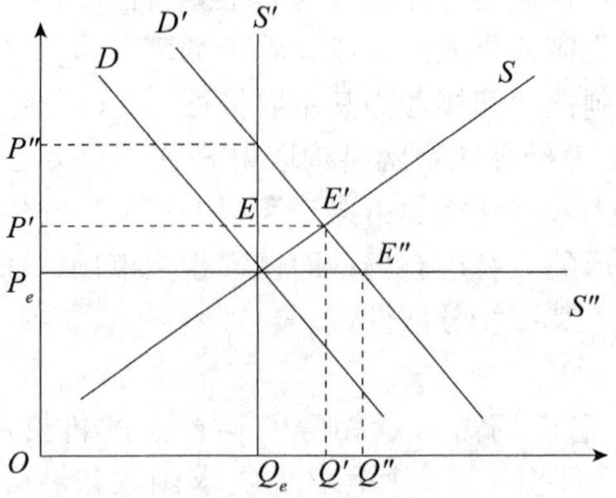

图 10-1　静态住宅均衡价格的确定

第三节　住宅市场模型

住宅市场没有单独的模型，而是以房地产模型解释住宅市场。美国学者丹尼斯·迪帕斯奎尔和威廉·C. 惠顿提出的四象限模型能够追踪宏观经济对房地产市场的各种不同影响，分析房地产市场的长期均衡问题，是研究房地产运行机制的基本模型，其中也包括对住宅市场的介绍。由于住宅市场是宏观经济的一环，因此，也有更多的宏观模型被用以解释住宅市场。本节介绍住宅市场的基本模型与宏观模型。

一、四象限模型

四象限模型[③]是静态分析房地产市场运行规律的简单模型，在假设其他市场因素不变的条件下，分析某一单因素的变化对房地产市场的影响。[④] 它将房地产市场分为资产市场和使用市场。房地产资产市场是指以投资为目的的房地产交易市场，而房地产使用市场是指以自用为目的的房地产承租或者购置市场。模型将房地产市场划分为四个子市场，选取了存量（S）、租金（R）、价格（P）和新开发建设量（C）四个变量作为研究对象，四个变量分别是坐标轴的四个方向。如图 10－2 所示，每一个轴都从原点出发，数据均为正值，越往外值越大。

① 栾峰．城市经济学．北京：中国建筑工业出版社，2011：295.

② 曹振良，等．房地产经济学通论．北京：北京大学出版社，2003：361.

③ 丹尼斯·迪帕斯奎尔，威廉·C. 惠顿．城市经济学与房地产市场．北京：经济科学出版社，2002.

④ 钱瑛瑛．房地产经济学．上海：同济大学出版社，2004.

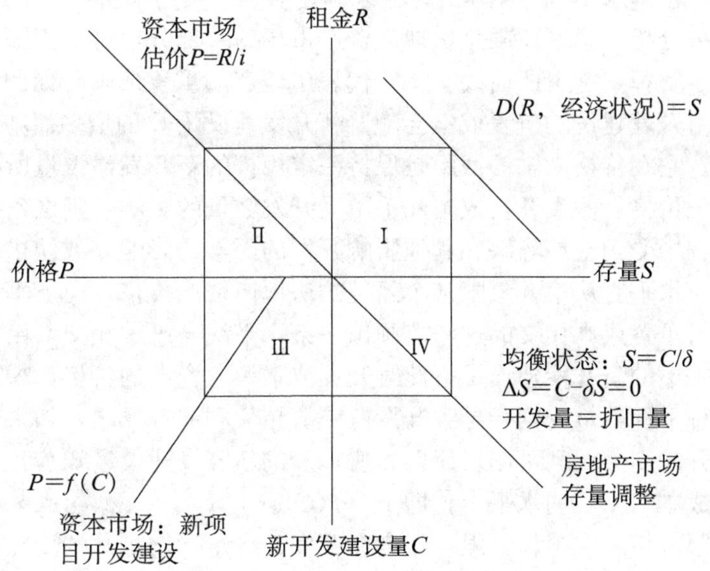

图 10－2　房地产市场四象限模型

四象限模型有两个假设条件：一是在市场其他条件给定的情况下，住宅资产所有权价格是由住宅资产市场的供给和需求双方相互作用决定的；二是在市场其他条件给定的情况下，在住宅使用市场，使用权的供需关系决定使用权的价格，即租金。

其思路是房地产租赁市场的租金水平影响房地产市场的房价水平，房价水平影响房地产开发的新开发建设量，新开发建设量影响市场的房地产存量水平，而房地产存量水平又会影响房地产租赁市场的租金水平的房地产市场动态循环。在图 10－2 中，该思路是按照逆时针的顺序进行的。

（一）四象限模型的基本原理

（1）第Ⅰ象限分析。第Ⅰ象限有租金和存量两个坐标轴，租金为每单位空间的租金，存量以单位空间的计量单位进行衡量，如平方米。曲线表明在特定经济条件下，租金对物业需求量的影响，表示租金变化对应的物业需求量变化。当物业需求量缺乏弹性时，曲线会是一条完全垂直的直线，表示租金变动不会影响物业需求量；当物业需求量相对于租金的变化特别敏感，有较高的需求弹性时，则曲线会趋近于水平；当公司或家庭数量增加时，曲线会向上移动，表明在租金不变的情况下，物业需求量会增加；当经济衰退时，曲线会向下移动，表明物业需求量减少。当物业需求量 D 和物业存量 S 达到平衡，则达到平衡的租金水平 R，使需求量等于存量。

（2）第Ⅱ象限分析。第Ⅱ象限代表了资产市场的第一部分，有（每单位空间的）租金和价格两个坐标轴。以原点为起点的射线的斜率代表了房地产资产的资本化率，即租金和价格的比值，是投资者愿意持有房地产资产的期望收益率。确定资本化率需要考虑四个方面的因素，分别是经济活动中的长期利率、预期的租金上涨率、与租金收入流量相关的风险、政府对房地产的税收政策。当射线以顺时针方向转动时，资本化率提高；当射线以逆时针方向转动时，资本化率下降。在这个象限中，资本化率被看作一种外生变量，它是根据利率和资本市场上各种资产，如股票、债券、短期存款等的投资回报而定的，因此，该象限的目的是对于租金水平利用资本化率 i 来确定房地产资产的价格 P，此时，$P=R/i$。

（3）第Ⅲ象限分析。第Ⅲ象限是房地产资产市场的一部分，这个象限对房地产新资产的形成原因进行了解释，这里的曲线 $f(C)$ 代表房地产的重置成本。如图 10－2 所示，其假设条件是新项目开发建设的重置成本会随着新开发建设量 C 的增多而增加，所以这条曲线向左下方延伸。它在价格横轴的截距是保持一定规模的新开发建设量所要求的（每单位空间的）最低单位价格。假设开发成本几乎不受开发数量的影响，则这条射线会接近于垂直；如果建设过程中受到土地稀缺和其他影响开发的因素的影响，致使供给缺乏弹性，则此射线会变得较为水平。从第Ⅱ象限某个给定的房地产资产价格，向下垂直画出的一条直线，再从该直线与重置成本相交的这一点画出一条水平线与纵轴相交，由纵轴交点便可以确定在此价格水平下的新开发建设量，此时开发成本等于资产的价格。如果房地产的新开发建设量低于这种平衡数量，则会导致开发商获取超额利润；反之，如果开发数量大于这个平衡数量，则开发商会无利可图。所以，房地产的新开发建设量 C 应该保持在使价格 P 等于房地产开发成本 $f(C)$ 的水平上，即 $P=f(C)$。

（4）第Ⅳ象限分析。在第Ⅳ象限，年度新开发建设量（增量）C 被转换成房地产物业的长期存量。在一定时期内，存量变化 ΔS 等于新建房地产数量减去由于房屋拆除（折旧）导致的存量损失。如果折旧率以 δ 表示，则 $\Delta S=C-\delta S$。以原点作为起点的射线代表使每年的新开发建设量正好等于纵轴上某一个存量水平（在水平轴上）。在这种存量水平和相应的新开发建设量上，当折旧等于新竣工量时，物业存量将不随时间发生变化，因此，ΔS 等于 0，$S=C/\delta$，即第Ⅳ象限假定了某个给定数量的新开发建设量，同时确定了在新开发建设永远继续的情况下导致的存量水平。

综上所述，我们可以看出，四象限模型的均衡条件是房地产的增量恰好为 0。如果增量不为 0，房地产使用市场和房地产资产市场就会发生联动效应，通过租金和房价变化调整新开发建设量，促使房地产市场恢复均衡。四象限模型提供规范的住宅市场的经济分析思路，能够探讨外部要素对住宅市场内部变量的影响，然而，四象限模型也存在缺陷，该模型只能表现某一时的市场均衡状态，无法反映整个市场从不均衡逐步调整到均衡的动态过程。①

（二）四象限模型的应用②

四象限模型也展现了宏观经济对房地产供求均衡的影响，如需求的决定、利率水平等。在拓展应用上，可用逐个因素的变化观察供求均衡的变动。

1. 宏观经济变化对均衡的影响

图 10－3 表示经济增长对供求均衡的影响。当经济增长时，消费者收入增加，对空间的需求亦随之增长。假设其他条件不变，这种增长导致需求曲线 D 向外移动，其影响路径是：租金水平 R 上升→物业价格 P 上升→新开发建设量 C 上升→物业存量 S 上升→满足需求。

2. 利率变化对均衡的影响

长期利率水平对投资者的预期产生影响，进而影响到房地产供求均衡状况。假设资本

---

① 周伟林，严冀．城市经济学．上海：复旦大学出版社，2004：215－227.

② 钱瑛瑛．房地产经济学．上海：同济大学出版社，2004.

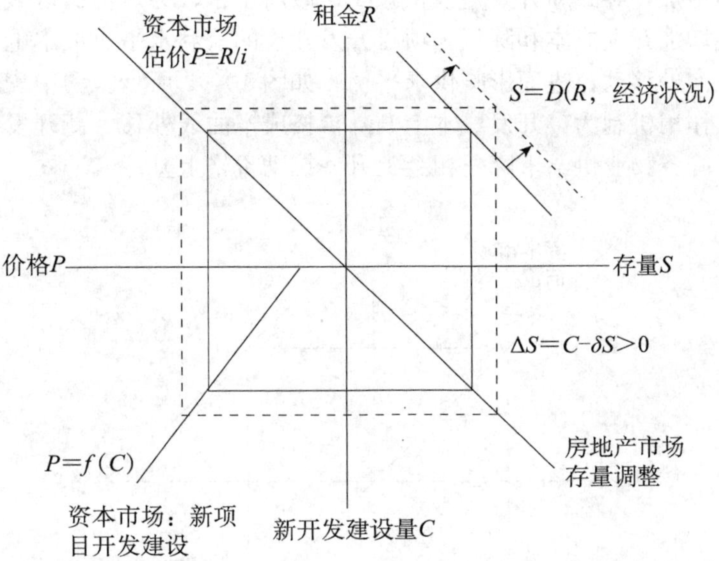

图 10-3　房地产买卖与租赁市场模型（需求 D 发生变化，R 上升）

市场能对各种资产的价格进行有效调整，使各种投资在进行风险调整后能够获得社会平均的投资回报，则利率上升将会使投资者更倾向于将资金投向其他经济领域，比如买债券，导致房地产市场资金减少，价格下跌。利率下跌后，房地产市场资金会增加，价格逐渐上升。无论前述何种情形，供求双方最终达到均衡，如图 10-4 所示。图中表示利率下降的情形，其均衡机制为：利率下降→房地产物业价格 P 上升→新开发建设量 C 增大→存量 S（供给）上升→租金 R 下降，需求上升→达到均衡。

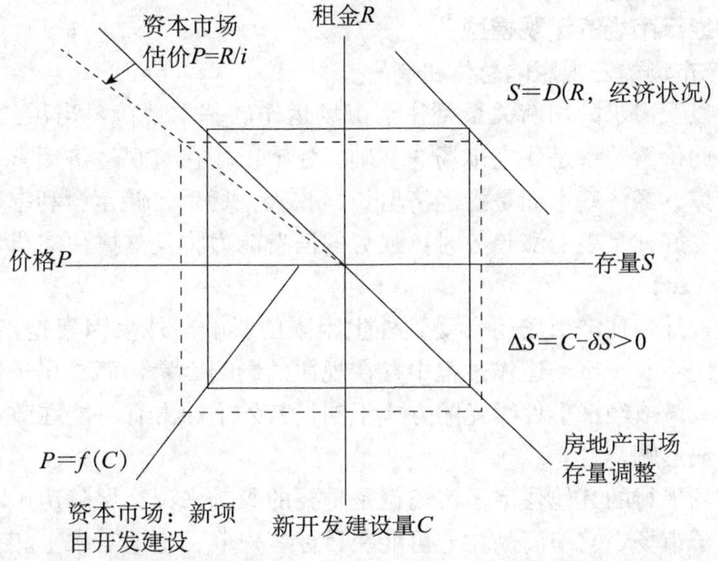

图 10-4　房地产买卖与租赁市场模型（利率下降引致资产需求发生变化）

3. 开发成本变化对均衡的影响

影响新建物业成本的因素众多，如较高的短期利率会使开发项目融资难度上升，导致新建物业的成本增加，导致新开发建设量减少；政府出台较为严格的区域规划或其他的建筑法规，也可能增加开发成本和降低新项目开发建设的获利水平。成本上升会使第Ⅲ象限内的价格成本线向外移动，进而影响供求平衡，如图 10－5 所示。图中表示新建物业成本上升的情形，其作用机制为：开发成本上升，价格成本曲线外移→新开发建设量下降→物业存量增加值下降→物业供给下降→租金上升→拉动价格上升。

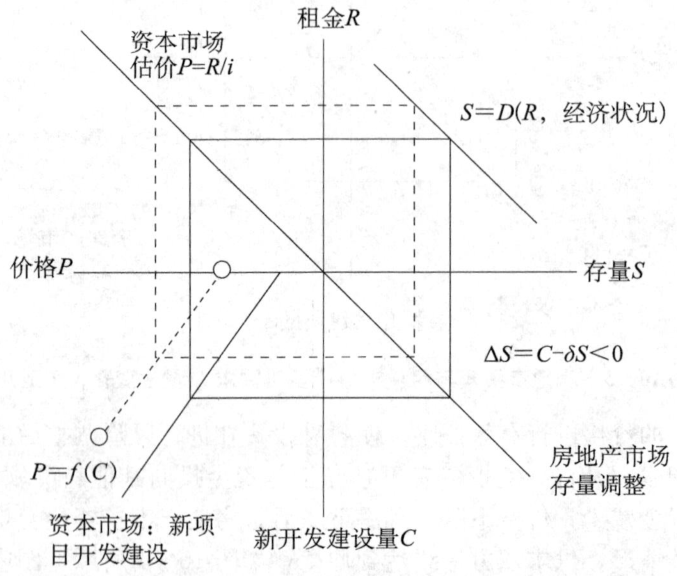

图 10－5 房地产买卖与租赁市场模型（开发成本发生变化）

二、典型房地产市场的宏观模型①

（一）房地产市场的宏观影响总体机制

价格、供给以及需求的均衡关系是住宅市场运作的基本规律，当供给与需求一致时，价格得以形成，此价量关系是住宅市场的基础。住宅市场在宏观经济因素下运作，它受到经济基本面的支撑。经济基本面是指经济增长、收入、货币、储蓄、利率等经济因素。当经济基本面表现良好，呈现上涨趋势时，强势的消费能力将是支撑住宅市场繁荣发展的重要力量。

除了内生因素外，住宅市场还会受到外生因素的影响。外生因素是指宏观调控政策、经济事件等，它们不属于市场运作过程中存在规律的影响因素，而是属于偶发的、一时的影响因素。基于政策或经济事件曝光的方式不同，其外生冲击有可能在政策及事件宣告时就对住宅市场造成影响。

而与住宅市场平行的其他住宅子市场也是重要的影响来源。保障房市场就是相对于商品住宅的另一个子市场，它与商品住宅可能在目标客户群、土地需求上相互重叠，使得保障房的供给、需求以及定价策略都会影响住宅市场中的供给、需求及价格。长期而言，子市场之间会形成均衡关系与排挤效果。

---

① 施昱年．住宅市场宏观视角的理论与实证分析．北京：化学工业出版社，2014．

长期均衡是经济学的重要观念，在住宅市场中尤为重要，它表述了住宅价格与供需、经济基本面的均衡关系，而在外生干预的冲击下，住宅价格与供需、经济基本面的长期均衡关系可能出现短期偏离的现象，使得住宅价格与供需、经济基本面出现两种或三种不同的影响关系，此现象即为住宅价格周期。

长期均衡还会受到消费者对住宅价格预期心理以及投机行为的影响，出现短期偏离的现象。当住宅价格与供需以及经济基本面偏离程度较大，使得住宅价格与消费者的收入之间存在较大的落差时，住宅价格就偏离了其住宅价值。住宅价值是反映经济基本面的住宅价格，是在当时经济条件与收入条件下所应形成的住宅价格，因此，当住宅价格偏离住宅价值时，即表示住宅价格存在泡沫。

价格偏高源于消费者对住宅价格的预期心理以及投机行为，而由于有利可图，这种预期心理和投机行为也会向外扩散，影响周围的其他城市，使得周围城市的住宅价格随之上涨，这种现象称为价格外溢效果，当前我国高房价省市集中出现的现象，就表示中国的住宅市场可能存在价格外溢效果。因为个别省市的价格偏离均衡，中国多数省市的房价也出现偏离。

图 10－6 表示了影响住宅市场的各个宏观层面之间的关系。

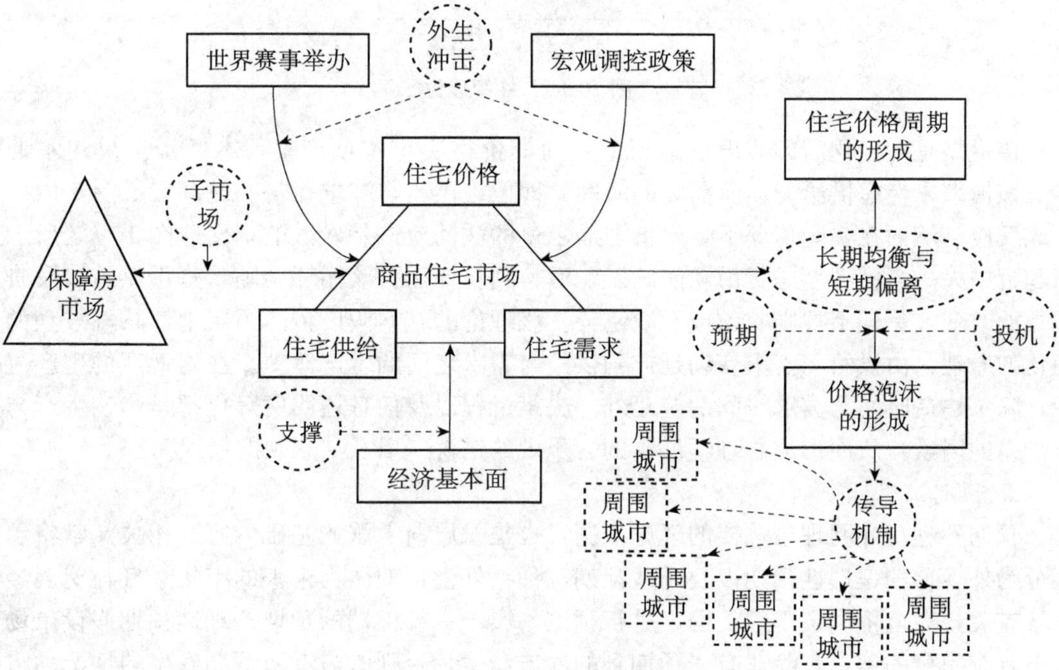

图 10－6　住宅市场的宏观层面影响

（二）蛛网理论及其相关概念

蛛网相关理论与概念包括蛛网理论、预期心理、宣告效果、房地产业生产活动的时间落差现象等。

1. 蛛网理论

此定理建立在静态的假设下。如图 10－7 所示，房地产的需求是由其现在的价格决定的，而供给则是由前一段时期的价格决定的。假定第一年（当然实际的房地产价格是不断变动的，而非以年为单位变化）的土地价格为 R_1，开发商即会依照 R_1 的市场价格规划其供给量 Q_1，但当有了 Q_1 的供给量时，第二年的需求价格会跌至 R_2，在此状况下，开发商今年的供给量会缩至 Q_2，第三年则会因为供给量减至 Q_2 而增加需求价格到 R_3，如此周而复始。其延伸的意义为，当房地产价格在宏观经济景气循环进入复苏期时，由于房地产供给准备期长，因此在有效需求增加而供给于短时间无法配合的情况下，房地产价格会上升，而供给者则会以此季的价格作为继续推断数量的参考，此举隐含了供给者是根据预期进行决策，当供给者因错误预期而供给过量时，市场转变为买方市场，从而形成房地产市场的循环波动。

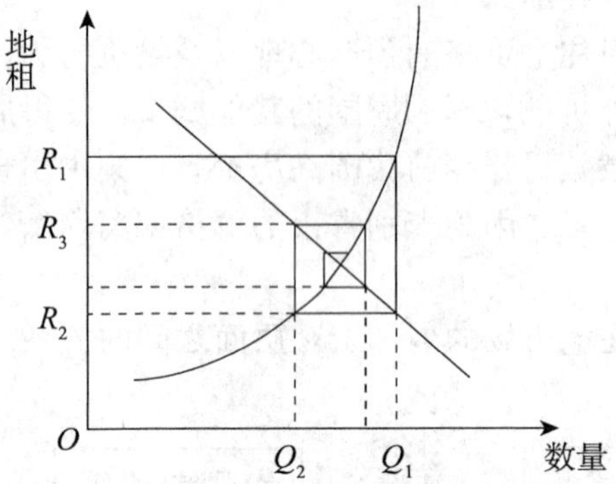

图 10-7　蛛网理论

该模型是在简化后的假设下运行的：前期价格决定本期产量，本期产量决定本期价格。该模型未考虑供给变动所需要的时间，即假设供给与需求在每一时间段 $t=1$ 内可以完成反应。然而在实际情况下，房价与需求量的波动应该是发散的，而非图 10-7 所示逐渐趋近中央。当模型考虑货币功能的影响后，则长期而言该循环会随着货币供给以及贷款成数而改变，呈现不规则收敛或发散趋势。该理论的基本假设传达了房地产景气波动的最简化的原理，由供给与需求变动延伸到供给与需求之间的生产落差。在房地产的生产过程中，除了建造时间与需求时间的差距外，决策过程以及信息透明度等也都是影响生产与需求落差的因素，从而形成心理学说中的“乐观的错误”以及“悲观的错误”。

2. 预期心理

预期心理是蛛网理论重要的理论依据，也是凯恩斯学派的基础内容。相关文献将预期区分为外生预期、理性预期以及调适预期三种。外生预期认为未来的市场景气与宏观经济变量有关，完全依据宏观经济因素进行预测，属于一种极端的预期。理性预期假设市场参与者具有完全的信息，除非有未预期到的冲击产生，否则参与者所预期发生的情况均将一一验证。调适预期是指市场参与者的预期主要由过去房地产市场的表现所组成，这意味着过去的轨迹将持续到未来。过去研究均拒绝理性预期的假设，显示市场参与者具有完全信息的假设与现实差距较大。实际市场中有相当多人依据调适预期进行预期。调适预期的预期方式就是指蛛网理论中的供给者与需求者对上一期价格与数量的调适并产生预期的过程。

3. 宣告效果

住宅市场的发展影响到居民的居住权利、社会稳定以及宏观经济，故常出现政府关切并干预住宅市场的发展，通过各种政策手段对住宅市场进行宏观或微观的调整。宣告效果的含义是指政府在以政策手段介入房地产市场运作时，讯息宣告的时间对市场造成的影响不同，也就是政策宣告后立即实施或延后实施，对市场的冲击可能不同，提前宣告或消息披露，住宅供给者与消费者可能会产生提前反应的宣告效果，并对市场产生由冲击到结构性转变的不同程度的影响。

宣告效果是财务管理领域经常研究的议题，主要应用于股票市场，在房地产市场的应用则相对较少，这与国外的房地产市场较少存在政策宣告的干预与国情有关。对房地产市场而言，土地使用管制较容易出现宣告效果，即使只是宣布划为管制区，在未施以任何开发前，土地价值也会明显下降，若政府的容积管制政策早已被开发商所预期，新建数量在短期不会有明显的变化，因为开发商会通过各种手段逃避容积下降所造成的冲击，容积管制效果只有在长期才会实现。

4. 房地产业生产活动的时间落差现象

时间落差现象与蛛网理论持相同观点，两者均指出供给跟随需求的变动而变动。在蛛网理论中，供给者会依据上一期的房地产价格决定供给数量，该理论从供给者决定数量到生产的过程中缺乏实际的叙述，而时间落差现象正是在说明这一部分。房地产市场的生命周期为投资、生产、交易、使用四个方面，这是有顺序但重叠发生的现象，对单一住宅产品而言，它在使用之前必定会经历投资、生产、交易三个阶段，这些阶段就是时间落差现象发生的过程。这也说明当房地产市场投资面繁荣时，生产面未必繁荣，当交易面繁荣时，投资面也未必繁荣，从而形成时间上的差距。

再从生命周期的观点来看，房地产景气时间落差现象发生原因如下：一是计划的滞后。当经济体系发生变动时，各项投资、生产、交易、使用的计划皆顺应情况而改变，但由于信息不足及判断力不够迅速或正确，遂常使各项计划无法掌握时效，造成计划上的延迟，此项延迟可称为“经济变量变动与决定投资、生产、交易、使用时所产生的延迟”，意即认知与决策的落差。二是生产的滞后。房地产生产期有1～3年不等，相对于非房地产的商品，房地产一旦投入即难以撤资，供给弹性相对较小，因此较不易因为市场需求的变化而立即作出响应，如此将形成延迟。当投入建设后，即使房地产景气转趋衰退，开发商仍得继续投资或兴建，否则可能损失庞大的兴建前期已投入的资金或已贷得的款项。三是信息获知的延迟。信息不足对需求面以及供给面的调适预期都会产生影响，从需求面来看，在繁荣期间，国民收入增加，闲置资金持有者往往因对景气上涨的预期，将资金投入长期性发展的生产部门，如建筑、钢铁等，造成对房地产需求的大量增加。此时的供给者因为时间落差的原因，不能马上满足需求者的需求量，希望拥有的房屋存量不一定等于实际拥有的房屋存量，在该时间点以后，“实际存量”将被引导朝向“意愿存量”方向调整，最终形成供过于求的现象。从供给面来看，需求量的增加会刺激开发商开始并持续投入市场，直到房地产景气衰退时，市场仍会存在未兴建完成的房地产，并将持续投入市场，最终形成高空置率，从而冻结资金。此时的投资客也将减量投资，房地产景气走向衰退。

（三）房地产景气循环①

宏观经济景气循环为长期波浪理论的一支。所谓宏观经济景气循环（下称景气循环）

---

① 施昱年．住宅市场宏观视角的理论与实证分析．北京：化学工业出版社，2014.

是指国民收入在一般期间中呈现不规则的循环波动。广义来说，则不只限于国民收入，而是宏观经济变量呈现共同变动的现象。这些共同变动的现象会重复出现，但没有一定的周期。而共同变动的宏观经济变量又可再区分为顺循环变量以及逆循环变量；顺循环变量为景气好转时会同时上升的变量，如物价；逆循环变量为景气好转时会同时下降的变量，如失业率。

房地产景气循环是宏观经济景气循环中的一支，当宏观经济景气循环变动时，房地产景气循环势必受到影响而呈现波动的现象，也就是说，房地产的经济体系不是稳定不变的，在复杂的宏观经济景气循环因素影响下，房地产经济体系也同时受到这些因素的影响，产生价量的波动，出现扩张期、顶峰、收缩期以及谷底四个阶段。在宏观经济景气循环变动下，房地产市场基于其自身的特性，将呈现与宏观经济景气循环不同的波动，以下即会探讨房地产市场自身的特性，及由其特性所形成的房地产景气循环理论。景气由各项代表景气指标的经济变量所组成。

1. 宏观经济景气循环

景气循环属于长期趋势，其循环的时间长度较季节为长，同时代表景气的变量值会随着经济成长而成长。完整的一次景气循环包括四个阶段，分别为扩张期、顶峰、收缩期以及谷底，见图 10-8。扩张期为 A 点到 C 点阶段，表示国民收入逐渐上升的阶段，其中 A 点到 B 点为复苏期，B 点到 C 点为繁荣期；顶峰为扩张期结束与收缩期开始的 C 点；收缩期为 C 点到 E 点，表示国民收入逐渐下降的阶段，其中 C 点到 D 点为衰退期，D 点到 E 点为萧条期；谷底为由萧条期迈向复苏期的 A 点与 E 点。国民收入将随着时间逐渐上升，以每一个不同周期长度的循环，形成长期上涨的趋势。

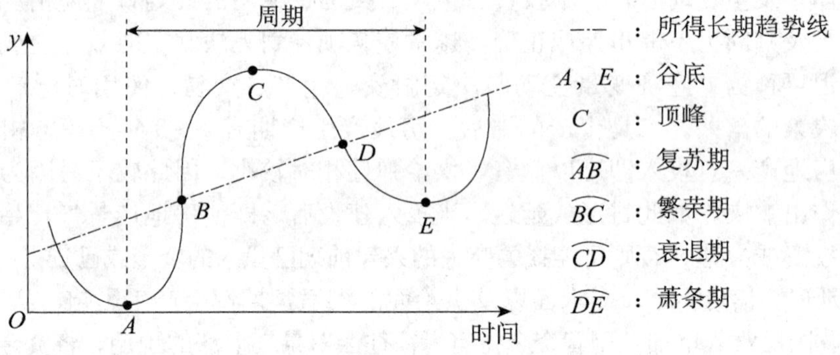

图 10-8　景气循环图

2. 景气循环发生原因的外生理论

心理学说。该学说由庇古和凯恩斯提出，认为企业的投资来自事先的评估。当预期与实际状况产生落差时，企业便会因此修正其投资策略，形成投资量上下波动的景气循环现象。当体系内繁荣时，企业会产生“乐观的错误”，预期繁荣将一直持续，因而增加投资。反之，当经济表现不如预期繁荣而开始衰退时，企业心理则又变为“悲观的错误”，预期繁荣不再，进而降低投资意愿。

农获学说。部分经济学者，如威廉·斯坦利·杰文斯和亨利·穆尔等，认为企业的投资行为会受到农作物收获情况的影响。当农作物丰收时，企业认为经济会繁荣，进而增加投资；当农作物歉收时，企业则认为经济会衰退，进而减少投资。这种以农获多少作为企业投资增减依据的看法，便是农获学说的精神。投资的增减自然会产生景气循环的现象。

创新学说。该学说由熊彼特提出，认为技术创新具备五种形式：(1) 新产品的生产；(2) 采用新的生产方法；(3) 开发新市场；(4) 采用新的生产原材料；(5) 形成新的生产组织形态。由于这五种创新行为往往能为企业带来超额利润，进而诱使其他企业加入投资，于是景气趋于繁荣。然而，这一繁荣的延续会受两个因素的影响：(1) 产出的扩张必然导致产品价格下降；(2) 对要素需求的增加使生产成本增加，于是景气扩张的动力逐渐消失。当前述因素造成产品价格上下波动时，对企业而言形同增加创新活动的风险，于是企业对创新活动的意愿便会逐渐降低，导致景气逐渐衰退。

外生理论的共同点是以单一因素阐述景气发生的原因，然而可说明的是，心理学说的理念虽是经济模型本身以外的“非经济的心理因素”变动，进而冲击体系出现循环性的波动，然而心理预期往往伴随着对实质经济变量变动的不同方向预期而产生，换言之，企业在拟定投资、生产、交易决策时，必然同时涉及目前与未来的变量，但往往因为面临信息不全的状况，所以除了搜集与处理相关信息外，本身对实际经济情况的主观认知态度也扮演着重要角色。

另外，农获学说以及创新学说认为景气循环的主因分别为农作物收获情况以及技术创新，其中也存在心理学说的精神，亦即企业是因为观察到农作物收获情况或是技术创新的情形，进而选择其投资行为。农获学说以及创新学说是将导致心理预期的非经济因素具体化，然而它们认为只有单一因素影响景气循环又过于狭义。

3. 景气循环发生原因的内生理论

萨缪尔森景气循环理论。萨缪尔森承续凯恩斯学派预期心理的观点，提出了加速原理。加速原理是指国民收入变动量对投资净需求有加速度的影响，主要有以下几种情形：(1) 当收入增量固定时，净投资水平固定；(2) 当收入呈现加速度时，净投资水平上升；(3) 当收入呈现减速度时，净投资水平下降；(4) 当收入呈现固定不变时，净投资为零；(5) 当收入呈现下降时，净投资为负。在上述原则下，当市场的总需求上升时，收入会随着加速度上升，因此净投资水平也会加速上升。由于收入上升的加速度会逐渐趋缓，因此净投资水平会开始下降。同样地，收入下降的速度也会趋缓，通过加速原理，投资又会逐渐回升，带动景气复苏。

希克斯景气循环理论。希克斯沿用萨缪尔森的加速原理，再加上循环的上限与下限概念，形成景气循环。上限是因为经济体系内的就业有一定的上限，从而存在充分就业，当体系内的生产资源都已经充分就业，收入便无法再增加，由加速原理可知，净投资等于0。当收入下降后，投资会随之下降，投资的下降下限为新投资额等于0，此时再投入市场的，为原先投资资产的折旧额。由于折旧额的存在，所以收入的下降不会穿过下限，从而仍维持在一个最低点。随着收入下降趋缓，投资便开始增加，乘数效应也将拉动收入共同上升，形成景气循环。

货币学派景气循环理论。在凯恩斯学派势微后，以弗里德曼为首的货币学派兴起。它主张经济体系内的波动，特别是通货膨胀，是货币政策执行不当所致。该学派认为在短期负斜率的菲利普斯曲线下，货币供给量的变动会导致产出与物价同方向变动，即货币供给增加，产出增加，物价上涨；货币供给减少，产出减少，物价下跌。因此，货币数量波动是造成景气循环的根源。

新兴古典学派景气循环理论。新兴古典学派存在两个主要观点：（1）若政府政策全然被人们料中，则体系会处于充分就业，政策不会影响产出；（2）若政策未被人们料中，则政策对产出会有所影响。在这两个结论下，新兴古典学派下的景气循环是因为一些随机性政策未被人们料中，在信息不完整的情况下，造成产出变动。

新兴凯恩斯学派景气循环理论。新兴凯恩斯学派的兴起源自新兴古典学派的缺陷。新兴古典学派提出未被料中的政策会对经济体系产生影响，新兴凯恩斯学派反而认为民众有能力在短时间内修正预期，这将导致原先会造成景气波动的政策失效，因此以新兴古典学派解释长达数年的景气循环现象有其缺陷。新兴凯恩斯学派提出工资滞固或物价滞固的特性，取代新兴古典学派的缺陷。工资滞固或物价滞固会使市场经常处于失衡的状态。工资滞固导因于契约期限长且签订时间交错，在此状态下，无论政策是否为人们所料中，都会产生产出变化，导致景气循环的波动。

实质景气循环理论。原新兴古典学派的部分学者鉴于其原所提循环理论的缺陷，重新利用理性预期的方式来解释景气循环的成因，并主张造成景气循环的因素是实质面的干扰，而非货币政策，故在其理论中，货币为中立因素，对实质变量不会产生影响。所谓实质变量，是指实质收入与就业，影响它们的因素为生产技术的波动。当生产技术波动时，会影响劳动需求，从而影响收入与就业。

4. 代表房地产景气的各项指标

在过去诸多房地产景气研究中，选择实际可量化的指标代表景气是研究的第一步。部分研究是以单一因素作为代表房地产景气的量化指标，它们包括住宅投资额、建造执照面积、房屋建筑费用指数、住宅价格、销售率、契税件数、空置率、房地产投资报酬或是综合指标。实际上，房地产的生命周期——投资、生产、交易、使用——过程较长，与一般商品有所不同，再加上房地产生命周期过程中相关产业的活动较多，因此有关房地产景气的界定较为复杂，景气指标应该能够综合衡量房地产投资、生产、交易、使用等阶段活动的兴衰，故以单一指标推测代表房地产景气将会过于偏颇。因此，房地产景气指标应包括投资、生产、交易、使用四个方面，每一个方面的指标代表该方面的景气，归纳结果见表 10－1。

表 10－1　　各方面房地产景气指标

阶段	投资面	生产面	交易面	使用面
指标	货币供给变动率 中期放款利率 贷款成数高低 人均 GDP 变动率 前期住宅投资 营建股股价指数 土地减建筑物买卖移转登记件数	建筑执照面积 使用执照面积 房屋建筑类指数 房屋建筑人数 住宅投资实质水平 开工面积	住宅价格变动率 销售率 契税件数 建筑物买卖移转登记件数 物价指数	空置率 每户住宅面积大小

注：土地减建筑物买卖移转登记件数，即土地与建筑物出让（转让）数之差，用以表示土地及不动产市场景气落差，当土地出让数少于建筑物转让数，说明房地产景气程度较高。

5. 货币政策是影响房地产景气循环的重要原因

来自货币的影响是造成房地产景气循环的原因之一。金融货币政策意指影响投资者获得资金的政策，此即宏观经济景气循环中货币学派所主张的景气循环理论，其手段包括货币供给以及抵押贷款利率的控制。国外部分研究认为货币供给与抵押贷款利率影响住宅的生产模式。特别是在美国，由于贷款成数相对较高，因此货币影响效果更为显著。

【专栏】

住宅价格周期性波动及其影响因素研究①

【内容提要】基于中国1998年第一季度至2013年第四季度的住宅价格指标，本文运用三角图法划分住宅价格周期为扩张期、正常期和收缩期，选取经济基本面、住宅市场和货币市场三个方面的指标，进行二项probit和多元probit模型回归，研究表明在全国的层面上对住宅价格收缩影响显著的因素是住宅市场本身和利率，并且住宅市场本身的因素影响较大；而在扩张期对其影响显著的因素较多，需要采取综合措施抑制住宅市场的扩张。

住宅价格存在周期性波动的特点

住宅及房地产业作为宏观经济的基础性、先导性产业，不仅关乎国计民生，而且能在很大程度上反映和影响整个经济的发展状态，住宅价格的周期性波动也影响着住宅市场的稳定和协调发展。

住宅市场的扩张和收缩与宏观经济存在密切的关系。

住宅市场收缩引发的经济衰退会对宏观经济产生重大破坏，住宅市场过度繁荣引发的经济泡沫也会触动国家实体经济的根基。住宅及房地产业成为国民经济的支柱产业之一，而伴随着房地产业发展和壮大的是住宅价格的迅速上涨和波动。为抑制住宅价格上涨脱离经济基本面，平滑住宅价格异常波动，促进住宅及房地产业与经济的协调发展，政府从2003年开始实施一系列调控政策。然而，住宅价格上涨现象背后所隐含的住宅周期阶段和阶段性影响因素并不明晰。因此，研究住宅价格周期及其影响因素具有非常重要的政策意义。

中国住宅价格周期波动在1998年第一季度至2013年第四季度可划分为三个扩张期和三个收缩期。

总体来讲，1998年亚洲金融危机波及中国，住宅市场受到影响，处于价格周期的收缩期。但是由于当时市场经济开放度较低，因此住宅市场周期波动的持续时间、波动幅度和严重度都较小。随着经济的逐步恢复，住宅市场在2001年年末至2003年年初进入平稳波动期。之后，住宅市场进一步繁荣，2003年年末出现了幅度小但持续时间长的扩张。2007年年末次贷危机引发了全球金融危机，世界经济急剧下滑，住宅市场再一次受到严重影响。此时，中国的市场经济开放度提高，住宅市场也和经济一样，受到金融危机的波及。人们的投资与消费心理受金融危机的影响，处于持币观望状态，因住宅市场供给的滞后性，在需求严重下降的情况下，住宅市场出现波动性急剧下降的情况。2008年11月国家采取“四万亿元财政刺激计划”来应对金融危机，住宅市场出现反弹的趋势。2009年国家颁布“新国十条”宏观调控政策控制城市住宅价格的过快增长，随后又在2010年颁布“国十一条”，进一步加紧调控。受国家宏观调控的影响，至2011年，住宅价格波动进入收缩期，但幅度也相对较小。另外值得注意的一点是，虽然受全球金融危机的影响，从

① 赵茜宇，施昱年．住宅价格周期及其影响因素研究．经济与管理研究，2015（02）：88-93.

长期来看，住宅价格波动呈急剧下降的趋势，但2008年第一季度至2008年第二季度期间，住宅价格波动出现小幅上涨，与2008年年初出现住宅市场回暖的现实相符。这一点说明中国住宅市场刚性需求强大，而此因素也是推动2009年住宅市场价格反弹的重要动力。

住宅成交量、利率、居民可支配收入、住宅成交面积、货币供给等指标影响住宅价格的周期性波动

在住宅价格波动的不同时期即扩张期和收缩期，其显著的影响因素也有所不同。

住宅成交量和利率对住宅价格收缩期有显著影响。

对住宅价格收缩期影响显著的指标有住宅成交量和利率，并且住宅成交量的影响大于利率的影响，说明住宅市场本身的因素对住宅价格周期波动的影响比经济基本面和货币市场因素大。因此政府在住宅价格波动的收缩期可以采取直接作用于住宅市场需求的宏观经济政策，这样调控政策的作用会更加直接有效。

居民可支配收入、住宅成交面积、利率和货币供给对住宅扩张期有显著影响。

对住宅价格扩张期影响显著的指标有居民可支配收入、住宅成交面积、利率和货币供给。综合来讲，居民可支配收入指标的系数绝对值最大，说明经济基本面对住宅价格扩张期的影响大于住宅市场本身的因素。另外可以得出在住宅价格的扩张期，影响因素较多需要采取综合性的调控政策，既要实施政策直接作用于住宅市场，又要采取能够调控经济基本面的措施。

第四节　城市住房保障

住房保障制度是政府利用国家和社会力量为住房弱势群体提供满足其基本生活所需住房的若干制度安排。从政策实践上来看，合理界定政府在住房供应中应该扮演的角色，不断完善有中国特色的住房保障制度是建立和谐社会的重要内容和重要保证。[①] 鉴于住房商品和住房市场的特殊性，各国政府都不同程度地加强和完善了对住房市场的干预和调节，以求更好地解决住房问题。解决城市低收入家庭住房困难问题是房地产市场调控的重要内容，也是建设和谐社会的重要内容，是深受广大老百姓拥护的惠民工程，政府责无旁贷。[②]

2014年3月国务院法制办公布了《城镇住房保障条例（征求意见稿）》并向全社会各界征求意见，在总则的第二条定义了“城镇住房保障”：通过配租、配售保障性住房或者发放租赁补贴等方式，为住房困难且收入、财产等符合规定条件的城镇家庭和在城镇稳定就业的外来务工人员提供支持和帮助，满足其基本住房需求。其中的“保障性住房”是指纳入城镇住房保障规划和年度计划，限定面积标准、租售价格等，向符合条件的保障对象提供的住房。总结来说，保障性住房是政府在对中低收入家庭实行分类保障过程中所提供的限定供应对象、建设标准、销售价格或租金标准，具有社会保障性质的住房，包括两限

① 栾峰．城市经济学．北京：中国建筑工业出版社，2011：298－300.

② 王雅莉．城市经济学．北京：首都经济贸易大学出版社，2008：213－215.

商品房、经济适用房、政策性租赁以及廉租房。①

一、我国城市住房保障的分类

（一）经济适用房

经济适用房是指政府提供政策优惠，限定建设标准、供应对象和销售价格，具有保障性质的政策性商品住房。经济适用房的特点主要是经济性和适用性，经济性是指住宅价格相对市场价格而言是适中的，能够适应中低收入家庭的承受能力；适用性是指在住房设计及其建筑标准上强调住房的使用效果，而不是降低建筑标准。它是国家为解决中低收入家庭住房问题而修建的普通住房。这类住宅因减免了工程报建中的部分费用，其成本略低于普通商品房，故又称经济适用房。②

（二）廉租房

廉租房是指政府和单位在住房领域实施社会保障职能，向具有城镇常住居民户口的最低收入家庭提供的租金相对低廉的普通住房。城镇最低收入家庭的认定标准由市、县人民政府制定。廉租房的分配形式以租金补贴为主，实物配租和租金减免为辅。我国的廉租房只租不售，出租给城镇居民中最低收入者。③

（三）公共租赁房

公共租赁房是指由国家提供政策支持，各种社会主体通过新建或者其他方式筹集房源、专门面向中低收入群体出租的保障性住房，是一个国家住房保障体系的重要组成部分。政府或政府委托机构按照市场租价向中低收入的住房困难家庭提供可租赁的住房，同时，政府对承租家庭按月支付相应标准的租房补贴，其目的是解决家庭收入高于廉租房标准而又无力购买经济适用房的低收入家庭的住房困难。这个概念正好被定格在新出炉的“租赁型经济适用房”。④

（四）定向安置房

定向安置房是指在地方政府征收集体土地过程中，为解决征地部分农村居民居住问题，以确定的价格、套型、面积向被拆迁农村居民提供定向销售的住宅。

【专栏】

建立高效产业体系，改革经济适用房制度能否提高居民生活质量？北京市的案例⑤

【内容提要】2004 年 5—10 月，“北京城市提高居民生活质量意向调查研究”课题组对北京 1 308 户居民提高生活质量意向进行了问卷调查，研究结果发现建立高效产业体系和改革经济适用房建设制度是提高北京城市居民生活质量的重要举措。

北京市提高居民生活质量面临产业效率较低和经济适用房制度不完善的难点

北京市的产业效率相对较低，产业体系的发展存在一些问题，同时经济适用房建设在

---

① 何元斌．保障性住房政策的经验借鉴与我国的发展模式选择．经济问题探索，2010 (06)：164－170.

② 同①.

③ 王雅莉．城市经济学．北京：首都经济贸易大学出版社，2008：213－215.

④ 同①.

⑤ 叶裕民．“北京城市提高居民生活质量意向调查”结论之：建立高效产业体系，改革经济适用房制度．北京规划建设，2005 (02)：180－183.

一定程序上逐渐偏离发展轨迹，这些对于提高城市居民生活质量而言起着抑制的反作用。

北京产业效率相对较低，产业发展思路需要进一步调整。

北京和上海是中国两个最具有国际竞争力的都市，它们并驾齐驱共同引领中国参与国际竞争。为了中国21世纪的崛起，北京和上海需要形成在同一水平上竞争与合作的关系。但是，当前北京城市的产业效率远远低于上海：2003年北京以增加值计算的产业平均劳动生产率为42 664万元，而上海为81 022万元，比北京高出90%。其中制造业劳动生产率是北京的2.1倍。近年来，北京市发展现代制造业主要存在三个问题：一是具有国际竞争力的主导产业尚未形成；二是缺乏具有国际竞争力的大型企业集团支撑，主体企业创新能力弱；三是没有跳出20世纪90年代中国一流城市产业发展的一般思路，过度依赖高档耐用品工业。

经济适用房建设在一定程序上逐渐偏离发展轨迹，过高的房价导致不少居民无力享用。

北京经济适用房在发展过程中主要有三个问题：一是北京的经济适用房还没有对外地常住人口开放，不利于外地常住人口提高生活质量，这也是“城中村”问题长期难以根治的主要原因；二是以卖为主，没有形成“卖”与“租”的双轮驱动，限制了经济适用房的发展规模，减少了享受经济适用房的居民群体，与经济适用房市场运行规律也不吻合；三是价格太高，导致大量中低收入阶层，特别是低收入阶层无力享用。在调查中，84%的北京城市居民都对现行的经济适用房制度不满意，其中首要原因又在于价格太高，过高的价格将中低收入家庭购买的可能性排除在外，与北京发展经济适用房的初衷大相径庭。

建立高效产业体系，完善经济适用房制度有利于提高北京市居民的生活质量

提高居民生活质量最重要的路径是扩大就业，提高收入。通过建立高效的产业体系和进一步进行经济适用房改革，有利于提高居民的生活质量。

建立中国核心技术装备部件的研发、中试和生产基地促进了北京市产业效率的提高。

北京通过充分发挥研究与开发能力雄厚的优势建立中国核心技术装备部件（或者最前沿技术装备）的研发、中试和生产基地，站在市场前沿，引领中国最具市场空间的产业发展。通过增强经济实力，建立区域性产业体系，推进京津冀发展，立足中国装备产业发展前沿阵地，形成与北京首都地位相互适应的高效率产业体系。

严格限制经济适用房房价过高问题有利于人民享受到更多优惠。

对经济适用房加以严格的价格限制，本着经济适用房投资利润不高于平均利润的基本原则，核算经济适用房的价格，确定其价格，计算公式应该为：投资成本×(1+平均利润率)。政府需要对每一个大型经济适用房建设项目进行成本核算，将经济适用房价格控制在“投资成本×(1+平均利润率)”之内。对北京城市经济适用房市场进行大规模的治理整顿，出台一些切实为民着想的管理政策，降低经济适用房价格，有利于提高北京城市居民生活质量。

二、我国保障性住房制度的演进①

我国保障性住房制度的演进可以分为三个时期，分别是计划经济时代的住房福利分配

① 何元斌．保障性住房建设的理论、实践与制度创新研究．北京：经济科学出版社，2014：47-49.

制度（1949—1977年）、计划经济向社会主义市场经济过渡期间的城镇住房制度改革的探索与推进阶段（1978—1998年）、社会主义市场经济条件下的住房保障改革的进一步深化阶段（1998—2006年）、社会主义市场经济下的市场调整阶段（2007年至今），分述如下。

（一）计划经济时代（1949—1977年）

这一时期的城市住房保障是实行住房福利分配制度。1949年中华人民共和国成立时，中国城市中的存量住房以私有为主，而在计划经济中，人们所有的剩余价值都被国家收归国有，住房是由国家免费提供的一种社会福利，不被视为一种商品。[①] 国家利用这些剩余价值中的一部分由各企事业单位盖住房，按级别、工龄、年龄、居住人口、有无住房等一系列条件分给一部分人居住。

（二）计划经济向社会主义市场经济过渡期（1978—1998年）

20世纪80年代初期，城市住房制度市场化改革是中国由计划经济向市场经济转轨过程中的重要环节。[②] 这一时期的城市住房保障是城镇住房制度改革的探索与推进阶段，分为四个子时期：第一，全价售房时期（1979—1982年），由地方政府组织建设住房，并以土建成本价向城镇居民出售，然而这一时期城镇居民的收入偏低，公有住房售价相对过高，购房积极性有限。第二，补贴售房时期（1982—1985年），在土建成本价格基础上，售房款由个人负担1/3，职工所在单位和地方政府负担2/3，此举虽降低了职工购房的相对价格，然而并未改变住房宽裕职工低价承租公有住房的偏好，也增加了单位和政府的实施成本。[③] 第三，提租补贴时期（1986—1990年），以提高房租为切入口，同时出售公有住房，实行优惠价售房。第四，全面推进时期（1991—1998年），明确了社会主义市场经济理论是城市住房制度改革的根本指导思想。[④] 一是分步调整旧公有住房租金，逐步提高到成本租金水平，对新建公有住房实行新标准，对多占住房的要增加租金；二是促进公房出售，在规定面积内实行标准价购房，取得部分产权，超过面积部分按市场价购房，取得全部产权，部分产权房5年后允许出售，售房所得由国家、集体、个人三方按产权比例分配；三是推行住房建设由"国家、集体、个人共同出资，积极组织集资建房和合作建房"；四是筹集政府、单位住房基金，开展住房抵押贷款，在利率及还款期限方面给予优惠。

（三）市场经济阶段（1998—2006年）

这一时期的城市住房保障是住房保障改革的进一步深化阶段，分为两个子时期：（1）市场形成期（住房保障探索期，1998—2002年），1998年7月国务院下发了《关于进一步深化城镇住房制度改革加快住房建设的通知》（国发［1998］23号），提出停止城镇住房实物分配，逐步实行住房分配货币化，建立和完善廉租房、经济适用房和商品房的多层次城镇住房供应体系。（2）市场发展期（住房保障产生期，2003—2006年），明确商业、旅游、娱乐和商品住宅等各类经营性用地，必须以招标、拍卖或者挂牌方式出让；明确对土地征收或征用进行补偿；保障房政策方面，2003年，国务院下发了《关于促进房地产市场持续健康发展的通知》，2003年12月，建设部等部委联合出台了《城镇最低收入家庭廉

---

① 陈杰，马克·斯蒂芬斯，满燕云．公共住房的未来——东西方的现状与趋势．北京：中信出版集团，2015：16-19.

② 同①19-20.

③ 温海珍，曾辉．房地产经济学．杭州：浙江大学出版社，2014：412.

④ 徐光远，陈松群．城市经济学．北京：中国经济出版社，2009：273-274.

租住房管理办法》，2004 年 5 月建设部等部委联合下发《经济适用住房管理办法》，2005 年 7 月建设部、民政部联合下发《城镇最低收入家庭廉租住房申请、审核及退出管理办法》，2006 年 6 月，国务院办公厅转发建设部等部门《关于调整住房供应结构稳定住房价格意见的通知》。[①]

（四）市场经济调整期（2007 年至今）

这一时期的城市住房保障是社会主义市场经济下的市场调整期。政府对城市住房保障制度进行了一次大的调整，将廉租住房保障对象由最低收入家庭逐步扩大到低收入家庭，将经济适用住房供应对象由中低收入家庭调低为低收入家庭，明确公共租赁住房供应对象主要是城市中等偏下收入住房困难家庭，解决“夹心层”住房问题，实现从低收入到高收入各个收入阶层住房供应的全覆盖。[②] 保障性住房对于我国的经济发展和社会稳定都有着不可替代的作用，提高了城镇居民的生活水平，拉动了投资和消费，推动了经济体制改革，带动了基础设施发展，促进了城市建设。[③]

三、国外住房保障制度分析

（一）美国

从供给和消费两方面来进行补助是美国住房保障的核心宗旨。[④] 其发展过程主要经历了以下三个阶段：在 20 世纪 60 年代之前，美国的住房保障政策是以建设公共住房为主；20 世纪六七十年代期间，美国住房保障政策是以供给补贴为主；20 世纪 70 年代以后，消费优惠成为主要政策。美国政府目前采用的最主要的补贴方式是用房租代金券直接补贴租户。[⑤]

（二）英国

在 20 世纪 70 年代末，政府住房保障政策的主要目标是公共住房建造的数量和公共住房的租赁，进入 20 世纪 80 年代推出“购房权”，让很多条件好起来的租户拥有了自己房子，社会租赁房分配方式的改变更加突出强调了为最需要的人提供住房。1988 年，住房协会代替当地政府管理社会租赁房，成为社会住房主要提供方。近年来，英国加强了对住房融资、住房预算和新社会保障体系的探索。[⑥]

（三）德国

在第二次世界大战后的联邦德国，住房短缺成为当时最突出的社会问题，政府开始通过补贴私营开发商的方式大量兴建福利住房，鼓励私人建房和私人按市价购房，由此形成了以福利性公共住宅和房租补贴制度为主要内容的一系列住房保障政策。德国在住房保障领域最具特色的制度是住房储蓄制度，它是通过储蓄合同，使储蓄者先连续、足额地存储资金，达到一定时间和数额要求后，再从该金融机构获得住房贷款的一种融资模式。[⑦]

---

① 温海珍，曾辉．房地产经济学．杭州：浙江大学出版社，2014：412.

② 邓卫，宋扬．住宅经济学．北京：清华大学出版社，2008：375－408.

③ 徐光远，陈松群．城市经济学．北京：中国经济出版社，2009：275－276.

④ 同②363.

⑤ 刘彤，刘亚臣，蔡君吉．住房保障制度的国际经验分析与借鉴．辽宁经济，2016（06）：46－47.

⑥ 陈杰，马克·斯蒂芬斯，满燕云．公共住房的未来——东西方的现状与趋势．北京：中信出版集团，2015：216－230.

⑦ 同②366－368.

四、对我国保障性住房发展的启示

（一）住房保障制度应该有法律法规作支撑

住房保障制度是经济行为与社会行为的综合体，不但政策性强，且利益关系十分复杂。住房保障制度应该有法律法规作支撑。[①] 发达国家具有相当成熟完善的住房保障制度及相关法律体系，住房建设的有序、稳步发展离不开完善的法律体系。我国当前的情况是缺少相应的住房保障法规，我国法律制度建设相对比较落后，应当设定一套完整的住房保障法规。[②]

（二）政府必须成为住房保障制度建设的主体

西方国家虽然提倡自由竞争、市场调节，但政府是住房供应的主体，在住房供应与需求中担当重要干预角色。因此，我国应该要加大地方政府的直接责任，增加对低收入家庭的住宅供给。[③] 我国的现状是保障制度建设的前期准备、思想意识、资金准备都相对不足，应当借鉴发达国家的经验，把保障性住房纳入政府的政绩考核指标。另外，在资金投入方面，各级政府应通过立法强制住房保障资金落实到位。[④]

（三）建立健全个人收入与信用记录体系

我国没有建立起完整可靠的公民个人收入与信用记录体系，以至很难对个人、家庭进行收入状况、借贷状况、纳税记录、违章违纪或违约违法记录情况调查，因此，有必要学习美国的经验，建立健全个人收入与信用记录体系，从而在个人申请抵押贷款买房或是申请廉租房、经济适用房时有据可循，杜绝一部分人牟取不义之利。[⑤]

第五节　城市住宅的调控政策

中国城市住宅市场随着市场经济发展的深入，特别是城市住房制度改革理论和实践的探索已逐步发展起来。但是由于发展时间比较短，整个市场经济发展的基础比较薄弱，整个市场经济体制的关系还没有理顺，因此存在诸多不足。[⑥] 住宅调控政策是宏观调控的主要手段和工具，是政策体系中的一支，具有政策的一半特性。住宅的宏观调控主要是指国家运用经济、法律和行政等手段，从宏观上对住宅市场进行指导、监督、调节和控制，促进住宅市场总供给与总需求、供给结构与需求结构的平衡与整体优化，实现住宅产业与国民经济协调发展的管理活动。[⑦]

一、住宅调控政策的目标

（一）总量供求均衡目标

住宅总量控制的目的就是要使住宅总供给与总需求大体平衡，形成一个有限度的买方

---

① 徐光远，陈松群．城市经济学．北京：中国经济出版社，2009：279－280.

② 刘彤，刘亚臣，蔡君吉．住房保障制度的国际经验分析与借鉴．辽宁经济，2016（06）：46－47.

③ 邓卫，宋扬．住宅经济学．北京：清华大学出版社，2008：402－408.

④ 同①269－270.

⑤ 同③404.

⑥ 张敦富．城市经济学原理．北京：中国轻工业出版社，2005：247－253.

⑦ 谢经荣，吕萍，乔志敏．房地产经济学．北京：中国人民大学出版社，2013：210.

市场，使这个市场既有一定的合理库存，又有充分的市场流转，又不致造成非正常的空置商品房。① 由于市场机制本身具有消极、被动、滞后和局部性的缺点，因此需要政府的宏观政策进行调节，治理住宅市场的失灵问题。②

（二）结构优化目标

实现结构的基本均衡，提高资源配置效率。从国民经济全局来说，房地产与其他产业是互相协调和带动的关系，可以保持其他产业的适当比例和平衡发展。③ 当前优化结构主要是根据社会消费水平和市场即期需求，合理确定各种类型、不同档次商品房之间的供应数量，在重点保障适应广大中低收入者的经济适用房供应的同时，兼顾社会多层次住房需求。④

（三）抑制投机目标

房地产投机是一种以较高利润为目标、承担高风险、具有不确定性、进行时间相对较短的投资行为。在住宅投资、建设、交易与使用的过程中，都会形成和出现不同类型的房地产投机行为，投机需求会扩大市场需求，导致供求失衡，刺激住宅价格的非理性上扬，冲击住宅市场的正常运行。只有有效抑制投机活动，才能保证住宅市场的健康发展。⑤

（四）社会保障目标

随着城市化与工业化的加速发展，住房供给与需求极度失衡，导致住房价格的上涨超过了中低收入居民家庭的支付能力。⑥ 通过市场机制无法解决中低收入者的住房保障问题，政府出于经济和社会责任，必须采取一定的措施，满足居民与家庭的基本住房需求，起到维护社会稳定的作用。⑦

二、城市住宅调控政策的手段

依政策内容的不同，城市住宅调控政策的手段可以分为经济手段、行政手段和法律手段。

（一）经济手段

（1）土地政策。我国实行土地公有制，城市土地所有权归国家所有，转让的是一定年限的土地使用权。政府作为土地供给者，在土地一级市场上处于垄断地位，政府可以通过土地政策来影响土地供给量，从而影响住宅供给和调节住宅市场。土地供给量调整主要以结构调整为主，通过对不同用途土地的供应，促进产业结构调整和产业优化升级，按照国家产业政策，适时调整供地政策，对符合国家、省、市产业结构调整方向的项目予以用地扶持；对于一些由于投资过度以及其他原因不适宜发展的产业，在土地供应上进行必要的控制以限制其发展；对一些限制性项目提高供地标准和条件；对禁止性项目停止供地。⑧

---

① 陈秋玲，祝影，王益洋．房地产经济学．北京：中国社会出版社，2010：285－286.

② 谢经荣，吕萍，乔志敏．房地产经济学．北京：中国人民大学出版社，2013：211.

③ 同①.

④ 林增杰．房地产经济学：2版．北京：中国建筑工业出版社，2003：232.

⑤ 吕萍，谢经荣．房地产经济学．北京：中国人民大学出版社，2012.

⑥ 同②.

⑦ 同①.

⑧ 同②213.

（2）财政政策。税收政策对房地产市场的调节是间接的。① 运用税收杠杆，通过提高高档商品房税率抑制其需求，降低普通商品房的税率，刺激其供求，从而改善住宅市场的供求结构；调整转移支付政策，加大对低收入者的转移支付，缩小收入分配差距，保障低收入者的基本住房需求，健全住房保障体系。②

（3）货币政策。其实质是将房地产市场的实物供求调节转为资金供求调节。③ 第一，调节货币供给量，调整存款准备金率，影响住宅市场的供给和需求。第二，运用利率政策，如降低贷款利率，刺激房地产开发商增加供给；反之，房地产开发商减少供给。降低房地产抵押贷款利率可以刺激房地产需求；反之，提高房地产抵押贷款利率则抑制房地产需求。第三，通过信贷政策，增加房地产开发贷款和房地产抵押贷款规模，可以提高房地产市场交易规模；反之，控制房地产开发贷款和房地产抵押贷款规模，限制房地产市场交易规模。④

（二）行政手段

根据住宅市场的运行状况，政府可以运用多种行政手段对住宅市场进行宏观调控，市场经济并不排斥行政手段。

（1）价格指导和价格管制。价格指导是指政府确定一个指导价格，由房地产开发商参照执行。价格管制，分为最高限价和成本加成定价。最高限价是由政府确定一个最高价格，所有房地产开发商的定价都不能超过这个指标；成本加成定价是政府根据住宅开发建设的平均成本加上一个合理的利润来确定住宅的价格。

（2）城市规划建设。城市规划建设是对城市建设的综合布局，主要通过各种法律条例、政府政策及技术控制参数，为城市布局调整和开发建设提供指导，在不断提高土地利用效率的同时，满足住宅投资开发的需求。城市规划对住宅市场调控的作用最直接、最具体，也最具有影响力，它对住宅产业的发展规模、发展时序、发展结构进行安排，决定着住宅开发的方向和保障。

（3）加强制度建设。加强住宅市场的制度建设，健全信息披露制度，以消除逆向选择和道德风险。政府确保房地产市场的信息公开、透明，合理引导消费者的心理预期。⑤

（三）法律手段

有关住宅市场的法律、法规是国家调控住宅经济和住宅市场运行的重要手段，要充分发挥房地产法律法规的作用，必须建立健全房地产经济法律法规体系，加强执法工作并且严格司法。⑥ 通过立法禁止房地产开发商形成价格同盟，促进市场竞争，是实行住宅市场宏观调控的重要手段。西方学者一般把反垄断法称为维护经济自由的宪法，认为它是自由竞争的宪章。美国是现代反垄断法的摇篮，美国的反垄断法具有巨大的辐射力。住宅市场特有的区域垄断性和住宅作为所有居民生活必需品的特性，要求政府运用法律手段，调节住宅市场的运行，提高住宅资源配置的社会总福利。⑦

---

① 陈秋玲，祝影，王益洋．房地产经济学．北京：中国社会出版社，2010：286－287.

② 张跃庆，王德起，丁芸．房地产经济学：2版．北京：中国建材工业出版社，2009：361－262.

③ 同①286－287.

④ 谢经荣，吕萍，乔志敏．房地产经济学．北京：中国人民大学出版社，2013：214.

⑤ 同②361.

⑥ 同②362.

⑦ 高波．现代房地产经济学导论．南京：南京大学出版社，2007：367.

体系。

【本章小结】

住宅是以向居民提供居住条件为目的，同时又满足居民身心庇护、家庭生活、社会交往和财务储备等基本功能的各类建筑物的统称，起源于安全的需求、定居的需求、管治的需求，具有物质以及文化功能，其本质包含自然属性、经济属性和福利属性。研究住宅的经济学被称为住宅经济学，是运用经济学的基本理论与方法，对住宅市场中的供给、需求及供求平衡关系进行研究，也包括住宅的生产、分配、交换、经营、消费及消费使用过程中所追加的维修、管理的经济活动。从经济的视角来看，住宅具有需求的不可代替性、产品的空间性和固定性、价值的双重性和成本的双源性、投资成本大且投资周期长、强烈依赖并支持金融业的发展、产业关联度高等特性。

城市住宅市场是由需求与供给所组成的，以追求供求均衡为目标。住宅需求具有多样性、渐变性、层次性、消费和投资的双重性、一定的可替代性、复合性等特点，又可划分为个人（家庭）住宅需求和社会住宅需求，现实的住宅需求和潜在的住宅需求，自有资金和外来资金的住宅需求，最低住宅需求、基本住宅需求和高层次住宅需求，会受到价格、收入、人口、投资预期、利率以及其他商品价格的影响。住宅供给具有缺乏弹性、多样性、层次性、滞后性的特点，又可分为住宅生产、住宅改进和住宅维护等供给方式，会受到住宅价格、土地使用政策、税收政策和利率政策、住宅开发商的投资预期的影响。住宅市场应当实现供求均衡，住宅市场具有地区性、分散性、多元性、反复性的特点，具有信息传递、价格发现、住宅的资源优化配置和生产消费引导、交易实现等功能，可划分为住宅交易市场、住宅租赁市场、住宅互换市场、住宅抵押市场和住宅典卖市场。不论是哪一种住宅市场，住宅市场均衡是指住宅市场供给量与住宅市场需求量相等的状态。

典型的住宅市场模型包括四象限模型、蛛网理论以及房地产景气循环。四象限模型是静态分析房地产市场运行规律的简单模型，将房地产市场分为资产市场和使用市场，并划分为四个子市场，选取了存量（S）、租金（R）、价格（P）和新开发建设量（C）四个变量作为研究对象，均衡条件是房地产的增量恰好为 0，如果增量不为 0，房地产使用市场和房地产资产市场就会发生联动效应，通过租金和价格的变化，调整新开发建设量，促使房地产市场恢复均衡。蛛网理论建立在静态的假设下，房地产的需求是由其现在的价格决定的，而供给则是由前一段时期的价格决定的，隐含了供给者是根据预期进行决策的。当供给者因错误预期而供给过量时，市场转变为买方市场，从而形成房地产市场的循环波动。房地产景气循环是宏观经济景气循环中的一支，包括扩张期、顶峰、收缩期以及谷底，会受到投资、生产、交易、使用四个方面的共同影响。

住房保障是政府利用国家和社会力量为住房“弱势”群体提供满足其基本生活所需住房的若干制度安排，可以补充市场机制的不足。我国城市住房保障分为经济适用房、廉租房、公共租赁房以及定向安置房。从国外住房保障的模式来看，住房保障制度应该有法律法规作支撑，政府必须成为住房保障制度建设的主体，建立健全个人收入与信用记录体系。

最后，政府可通过调控政策调节住宅市场。住宅调控政策的目标包括总量供求均衡目标、结构优化目标、抑制投机目标、社会保障目标，可以通过经济手段、行政手段、法律手段进行调控。经济手段包括土地政策、财政政策、货币政策，行政手段包括价格指导和价格管制、城市规划建设、加强制度建设，法律手段则是建立健全房地产经济法律法规体系，加强执法工作并且严格司法。

【关键术语】

住宅	住宅经济学	住宅需求	住宅供给
住宅市场供求均衡	四象限模型	存量	租金
价格	新开发建设量	经济基本面	长期均衡
短期偏离	蛛网理论	房地产景气循环	经济适用房
廉租房	公共租赁房	定向安置房	宏观调控政策

【复习题】

1. 阐述住宅的定义、基本功能、基本属性与特征。
2. 阐述住宅经济的内涵与基本特点。
3. 说明住宅市场需求与供给的特点、分类与影响因素。
4. 说明住宅市场的特点与功能，并画图分析供求均衡。
5. 阐述四象限模型、蛛网理论、房地产景气循环理论的内容。
6. 比较经济适用房、廉租房、公共租赁房、定向安置房的差异。
7. 说明住宅调控政策的手段。

第十一章

城市贫困与犯罪

随着我国经济建设的高速发展，城市作为一个庞大的社会经济发展载体正在不断地加速扩张，但同时一系列社会与经济问题也应运而生。城市贫困与犯罪是当今世界上无论是发达国家还是发展中国家都要面临的问题。一般发生在城市的贫困即城市贫困，贫困的标准通常用“贫困线”来衡量。① 贫困问题也带来了诸多问题，如对社会治安、社会公平、子女教育、平等就业、社会保险等多方面的影响。犯罪影响城市安全，它包括人身罪与财产罪。犯罪的经济影响可以用犯罪成本来衡量，犯罪的成本又分个体成本与外在成本。通过控制犯罪成本来寻找最佳犯罪水平，有利于有效地控制犯罪。② 无论是城市贫困还是犯罪，对于城市经济的发展而言都有潜在的负向影响。只有有效地解决城市贫困与犯罪问题，才能更好地促进社会稳定和谐与经济发展进步。

本章详细分析了城市贫困与犯罪，包括贫困的定义、贫困的测量、犯罪的类型、犯罪的成本、解决贫困与犯罪问题的措施五个方面的问题，从社会学、经济学等多个视角研究城市贫困与犯罪问题，试图寻找其发生机理，并最终寻找解决贫困与犯罪问题的手段。

重点问题

- 贫困的定义、现状、挑战和社会困境。
- 贫困的测量方式。
- 犯罪的类型和成本。
- 解决贫困与犯罪问题的措施。

---

① 董利民．城市经济学：2版．北京：清华大学出版社，2016：374-400.

② 周文．城市经济学．北京：中国人民大学出版社，2014：175-181.

第一节　贫困的定义与测量

贫困是一个世界性难题，也是人类面临的最严峻的挑战之一。为此，联合国把每年的10月17日确定为“国际消除贫困日”。城市贫困是伴随着城市化进程的推进、产业结构的调整、城乡人口的迁移和贫富差距的不断扩大而产生的。对于贫困的定义，不同国家或经济组织有着不同的见解，对于贫困的测量方法也多种多样。

一、贫困的概况

我国现阶段城市贫困概念的总体定位是城镇居民基本生存条件的缺乏，包括衣、食、住、行、医、教育需求等得不到满足的生活状况。

（一）贫困的定义

世界银行（2010）将贫困定义为人们没有足够的食物，也没有居住地，缺乏接受教育和健康服务的状态，具体表现为失业、脆弱性以及权力缺失等。国家统计局的《中国城镇居民贫困问题研究》课题组和《中国农村贫困标准》课题组在其研究报告中所作的贫困界定是：“贫困一般是指物质生活困难，即一个人或一个家庭的生活水平达不到一种社会可接受的最低标准。他们缺乏某些必要的生活资料和服务，生活处于困难境地。”①

贫困一般是指物质生活困难，即一个人或一个家庭的生活水平达不到一种社会可接受的最低标准。贫困从程度上有绝对贫困与相对贫困之分，在一个社会中，总是存在部分社会成员或家庭的收入过低，难以维持基本生活水平的状况，此即绝对贫困；也存在个人或家庭所拥有的资源，虽然可以满足基本生活需求，但不足以达到一个社会的平均生活水平，即远远低于平均生活水平的情况，此即相对贫困。关于城市贫困人口的认定标准，多数学者赞同从经济的角度进行定义，把贫困看成是个人或家庭的收入不足以维持社会所能接受的最低物质生活条件。② 也有学者认为应从更宽泛的角度界定城市贫困，认为城市贫困除了包括因收入不足而达不到基本的物质生活条件外，还应包括人们在教育、健康、生活方式等社会文化方面的低下状况。③

（二）贫困的现状

自改革开放以来，我国城市数量、规模、人口都发生了巨大变化。1978年我国的城市化率为17.9%，到2014年年底，我国城市化率已经增长为54.77%，即我国城市化率以每年1.02%的速度稳步提高，这就意味着每年上千万农民进入城市生活，越来越多的人享受到了经济发展带来的果实。在城市化快速发展的今天，人们似乎很难将城市与贫困联系在一起。④ 一方面，农民进城务工会获得比在农村更高的收入；另一方面，城市化加快了城乡生产要素流动，城市经济发展更加迅速。然而，经济总量的持续增长并不能从根本

① 国家统计局《中国城镇居民贫困问题研究》课题组．中国城镇居民贫困问题研究．统计研究，1991（6）：12-18.

② 苏勤，林炳耀．我国新城市贫困问题研究进展．中国软科学，2003（07）：19-25.

③ 肖文涛．我国社会转型期的城市贫困问题研究．社会学研究，1997（05）：42-49.

④ 朱庆芳．城镇贫困群体的特点及原因．中国党政干部论坛，2002（04）：17-19.

上消除贫困问题，反而很有可能出现“富者越富、穷者越穷”的局面。事实上，无论是在西方发达国家，还是在发展中国家，在城市化发展到一定程度后都会出现不同程度的城市贫困问题。在西方表现为贫民窟，存在交通压力大、犯罪率上升、基本公共服务不足等问题。在我国则体现为城中村、失业、不充分就业等现象。

民政部数据显示，2014 年上半年我国县级以上城市中领取城市最低生活保障金的平均人口为 2 011.6 万人，家庭数为 1 077.9 万户。从国家统计局、民政部和一些地方政府开展的调研情况看，城市市民贫困人口通常是享受低保人数的 2 倍之多，比例大约在 7.5%～8.7%，根据上述数据计算，我国目前县级以上城市贫困人口数量大约在 4 400 万人。上述 4 400 万贫困人口还不包括收入水平在贫困线上但生活依然贫困的人群、失地农民、刚毕业的大学生群体、由重大疾病或自然灾害引发的突然贫困群体。可见，经济总量的快速增长不能使贫困自然消失，城市化改善了多数人的收入，但也使得弱势群体在竞争中陷入贫困。这部分群体是快速城市化进程中的受害者，他们中的大多数仍然在努力寻找就业机会，但是社会大环境导致他们无法改变自身贫困的处境。① 我国的贫困人口主要来源于四个方面：第一是亏损企业和下岗职工；第二是企业离退休职工；第三是社会无业人员和部分农转非人员；第四是原有的社会救济人员。②

（三）贫困的挑战

城市吸纳了富裕和贫困的人口。城市对于贫困人口具有吸引力，因为它们存在适合贫困人口居住的地方，如贫民窟、城中村等。但是，当人们聚集在一起的时候，疾病更容易传播，水质更容易受到污染，教育成本会更高，犯罪率会更加上升等。也就是说，当聚集的人群不成比例地贫困时，风险就会增加，因为他们自身用于解决这些问题的资源非常有限。③

在地方层面来看，人口集聚与贫困集中需要能够降低人口密集成本的政策，这对于地方政府而言是巨大的挑战。在国家层面来看，一个城市的贫困是每一个公民的责任。如果社会服务由国家提供资助，而非由地方提供，无论对于贫困的人口还是对于一个城市而言都是更加公平的，提高这些公共服务对于整个国家而言是庞大的成本和压力。④

无论是中央政府还是地方政府都在为解决城市贫困问题探索着道路，然而不当的政策又加剧了贫困问题。政府在解决城市贫困问题上付出的努力，远远多于解决农村贫困问题，政策重点是在城市提供医疗保健和教育，而极少扩展到农村地区，这样就会吸引更多贫困人口涌入城市。大量的流动人口涌入城市，享受着完善的交通与公共设施带来的便利，却给城市的基础设施带来了极大负担。⑤

居住在贫民窟的城市贫困人口生活条件低下，往往要为非法获得水电等基本服务付出昂贵的代价，而且时时面临着被驱逐的威胁。即使生活条件得到改善，城市贫困人口中的最贫困者仍然需要在享受卫生和教育等社会服务方面得到特殊的支持。贫困问题也和城市其他社会问题密切相关，例如“相对剥夺”理论认为越轨行为和犯罪行为的一个原因就是

---

① 周文．城市经济学．北京：中国人民大学出版社，2014：175－181.

② 王砥，朱世宏．我国城镇贫困人口现状及扶贫措施．人口研究，1996（05）：37－39.

③ 爱德华·格莱泽．城市的胜利．上海：上海社会科学院出版社，2012：237－239.

④ 同①.

⑤ 同③64－85.

由绝对贫困和相对贫困引起的被剥夺感。城市贫困是城市管理和社会治理的一个重要议题，也是城市发展面临的重大挑战。①

（四）贫困者的社会困境

1. 平等就业

平等就业是指劳动市场上的就业歧视问题，当劳动者不能实现平等就业时，就会失去稳定充足的生活来源，导致贫困。② 城市化快速发展，劳动力市场竞争激烈，一方面企业对员工的要求越来越高，除了考虑员工的工作经验和技能，还会考虑户籍、居住地点、性别、年龄等因素；另一方面，劳动者的职业素养也在不断提升，城市化给城市带来新的劳动力。在城市化大背景下，城乡人口在学历、户籍、外形等方面的歧视依然存在，低阶层劳动力在就业市场竞争力低，只能从事建筑、餐饮、家政等行业低薪资、低社会保障的工作，一旦面临疾病、失业、自然灾害等问题，就很有可能陷入贫困。③

2. 社会保险

我国的社会保障体系主要由四个方面构成：一是社会保险；二是社会救助、社会福利、优抚安置；三是最低生活保障制度；四是三条保障线制度。④社会保险是社会保障的重要组成部分，社会保险的对象有以下两种：一是城市户籍人口；二是参加正规就业的外来人口，他们的社会保险由单位和个人共同承担。而那些在城市中从事诸如家政、餐饮、建筑等行业工作的外来流动人口不是社会保险制度保护的对象，这部分群体只能自行购买商业保险。对于非正规就业的城市流动人口来说，他们需要不断更换工作地点，因此也要转换商业保险关系，很多人从一开始就放弃购买保险。对于市民群体来说，参与养老保险、失业保险和医疗保险等社会保险需要个人承担一定比例的参保费用。就养老保险制度而言，我国城乡居民的缴费标准从 100 元到 2 000 元共 12 个档次，“参保人员自主选择档次缴费，多缴多得且累计缴费满 15 年”，对于城市户籍人口来说有能力缴纳养老保险，但是对于城市贫困人口来说就有较大经济压力，导致贫困人口老年生活的隐患。⑤

3. 子女教育

家庭背景影响子女的受教育机会。布尔迪厄认为，受教育过程是一个接受和传承文化资本的过程，学校是承担教化和传递文化资本职责的社会机构。有较高受教育程度的家庭的后代在获得受教育机会上具有先天优势，来自家庭教育、学校教育、课后教育、国外教育的资源较多、质量较高；相对而言，贫困群体在上述教育资源与质量上均较缺乏，尤其受到户籍制度的制约，外来人口随迁子女不能进入正规学校学习，甚至没有受教育的机会。⑥

4. 利益表达

城市贫困群体对自身利益决策缺乏发言权。城市贫困群体多数无稳定工作，教育水平

① 张敦富．城市经济学原理．北京：中国轻工业出版社，2005：443－444.

② 周文．城市经济学．北京：中国人民大学出版社，2014：179.

③ 蒋贵凰，宋迎昌．中国城市贫困状况分析及反贫困对策．现代城市研究，2011（10）：8－13.

④ 王雅莉．城市经济学．北京：首都经济贸易大学出版社，2008：281－285.

⑤ 姚毅，王朝明．中国城市贫困发生机制的解读——基于经济增长、人力资本和社会资本的视角．财贸经济，2010（10）：106－113.

⑥ 李煜．制度变迁与教育不平等的产生机制——中国城市子女的教育获得（1966—2003）．中国社会科学，2006（04）：97－109.

低，居住在城市边缘地带，少有机会参与街道、社区、政府的政策制定过程，缺乏有效渠道向政府和当权者表达利益诉求，也缺乏有效手段影响相关政策的制定，国家仍未建立完善的机制听取贫困群体意见。①

二、贫困的测量

对贫困进行测定是贫困者生活状况的一种量化过程，这是确定贫困人口规模以及最低生活保障标准的基础。目前，国内外测算贫困标准的方法很多，结合国内外学者的研究，城市贫困线的定义和测算方法如下：

（一）贫困线的定义和标准

1. 贫困线的定义

贫困线作为衡量贫困这一类综合社会、生活、经济等现象的人为标准，是度量贫困的基础。② 贫困线是指城镇居民为维持基本生活必须消费的最低费用线，它是衡量城镇居民个人或家庭是否处于贫困状态的数量界线。③ 从1993年开始，各城市陆续制定自己的贫困线；而1999年9月国务院进一步颁布《城市居民最低生活保障条例》，要求各地方政府制定自己的贫困线标准。④

2. 贫困线的标准

贫困线必须能综合反映以下内容：首先，要能反映结果贫困与过程贫困；其次，要能将相对贫困与绝对贫困统一起来；再次，要与不同国家、不同地区的实际相结合，客观地反映地区间的差异。最后，计算方法既要有科学性又要有可操作性。⑤

（二）贫困线的测定方法

我国城市间经济和社会发展差距较大，难以制定全国统一的贫困线标准，以各市为单位制定贫困线更为合理。贫困线是确定贫困率的基础，反映的是在一定的社会经济条件下社会可以接受的最低生活标准，贫困线划定后，即可确定贫困人口的范围。近几年来，一些从事国际贫困研究的学者在进行国际贫困比较时，倾向于采用根据各国货币购买力平价制定国际统一的贫困线估计方法。该方法首先利用购买力平价将各国的人均收入换算成按某一年度的美元值衡量的购买力平价收入，然后确定国际统一的贫困线，并以此来估计各国的贫困人口规模。此外还有以下常用的贫困测量方法：

1. 恩格尔系数法

根据满足人的生活需求的最低营养摄取量标准确定食品消费项目和数量，依此估计出饮食费用，以其除以计算期最低收入水平组的恩格尔系数，所得的商即为贫困标准。⑥

2. 线性支出系统模型法

这种方法是把居民的各类消费品支出看成是居民收入的函数，建立线性支出系统模型，然后利用现有的统计数据估计模型，从而导出模型中设定的各类消费品的基本需求支

---

① 唐丽萍，曹君君．城市化背景下我国城市贫困问题研究．甘肃理论学刊，2015（05）：113－117.

② 都阳，Albert Park．中国的城市贫困：社会救助及其效应．经济研究，2007（12）：24－33.

③ 周文．城市经济学．北京：中国人民大学出版社，2014：175－181.

④ 苏勤，林炳耀．我国新城市贫困问题研究进展．中国软科学，2003（07）：19－25.

⑤ 祝梅娟．贫困线测算方法的最优选择．经济问题探索，2003（6）：39－44.

⑥ 陈亮．中国城镇居民最低生活保障标准的统计测算．统计与决策，2012（06）：36－38.

出以及总的基本需求支出，以此作为贫困标准。①

3. 预算标准法

预算标准法是贫困线计算方法中发展最早，也是应用最为广泛的一种方法。早在19世纪末，布思和朗特利在研究伦敦的贫困问题时就已开始采取这种方法。随着各国社会救助制度的建立，预算标准法被广为采用。虽然各国的计算方法有所区别，但是其核心思想没有改变。它首先要求确定生活必需品清单，内容包括维持社会认定的最基本生活水准的必需品的种类和数量，再根据市场价格计算拥有这些生活必需品所需要的现金数量。②

4. 收入比例法

收入比例法是由经济合作与发展组织（OECD）提出的，它以相对贫困作为理论基础，根据一个国家或地区社会的平均收入水平来确定贫困线。经济合作与发展组织认为，社会的平均收入水平在一定程度上反映了一定生产力水平下满足社会成员基本生活需要所要求的平均消费价格。社会救助是以满足最低生活消费为目的的，这种最低消费水平的确定可以以一定时期社会平均收入水平为依据，向下进行一定比例的调整。一般情况下，最低社会标准相当于社会平均收入的50%～60%。只要得到某一地区的社会平均收入水平，就可以算出该地区的贫困线。③

5. 马丁法

马丁法是由世界银行经济学家拉沃林·马丁先生提出，并以其名字命名的一种计算贫困线的方法，马丁法的特点在于确定了两条贫困线：一条为低贫困线，一条为高贫困线，如此即可对贫困程度进行比较。④

低贫困线的测定方法。在测定食品贫困线的基础上，利用回归模型，将人均可支配收入或人均消费支出刚好能达到食品贫困线的居民户的非食品支出计算出来，由此得到贫困户的最低食品支出。其理由在于，一个靠牺牲最基本食品消费而获取少量非食品消费的住户，其非食品支出是维持生存和正常活动的最小支出。将由此求出的最低非食品支出作为非食品贫困线，加上已知的食品贫困线，即为马丁法的低贫困线，它是维持居民正常生活的最低标准。人均可支配收入低于这一标准的家庭被称为超贫困户或特困户，在无社会救助的情况下，其生存条件得不到保障。⑤

高贫困线的测定方法。在测定低贫困线时，确定非食品贫困线是依据人均生活消费支出仅能达到食品贫困线的超贫困户，而对于人均消费支出低于贫困线，但高于食品贫困线的贫困户，其非食品支出显然大于超贫困户的非食品支出，因此，确定一条比低贫困线高一些的贫困线更符合实际。高贫困线可根据居民的人均食品支出与人均可支配收入或人均生活费支出的关系拟合适当的回归模型求得。⑥

---

① 骆祚炎．利用线性支出系统ELES测定贫困线——兼比较几种贫困线的测定方法．统计与决策，2006（18）：25-28.

② 杨立雄．贫困线计算方法及调整机制比较研究．经济社会体制比较，2010（05）：52-62.

③ 唐运舒，于彪．贫困线几种测量方法的实证比较．当代经济管理，2009（05）：66-69.

④ 池振合，杨宜勇．贫困线研究综述．经济理论与经济管理，2012（07）：56-64.

⑤ Ravallion M.，Bank W. *Poverty Lines in Theory and Practice*. World Bank，1998.

⑥ 同④.

第二节　犯罪的经济学解释

近年来，随着经济社会、城市化的不断发展，整个社会结构发生了急剧的变化，社会的分化、多元化状况出现了一些新的趋势。在社会转型过程中产生的各种社会问题表现得异常突出。城市犯罪作为一种反社会行为，是指对国家及居民生命财产安全构成威胁的违法乱纪事件，也是社会上各种矛盾激化的结果。从犯罪类型和犯罪成本的角度研究城市犯罪，更有利于界定犯罪对于经济社会造成的影响和伤害，从而更好地解决犯罪问题。

一、犯罪的类型

犯罪是一种行为的异化，对社会和国家产生负面价值。尤其在社会发展转型时期，社会结构和思想转变，以及市场经济体制调整过程中各种社会因素的诱发，使犯罪呈现出一定的高发势态。① 城市犯罪的类型包括人身罪和财产罪。人身罪是指受害者生理上受到威胁，具体包括两种类型：一种是基于犯罪的目的，伤害受害者的身体（杀人、强奸、恶意伤害等）；另一种是罪犯在实现偷盗财产目的时，对受害者采取了暴力手段（抢劫）。财产罪是指偷窃罪，但没有使用暴力，如盗窃（非法进入建筑物）、偷窃（偷钱包、扒口袋、偷自行车等）以及汽车盗窃等。②

犯罪数量的多寡可以用犯罪率来衡量，它是特定时空范围内犯罪者与人口总数的比率，是犯罪统计的重要指标。城市经济学一般从三个方面来研究城市犯罪，一是关注犯罪率，以此判断城市犯罪的总体状况；二是分析犯罪的成本，据此从理论上确定犯罪量；三是考察罪犯的选择行为，以此讨论哪些人容易犯罪。通过这三个方面的研究探究现实生活中发生和存在的犯罪问题，研究犯罪带来的成本损失，预防今后犯罪问题的出现和发生。③

二、犯罪的成本

（一）犯罪的个体成本

犯罪的个体成本，即狭义的犯罪成本，是指犯罪人为实施犯罪而进行的全部投入或可能的支出。包括犯罪的实施成本、机会成本、惩罚成本和精神成本。④

1. 犯罪的实施成本

犯罪的实施成本是指犯罪人为实施犯罪而进行的物质投入。为了促成犯罪，犯罪人穷竭一切手段，投入大量的人力、物力、财力和时间等社会财富资源。为了逃避法律的制裁，消灭证据、破坏现场、逃跑隐匿等过程也会耗费大量的社会资源。影响犯罪实施成本的因素主要是犯罪行为的性质、难易程度、犯罪主体的能力和社会的物质文化生活水平。⑤

---

① 周文．城市经济学．北京：中国人民大学出版社，2014：182-191.

② 阿瑟·奥沙利文．城市经济学．北京：北京大学出版社，2015：295.

③ 同①.

④ Freeman R. B. Why Do So Many Young American Men Commit Crimes and What Might We Do About It? . *Journal of Economic Perspectives*，1996，10（1）：25-42.

⑤ 郭星华．当代中国社会转型与犯罪研究．北京：文物出版社，1999.

2. 犯罪的机会成本

犯罪的机会成本，又称选择成本，是指采取犯罪成本而非合法成本所放弃的机会的成本，主要是一种时间和机会的成本。当我们被迫在稀缺资源之间作出选择，追求效用和利益最大化时，我们就会付出机会成本。时间是一种稀缺资源，犯罪人将时间投入犯罪活动，将放弃在该时间段内从事合法活动获利的机会。此外，犯罪人在被采取强制措施后的被羁押期间，也将丧失在相应的时间段内从事合法活动创收的机会。因此，犯罪的时间机会成本是犯罪人在实施犯罪及相应司法程序中所丧失的在该时间段内实施合法行为谋利的机会。①

3. 犯罪的惩罚成本

犯罪的惩罚成本是指犯罪人因为受到刑罚而付出的代价或失去的收益。波斯纳认为，刑罚是社会对罪行的要价。从经济学角度分析，刑法救济的功能在于社会向犯罪人征收成本，除对被害人的赔偿外，还有对社会的威慑成本。犯罪人因刑罚而付出成本，因财产刑罚丧失一定的财产，也会因服刑丧失自由甚至生命和从事合法活动创收的机会。同时，刑罚也会造成犯罪人的负名誉并造成对其社会评价的降低，失去从事公务和法律工作的资格，也会丧失从事政治活动的政治自由和权利等。犯罪的惩罚成本是不确定的，取决于刑罚的威慑效应，即刑罚的严厉性、刑罚的确定性和刑罚的及时性。②

4. 犯罪的精神成本

犯罪的精神成本也可以指犯罪的道德与痛苦的成本，迄今为止，我们一直假设人们不考虑犯罪的精神成本，实际上大多数人都很厌恶反社会行为，如果他们预期犯罪成本是正的，将不会从事犯罪活动。③ 同时，从犯罪人的角度来说，犯罪人在犯罪前预备过程中会紧张，在实施过程中会担惊受怕，在逃避过程中会不安，在服刑过程会煎熬。国家和社会对犯罪人评价的降低也会使其自身感受到谴责、焦躁、烦闷等心理压力和精神抑郁。该成本取决于犯罪行为的性质和难易程度、犯罪人的心理素质和知识道德水平以及刑罚的威慑力。因此，犯罪对于犯罪人来说是高成本、低收益，甚至是负收益的选择，会因犯罪丧失许多稀有资源，得不偿失。④

（二）犯罪的外在成本

犯罪的外在成本是由国家、社会或其他非受益者直接负担，不易被个人考虑却最终分担给个人的成本，包括国家成本和社会成本⑤：

1. 犯罪的国家成本

立法成本。法律制度的运行有一定的成本，法律也有成本和收益上的比较问题。法经济学分析的目的就是要说明这些成本并比较它们的大小，以寻求成本最小的制度安排。因而，为保证经济效益，在立法中必须确定制定什么样的法律及选择何种权利配置方式才能更适合经济的需要。当法律越来越多地参与、组织社会经济活动，当法律已如同土地、机

---

① 宋浩波．略论本益分析论在治理经济犯罪中的作用．中国人民公安大学学报（社会科学版），1994（4）：1－2.

② 郭星华．当代中国社会转型与犯罪研究．北京：文物出版社，1999.

③ 阿瑟·奥沙利文．城市经济学．北京：北京大学出版社，2015：302.

④ Freeman R. B. Why Do So Many Young American Men Commit Crimes and What Might We Do About It? . *Journal of Economic Perspectives*，1996，10（1）：25－42.

⑤ 程荣．论犯罪成本的经济学分析．内蒙古农业大学学报（社会科学版），2011，13（3）：31－32.

器、劳动力一样成为现代社会生产的基本要素时，并以其特殊的方式分配着社会有限资源时，立法就不仅是一种政治行为，同时也是一种经济行为。这样一来，立法就会产生社会消耗与社会收益。①

司法成本。司法成本在政府、个人、社会与市场之间合理分散并最终实现，在学理上被称为司法成本分担或司法成本转嫁。对于中国而言，司法成本的分担关系到如何在一个人口大国合理分配司法资源，是让人民群众在每一个司法案件中感受到公平正义的基础条件。② 司法机关为查明犯罪事实、收集证据、审查起诉、定罪量刑等一系列活动的完成，需要投入一定的人力、物力、财力和科学技术以及设置必需的羁押场所和工作机构。另外，追诉犯罪过程中的失误，刑罚处罚权的运行失当，也会使公民的合法权益遭受损失，造成司法资源的浪费。在追诉犯罪过程中的错捕、刑讯逼供、定罪量刑上的失误将增加犯罪的惩罚成本和行刑成本，导致国家赔偿。③

执法成本。刑罚是犯罪的法律后果，一个人违法的原因仅仅在于，在他所面对的特定约束条件下，违法的收益大于成本，刑罚的作用就是增加其违法的成本，以达到威慑的目的。④ 刑罚的有效执行将体现刑罚的威慑效应和改造功能。但是，无论是自由刑、财产刑还是资格刑都会增加国家的负担，引起执法成本。刑罚执行的不当还会引起国家赔偿。另外，监狱作为主要的刑罚执行机构，其运行管理体制的不经济性也会增加刑罚执行成本。同时，行刑过程中管理的疏漏会造成犯罪的交叉感染，引起再犯罪，导致犯罪的恶性循环，也会产生成本支出。刑罚给社会及其成员所带来的负效果将大大超过刑罚的威慑所带来的效益。⑤

2. 犯罪的社会成本

犯罪的社会成本是指犯罪所造成的社会损失和不必要的支出。犯罪对社会造成了损害，带来了各种成本，主要是社会损失、预防成本和边际成本。

社会损失。犯罪的社会危害性在经济学上的体现就是犯罪的负面效应。首先，犯罪会给受害人带来精神上的痛苦、人身上的伤害和经济上的损失。其次，犯罪也会给自己的家庭带来心理上的痛苦，在财产上给家人带来的收益只是暂时的，但是刑罚给家人带来的损失是不可弥补的，甚至可能会导致家庭破碎。再次，犯罪会引起社会、经济的秩序混乱，造成社会资源的浪费，尤其是过失引起的事故犯罪和危害国家安全及公共安全的犯罪带来的损失是不可估量的。对整体社会而言，犯罪获得的只是无形的快感和满足，但是会削弱社会的生产能力和财产的正常流转收益，降低市场和社会的秩序效益。同时，犯罪也会造成道德风俗和文化传统的破坏、政府公信力的贬值、国家安全的弱化等隐性的、短时间内难以弥补的损失。⑥

预防成本。犯罪的预防分为公共预防和私人预防。公共预防主要是政府和社会团体采

---

① 刘瑞瑞．立法成本的法经济学分析．经济纵横，2006（08）：64－66.

② 王福华．论民事司法成本的分担．中国社会科学，2016（02）：93－113.

③ 张小虎．犯罪行为的化解阻断模式论——兼谈违法成本对犯罪行为之影响．中国社会科学，2002（02）：17－30.

④ 戴治勇．执法经济学：一个文献综述．管理世界，2008（06）：161－167.

⑤ 黎国智，马宝善．犯罪行为控制论．北京：中国检察出版社，2002：138－139.

⑥ 郑杭生，郭星华．当代中国犯罪现象的一种社会学探讨——“犯罪成本”与“犯罪获利”．社会科学战线，1996（04）：120－125.

取综合预防的策略，加强警察力量和治安管理，加大普法宣传，利用刑法的威慑力进行的预防。而私人的预防则主要是增强自身的安全措施和防卫能力。无论是公共预防还是私人预防，都需要成本支出与社会的不断投入，是可以人为控制的。这里就需要考察预防犯罪的边际成本，使社会预防达到最优。①

边际成本。边际成本是指增加最后一单位犯罪预防给社会造成的总成本的增加。波斯纳认为，旨在减少犯罪的预防效果往往与犯罪者需求弹性有关。边际成本规律认为，当犯罪预防的供给达到犯罪者需求之时，每采取一次犯罪预防，由于犯罪机制的体系化及其相互支持，犯罪预防边际成本呈递减趋势。相反，如果超过了饱和状态，随着犯罪预防供给的增加，其边际成本呈递增趋势。所以犯罪的预防成本取决于犯罪率的高低。因此，犯罪对于国家和社会而言是一种损失和不幸，是社会发展和国家统治的副产品。②

第三节　解决贫困和犯罪的途径与措施

城市贫困和犯罪问题在现代社会发展过程中必然会出现，它们会加剧社会冲突和矛盾，不利于国民经济的稳定和繁荣，也阻碍了民主化进程和城市化进程的推进。解决城市贫困和预防打击城市犯罪问题都是当今社会的热点话题，如何改善贫困者的生存现状，如何有效地遏制城市犯罪，减少个人和社会的损失，这些都具有很强的现实意义。

一、应对贫困的措施

无论是发达国家还是发展中国家都不同程度地存在贫困问题，消除贫困是世界性的问题，也是经济可持续发展的一个重要课题。

（一）完善基础设施建设

城市的基础设施以提供公共服务为目的，具有基础性、服务性、系统性、从属性、专业性和长效性的特点，是城市生存和发展的基础条件，保证了城市经济的正常运转，提供了不可替代的服务。③ 通过完善基础设施，可以有效地满足人民基本生活需要，保障居民的合法权益。基础设施的公共性决定了城市内所有居民均可享受其服务，有助于贫困问题的解决。④

（二）扩大就业

扩大就业是解决贫困的最主要手段。在新城市贫困中，无论是经济体制改革导致的下岗、失业，还是资源枯竭形成的贫困，抑或城市现代化进程中贫困群体的产生，最根本地表现为失业和无业人数多和行业工资水平低。我国人口多、就业压力大，初级劳动力市场处于供大于求的状态，失业问题有加剧的趋势。因此，我国的经济发展模式不能过于强调发展“现代产业”“高新技术产业”，应当以促进就业为导向，在保持经济适度增长的同

---

① 董利民．城市经济学：2版．北京：清华大学出版社，2016：397－401．

② 周文．城市经济学．北京：中国人民大学出版社，2014：185－191．

③ 张敦富．城市经济学原理．北京：中国轻工业出版社，2005：279－281．

④ 同①232－253．

时，通过多种渠道增加就业，通过个人、单位、社会相关部门多方努力，开展就业工程。①

（三）加强教育

文化素质影响贫困家庭的劳动技能和综合素质，减弱贫困家庭的教育经费支出，然而，只有教育才能根本改变贫困家庭的知识结构，从而使其在社会与产业发展中找到更合适的位置。当前贫困群体和富裕群体的受教育机会不均等，低收入家庭子女的学历和技能长期得不到改变，导致贫困家庭后续劳动力在市场竞争中处于劣势地位，形成新的贫困家庭，造成恶性循环。因此，应强化教育，重视贫困家庭的儿童福利，体现社会公平。②

（四）健全社保制度

建立完善的社会保障体系，调整社会福利制度向贫困者倾斜。城市社会保障是城市政府和社会对市民在面对生、老、病、死、伤、残、丧失劳动力或因自然灾害面临生活困难时给予的物资帮助，以保障每个市民的基本生活需要和维持劳动力再生产。健全社会保障制度可以完善社会安全网，提供更全面的社会服务，减少社会不安定因素。③ 因此，社会保险制度要与反贫困政策相配套，贫困救助制度是整个保障制度的保障底线，贫困救助对象的多寡不仅取决于整个社会经济发展水平，也取决于社会保险制度等的配套。④

【专栏】

用恩格尔系数衡量居民生活水平是否合理？上海市的案例⑤

【内容提要】由于许多国家在经济发展过程中的资料表明恩格尔定律是正确的，因此用恩格尔系数来衡量一个国家或者地区的居民生活水平就成为一种非常普及并且易被接受的方法。但是，随着经济的不断发展，人们生活消费理念的巨大改变，这样一个根据经验规律所获得的指标是否还能够被用来判断居民生活水平值得我们认真考虑。本文从这个角度对上海市居民恩格尔系数重新进行探讨。

恩格尔系数对于衡量居民生活水平仍然具有很好的效用但也存在局限性

从长期来看，用恩格尔系数确实能够在一定程度上反映一个地区（或家庭）的居民生活水平的变化情况，但能否反映一个地区的实际生活水平仍有待考究。

恩格尔系数仍然可以有效地衡量上海市居民的生活收入水平。

通过计算 1992—2000 年上海市居民的恩格尔系数与年人均可支配收入之间的相关系数，得到的 r 值为 −0.922 9，属于高度负相关。随着经济的持续发展，上海市居民生活收入不断增加，上海居民用于食品的支出占可支配收入的比例越来越小，居民将更多的收入用于其他消费和投资领域，恩格尔系数仍然具有很好的效用。

恩格尔系数在测度居民生活质量时的灵敏度和效度受到了质疑。

但以 1993 年的《中国统计年鉴》公布的各地区的恩格尔系数从小到大排序，排名前 5

---

① 苏勤，林炳耀．我国新城市贫困问题研究进展．中国软科学，2003（07）：19－25.

② 阿瑟·奥沙利文．城市经济学．北京：北京大学出版社，2015：306.

③ 张敦富．城市经济学原理．北京：中国轻工业出版社，2005：450－451.

④ 王雅莉．城市经济学．北京：首都经济贸易大学出版社，2008：284－285.

⑤ 王少飞．用恩格尔系数衡量居民生活水平的可行性研究．统计研究，2002（06）：19－22.

位的竟然是经济欠发达的边远省份：宁夏、内蒙古、河北、新疆、黑龙江，经济较发达的海南、福建排名倒数一、二位，而上海市居民的恩格尔系数在2000年仍然高达44.2%，恩格尔系数在测度居民生活质量时的灵敏度和效度受到了质疑。单纯地运用这一指标是否能够真实说明现阶段上海市居民的实际生活水平，以及我们在用恩格尔系数对不同地区居民生活水平状况进行横向比较的时候，是否需要考虑其他因素？

消费结构的根本性变化是导致上海市恩格尔系数较大的根本原因

随着居民物质生活的日益改善，居民的食品消费结构也在悄悄发生变化，解决温饱问题的食品消费不再成为居民日常食品消费的重点，而注重科学饮食、营养摄取的食品消费结构成为现在居民食品消费的重心。上海市作为我国经济发展和改革开放的领头羊，已经取得了引人注目的经济成绩，居民生活早已摆脱解决温饱问题的发展阶段，已经逐步进入小康阶段。在这样一种生活水平下，居民食品消费更加注重饮食的营养性、饮食结构的科学性和食品搭配的合理性，简单的粗放型食品消费已经不再是该地区的消费结构，休闲食品、营养保健食品的消费在整个食品支出中的比重越来越大，在生存需要已经完全得到满足的前提下，保证身体健康已经越来越成为现代上海市居民所追求的目标，因此在经济由温饱型向小康型转变的过程中，消费结构的根本性变化是导致上海市恩格尔系数较大的根本原因。所以我们在利用恩格尔系数对不同地区、不同时期的居民生活水平进行分析比较时，一定要注意恩格尔系数计算的食品支出中各类食品所占的不同比例。在经济发展的不同时期，居民消费结构的变化对于恩格尔系数的影响是不同的。

只有综合考虑恩格尔系数和其他指标并进行技术上的改进，才能准确有效地衡量一个地区的居民生活水平

恩格尔系数只是一个相对数指标，在考察一个地区的居民食品消费水平的时候，同样也要结合绝对数指标来进行考察，也即在考察不同地区间的食品支出占整个食品支出的比例的同时，同样应该考察不同地区间的人均食品消费额和人均总消费额。

我们在对某一地区的居民生活水平进行衡量时，除了参考恩格尔系数外，还需要结合其他指标。从联合国对一个国家或者地区居民生活质量考察的依据来看，除了恩格尔系数之外，还有居民消费水平、农民人均纯收入、城镇居民人均生活消费支出、职工平均工资、人均居住面积、生活用电量等六个指标。

从恩格尔系数计算的技术角度来看，也存在一些需要改进的技术上的问题：作为一种消费支出，住房消费理应被纳入恩格尔系数的居民生活消费总支出的统计范例；作为一部分非储蓄性的保险金支出也应在居民生活消费支出中加以列示；作为统计抽样应使样本尽可能反映总体特征。

二、应对犯罪的措施

（一）最佳犯罪量的确定

维护城市治安的主要措施是投入警力，然而政府财力有限，投入警力的数量需要考虑最佳犯罪量。最佳犯罪量可以根据犯罪的社会总成本和犯罪的边际成本确定。[①]

① 周文．城市经济学．北京：中国人民大学出版社，2014：185－186.

1. 总成本法

为了确定最佳犯罪量，以下从犯罪的社会总成本出发，将犯罪成本简单分为受害成本和防止成本，两者相加就是犯罪的社会总成本。如图 11-1 所示，随着预防犯罪的手段的不断投入，防止下一起犯罪的成本会越来越低，但受害成本越来越大，犯罪人的收益才会越来越大，从而引致下一起犯罪。受害成本与防止成本的总和构成 U 形的社会总成本曲线，一个城市在控制犯罪量时，可以根据总成本的最低水平确定受害成本与防止成本的水平，从而寻求控制犯罪的最佳水平。假设 C^* 为第 70 起犯罪，当发生第 71 起犯罪时，社会总成本上升，则最佳犯罪量即为 70 起。

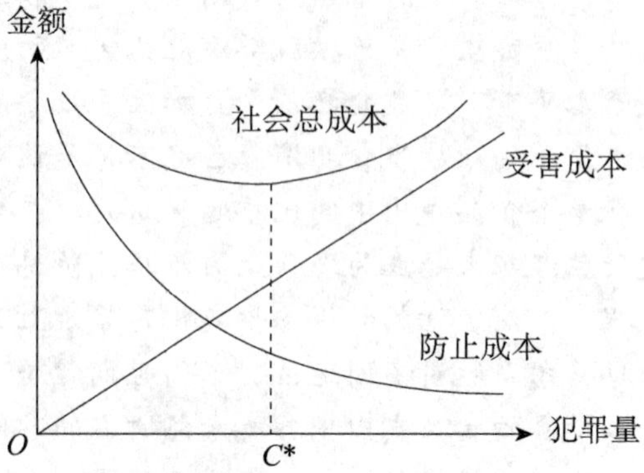

图 11-1　最佳犯罪量的确定（总成本法）

2. 边际成本法

最佳犯罪量也可以从隐含在社会总成本曲线之后的边际成本曲线得到。在图 11-2 中，水平线表示犯罪的边际受害成本，即每增加一次犯罪，其受害成本的增加，如图 11-1 中受害成本曲线的恒定的正斜率所示，水平线反映了每次的受害成本都是不变的。图 11-2 中边际防止成本曲线的斜率为负，即犯罪数量每增加一个单位，其防止成本相应减少，防止犯罪的投入的效果递减，因此，随着每起犯罪的发生，城市不断投入防止犯罪手段，防止最后一次犯罪（将犯罪次数从 100 次减少到 99 次）将有一个相对较低的边际成本；防止第一次犯罪（将犯罪次数从 1 次减少到 0 次）将有一个相对较高的边际成本。①

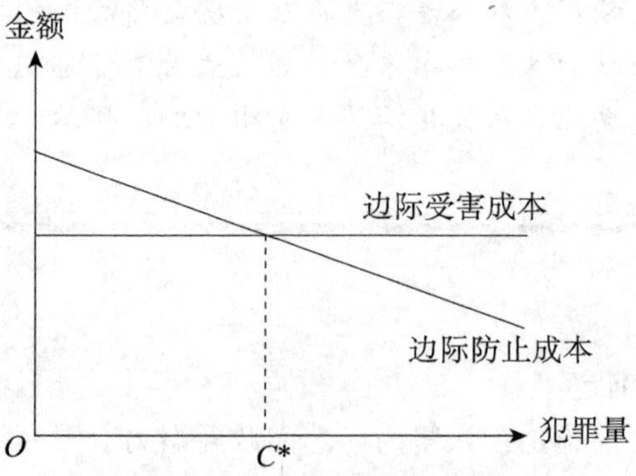

图 11-2　最佳犯罪量的确定（边际成本法）

① 阿瑟·奥沙利文．城市经济学．北京：北京大学出版社，2015：310-311.

最佳犯罪量在边际受害成本曲线和边际防止成本曲线的交点得到，原因在于：在大于 C^* 的犯罪量上，防止成本小于给当事人造成的损失的成本，在此基础上继续减少犯罪量是有利的；在小于 C^* 的犯罪量上，情况相反，防止成本大于给当事人带来的损失的成本，因此存在效率的损失。因此，投入适当的成本防止犯罪可有效控制犯罪数量。

（二）防止犯罪的具体措施

防止犯罪有很多方法，包括：加强防范，受害者可以通过降低盗窃成功的概率来减少预期掠夺物；增加逮捕的概率，警察可以通过增加逮捕的概率来增加犯罪的预期成本；增加监禁的概率，犯罪审判系统可以通过提高定罪的概率来提高犯罪的预期成本；加强惩罚的严厉性，犯罪审判系统可以延长监禁时间；提高合法机会的价值，社会可以通过提高潜在罪犯的工作技能来增加其参与合法活动的机会，从而提高他们的合法工资。

本书重点探讨以下四个应对犯罪的方面，分别是警察、教育、法庭和监狱系统。①

1. 警察

警力投入是维护城市治安的主要措施，一个城市的警力支出与城市安全密切相关。城市拥有的警察数量、警察的执法力度、警察的巡逻方式、警察对所服务社区居民的了解程度、警察对先进破案技术的掌握程度等，都影响到警察的工作效率。②

警察生产函数是描述投入的警力和产出的城市安全之间的数量关系的函数。产出的城市安全可以用对犯罪分子的逮捕率或破获的刑事案件数量来反映；而投入的警力可以用警察人数或投入警事的资金量来反映。如果用 A 表示逮捕率或破获的刑事案件数量，P 表示警察人数，S 表示警事支出，T 表示花费的巡逻、调查和破案的全部时间，C 表示犯罪的数量，那么警察生产函数可以表示为：

$$A=f(P, S, T, C)$$

式中的逮捕率（A）由逮捕的次数除以犯罪的次数得到，以罪犯的观点，就是犯一项罪而被逮捕的概率，这种概率越高，犯罪的回报就越低，因而它反映防止犯罪的效果。据美国的资料，抢劫罪和盗窃罪的犯罪率与逮捕率的弹性大约是－0.3，意味着逮捕率每提高10%，犯罪率就会下降约3%。逮捕率的高低一般与所投入的警察人数、警事支出和出警时间呈正相关关系。例如，研究表明，警事支出每增加10%，一个普通青少年成为守法市民的概率就会增加4.7%。而逮捕率与犯罪数量往往呈负相关关系，因为犯罪量特别大的城市，整体社会治安不好，逮捕率也不高；犯罪量很小的城市，反映其社会治安总体状况好，逮捕率会很高。

2. 教育

提高国民教育水平能够提升人们的人力资本，使得他们的收入增加，也更少失业，由此提高了他们犯罪的机会成本，通过提高受过教育的人的名誉、地位、心理等的机会成本抑制犯罪。教育也可改变人们的偏好，减少犯罪。③ 犯罪与教育之间的联系可以被称为学历溢价效应：学历提高了工资，较高的工资减少了犯罪活动。④

---

① 阿瑟·奥沙利文．城市经济学．北京：北京大学出版社，2015：295-314．

② 董利民．城市经济学：2版．北京：清华大学出版社，2016：398-400．

③ 陈屹立．中国犯罪率的实证研究：基于1978—2005年的计量分析．山东大学，2008．

④ 同①306-307．

3. 法庭

法庭量刑的轻重直接决定犯罪成本的高低。法庭量刑时应该遵守边际威慑原则，越严重的犯罪处罚越严厉。然而，随着刑罚量的增加，犯罪量减少，人们要求减少犯罪的需求会随之减弱，导致刑罚的边际效用呈现出递减的规律。因此，当以投入刑罚成本控制犯罪时，必须在刑罚投入量的限度区间里，寻找刑罚投入量的最佳水平。①

4. 监狱

监狱系统是指关押一切犯人的场所，包括监狱、看守所、拘留所等。研究发现，犯罪的监禁比例与犯罪率呈负相关关系，表明监狱系统对于降低犯罪率意义重大。② 监狱的作用主要体现在四个方面：一是监狱的威慑作用，被关进监狱的威胁可以劝告一部分人不要从事犯罪活动；二是监狱的隔离作用，将罪犯与潜在的受害者相隔离，从而达到预防犯罪的效果；三是监狱的惩罚作用，罪犯因自己的犯罪行为受到相应处罚，既处罚了罪犯本身，也使得其他人不敢以身试法；四是监狱的改造作用，能改变犯罪人的态度，提高其技能，远离犯罪活动。③

【本章小结】

城市贫困一般是指物质生活困难，即一个人或一个家庭的生活水平达不到一种社会可接受的最低标准。贫困从程度上有绝对贫困与相对贫困之分，在一个社会中，总是存在部分社会成员或家庭的收入过低，难以维持基本生活水平的状况，此即绝对贫困；也存在个人或家庭所拥有的资源，虽然可以满足基本生活需求，但不足以达到一个社会的平均生活水平，即远远低于平均生活水平的情况，此即相对贫困。城市贫困的发生也会带来连锁反应，如疾病更容易传播、水质更容易受到污染、教育成本会更高、犯罪率会更加上升等。而贫困人群也在很多方面面临着巨大的社会困境，如平等就业、社会保险、子女教育和利益表达等方面。

对于贫困的测量我们常用贫困线这一定义，贫困线作为衡量贫困这一类综合社会、生活、经济等现象的人为标准，是度量贫困的基础。主要的测量方法有五种，分别是恩格尔系数法、线性支出系统模型法、预算标准法、收入比例法和马丁法。

城市犯罪是一种行为的异化，对社会和国家产生负面价值。我们通常将城市犯罪分为人身罪和财产罪，所谓人身罪是指受害者受到生理上的威胁，财产罪是指偷窃罪，但是没有使用暴力。犯罪的成本可以分为犯罪的个体成本和犯罪的外在成本，犯罪的个体成本可以简单概括为犯罪人为实施犯罪而进行的全部投入或可能的支出，包括犯罪的实施成本、机会成本、惩罚成本和精神成本；犯罪的外在成本是由国家、社会或其他非受益者直接负担，不易被个人考虑却最终分担给个人的成本，包括国家成本和社会成本。

城市贫困和犯罪是需要全社会关注的热点话题，也是应该大力解决的棘手难题。应对

① 邓文莉．环境犯罪的成因及其控制对策的经济分析．法学评论，2007（6）：110－115.

② 周文．城市经济学．北京：中国人民大学出版社，2014：182－191.

③ 阿瑟·奥沙利文．城市经济学．北京：北京大学出版社，2015：313.

城市贫困和犯罪有多种手段和措施。针对城市贫困问题的解决主要有以下几种措施，即完善基础设施建设、扩大就业、加强教育以及健全社保制度。预防和惩治犯罪、维护社会治安可以从警察、教育、法庭和监狱系统这四个方面着手。其中，主要措施是警力投入，然而政府财力有限，投入警力的数量需要考虑最佳犯罪量。最佳犯罪量可以根据犯罪的社会总成本和犯罪的边际成本确定。

【关键术语】

贫困	贫困线	恩格尔系数法	马丁法
犯罪	人身罪	财产罪	犯罪成本
最佳犯罪量	总成本法	警察	

【复习题】

1. 阐述贫困的定义、现状、挑战和社会困境。
2. 阐述贫困线的定义及贫困的测量方法。
3. 说明犯罪的类型及其成本。
4. 说明应对城市贫困和犯罪的具体措施。

图书在版编目（CIP）数据

城市经济学/叶裕民主编．—北京：中国人民大学出版社，2019.7
新编21世纪经济学系列教材
ISBN 978-7-300-27141-5

Ⅰ.①城… Ⅱ.①叶… Ⅲ.①城市经济学-高等学校-教材 Ⅳ.①F290

中国版本图书馆CIP数据核字（2019）第147992号

新编21世纪经济学系列教材
城市经济学
主　编　叶裕民
副主编　施昱年
Chengshi Jingjixue

出版发行	中国人民大学出版社		
社　　址	北京中关村大街31号	**邮政编码**	100080
电　　话	010－62511242（总编室）		010－62511770（质管部）
	010－82501766（邮购部）		010－62514148（门市部）
	010－62511173（发行公司）		010－62515275（盗版举报）
网　　址	http://www.crup.com.cn		
经　　销	新华书店		
印　　刷	固安县铭成印刷有限公司		
开　　本	787 mm×1092 mm　1/16	**版　　次**	2019年7月第1版
印　　张	20	**印　　次**	2025年7月第4次印刷
字　　数	462 000	**定　　价**	45.00元

教学支持说明

1. 教辅资源获取方式

为秉承中国人民大学出版社对教材类产品一贯的教学支持，我们将向采纳本书作为教材的教师免费提供丰富的教辅资源。您可直接到中国人民大学出版社官网的教师服务中心注册下载——http://www.crup.com.cn/Teacher。

如遇到注册、搜索等技术问题，可咨询网页右下角在线 QQ 客服，周一到周五工作时间有专人负责处理。

注册成为我社教师会员后，您可长期根据您所属的课程类别申请纸质样书、电子样书和教辅资源，自行完成免费下载。您也可登录我社官网的"教师服务中心"，我们经常举办赠送纸质样书、赠送电子样书、线上直播、资源下载、全国各专业培训及会议信息共享等网上教材进校园活动，期待您的积极参与！

2. 高校教师可加入下述学科教师 QQ 交流群，获取更多教学服务

经济类教师交流群：809471792

财政金融教师交流群：766895628

国际贸易教师交流群：162921240

税收教师交流群：119667851

3. 购书联系方式

网上书店咨询电话：010－82501766

邮购咨询电话：010－62515351

团购咨询电话：010－62513136

中国人民大学出版社经济分社

地址：北京市海淀区中关村大街甲 59 号文化大厦 1506 室　100872

电话：010－62515803　010－62516948

传真：010－62514775

E-mail：jjfs@crup.com.cn